Olivier Roy

# Heilige Einfalt

*Über die politischen Gefahren entwurzelter Religionen*

Aus dem Französischen
von Ursel Schäfer

Pantheon

Die französische Originalausgabe erschien 2008 unter dem Titel »La sainte ignorance. Le temps de la religion sans culture« bei Éditions du Seuil, Paris.

MIX
Papier aus verantwortungsvollen Quellen
FSC® C014496

Verlagsgruppe Random House FSC-DEU-0100
Das für dieses Buch verwendete FSC®-zertifizierte Papier *Munken Premium Pocket* liefert Arctic Paper Munkedals AB, Schweden.

Der Pantheon Verlag ist ein Unternehmen der Verlagsgruppe Random House GmbH.

Erste Auflage
Juli 2011



Umschlaggestaltung: Jorge Schmidt, München, nach einer Vorlage von Rothfos + Gabler, Hamburg
Satz: Ditta Ahmadi, Berlin
Druck und Bindung: GGP Media GmbH, Pößneck
Printed in Germany 2011
ISBN 978-3-570-55151-6

www.pantheon-verlag.de

# Inhalt

# Vorwort

Dieses Buch ist nicht unbedingt das, was es zu sein scheint: das Werk eines Islamexperten, der sein Spezialgebiet verlässt, um komparatistische Studien zu betreiben, inklusive all jener Amateurhaftigkeit, die damit einhergeht.

Tatsächlich ist mein Interesse für das Christentum viel älter als mein Interesse am Islam. Bereits 1972 war die Frage der Beziehungen zwischen Christentum, Universalismus und Kultur Gegenstand meiner Abschlussarbeit, die den Titel *Leibniz und China* trug. Aber in diesem Vorwort möchte ich vor allem drei Episoden aus »vorliterarischer« Zeit erwähnen, die sich noch vor jener ersten Veröffentlichung von 1972 ereigneten und den Weg für die *Heilige Einfalt* bereitet haben.

Alles begann im Frühjahr 1965. Ich war damals 15 Jahre alt, lebte in der hübschen Stadt La Rochelle und gehörte einer protestantischen Jugendgruppe an. In diesem Milieu fand ich ein perfektes Gleichgewicht all dessen, was das Leben an Interessantem zu bieten hatte. Unsere Einführung in die Bibel erfolgte in einer sehr freien intellektuellen Atmosphäre; die Pastoren waren kultiviert, gingen mit uns ins Theater, regten uns an, Bücher und die Politik zu entdecken, zumindest galt Letzteres für die Jüngeren von ihnen; und es gab Zeltlager mit sportlichen und geistigen Aktivitäten. Vor allem, und das war wichtiger als alles andere, war die Jugendgruppe damals einer der wenigen Orte, wo Jungen und Mädchen zusammenkommen konnten – ein klarer Vorzug gegenüber der laizistischen Schule und den Verhältnissen bei den Katholiken. Natürlich mussten unsere Pastoren aufpassen, dass die Vermischung der Geschlechter nicht zu weit ging, und als gute, traditionsbewusste Protestanten taten sie das nicht durch Verbote, sondern durch Appelle an unser Verantwortungsbewusstsein: »Erhalte dich rein für die, die sich rein erhält für dich«; eine entsprechende Formulierung gab es für die Mädchen. Ebenso selbstverständlich hatten wir unsere mehr oder weniger subtilen Tricks, um das Tabu zu umgehen, ohne die Werte und expliziten Normen einer protestantischen Subkultur in Frage zu stellen, der wir uns zugehörig fühlten. Zum Beispiel hatten wir eine Tanzgruppe gebildet, und dort wechselten wir im Lauf des Jahres allmählich vom Rundtanz der Kibbuzim und Kolchosen zur Melodie des israelischen *Hava Nagila*, dem Lieblingslied des Pastors, zum argentinischen Tango. (Aber nein: mit meiner gegenwärtigen Haltung zum Konflikt zwischen Israel und Palästina hat das nichts zu tun.)

Im Frühjahr 1965 bereiteten wir also ein Zeltlager in der Bretagne vor: tagsüber mit dem Fahrrad zum nächsten Ziel, abends das Lager aufschlagen, Bibelstudium, Singen, Diskutieren – und dann das Übrige. Mein damaliger bester Freund und ich planten, uns ein eigenes kleines Zelt zu teilen, und da, so stellten wir uns vor, sollten auch unsere beide Freundinnen mit hineinschlüpfen, sobald die uns begleitenden Pastoren endlich eingeschlafen sein würden. Da wir in den Bibelstudien die Besten waren, profitierten wir seltsamerweise von einem positiven Vorurteil hinsichtlich unserer Moralvorstellungen. So sieht sie aus, die protestantische Intellektualität. Aber zwei Monate vor der Abreise informierte uns der Pastor, dass ein Neuer zu unserer Gruppe dazustoßen werde. An einem Donnerstag tauchte er in dem Saal auf, wo wir uns um eine Tischtennisplatte versammelt hatten – 16 Jahre alt, aus einer Arbeitergemeinde unserer Stadt, mit dem Aussehen eines Filmstars –, und verkündete mit tiefer, von Begeisterung erfüllter Stimme: »Christus ist auferstanden!« Uns irritierten weniger die Worte, die standen in unserer Beitrittserklärung, sondern dass sie ausgesprochen wurden. Es gibt Gelegenheiten für so etwas, und das war eindeutig keine solche Gelegenheit. (»Alles hat seine Stunde. Für jedes Geschehen unter dem Himmel gibt es eine bestimmte Zeit.«) Aber der Neue mit seinem strahlenden Lächeln und seinen blauen, leuchtenden Augen ließ sich durch unser Schweigen nicht aus dem Konzept bringen: »Brüder und Schwestern, ruft mit mir aus: Halleluja! Christus ist auferstanden! …« Für unser Ferienlager verhieß das nichts Gutes, denn ein solcher Typ durchwachte sicher wie alle Beseelten die Nächte. Und schlimmer noch: Die Augen des Pastors strahlten bei diesen Worten: Endlich hatte er jemanden gefunden, der *wirklich* seinen Glauben teilte.

Ich hatte den ersten Evangelikalen meines Lebens kennengelernt. In La Rochelle gab es damals einen amerikanischen Militärstützpunkt, der Mormonen, den Zeugen Jehovas, Evangelikalen, Baptisten, Pfingstlern, Adventisten und der Heilsarmee als Brückenkopf diente. Die amerikanischen Missionare stießen vor allem in den Arbeitersiedlungen von Laleu und beim Industriehafen La Palice auf fruchtbaren Boden. Die Zigeuner-Mission (pardon: »das fahrende Volk«) baute jeden Sommer ihr Zelt auf. Kurz, der Vormarsch der Evangelikalen und der »Sekten« erfolgte direkt vor meiner Nase, 20 Jahre bevor er zu einem gesamtgesellschaftlichen Thema wurde. Es war in gewisser Weise meine erste Erfahrung mit teilnehmender Beobachtung in der Soziologie.

Nach kurzer Beratung gingen wir als Delegation mit einer sehr einfachen Botschaft zu unserem Pastor: »Entweder er oder wir.« Der Pastor entschied sich klugerweise, die verirrte Herde auf dem Rad zu begleiten, statt mit dem einzigen Schäfchen zu marschieren, das den Weg zur engen Pforte gefunden hatte. Vielleicht sah aber auch er seine Ferien in Gefahr, wenngleich das bei einem Mann des Glaubens nicht sehr wahrscheinlich war. So rühme ich mich, dass ich mit 15 Jahren am Widerstand der traditionellen protestantischen Kultur gegen den Angriff der Evangelikalen teilgenommen habe.

Allerdings muss ich mit 45 Jahren Abstand konstatieren, dass es ein Rückzugsgefecht war. Die Neuen versöhnten nicht so sehr Glauben und Vernunft, als – was viel wirksamer ist – Glauben und Logik. Tatsächlich hat man den Apostel Paulus falsch übersetzt an der Stelle, wo er im Römerbrief (12,1) von *latreia* (Gottesverehrung) *logike* spricht: Es sollte *logische* Verehrung heißen, nicht *rationale* Verehrung, und schon gar nicht *vernünftige* Verehrung wie in den französischen Übersetzungen. Wenn man im Besitz des Glaubens ist, dann muss er im Mittelpunkt des Lebens stehen. Wissen und Kultur sind unwichtig, wenn sie nur dazu dienen, den Ruf Christi zu überhören. Ich konnte mein Griechisch-Wörterbuch wieder einpacken, mit dem ich bei den Bibelstudien (vergebens) die Mädchen zu beeindrucken versuchte. Nach dem rationalen Gläubigen (beispielsweise mein Großvater, der Pastor war), dem existenzialistischen Gläubigen (sehr verbreitet bei den Theologiestudenten der 1950er Jahre), dem schulmeisterlichen Gläubigen (meine Wenigkeit, zumindest damals) hatte die Stunde des logischen Gläubigen geschlagen. Und der heiligen Einfalt.

Der Leser könnte aus dieser Anekdote folgern, dass das vorliegende Buch eine Abrechnung mit dem Evangelikalismus ist. Nicht wirklich. Tatsächlich war ich damals eher verblüfft als verärgert. Außerdem verliefen die Ferien genau wie vorgesehen: Die Pastoren schliefen jeden Abend sehr früh ein oder taten zumindest so; denn es war noch die gute alte Zeit, die Zeit des Unausgesprochenen – heute hingegen spricht man das Unaussprechliche aus, aber das ist vor allem eine Redensart.

Dieser Junge, dessen Namen ich vergessen habe, blieb für mich ein Rätsel. Es schien mir vorstellbar, dass man so sterben konnte, aber wie konnte man so leben? Und zwar auf Dauer so leben? Heute würde ich noch eine weitere Frage stellen: Begrüßen seine Kinder – denn er hat sicher Kinder – ihre Freunde ebenfalls mit einem lauten »Christus ist auferstanden«?

Die zweite Begegnung betrifft den marxistischen Universalismus.

Sie fand natürlich im Pariser Studentenmilieu Ende der 1960er Jahre statt, als ich die Hochschulvorbereitungsklasse in einem Gymnasium besuchte, wo die Maoisten die Elite stellten (und die Trotzkisten das Fußvolk bildeten). Im Schuljahr 1967/68 (jawohl, Mai 1968) unterrichtete François Châtelet in der Vorbereitungsklasse 2 am Lycée Louis-le-Grand Philosophie. Als glühender Verehrer der Griechen und aufrichtiger Linker beobachtete er unsere revolutionären Umtriebe mit ironischer Sympathie. Er war bereit, den Schlagstöcken der Polizei zu trotzen, um uns vom Polizeirevier abzuholen, und setzte ohne Zögern seine Karriere aufs Spiel, um die neuen Abenteuer der Pädagogik auszuprobieren. Doch obwohl er dem Zeitgeist geschuldet die eine oder andere modische Formulierung gebrauchte, so wie die Griechen den Göttern der Stadt ihre Trankopfer dargebracht hatten, machte er bei einer Sache niemals Kompromisse: bei der philosophischen Strenge.

Und als eines Tages der Klügste von uns (ich war es nicht) sein Referat über »Formale Logik und Klassenkampf« mit der folgenden Erklärung begann: »Der Vorsitzende Mao lehrt uns, dass die richtigen Ideen nicht vom Himmel kommen, sondern vom Volk«, seufzte Châtelet, rückte seine Brille zurecht, fixierte uns und unterbrach den Vortragenden: »Hört einmal, Kinder! Man darf trotz allem nicht vergessen, dass das *maozetungische* Denken ein vor-baconisches Denken ist.« Das war höflich formuliert, hatte jedoch eine verheerende Wirkung auf mich; andere brauchten noch ein paar Jahre länger, bis sie zum gleichen Schluss kamen. Mao vor-baconisch? Mao ein »Scheißphilosoph«? Sollte das heißen, dass Ideen umso einflussreicher sind, je karger und kompromissloser sie sind? Das erklärte im Voraus den Erfolg der Fernsehphilosophen, ganz nach der Maxime, dass die Geschichte, wenn sie sich wiederholt, von der Tragödie zur Farce wird. Aber damals konnte ich mich mit einer derart pessimistischen Folgerung noch nicht abfinden.

Und so reiste ich in den Orient auf der Flucht vor diesem irreal gewordenen Universum der unmittelbar bevorstehenden Revolution. Nur dass ich dort praktisch überall die gleichen Kämpfer und die gleichen Aufrufe fand, bisweilen unterbrochen von Salven aus einer Kalaschnikow – eine Geräuschkulisse, die meinen philosophischen Reflexionen als Hintergrundmusik dienen sollte (das Wort »Rahmenmusik« gibt es leider nicht).

Im jemenitischen Hadramaut wie im afghanischen Nuristan, zwischen zwei gescheiterten Untergrundbewegungen, lernte ich einen Lehrer kennen, der in einem kleinen Dorf im Exil lebte, einen Offizier, der einen Posten leitete und nicht recht wusste, ob er den zufälligen Besucher einsperren oder einladen sollte. Und vor allem traf ich einen Studenten, meinen »Bruder«, mein Ebenbild, der in den Ferien zu dem Flecken zurückgekehrt war, wo seine Eltern lebten; für ihn waren es Ferien von den Demonstrationen und gescheiterten Revolutionen in der Stadt. Zusammen ordneten wir die Welt neu, verglichen unsere Strategien für die Machtübernahme und debattierten über die revolutionären Fähigkeiten der Landbevölkerung (die immer mit Vorsicht zu genießen sind, wie die Simpelmarxisten und Naivtrotzkisten sagen würden). Der Unterschied zwischen ihm und mir war der, dass er wirklich sein Leben riskierte und dass viele andere wie er tatsächlich ihr Leben gelassen hatten.

Bei einer solchen Reise lernte ich in einer klapprigen Propellermaschine, die von Aden nach Bombay flog, auch einen Studenten aus Sri Lanka kennen, der den blutigen, selbstmörderischen Aufstand der singhalesischen Jugend 1971 voraussagte (wer spricht heute noch davon?). Ein Jahr später verteilte ich in Paris Traktate in singhalesischer Sprache für die wunderschöne Chandrika Bandaranaike, die damals in Gegnerschaft zu ihrer Mutter, der Premierministerin, stand; meine Motive dabei waren infrapolitisch oder, je nach Betrachtungsweise, metapolitisch. Besagte Chandrika wurde schließlich Präsidentin und berief ihre Mutter zur Premierministerin – man kann eben nie wissen. Aber das ist eine andere Geschichte. Zu Zeiten des Schahs übergab ich auch die beinahe vollständigen Werke von Mao Zedong auf Persisch an einen undefiniert maoistisch gesinnten Freund in Teheran, nachdem ich sie beim chinesischen Vizekonsul in Kabul eingesammelt hatte, der sich allen Ernstes fragte, was man wohl damit machen könnte. Damals waren es nicht die Islamisten, die sich auf die Mystik der Gewalt stürzten …

Und was hat das mit Religion zu tun? Millenarismus, der Tod des »alten«, vorrevolutionären Menschen in sich, absolute Wahrheit und Transzendenz, Universalismus, die Angst, niemals auf der richtigen Seite zu stehen, auf der Seite der Guten … Für die ganz Radikalen wie die Roten Khmer verhinderte gerade die Kultur die Geburt des neuen Menschen. Das krankhafte, pathogene, oft kriminelle oder suizidale Bestreben, den »alten« Menschen in sich (und im anderen) auszumerzen, finden wir auch im religiösen Radikalismus der Dschihadisten. Tabula rasa machen zu wollen, ist eine Form der heiligen Einfalt.

Die religiöse Dimension des Kommunismus ist seit Langem offensichtlich, aber bei den Maoisten war sie noch viel ausgeprägter. Es ist kein Zufall, dass der ehemalige Anführer meiner Gruppe, der Mann mit der formalen Logik und dem Klassenkampf, heute einer der maßgeblichen Spezialisten für persische Mystik ist; zumindest ist er nun weder auf die Logik noch auf die Einfalt angewiesen – und die Heiligkeit fällt nicht in meine Zuständigkeit. Und es ist auch kein Zufall, dass unser viel geliebter ehemaliger Führer, »Genosse Jean« alias Pierre Victor alias Benny Lévy, der sich für Gott hielt, bis er jemanden traf, der größeren Anspruch auf den Titel hatte, sein Leben als Leiter einer Jeschiwa, einer Talmudhochschule, in Jerusalem beschloss, wo er regelmäßig darüber klagte, wie viel Zeit er damit verloren habe, »nicht zu wissen«. Ob es überhaupt eine Frage des Wissens war, ist wieder eine andere Geschichte, aber die dunkle Seite der Heiligkeit hört nicht auf, uns zu verfolgen – viel mehr als ihr Licht.

Ich komme zur dritten Etappe meines Studentenlebens. Ich dachte über Châtelets Worte nach. Wenn das Denken Mao Zedongs in der Theorie so null und nichtig war, warum »mobilisierte« es »die Massen«, wie man damals sagte? Warum hatte es etwas so Unwahrscheinliches wie die Kulturrevolution in China ausgelöst? Vielleicht besaß der Maoismus eine spezifisch chinesische kulturelle Dimension, die jene Gründe, die uns veranlassten, dieses Denken im Namen des proletarischen Internationalismus zu übernehmen, hinfällig machte? Nach dem Rätsel der Religion stieß ich auf das intellektuelle Rätsel der Kultur, und ich begegnete ihm unterwegs bei jedem Grenzübertritt aufs Neue. Also beschloss ich, Chinesisch zu lernen. Nachdem ich drei Jahre lang Abendkurse an der Universität Paris-VII besucht hatte, erklärte unser Lehrer mir, ich hätte nun das Mindestniveau erreicht, das in China von einem durchschnittlichen Bauern der unteren Schicht gefordert werde, das heißt, ich beherrschte in etwa 750 Zeichen (von 49 000), was aus seinem Mund (er war im kommunistischen China ausgebildet worden) als Kompliment gemeint war. Mehr zu wissen, hätte wohl als Klassenarroganz ausgelegt werden können. Unser Lehrer für das klassische Chinesisch, der den gleichen Ausbildungsweg durchlaufen hatte und ein gehorsamer Rotgardist geworden war, arbeitete mit uns die Schriften des Großen Steuermanns durch, die einem durchschnittlichen Bauern aus der unteren Schicht zugänglich waren, statt uns Texte von Konfuzius lesen zu lassen; daran hielt ich mich dann in der Bibliothek schadlos. Die Schlussfolgerung (meine zumindest) war eindeutig: In dem *Kleinen Roten Buch* gab es Klischees, Sprichwörter und Redewendungen, die aus der chinesischen Volksweisheit stammten, so wie in einer politischen Rede in Frankreich Anspielungen auf die Fabeln von La Fontaine vorkamen, aber es gab keine geheime Weisheit, Alchimie der chinesischen Schriftzeichen, kein Mysterium der taoistischen Dialektik oder Subtilitäten von Go-Spielern.[1] Manche säkulare Einfalt kann die Religion nicht erklären!

Aber die Realität: Die Agrégation rückte näher, und um meine Abschlussprüfung ablegen zu können, musste ich eine Verbindung zwischen meinen philosophischen Studien und den mit dem Studium des Chinesischen, des Persischen und mit Reisen verbrachten Jahren herstellen. In den Seminaren von Yvon Belavel, der erst Seemann war und dann Philosoph wurde (oder andersherum), entdeckte ich, dass G. W. Leibniz (1646 – 1716) sich leidenschaftlich für China interessiert hatte. Ein rationalistischer, lutherischer Philosoph, dazu noch Deutscher, ergriff die Partei italienischer und französischer Jesuitenmissionare, die Schikanen des Vatikans ausgesetzt waren wegen religiöser Riten in der Mandschurei! Derselbe Philosoph suchte in der chinesischen Schrift nach dem Schlüssel zu einer universellen Sprache, in der chinesischen »Religion« nach einer rationalen Theologie und schließlich im taoistischen Yi-King nach der ersten binären Rechentafel. Ich war mir sicher, dass ich mich nicht langweilen würde, wenn ich darüber arbeitete.

Der Ritenstreit eröffnete eine moderne Debatte. Die kaiserlichen chinesischen Beamten interessierten sich im 17. Jahrhundert genauso wenig wie im 21. Jahrhundert für die christliche Theologie, sie wollten nur, dass jedermann sich dem Kaiserkult unterwarf, einem Kult, der als einfache »Zivilreligion« verstanden wurde, das heißt als moralisches Bekenntnis zur politischen Ordnung und zu den Werten des Kaiserreichs; mit der Verteidigung einer wie auch immer gearteten Staatsreligion hatte das nichts zu tun. Das, worum es damals ging, ist heute die Frage der Laizität, der Trennung von Kirche und Staat: Eine Religion kann dem Fundament einer politischen Gemeinschaft nicht ihre eigenen Prinzipien entgegensetzen. Die Jesuiten, Laien, bevor es das Wort gab, verteidigten deshalb gegenüber dem Vatikan unermüdlich den Gedanken, dass die chinesischen Riten einfach zu einer Art Loyalitätsbekenntnis gehörten und nichts mit einem götzendienerischen Kult zu tun hatten. Die anderen Missionare, denen der Vatikan schließlich folgte, behaupteten hingegen, die Jesuiten würden, indem sie den Kaiser ehrten und zur Bezeichnung Gottes das chinesische Schriftzeichen für Himmel verwendeten, Gott und seinen Sohn Jesus Christus übergehen.

Und so kehrte das alte Thema »formale Logik und Klassenkampf« auf einem Umweg zu mir zurück: Wie kann man eine absolute Wahrheit denken? Kann man die Religion auf die Kultur oder auf die Vernunft zurückführen, oder manifestiert sie ihre nicht reduzierbare, bedrohliche Transzendenz? Leibniz wollte eine rationale Theologie etablieren, die für alle Menschen akzeptabel sein sollte und die er in den großen Weltreligionen als bereits angelegt erachtete; er führte Religion und Kulturen auf die universelle Vernunft zurück. Aus Sicht seiner Gegner ignorierte er damit die zentrale Stellung von Christus, der definitionsgemäß das Wesen des Christentums ausmacht. Aber die Gestalt Christi ist kein rationales Theorem: Es ist ein Ereignis, eine Erscheinung, eine Gegenwart, und hier siegt der Glaube über die Vernunft – das war das Argument von Pascal, der den Gott Abrahams dem der Philosophen vorzog, und es war das Argument des jungen Evangelikalen von La Rochelle. Wie jede Religion lässt sich das Christentum nicht in der Philosophie auflösen und steht jenseits der Kulturen, wo der Historiker und der Anthropologe die Religion gern einordnen würden.

Weder Philosophie noch Kultur; beständige Erinnerung an eine

Transzendenz; irreduzibel auf die Welt oder die Begründung einer Weltordnung: Wie kann man die Religion im Rahmen der sozialen Ordnung überhaupt denken? Kann man sie in den Rahmen der anderen symbolischen Systeme, auf die Kultur zurückführen? Kann sie sich in ihrem eigenen Feld entwickeln (im Privaten, in der Glaubensgemeinschaft oder einer anderen Welt, einem anderen Raum), ohne mit den anderen symbolischen Systemen in Konflikt zu geraten? Muss man die eherne Trennungsmauer errichten, weil es nicht möglich ist, eine Einigung mit dem glaubenden Menschen, dem tief glaubenden Menschen zu finden? Jede Religion oder vielmehr jeder Gläubige trifft eine solche Wahl: Kann man eine Partie Tischtennis unterbrechen mit dem Ausruf »Halleluja, Christus ist auferstanden!« und Besseres (oder Schlimmeres) erwarten? Es zeigt sich, dass heute diese letzte Einstellung typisch ist für das, was wir (zu Unrecht, wie wir sehen werden) als »Rückkehr des Religiösen« bezeichnen. Also, wie lässt sich die Herausforderung des Religiösen denken?

All das geschah vor mehr als 30 Jahren. Seither habe ich ein wenig gearbeitet, gelesen, soviel ich konnte, und bin viel gereist. Mit welcher Hoffnung? Die heilige Einfalt zu überwinden zugunsten eines Wissens, das wenigstens ein kleines bisschen heiterer ist? Wer zuletzt lacht, lacht am besten.

EINFÜHRUNG

# Die Moderne, die Säkularisierung und die Rückkehr des Religiösen

Warum wollen Zigtausende Muslime in Mittelasien Christen oder Zeugen Jehovas werden? Wie kann eine evangelikale protestantische Kirche in Marokko und Algerien Fuß fassen? Warum erlebt der protestantische Evangelikalismus einen so außerordentlichen Aufschwung in Westafrika oder in Brasilien, wo er 2007 25 Millionen Angehörige hatte? Wie kann man erklären, dass der Pfingstglaube die Religion ist, die weltweit am schnellsten wächst? Warum zieht der radikale Salafismus so viele junge Europäer an, schwarze wie weiße? Wie kommt es, dass Al Qaida diejenige »islamische« Organisation ist, die die höchste Zahl von Konvertiten in ihren Reihen hat? Und warum hat, umgekehrt, die katholische Kirche solche Mühe, ihre Schäfchen zu halten, und muss erleben, dass sich immer weniger junge Männer zum Priester berufen fühlen? Wieso wird die konservative anglikanische Tradition heute vor allem von Nigerianern, Ugandern und Kenianern vertreten, während das geistliche Oberhaupt der anglikanischen Kirche, Erzbischof Rowan Williams, die Anwendung der Scharia als Zivilrecht der britischen Muslime gutheißt und nichts gegen die Ordination homosexueller Priester einzuwenden hat? Warum sind die slawischen orthodoxen Kirchen anders als die protestantischen ganz auf ihre nationale Identität fixiert, genau wie der Hinduismus?

Warum ist der Buddhismus im Westen so populär? Weshalb führt die ideologische Zuspitzung der Religion im Iran zu einer Säkularisierung der Zivilgesellschaft? Warum stellt Südkorea im Verhältnis zu seiner Bevölkerungszahl weltweit die meisten protestantischen Missionare (in absoluten Zahlen sind es knapp weniger als die in den Vereinigten Staaten)? Die Theorie vom Zusammenprall oder Dialog der Kulturen ist nicht geeignet, diese tektonischen Bewegungen zu verstehen, die alles durcheinanderbringen, die Territorien und die Identitäten, und alle traditionellen Verbindungen zwischen Religion und Kultur durchtrennen.

Was passiert, wenn Religionen sich von ihren kulturellen Wurzeln lösen? Oder einfacher ausgedrückt: Wieso sieht es so aus, als würden sich heute Identitäten vermittels der Religionen neu ordnen?

Zwei Hypothesen stehen sich seit dem letzten Viertel des 20. Jahrhunderts gegenüber: Nach der einen ist die Säkularisierung ein unausweichlicher Prozess, zugleich Bedingung und Folge der Moderne. Die andere These konstatiert oder begrüßt die Rückkehr des Religiösen, das entweder als Protest gegen eine entfremdende, illusorische Moderne wahrgenommen wird oder als eine andere Form des Eintritts in die Moderne. Diese Debatte ist keine intellektuelle Spielerei, in Frankreich steht sie im Mittelpunkt des Konflikts um die Laizität: Muss man Laizität gegen das Religiöse erzwingen, notfalls auf Kosten der individuellen Freiheit, oder spiegelt nicht die religiöse Erneuerung die Verschiedenheit, den Reichtum und die menschliche Freiheit wider?

Nun gibt es in dieser Debatte ein großes Missverständnis: Die Säkularisierung hat das Religiöse nicht ausgelöscht. Sie hat das Religiöse aus unserer kulturellen Umwelt herausgelöst und lässt es dadurch gerade als rein Religiöses in Erscheinung treten. Tatsächlich hat die Säkularisierung funktioniert: Was wir erleben, ist die militante Neuformulierung des Religiösen in einem säkularisierten Raum, die dem Religiösen seine Autonomie und damit die Bedingungen für seine Ausbreitung gegeben hat. Säkularisierung und Globalisierung haben die Religionen gezwungen, sich von der Kultur abzulösen, sich als autonom zu begreifen und sich in einem Raum neu zu konstituieren, der nicht mehr territorial und damit nicht mehr der Politik unterworfen ist. Die politische Form des Religiösen, das heißt der Islamismus als Theokratie, ist gescheitert, weil sie mit der Säkularisierung auf ihrem Terrain konkurrieren wollte. Dieses Terrain ist der politischen Raum, den Nation, Staat, Bürger, Verfassung, Rechtsordnung konstituieren. Eine solche Politisierung des Religiösen bedeutet immer eine Säkularisierung, weil es sich mit der Alltagspolitik einlässt, weil es jedem Zugehörigkeit und Freiheit zugleich zuschreibt. Das Religiöse in politischer Form ist zwischen zwei Imperativen gefangen: Unglauben darf nicht sein, aber der Glaube kann nur individuell sein. Das Religiöse in politischer Form funktioniert nach dem Prinzip, dass jeder gläubig sein muss, aber es kann den Glauben seinerseits nicht gewährleisten und muss deshalb dafür sorgen, dass zumindest der Schein gewahrt wird, was wiederum in der Folge verhindert, dass sich das politisch Religiöse als ein Glaube präsentieren kann, der von der ganzen Gemeinschaft geteilt wird.

Es besteht ein enges Band zwischen Säkularisierung und religiösem Wiedererweckungsglauben; Letzterer ist nicht Abwehr der Säkularisierung, sondern ihr Produkt. Die Säkularisierung bringt das Religiöse hervor. Es gibt keine »Rückkehr« des Religiösen, sondern eine Veränderung. Diese Veränderung ist nichts weiter als ein Augenblick, ein Moment: Sie führt nicht notwendigerweise in ein neues religiöses Zeitalter.

Eine Frage stellt sich vorab dennoch: Können wir aus der zunehmenden Sichtbarkeit des Religiösen, seinem Gewicht in den Medien und in der Politik, wirklich auf ein Mehr an religiöser Praxis schließen? In Europa ist das nicht so: Das Pontifikat Johannes Pauls II. verkörperte die mediale Moderne des Religiösen, aber während sich über 20 Jahre hinweg immer mehr junge Leute aufmachten, um bei den Weltjugendtagen den Papst zu treffen, ging im selben Zeitraum die Zahl der Priesteranwärter in den katholischen Seminaren immer weiter zurück. Müssen wir daraus folgern, dass die Jugendlichen desto weniger Lust haben, Priester zu werden, je mehr sie vom Papst sehen? Oder, vorsichtiger formuliert, dass ihre spirituelle Nachfrage sich nicht mehr mit dem Angebot der traditionellen Kirche deckt? Die Europäer haben während der Jahrzehnte der vermeintlichen »Rückkehr des Religiösen« immer weniger ihren Glauben praktiziert. In Spanien regelt ein von der Kirche gebilligtes Gesetz aus dem Jahr 1987, dass der Staat eine auf freiwilliger Basis erhobene religiöse Steuer (0,52 Prozent von der Einkommensteuer) einzieht, die dann an die Kirche abgeführt wird. Von 1993 bis 2002[1] ist die Zahl der Steuerhaushalte, die das entsprechende Kreuz setzen, von 42,73 Prozent auf 34,32 Prozent gesunken. In Großbritannien verliert die

Religionsausübung generell an Bedeutung mit Ausnahme von drei Gruppen: den Polen (50 Prozent von ihnen besuchen den Gottesdienst), den Pfingstlern und den Muslimen.[2]

Aber ein großer Teil der Pfingstler sind Schwarze aus Afrika oder Jamaika. Hier sehen wir, dass religiöse »Wiedergeburtsbewegungen« an Bevölkerungskategorien, insbesonders an den Immigrantenstatus, gebunden sind, nicht an das Wesen der Religionen. An den Rändern der Gesellschaft rekrutieren die Religionen ihre Anhänger. Entsprechend nahmen in Großbritannien die großen religiösen Wiedererweckungsbewegungen des 18. Jahrhunderts (die Methodisten) und des 19. Jahrhunderts vor allem in geografischen Randbezirken wie Wales und Schottland Einfluss, aber das Herzland ließen sie links liegen. In Spanien ist der erstaunliche Zuwachs des Protestantismus von einigen Zehntausend praktizierenden Anhängern im Jahr 1995 auf rund 400 000 im Jahr 2005 auf die Konversion von Immigranten aus Ecuador zurückzuführen, die zudem Indianer sind. In den christlich-orthodoxen Ländern scheint der Zustrom zu den Kirchen nach dem Fall des Kommunismus versickert zu sein.

All jene, die eine Rückkehr des Religiösen zu erkennen glauben, sagen, dass Europa eine Ausnahme darstelle, und betonen, auf anderen Kontinenten sei das Phänomen viel ausgeprägter. Obwohl es schwierig ist, religiöse Praxis zu messen, so ist klar, dass wir heute nicht Zeugen einer Explosion der *Praxis*, sondern eher von neuen Formen der *Sichtbarkeit* des Religiösen sind. In den Vereinigten Staaten ist der Prozentsatz derjenigen, die sagen, sie seien nicht gläubig, von 1990 bis 2001 von 7 Prozent auf 13 Prozent gestiegen, während zwischen 1965 und 2002 die Zahl der katholischen Seminaristen von 49 000 auf 4700 gefallen ist, und das, obwohl gleichzeitig die Zahl der Katholiken durch die Hispanisierung der Bevölkerung zugenommen hat.[3] Auch bei den Protestanten wächst die Zahl der Theologiestudenten, während gleichzeitig der Prozentsatz derjenigen abnimmt, die Pfarrer werden wollen.[4] Die zunehmende Zahl orthodoxer Juden in Israel ist hauptsächlich eine Folge des Bevölkerungswachstums und nicht einer plötzlichen Zunahme der Zahl der »Wiedergeborenen« *(bal teshuva)*.

Oft ist von einem Niedergang des Christentums die Rede, der angeblich parallel zur Ausbreitung des Islam stattfinde. Aber tatsächlich ist weltweit der christliche Pfingstglaube neben dem Mormonentum am meisten auf dem Vormarsch. Die Religionsausübung der muslimischen Minderheit in Europa wirkt sehr viel sichtbarer, aber das hat vor allem damit zu tun, dass sie praktisch bei null begonnen hat; die Rituale, etwa die Gebete, scheinen von den einzelnen Gläubigen nicht viel häufiger eingehalten zu werden als in den anderen Religionen.[5] Der Islam hat sich weniger durch zahlreiche Konversionen ausgebreitet, als vielmehr infolge eines demografischen Zuwachses der muslimischen Bevölkerungsgruppen. Und dieses Wachstum wurde vor Kurzem abrupt gestoppt: Praktisch alle muslimischen Gesellschaften erleben heute einen demografischen Einbruch mit der Folge, dass ihre Geburtenziffern sich den europäischen Werten annähern oder noch darunter fallen.[6]

Andererseits schwingt in der Formulierung »Rückkehr des Religiösen« mit, dass die alten Religionen nach einer Phase des Rückzugs wieder so in Erscheinung treten, wie sie vormals waren. Sind die heute in Umlauf befindlichen Religionen tatsächlich dieselben – von Etiketten wie Christentum oder Islam einmal abgesehen – wie die, welche einst die großen Zivilisationen begründet haben? Derzeit erleben wir einen Übergang von traditionellen Formen des Religiösen (Katholizismus, muslimischer Hanafismus, klassische protestantische Bekenntnisse wie Anglikanismus oder Methodismus) zu fundamentalistischen und charismatischeren Formen der Religiosität (Evangelikalismus, Pfingstlertum, Salafismus, Tabligh, Neosufismus). Diese Bewegungen sind relativ neu. Der Salafismus geht auf den Wahhabismus zurück, der Ende des 18. Jahrhunderts begründet wurde. Die evangelikalen Bewegungen gehören in die Tradition protestantischer »Erweckungen«, die im 18. Jahrhundert entstanden sind, und die Pfingstbewegung entwickelte sich zu Beginn des 20. Jahrhunderts. Auch die Formen des Buddhismus und Hinduismus, die heute Zulauf haben und Verbreitung finden, sind jüngeren Datums und erst Ende des 19. beziehungsweise im 20. Jahrhundert entstanden (Soka Gakkai, La Fun Gong, Hare Krishna, aber auch der politische Hinduismus der indischen BJP und der Theravada-Buddhismus in Sri Lanka). Die Strömungen, die in Frankreich »Sekten« heißen und in den Vereinigten Staaten *cults* oder universalistischer als NRB (»neue religiöse Bewegungen«) bezeichnet werden, florieren: Die Mormonen und die Zeugen Jehovas, die ebenfalls im 19. Jahrhundert entstanden sind, erlebten Ende des 20. Jahrhunderts einen enormen Aufschwung, und zwar weltweit.

In diesem Sinn ist die »Rückkehr« des Religiösen nur eine optische Täuschung: Besser sollten wir von einer Mutation sprechen. Das Religiöse ist zwar deutlicher sichtbar, aber zugleich ist es häufiger im Niedergang begriffen. Wir haben es eher mit einer Neuformulierung des Religiösen als mit einer Rückkehr zu Praktiken von einst zu tun, von denen man sich während der Parenthese der Säkularisierung abgewandt hatte. Diese Tendenzen gehen mit dem Wunsch nach größerer Sichtbarkeit im öffentlichen Raum einher und zielen oft sogar auf einen offensichtlichen Bruch mit den herrschenden Praktiken und Kulturen. Das Religiöse stellt sich als solches zur Schau und will nicht länger auf den Status eines symbolischen Systems neben anderen reduziert werden.

So ändert sich das Verhältnis zwischen Religion und öffentlichem Raum. Denn die Rückkehr der Religion in den öffentlichen Raum erfolgt nicht mehr in Form einer kulturellen Selbstverständlichkeit, sondern vielmehr als Zurschaustellung des »reinen« Religiösen oder rekonstruierter Traditionen. Die in alle Richtungen stattfindenden Übertritte zu anderen Glaubensrichtungen sind ein gutes Indiz dafür, wie sich das Band zwischen Kultur und Religion verwirrt. Aber ganz eindeutig gewinnen in allen Fällen die sogenannten »fundamentalistischen« oder »charismatischen« Formen der Religion am meisten, ob es sich um evangelikale protestantische Bekenntnisse handelt oder um den muslimischen Salafismus. Die gleiche orthodoxe Verhärtung erfasst die katholische Kirche und das Judentum, selbst den Hinduismus. Der Fundamentalismus ist die am besten an die Globalisierung angepasste Form des Religiösen, weil er seine eigene Dekulturation akzeptiert und daraus seinen Anspruch auf Universalität ableitet.

## Deterritorialisierung und Dekulturation

Natürlich kommt es nicht zum ersten Mal vor, dass Religionen Grenzen überschreiten und außerhalb ihres angestammten kulturellen Bereichs Anhänger anziehen. Doch bislang gingen die Veränderungen der Religionen mit Prozessen der Dekulturation und Akkulturation einher, bei denen religiöse und kulturelle Marker sich mehr schlecht als recht neu verbanden, was oft im Rahmen von Eroberungen oder durch unterschiedliche Formen der politischen Beherrschung geschah. Die Territorialisierung der Religionen hatte deren Akkulturation oder, um einen neueren Begriff zu verwenden, deren Inkulturation zur Folge, das heißt, sie richteten sich inmitten einer bestehenden Kultur ein. Das Christentum und der Islam hatten unverkennbar eine verwestlichende beziehungsweise arabisierende Wirkung, obwohl nach und nach neue Synthesen zwischen Religion und Kultur entstanden sind, die die Aufteilung der Welt in Kulturbereiche rechtfertigten (die persische oder osmanische Kultur, das lateinamerikanische Christentum). Die Territorialisierung des Religiösen, gefördert durch die Politik, liegt im Übrigen der Theorie vom Zusammenprall beziehungsweise dem Dialog der Kulturen zugrunde.

Die Anthropologen haben eine ganze Batterie von Konzepten aufgeboten, um diese Verbindungen zu fassen: Akkulturation, Hybridisierung, Synkretismus, Vermischung etc. Marxisten aller Richtungen haben ausgiebig den Begriff der Entfremdung verwendet, um zu erklären, wie die politische oder ideologische Beherrschung Glaubensweisen durchsetzen konnte, deren Funktion es war, eben diese Beherrschung durch Verinnerlichung abzusichern: Es galt zu erklären, warum die Beherrschten die Religion der Herrschenden übernahmen. Ein besonders typisches Beispiel dafür war die Annahme des protestantischen Glaubens durch die schwarzen Sklaven in Amerika unabhängig von der systematisch betriebenen Bekehrungspolitik der Herren. (Aber wie ist zu erklären, dass die schwarzen Sklaven in den katholischen Gebieten Amerikas sich eher synkretistischen Religionen wie dem Voodoo zuwandten?)

Heute zirkuliert »das Religiöse« gerade außerhalb jedes Systems der politischen Herrschaft. Natürlich sehen viele im Vormarsch des Pfingstlertums eine neue Erscheinungsform der amerikanischen imperialistischen Ideologie, aber wir werden zeigen, dass die Dinge nicht so einfach sind. Denn was sollen wir dann von der Ausbreitung des Islam halten, vom derzeitigen Gewicht der Afrikaner in der katholischen Kirche und vom Vormarsch des Buddhismus? Macht die Konversion vieler schwarzer Amerikaner, die Muslime geworden sind, aus dem Islam die neue Entfremdung oder im Gegenteil die neue Form des Anti-Imperialismus?

Zwei Phänomene spielen bei der Veränderung des Religiösen heute eine Schlüsselrolle: Deterritorialisierung und Dekulturation. Die Deterritorialisierung hat nicht nur mit der zunehmenden Mobilität von Personen zu tun (das betrifft nur ein paar Prozent der Weltbevölkerung), sondern vielmehr mit dem Zirkulieren von Ideen, von Objekten der Kultur, von Informationen und allgemein von Konsumgewohnheiten in einem nicht territorialen Raum. Aber damit das religiöse Objekt zirkulieren kann, muss es universal erscheinen, nicht an eine bestimmte Kultur gebunden, die man erst verstehen muss, bevor man die Botschaft begreifen kann. Das Religiöse zirkuliert deshalb außerhalb des Wissens. Der Weg zum Heil führt nicht über das Wissen, sondern über den Glauben. Beides geht natürlich zusammen bei den Religionen, die in eine Kultur eingebettet sind und eine theologische Reflexion entfalten, die durch den Kontakt mit Philosophie und Literatur stimuliert wird. Aber dieser Zusammenhang ist nicht nur nicht mehr nötig, sondern wird geradezu zu einem Hindernis, wenn es darauf ankommt, »in Echtzeit« in einem Raum zu zirkulieren, wo die Information das Wissen ersetzt hat.

Die Entkoppelung von religiösen und kulturellen Markern ist keine Folge der Deterritorialisierung, sondern sie begleitet sie, aber vollzieht sich auch *in situ*, denn sie gehorcht unterschiedlichen Logiken, internen wie externen. Die Säkularisierung hat zur Folge, dass die Religion auf Distanz zu einer Kultur geht, die nunmehr als gleichgültig, gar feindlich erscheint. Das ist die Debatte zwischen »Fundamentalismus« und »Akkomodation«, die eher als zwei unterschiedliche Haltungen zu begreifen sind als zwei unterschiedliche Theologien: Die erste nimmt einen kulturellen Bruch an, die zweite meint, dass die Inkarnation des Religiösen in einer Kultur (einer etablierten oder einer sich entwickelnden) eine Bedingung für seine Präsenz in der Welt ist. Für den Fundamentalisten steht und fällt alles mit dem Glauben: Nur im Glauben gibt es Gemeinsamkeiten. Aus der Sicht des Akkomodationisten können der Gläubige und der Nicht-Gläubige eine Kultur und bestimmte Werte teilen. Es gibt den atheistischen Juden oder den Ungläubigen aus einem katholischen Milieu, und wir erleben heute, dass auch das Konzept des »atheistischen Muslims« auftaucht; hingegen kann man sich schlecht einen atheistischen Pfingstler, einen agnostischen Salafisten oder einen Intellektuellen mit der kulturellen Orientierung »Zeuge Jehovas« vorstellen.

Das Religiöse wendet sich gegen die Kultur der Umwelt, die nicht einfach nur als profan wahrgenommen wird, sondern, von den Pfingstlern genauso wie von Taliban und Wahhabiten, als heidnisch. Der Raum dazwischen, wo die Anpassung stattfinden könnte, verschwindet. So entsteht die Versuchung, etwas »rein Religiöses« zu definieren. Dieses rein Religiöse kann in verschiedenen Kontexten entstehen. Es kann eine Krise der sozialen Bindung sein, die zur identitären Rekonstruktion auf der Grundlage eines religiösen Markers führt, sei es durch Immigration, sei es durch eine Krise des Tribalismus. Es kann die explizite Konstruktion einer Religion »für den Export« sein: Das Bestreben zu missionieren hat vor dem Hintergrund eines standardisierten Weltmarkts zur Folge, dass Marketing betrieben, ein Produkt auf den Markt abgestimmt wird, dass man mit der Nachfrage spielt, aber auch eine Nachfrage erzeugt. Die Deterritorialisierung hat auch mit der Krise des territorialen Nationalstaats zu tun, an den sich trotz allem die Laizität bindet, die durch autoritäre Maßnahmen die Autonomie des Religiösen beschränken und den Einfluss der Globalisierung bekämpfen will; hiervon sind Länder wie Frankreich und die Türkei betroffen.

Wenn Religionen außerhalb ihrer Ursprungskulturen zirkulieren können, heißt das, dass sie sich von der Kultur ablösen, »dekulturieren«, konnten. Der religiöse Marker zirkuliert ohne jedweden kulturellen Marker und ist somit bereit, sich mit allen möglichen frei flottierenden kulturellen Markern zu verbinden: *hallal* Fastfood, koschere Biokost, Cyber-Fatwa, *hallal* Dating, christlicher Rock, transzendentale Meditation. Die politisch korrekte Gesinnung, die »Christmas« in »Winterval« umtaufen lässt, trägt ebenfalls dazu bei, das Religiöse nicht zu neutralisieren, sondern es im Gegenteil zuzuspitzen, indem sie seine Metamorphose in Kultur, seine »Einbettung« ins Kulturelle aufbricht.

Die Dekulturation des Religiösen hat entscheidende Konsequenzen: Zuerst macht sie aus dem Raum zwischen dem Gläubigen und dem Ungläubigen eine Barriere, sie teilen künftig weder Handlungsweisen noch Werte. Der gesamte Zwischenbereich, der aus nicht praktizierenden Gläubigen, den nur formal Praktizierenden und den Ungläubigen mit einer religiös geprägten Kultur bestand, verschwindet. In den Augen der Gläubigen gehören die Lauen, die Abgekühlten, all jene, die keine zweite Konversion als Wiedergeborene erlebt haben, zur profanen oder gar heidnischen Welt. Umgekehrt erscheint der Gläubige dem Ungläubigen seltsam, fanatisch. Die Dekulturation ist der Verlust der sozialen Selbstverständlichkeit des Religiösen. Die Gläubigen empfinden sich nunmehr als Minderheit, umgeben von einer profanen, atheistischen, pornografischen, materialistischen Kultur, die sich falsche Götter erwählt hat: Geld, Sex oder den Menschen an sich. Und das gilt selbst dann, wenn die Gläubigen zahlenmäßig in der Mehrheit sind wie in den Vereinigten Staaten.

Auf der anderen Seite bewirkt die Tatsache, dass verschiedene »religiöse Produkte« gleichzeitig auf dem Markt vorhanden sind, Konkurrenz und Standardisierung, nicht der Theologie, aber der Religiosität. Die Standardisierung spiegelt sich in der soziologischen Struktur der Anhänger neuer religiöser Bewegungen wieder, die Züge dessen vereinen, was ich als Neofundamentalismus bezeichnet habe: moderne Familienstrukturen (Paare mit ähnlichem Alter und ähnlicher Bildung), aber konservative Werte; politischer Lobbyismus, um moralische Werte zu propagieren, aber Gleichgültigkeit gegenüber der politischen Ideologie und der Staatsform; militante und beruflich aktive Frauen, die zugleich auf die traditionellen Rollen festgelegt sind (die neuen Schleierträgerinnen präsentieren sich so); moderne Berufe (Ingenieure, Beamte), aber Reden über »die Tradition«; Vorschriften sind wichtiger als Liebe und Mitgefühl; die Gemeinschaft schottet sich ab, aber pflegt eine universalistische Vision des Religiösen; Gleichgültigkeit gegenüber der traditionellen Kultur und Kunst, aber Faszination für moderne Technik etc. Die Formen der Religiosität ähneln sich, selbst wenn die religiösen Identitäten gegensätzlich sind. Die Uniformisierung von Lebensstilen, Normen und Werten erfolgt parallel zur Globalisierung.

Weil die Wünsche identisch sind – stets geht es um Selbstbestätigung, Selbstverwirklichung, Glück und Wohlergehen –, richten sich die Religionen an dieser Nachfrage aus. Die »Formatierung« durch den Markt wird durch die Institutionen noch verstärkt, sei es durch das Gesetz oder durch die Rechtsprechung der Gerichte. Nach und nach entsteht eine Matrix »der Religion«, denn die Institutionen brauchen eine für alle Religionen gültige Definition. Die Formatierung gehorcht jedoch nicht nur dem Wunsch nach besserer Kontrolle, Beherrschung und kultureller Einbindung, wie es bei der traditionellen Intervention des Staates in den spirituellen Bereich der Fall war. Heute erfolgt die Formatierung des Religiösen genau im Namen des Gegenteils: im Namen von Gleichheit und Freiheit. Damit die Religionen gleich behandelt werden, müssen sie in ein gemeinsames Schema passen: Wenn man beispielsweise einer Religion erlaubt, dass sie Armeeseelsorger stellt, wird vorausgesetzt, dass die betreffende Religion in irgendeiner Weise professionelle Geistliche hat, und wenn das nicht der Fall ist, wird man sie erfinden. Der Grundsatz der Trennung von Kirche und Staat in den demokratischen Ländern bewirkt nun gerade, dass der Staat das Religiöse nicht definieren kann, aber trotzdem muss er ihnen ein gemeinsames Paradigma zugrunde legen. Das Paradox besteht darin, dass die Formatierung des Religiösen, die einst stattfand, um die

Beherrschung unter den Bedingungen der territorialen und politischen Homogenisierung sicherzustellen, was im Allgemeinen von einem nationalstaatlichen Projekt ausging, heute unter dem Banner der »Menschenrechte«, der religiösen Freiheit und des Multikulturalismus stattfindet. Multikulturalismus ist keineswegs die Anerkennung ursprünglicher Unterschiede, sondern nur Ausdruck dessen, dass sich Kulturen und Religionen an einem gemeinsamen Paradigma ausrichten, und zwar dem Paradigma des kleinsten gemeinsamen Nenners. Dabei handelt es sich um einige von ihrem Kontext abgelöste, durch die juristische Praxis »egalisierte« religiöse Marker, die als kulturelle Marker neu etabliert werden. Der Multikulturalismus läuft darauf hinaus, dass die tiefere Dimension der Kultur verschwindet und in ihrem Namen ein Spiel mit austauschbaren religiösen Markern getrieben wird, etwa Essens- und Bekleidungsvorschriften, die auf einige Zeichen reduziert werden wie beispielsweise das Kopftuch. Multikulturalismus ist Kommunitarismus, reduziert auf den Zugewinn.

## Etwas rein Religiöses?

Aber was sollte »rein religiös« bedeuten? Die Spannung zwischen Glaube und Kultur hat es schon immer gegeben, besonders in Augenblicken des Bruchs, der Offenbarung, der Konversion. Der Bruch mit der umgebenden Kultur zieht darum eine fundamentalistische Affirmation (man muss zu den expliziten religiösen Normen zurückkehren und nur zu ihnen) oder eine integralistische Affirmation nach sich (mein Glauben muss über alle Aspekte meines persönlichen Lebens herrschen, auch wenn ich ihn anderen nicht aufzuzwingen versuche).[7] Der neue Gläubige, Konvertit oder Anhänger einer Erweckungsbewegung, verwahrt sich dagegen, dass sein Glaube als ein symbolisches kulturelles System neben anderen klassifiziert wird, wie es die Anthropologen tun. Für ihn geht es um etwas Absolutes. In den Worten des protestantischen Theologen Karl Barth hat das Religiöse einen »Glaubenssprung« gemacht. Es gibt keine Theologie ohne Glauben. Die Debatte zwischen Glauben und Wissen gehört zu allen Offenbarungsreligionen. »Gemäßigte« Strömungen wie der Thomismus haben immer betont, dass zwischen Wissen und Glauben kein Widerspruch besteht, dass vielmehr Glauben und Wissen sich wechselseitig verstärken. Aber durch die Dekulturationserscheinungen zerbricht diese dialektische Beziehung: Die heiligen Texte müssen außerhalb jedes kulturellen Zusammenhangs sprechen können. Insofern erleben wir eine Dekulturation der heiligen Texte. Wir wissen, wie sehr die Bibel ein kulturell geprägter Text ist, trotzdem wollen die protestantischen Evangelikalen sie »wortwörtlich« lesen, wobei sich das Wort von der Sprache freimacht und nur noch einfache Botschaft ist. Dieser Schritt der Dekulturation macht heute den Erfolg der Pfingstler aus.

Das Besondere an der Pfingstbewegung – über die Züge, die für den sogenannten Evangelikalismus typisch sind, hinaus, das heißt die Betonung der Rekonversion, die Wiedergeburt, und der Glaube an den Wortlaut der Bibel – ist die Glossolalie, das Sprechen in Zungen. Unter dem Einfluss des Heiligen Geistes beginnen einige Gläubige wie einst die Apostel »in Zungen« zu reden mit dem Ergebnis, dass andere Menschen, mit denen sie keine gemeinsame Sprache haben, verstehen, was sie sagen. Natürlich gibt es unterschiedliche Schulen in der Pfingstbewegung: Nicht alle sehen in der Glossolalie die Bedingung für das Heil, aber das »Sprechen in Zungen« ist das besondere Merkmal der Pfingstler. Doch die Pfingstler, die in »Zungen« predigen, predigen nicht in einer bestimmten Sprache, auch sprechen sie keine Fremdsprachen. Die Glossolalie ist nur eine Abfolge von Tönen, und trotzdem kommt die Botschaft an: Das Wort Gottes ist nicht an eine bestimmte Sprache und Kultur gebunden, es bewegt sich wie züngelnde Flammen. Es ist etwas ganz Außerordentliches: Die Sprache, die man spricht, ist keine reale Sprache mehr, das Wort Gottes ist nicht in einer konkreten Sprache inkarniert. Insofern handelt es sich um zwei simultane Auffassungen vom Buchstaben: Die Pfingstbewegung ist »buchstabengläubig«, das heißt, die Wahrhaftigkeit der Heiligen Schrift wird nicht in Zweifel gezogen, aber sie interessiert sich nicht für die reale Sprache des Textes, genauso wenig wie für irgendeine Sprache. Der biblische Text wirft, wie nicht anders zu erwarten, ein Problem auf: Weil er in Hebräisch, Aramäisch oder Griechisch vorliegt, stellen sich viele Fragen hinsichtlich der Übersetzung, des kulturellen Umfelds der damaligen Sprache. Denn Sprache ist bekanntlich nie neutral. Jede Sprache verweist auf einen komplexen kulturellen Kontext, jede Sprache hat eine Geschichte. Die Pfingstler ignorieren die reale Sprache und lösen auf diese Weise die Kontextgebundenheit des heiligen Textes: Gott spricht ohne Kontext.[8]

### Wie funktioniert die Weitergabe?

Wie wird man von einem *born again* geboren, wie ist man Kind eines Konvertiten? Der Bruch wird nicht weitergegeben. Deshalb sind Religionen immer akkulturiert oder inkulturiert. Aber die Entkoppelung von Religion und Kultur scheint heute eben deshalb fortzudauern, weil die Globalisierung die Beständigkeit und territoriale Gebundenheit der Kulturen in Frage stellt. In der Wissensgesellschaft, von der heute so viel die Rede ist, ist das Wissen vom kulturellen Kontext abgelöst, reduziert auf die Form der zirkulierenden Information. Die Autonomie des Religiösen und die Trennung von kulturellen und religiösen Markern passen zu dem, was heute geschieht. Das ist die Modernität des Religiösen.

Aber diese beständige Spannung zwischen Religion und Kultur ist instabil. Konvertiten und Wiedergeborene stehen immer wieder vor zwei Problemen: Wie geht die Weitergabe an die Kinder vonstatten, und wie lassen sich andere erreichen? Das Schlagwort lautet heute Wiederanknüpfung, das ist die einzige Alternative zur Gettoisierung des Religiösen. Alles oder nichts funktioniert im Glauben heute nicht mehr, vor allem nicht im Hinblick auf die neue Generation, für die die »Rückkehr des Religiösen« eine Errungenschaft und zugleich ein überholtes Phänomen darstellt.

Darum ist die Frage, wie sich die Verbindung wiederherstellen lässt, ein Problem für die katholische Kirche, für zentristische Muslime (wie den Fernsehprediger Amr Khaled) oder für amerikanische Evangelikale, die die Idee aufgegeben haben, dass die Wiederkehr Christi unmittelbar bevorsteht. Die Gläubigen verbringen ihre Zeit nicht nur mit Beten, sie erwarten auch etwas von der Politik und der Wirtschaft. Die Erschöpfung der christlichen Rechten in Amerika, die sich 2008 in dem republikanischen Präsidentschaftskandidaten nicht wiedererkannte, ist ein Zeichen dafür.[9] Mit dem Kampf gegen Abtreibung und Homo-Ehe lassen sich die Sorgen zahlreicher Gläubiger über die Klimaerwärmung, den Zustand der Sozialsysteme und die Angst vor einem sozialen Absturz nicht überwinden. Vom Iran über die pakistanische Nordwestprovinz bis nach Saudi-Arabien löst die Anwendung der Scharia nicht eines der wirtschaftlichen und sozialen Probleme. Die Verarmung der Ultra-Orthodoxen in Israel ist ein ökonomisches Problem für den Staat. Im Übrigen verlieren zahlreiche junge jüdische Charedim den Glauben, ohne dass sie deshalb zu sozial integrierten Laizisten werden.[10] Das Soziale und die Kultur sind zwei Themen, die die Glaubensgemeinschaften verfolgen.

Und so gehen die Religionen auf die Suche nach neuen kulturellen Markern, vor allem nach solchen, die Wurzeln in der Jugendkultur haben. »Der Himmel ist womöglich gar nicht so weit weg für Teenager. In den südwestlichen Vororten von Savannah wird bald ein neues, 3000 Quadratmeter großes Zentrum für Spiele, Partys, Begegnungen und Rockkonzerte eröffnet. In The Link, dem neuen Jugendzentrum der Savannah Christian Youth Church, wird alles kostenlos sein. Heute Abend wird das zweistöckige Gebäude mit einer dreistündigen Eröffnungsfeier eingeweiht. Stündlich werden unter den jungen Leuten, die sich neu einschreiben, Preise verlost, unter anderem iPods. The Link bietet eine Fülle von Unterhaltungsmöglichkeiten, wie man sie selten an einem Ort findet und schon gar nicht in einer Kirche. Es gibt eine Kletterwand, neun Xbox 360, ein Basketballfeld, eine Skaterrampe, ein Café, eine Terrasse am See und viele gemütliche Sitzecken.«[11]

In Lourdes organisiert »der Bischof von Tarbes und Lourdes … am 31. Dezember eine Nacht des Feierns und des Gebets. Motto: 3D,

›Dicothèque De Dieu‹ [Diskothek Gottes]. Auf dem Programm: ein Konzert der christlichen Rockband Exo, danach Zug zur Grotte von Massabielle, wo Monsignore Jacques Perrier eine Messe zelebrieren wird. Danach können die jungen Leute wählen zwischen nächtlichem Gebet und nächtlicher Party.«[12]

»Mit dem Angebot von Eisdrinks, iPods, Gutscheinen für Wellness-Behandlungen und Yoga-Kursen geht eine Gruppe orthodoxer Rabbis im Großraum Washington eindeutig unorthodoxe Wege, um ein immer größer werdendes Problem zu lösen: die mangelnde Beteiligung der Juden am jüdischen Gemeinschaftsleben.«[13]

Die amerikanische evangelikale Literatur ist genau wie die der konservativen oder orthodoxen Juden voll von Berichten über die verzweifelte Suche, wieder in Kontakt zu kommen – ein Zeichen dafür, dass die allein auf das Religiöse ausgerichtete Position langfristig nicht haltbar ist.[14] Aber hier steht die kulturelle Dimension dieser neuen Marker in Frage, denn offenbar verwechselt man Code und Kultur. Das Religiöse in Jugendsprache zu codieren bedeutet, im Vergänglichen und Ephemeren zu bleiben. Das ist im Übrigen oft der Standpunkt der jeweiligen Religiösen, die den Kunden anlocken, aber nicht dessen Weltsicht übernehmen wollen. Die Frage, wie eine religiöse Kultur künftig aussehen kann, bleibt damit offen. Unterdessen triumphiert die heilige Einfalt.

### Die neuen Konvertiten

Konversionen hat es immer gegeben, aber Konversionen im großen Stil erfolgten im Allgemeinen kollektiv und unter besonderen politischen Umständen: bei Eroberungen, als Integrationsstrategie oder als Ausdruck lokaler Identitäten. Neu ist heute, dass Konversionen in der Regel Ergebnisse individueller Entscheidungen sind und in sehr unterschiedlichen Kontexten stattfinden. Sie sind zahlreich und gehen mit der raschen Ausbreitung neuer religiöser Strömungen einher, die sich entweder innerhalb von bestehenden Religionen entwickeln (wie die charismatischen und evangelikalen Bewegungen im

Christentum, die zu Lasten sowohl der liberalen als auch der traditionellen Formen gehen, oder auch wie das Vordringen des Salafismus im Islam), oder sie treten als neue Religionen in Erscheinung und werden dann oft als »Sekten« bezeichnet. Aber der springende Punkt bei den Konversionen ist die Ablösung des Religiösen vom Kulturellen. Das heißt, die Religionen rekrutieren außerhalb der traditionell mit ihnen verbundenen Kulturen, oder sie bewirken eine Dekulturation, der keine neue Akkulturation folgt: Sie gehen auf Distanz zur jeweiligen Umgebungskultur, die als viel zu säkular, ja heidnisch wahrgenommen wird, ohne notwendigerweise neue Kulturen zu propagieren.

Die Grenze zwischen neuen Formen der Religiosität, neuen Religionen und Sekten ist fließend. Wo sollen wir die Mormonen und die Zeugen Jehovas einordnen? Sie betrachten sich als Christen, was aber von allen anderen Kirchen bestritten wird. Deshalb haben die Religionssoziologen den Begriff »neue religiöse Bewegungen« geprägt, der es erlaubt, jenseits der Abstammungslinien und Zuschreibungen all die neuen Strömungen als ein Ganzes zu denken, ob Pfingstler, Zeugen Jehovas oder Hare-Krischna-Anhänger.

Die Konvertiten sind vor allem Nomaden, auch wenn sie sich physisch nicht bewegen: Sie sammeln, kosten und experimentieren, surfen im Internet. Viele Konversionen sind Autokonversionen: Man wählt sich seine Religion selbst aus, erklärt sich zum Mitglied einer Religionsgemeinschaft und sucht sich dann eine religiöse Autorität, von der man sich seine Wahl bestätigen lässt. Besonders frappierend ist das bei den Konversionen zum Judentum, sofern sie nicht ein formales Erfordernis sind wie bei Eheschließungen oder wenn jemand die israelische Staatsbürgerschaft annehmen möchte. Es gibt keine jüdische Missionierung im Ausland, trotzdem klopfen alljährlich Hunderte von Kandidaten an alle erdenklichen Türen, weil sie Juden werden wollen.[15] Die Konversion erfolgt in den Fällen weder auf politischen Druck hin noch unter dem Einfluss einer dominierenden Kultur, noch einer gezielten Proselytenwerbung.

Die Erzählungen der Konvertiten gleichen sich ganz eigentümlich: Meistens handelt es sich um einen sehr persönlichen Weg. Am Anfang steht ein Gefühl von Unzufriedenheit und Scheitern, man sucht in verschiedenen Glaubenssystemen, und dann kommt plötzlich die Begegnung mit Jesus, Allah oder einem Guru. Muslimische Internetseiten sind voll von Berichten über Konversionen, und sie gelten umso mehr, wenn der Konvertit zuvor Christ war, möglichst aus einem westlichen Land stammt und gebildet ist. Bei den Evangelikalen zählt vor allem das öffentliche Bekenntnis vor dem Publikum der Gläubigen: »Ich habe getrunken, ich habe Drogen genommen, ich habe gestohlen, und eines Tages habe ich Jesus getroffen.«[16] Die Konversion kann auch intern stattfinden: Man bleibt in derselben Religion, aber wird wiedergeboren. Das ist ein Grundprinzip bei den Evangelikalen und den Pfingstlern: Es genügt nicht, getauft zu sein, es muss eine persönliche Hinwendung zu Christus geben. Der Gläubige ist ein »Bekennender«, er muss seinen Glauben in allen Bereichen des Lebens ausdrücken; das finden wir bei den Salafisten wie bei den jüdischen Charedim. Alle charismatischen christlichen Bewegungen, auch bei den Katholiken, gehen von diesem Denkschema aus, auch wenn sie nicht notwendigerweise eine spezielle Zeremonie vorsehen. Die salafistischen Muslime und Tabligh-Anhänger meinen, dass eine echte Umkehr stattfinden und man dementsprechend die traditionelle Auffassung des Islam aufgeben muss. Die (Re-)Konversion ist eine persönliche Erfahrung, eine Erleuchtung, seltener ein intellektueller Schritt. Die theologische Debatte spielt hier keine Rolle, sondern auf die »Erzählung des Lebens« kommt es an.

Konvertiten und Anhänger einer Erweckungsbewegung stehen im Mittelpunkt unserer Untersuchung, denn sie verkörpern am besten das Phänomen der Dekulturation des Religiösen. Die Konvertiten und die Wiedergeborenen haben gemeinsame Merkmale, wenngleich Unterschiede im Stil und in den Grundsätzen klar hervortreten, besonders zwischen den eher asketischen Gruppen und jenen, die einen demonstrativen Reichtum als Zeichen der Gnade Gottes predigen.

Die Konversionen oder Rekonversionen innerhalb einer Religion sind kein Nullsummenspiel. Es gibt Gewinner und Verlierer. Im Christentum sind die protestantischen evangelikalen Bewegungen im Aufschwung, allen voran die Pfingstler. Sie gewinnen von allen anderen Religionen Anhänger hinzu, hauptsächlich vom Katholizismus. In Brasilien ist der Anteil der Katholiken an der Bevölkerung im Zeitraum 1965 bis 2005 von 90 Prozent auf 67 Prozent zurückgegangen, in Spanien ist die Zahl der Protestanten von 1995 bis 2005 von einigen Zigtausend auf mehrere Hunderttausend angestiegen, und in knapp 20 Jahren (1980 – 1998) sind 10 Prozent der Bewohner der Kapverdischen Inseln vom Katholizismus zum Protestantismus konvertiert. Aber die christlich-orthodoxen Länder, das heißt die Staaten des ehemaligen Sowjetreichs, und die muslimischen Länder in Zentralasien sind genauso betroffen. Pfingstler-Gemeinden finden wir an so überraschenden Orten wie Sizilien, in Griechenland und im Libanon. In Frankreich hat man sich noch wenig mit dem Vormarsch des evangelikalen Protestantismus beschäftigt, amerikanische Forscher hingegen untersuchen das Phänomen seit Langem.[17]

Doch wir können nicht einfach von einer internen Veränderung des Christentums sprechen, denn der Evangelikalismus verbreitet sich auch in China und in der muslimischen Welt. Übertritte von einer Religion zur anderen ereignen sich nicht wie früher in Regionen des physischen Kontakts, wenn eine neue politische Macht ihre Religion mitbringt. Heute gibt es einen regelrechten religiösen Markt mit der Auswahl zwischen den unterschiedlichsten Möglichkeiten. Es ist ein globales Phänomen. Natürlich besteht nicht überall Religionsfreiheit, aber das traditionelle Band zwischen einer Religion und einer Kultur hat sich aufgelöst: Ein Algerier ist nicht mehr automatisch Muslim, ein Russe orthodox, ein Pole katholisch. Religiöse Entscheidungen, die früher unvorstellbar gewesen wären, werden möglich, fallen sogar leicht. Ein typisches Beispiel ist die christliche Anhängerwerbung unter Muslimen. Warum waren zur Zeit der Kolonialherrschaft Übertritte zum Christentum sehr selten, obwohl die Machthaber sie förderten? Die laizistische französische Republik hat die missionarischen Aktivitäten der Weißen Väter (Pères blancs) unterstützt. Es ist ganz und gar kein Zufall, dass der

Gründer der Weißen Väter, Kardinal Lavigerie, auch derjenige war, der die Annäherung der katholischen Kirche an die Republik betrieb. In Algerien, auf französischem Territorium, war der Erwerb der französischen Staatsbürgerschaft zwar nicht an die Aufgabe der muslimischen Religion gekoppelt, aber weil die Konversion auch den bisherigen rechtlichen Status beendete, erleichterte sie natürlich eine derartige Integration; dementsprechend wurde sehr dafür geworben, zu konvertieren. Doch die Ergebnisse waren höchst enttäuschend. Von einigen kabylischen Intellektuellen-Familien abgesehen (Amrouche, Regghi), war die Missionierung der Weißen Väter ernüchternd wirkungslos, und die katholische Kirche gab die Bekehrung der Muslime bald auf, um sich ganz auf das »Zeugnis« zu konzentrieren (wie beispielsweise mit dem Kloster Tibehirin in Algerien). Pater Christian Delorme ging sogar so weit, zu erklären, die Algerier sollten nicht zum Christentum bekehrt werden, weil die Zugehörigkeit zum Islam ein fester Bestandteil der algerischen Identität sei.[18]

Im Februar 2006 verabschiedete das algerische Parlament ein Gesetz, das religiöse Bekehrungsversuche verbietet. Warum? Bis dahin war ein solches Gesetz überflüssig, weil es sich nur um wenige Fälle handelte. Aber inzwischen betraf die Konversion zum Christentum den Mann und (vor allem) die Frau auf der Straße, ohne dass ein Herrschaftsapparat daran beteiligt war. 2008 wurden mehrere zum Christentum Konvertierte abgeurteilt.[19] Erklärungen, die auf Akkulturation oder politische Herrschaft verweisen, greifen hier nicht. Es hing auch nicht damit zusammen, dass auf einmal Religionsfreiheit bestanden hätte und dazu ein breites missionarisches Angebot. Im Gegenteil, Gesellschaft wie Staat lehnen die missionarische Aktivität ab. Das gilt in erster Linie für die autoritären muslimischen Länder, aber unter anderen Vorzeichen sind viele Staaten gegenüber der Proselytenwerbung kritisch eingestellt. In Russland und Indien wurden beispielsweise zu Beginn des 21. Jahrhunderts Gesetze erlassen, um die Zahl der Konversionen zu begrenzen, 2006 folgte der Bundesstaat Rajasthan: Die Hindus zielen damit vor allem auf die Übertritte von Angehörigen niederer Kasten zu evangelikalen Bewegungen und zum Buddhismus. In Frankreich hat die Kommission Miviludes (Mission interministerielle de vigilance et de lutte contre les dérives sectaires; Interministerielle Arbeitsgruppe für die Beobachtung und Bekämpfung sektiererischer Umtriebe) alle neuen religiösen Bewegungen im Blick. Die Vielzahl von Gesetzen und Kampagnen gegen die Konversion zeigt *a contrario*, wie erfolgreich die Anhängerwerbung ist.

Über die Konversionen von Christen zum Islam in den letzten Jahrzehnten wurde sehr viel geschrieben. In der Regel profitieren davon fundamentalistische Bewegungen wie der Salafismus und die Tablighis sowie sufistische Gruppierungen. Aber es ist wenig bekannt, dass Al Qaida die »islamische« Bewegung mit dem höchsten Anteil von Konvertiten ist (unter den internationalen Mitgliedern der Gruppe sind 10 bis 20 Prozent zum Islam übergetreten) und die einzige, die ihnen Verantwortung übertragen hat. Die Konvertiten sind keineswegs nur Helfer, die die Sicherheitsbehörden und die »Profiler« verwirren sollen. Der Islam hat unter den hispanischen Einwanderern in Nordamerika[20] genauso Zulauf wie der Protestantismus. Wie wichtig der Islam bei den Schwarzen in Amerika ist, zeigt der Umstand, dass 2007 der erste amerikanische Muslim in den Kongress gewählt wurde – ein Konvertit. Auffälligerweise betreffen Konversionen in alle Richtungen dieselben Milieus: Immigranten der zweiten Generation, verunsicherte Schichten, »sichtbare Minderheiten«, zornige junge Leute, die auf der Suche sind. In Frankreich decken sich im Norden, im Großraum Paris, im Elsass, entlang der Rhone und am Mittelmeer die Verteilung der Moscheen und der neuen evangelikalen Tempel zu 80 Prozent. Man braucht nur einmal zu einer evangelikalen Veranstaltung oder zu einem Treffen der Zeugen Jehovas zu gehen, um einen Eindruck von der großen ethnischen Vielfalt zu gewinnen.

Weniger beachtet wird die Konversion von Muslimen zum Christentum. Zulauf haben in erster Linie die Protestanten, obwohl aus den Statistiken der katholischen Kirche in Frankreich hervorgeht, dass seit 2000 rund 400 Muslime jährlich getauft werden wollen gegenüber 200 pro Jahr in den 1990er Jahren. Im Gegensatz zu den Katholiken, die wenig Anhängerwerbung treiben, gehen die Evangelikalen sehr aggressiv vor.[21]

Der bekannteste Fall in Frankreich ist der des Pastors Said Oujibou, geboren in Marokko, Präsident der Föderation der christlichen Nordafrikaner in Frankreich (Fédération des Nord-Africains chrétiens de France, FNACF), die nach eigenen Angaben 10 000 Mitglieder hat. Zu nennen sind weiter Azedine Bentaiba, der Verantwortliche von Oasis Toulouse, und der Pastor von Saint-Ouen, Amor Bouaziz, welcher algerischer Abstammung ist. Sie alle sind Evangelikale, aber auch das Jahresmitgliederverzeichnis der Reformierten Kirche in Frankreich enthält einige muslimische Namen (wie etwa Pastor Rachid Boubégra 2005 in Lunéville).

In den 1990er Jahren habe ich einige Beispiele für die Konversion von Muslimen zum Christentum in Zentralasien selbst erlebt. Der Umfang des Phänomens lässt sich schwer genau beziffern,[22] aber es handelt sich um einige Zigtausend Konversionen. Von 1993 bis 1994 war ich Repräsentant der OSZE in Tadschikistan und damit beauftragt, Verstöße gegen die Menschenrechte zu »beobachten«. Damals war die Religionszugehörigkeit ganz klar eine ethnische Angelegenheit: Die Muslime waren Tadschiken, Usbeken oder Kirgisen, die Juden waren Juden aus Buchara, und die Protestanten hatten slawische, armenische, deutsche oder koreanische Namen (Letztere waren »indigene« Koreaner, die Stalin in den 1940er Jahren nach Zentralasien deportiert hatte). In den meisten Fällen handelte es sich um Baptisten, deren Gemeinden schon lange existierten. Aber Ende der 1990er Jahre wurde eine Veränderung offensichtlich: Festgenommene Pastoren oder Gläubige trugen mehrheitlich muslimische Namen, und die Kirchen waren eher pfingstlerisch, entsprechend der koreanischen Richtung (allerdings der südkoreanischen); gleichzeitig tauchten überall Zeugen Jehovas auf.[23] Außer den Baptisten wurden am häufigsten folgende Kirchen genannt: Grace of Christ Pentecostal Church (Pastor Felix Li in Taschkent), Good News (ehemals Sun Bok Ym), Love Presbyterian Church, Full Gospel, Church of Jesus Christ, Sonmin Grace Church in Khodschent (Pastor Alisher Haydarow: eine koreanische Kirche mit einem konvertierten Muslim als Pastor). Sie gehören überwiegend den großen internationalen Pfingstbewegungen an, die zu Beginn des 20. Jahrhunderts in Kalifornien entstanden sind.

Wir erleben insofern unter den Muslimen eine starke Bewegung von Konversionen zum Protestantismus. Die Konversionen betreffen traditionell muslimische Länder. In der Türkei, wo das Christentum historisch mit ethnisch-sprachlichen Minderheiten wie den Armeniern, Griechen und Syrern verbunden ist, wurde 2005 eine erste ethnisch türkische protestantische Kirche anerkannt: Der Tempel von Altintepe, einem Stadtviertel in Istanbul, ist als *vaaf* anerkannt, als rechtlicher Rahmen für religiöse Vereinigungen. Gleichzeitig konnten zahlreiche Konvertiten nach langen Bemühungen den Eintrag unter »Religion« in ihren Ausweispapieren in protestantisch statt muslimisch ändern. In Adiyaman wurde 2007 der erste Bischofssitz auf heutigem türkischem Territorium seit dem Fall von Konstantinopel 1453 eingerichtet. Der neue syrisch-orthodoxe Bischof Gregorios Malke Ürek bekehrt nicht, erlebt aber, dass Dutzende Türken zu ihm kommen, die nur Türkisch sprechen, jedoch auf eine syrische oder armenische Großmutter verweisen. Das geht nicht ohne Spannungen ab: 2007 wurden in Malatya christliche Konvertiten ermordet, übrigens von Tätern, die eher aus dem nationalistischen als aus dem islamistischen Dunstkreis kamen. (Die AKP ist hinsichtlich der Religionsausübung von Christen in der Türkei viel offener als linke und rechte Nationalisten, in deren Augen das Christentum die Religion des Feindes ist.) In Malaysia lehnte das Bundesgericht 2008 die Anerkennung der Konversion von Lina Joy, geborene Azlina Jailani, ab. In Ägypten hingegen stimmten die Behörden der Rückkehr einer koptischen Christin zum Christentum zu, die zum Islam konvertiert war.[24]

In Marokko und Algerien, aber auch in den meisten arabischen Ländern entwickeln sich christliche Untergrundkirchen. Algerien geht mit harter Hand dagegen vor: Es gibt Verfahren gegen Konvertiten, Priester werden verhaftet, Missionare ausgewiesen.

Jenseits der demografischen Frage (wie zahlreich sind die Konversionen?) ist allein die Tatsache, dass es Konversionen vom Islam zum Christentum gibt, ein Tabubruch. Bislang herrschte in der Öffentlichkeit das Bild vor, dass ein eroberungswilliger Islam im subsaharischen Afrika das Christentum ablöst und nach und nach die traditionellen arabischen Christen wegdrängt. Doch die Dinge sind komplizierter: Die traditionellen christlichen Kirchen befinden sich zwar in der Krise, sowohl demografisch wie spirituell (was man am Rückzug der Christen im Osten auf ihre jeweiligen Gemeinschaften ablesen kann), aber die christliche Religion an sich erlebt einen Aufschwung, allerdings in neuen – protestantischen und fundamentalistischen – Formen.

Der Vormarsch des Buddhismus (Zen, Soka Gakkai) und von Formen des Neohinduismus (Bewegung von Sri Aurobindo, Hare Krischna) im Westen findet deshalb Beachtung, weil er vor allem die mittleren und höheren Schichten betrifft. Aber die Ausbreitung eines »globalisierten Buddhismus« ist interessant, weil sie heute in sehr unterschiedlichen Milieus stattfindet, von den niederen Kasten in Indien bis zu den Schwarzen in Amerika. Der erste zum Buddhismus konvertierte amerikanische Abgeordnete (ausgenommen die Repräsentanten Hawaiis mit japanischer Herkunft, für die der Buddhismus allerdings eine »kulturelle« Religion ist), Hank Johnson aus Georgia, ist ein schwarzer Amerikaner und Mitglied von Soka Gakkai; zufällig ist der erste Muslim, der im selben Jahr gewählt wurde, Keith Ellison, ebenfalls schwarz. Aber umgekehrt konvertieren auch Buddhisten zum Protestantismus: In der russischen Republik Tuva, wo der Buddhismus Staatsreligion ist, halten die Pastoren Bair Kara-Sal und Buyan Khomushku von der Kirche Sun Bok Ym, gegründet von südkoreanischen Missionaren der Pfingstbewegung Full Gospel, ihre Predigten in Tuva-Sprache. Und von den Konversionen Prominenter wird auf den Titelseiten der Zeitungen berichtet. Tony Blair ist nach dem Ausscheiden aus dem Amt von der protestantischen zur katholischen Kirche übergetreten.

Natürlich ist im gegenwärtigen Klima zu erwarten, dass die Frage des Glaubensabfalls im Islam am meisten Krisen und Spannungen auslöst. Viele militante Laizisten, die sich über das Schicksal von »Apostaten« im Islam empören, halten alle Konvertiten in die umgekehrte Richtung für verdächtig, ob die Konversion tatsächlich vollzogen wurde oder nur vermutet wird. Aber die Frage des Glaubensabfalls ist nur ein Aspekt der allgemeinen Veränderung des Religiösen heute. Es geht nicht nur um die Menschenrechte: Die Konversion steht im Mittelpunkt der Trennung von Religiösem und Kulturellem. Es gibt keine automatische Verbindung mehr zwischen Kultur und Religion. Der religiöse Marker ist frei und flexibel. Die Spannungen werden sich mit der Verbreitung von Konversionen und den Veränderungen der Religion in der Welt von heute verstärken, bis die Entkoppelung von Religion und Kultur in den Köpfen angekommen sein wird. Die Konversionen sind ein Schlüssel, um zu verstehen, was da vor sich geht. Aber ihre unvermeidliche Banalisierung wird auch ein Indiz dafür sein, dass die Religionen künftig jenseits der Kulturen existieren und dass der viel beschworene Zusammenprall (oder Dialog) der Kulturen, der ein dauerhaftes, wechselseitiges Band zwischen der Kultur und dem Religiösen unterstellt, ein unproduktives Hirngespinst ist.

## ERSTER TEIL

# Das Wechselspiel von Religion und Kultur

# Wenn das Religiöse auf die Kultur trifft

## Ist die Religion Teil der Kultur?

Die Frage nach dem Verhältnis von Religion und Kultur ist nicht neu, genauso wenig wie die Globalisierung etwas Einmaliges ist. In der Geschichte hat es schon Zeiten gegeben, in denen Kulturen und Gesellschaften auf einmal erlebten, dass sie von Kommunikations-, Wirtschafts- und politischen Herrschaftssystemen überrollt wurden, die sie in einen Zustand der Dekulturation brachten, der weit über die simple Absorption durch die herrschende Kultur hinausging.; die Dekulturation selbst wiederum veränderte sich im Verlauf ihrer universellen Ausbreitung. Das Römische Reich und die verschiedenen Kolonialepochen (von den großen Entdeckungen bis zum siegreichen Imperialismus des 19. Jahrhunderts) illustrieren diese früheren Globalisierungsvorgänge. Universalistische Religionen wie das Christentum und der Islam wurden in ihrer Entwicklung durch solche Umwälzungen begünstigt und sind selbst zu deren Triebkräften geworden.

Der aktuelle Prozess der Globalisierung geht jedoch darüber hinaus, alle Elemente des Phänomens werden systematisiert und ins Extrem getrieben, insbesondere die Deterritorialisierung. Die gegenwärtige Globalisierung führt eine ganz neue Dimension ein: die dauerhafte Loslösung von Religionen, Territorien, Gesellschaften und Staaten. Das bewirkt eine größere Autonomie des Religiösen. Doch in dieser neuen Konfiguration sind die Religionen nicht alle gleich, wie wir gesehen haben. Der protestantische Evangelikalismus verbreitet sich in der ganzen Welt, und zwar in zwei gegensätzlichen Lesarten. Die erste erklärt das Gewicht der Religionen durch ihre Verbindung mit zwei unterschiedlichen Kulturen, einer herrschenden oder einer beherrschten. Entsprechend wird die Expansion des

Protestantismus mit der amerikanischen Vorherrschaft assoziiert und die Radikalisierung des Islam mit dem Aufbegehren einer unterworfenen Kultur, der Kultur der südlichen Hemisphäre.[1] Die zweite Lesart hingegen stellt den Aspekt in den Vordergrund, dass eine Religion als universell erscheinen kann, weil sie »kulturell neutral« ist, was soviel heißt wie: unabhängig vom Phänomen der Kultur schlechthin oder aber kompatibel mit jeder Kultur. Das wirft eine Schlüsselfrage auf: Fördert die Ausbreitung einer Religion auch die Ausbreitung einer neuen Kultur (zum Beispiel Evangelikalismus und amerikanische Kultur) oder breitet sich die Religion gerade deshalb aus, weil sie nicht mit einer bestimmten Kultur verbunden ist? Die Erfolge des amerikanischen Protestantismus untermauern die erste Lesart, der Vormarsch des Islam und der neuen religiösen Bewegungen die zweite.

Die Ungleichheit der Religionen angesichts der Globalisierung erklärt zum größten Teil den Ansatz dieses Buchs: Es soll keine allgemeine Abhandlung über die Verbindungen zwischen Religion und Kultur sein. Das würde ein Maß an Vollständigkeit und Kenntnissen voraussetzen, das nicht aufgebracht werden kann. Vielmehr soll ausgehend von einer bestimmten Zahl von Fällen untersucht werden, wie sich die Beziehungen zwischen Religion und Kultur heute neu ordnen und was das für unser Verständnis des Religiösen bedeutet. Das gilt natürlich zuerst für die »großen Religionen« wie das Christentum, den Islam, Buddhismus, Hinduismus und das Judentum, die sich im Lauf der Geschichte durch Eroberungen oder Konversionen ausgebreitet haben, die in verschiedene Kulturen übertragen wurden und die Territorialisierung sowie die Entwicklung einer säkularen Kultur erlebt haben. Man könnte noch historische Fälle ergänzen wie den Manichäismus und den Mitraskult, aber sie bleiben hier beiseite. Die genannten Prozesse der großen Religionen betreffen aber auch die neuen religiösen Bewegungen der Gegenwart. Konversionen sind für uns von besonderem Interesse, nicht etwa weil sie häufiger auftreten als in der Vergangenheit (es gab Phasen mit Massenkonversionen im Christentum, im Islam und im Buddhismus, sogar auch im Judentum, aber da nicht in vergleichbarem Umfang wie heute), sondern weil Konversionen heute ausschließlich das Ergebnis einer individuellen Entscheidung und damit gute Indikatoren für einen »Markt des Religiösen« sind, der sich von politischen Zwängen weitgehend gelöst hat.

Umgekehrt geben sich die Zivilreligionen (wie einst die römische und die griechische), die Kosmologien, die sogenannten »primitiven« Religionen (bei denen es sich um Systeme von Mythen und Riten handelt, welche untrennbar mit der Kultur der Gruppe verbunden sind) und schließlich die ethnischen Religionen (die ausdrücklich zu einer bestimmten ethnischen Gruppe gehören) außerhalb der Kultur, in die sie eingebettet sind, keine selbständige neue Gestalt. Natürlich können sie von außen als reine religiöse Marker übernommen werden, aber die Beziehung zu den Herkunftskulturen ist dann rein nominell, wie wir es heute beim keltischen, germanischen oder indianischen Neuheidentum sehen, bei der Astrologie, bei der vom Judentum losgelösten Kabbala-Lehre à la Madonna, bei Feng Shui, Alchimie und so weiter. Das Judentum ist ein Sonderfall: Es ist eine Religion mit ethnischem Ursprung, weil fest mit einem Volk verbunden, aber einem Volk, das »in der Diaspora« lebt und damit in anderen kulturellen Umfeldern. Insofern kennt das Judentum das Problem der regelmäßigen Entkoppelung von religiösen und kulturellen Markern wie zum Beispiel in der laizistischen jiddischen Kultur Mitteleuropas oder im amerikanisierten Reformjudentum. Die ethischen und philosophischen Systeme, etwa der Konfuzianismus, sind weitere Beispiele. Sie präsentieren sich nur aus einem Symmetrieeffekt heraus als »Religionen«, wenn sie in Konkurrenz zu explizit religiösen Systemen treten.

Man könnte den Einwand erheben, dass es sich hier um einen Zirkelschluss handelt: Als Religion wird nur definiert, was von der heute herrschenden Kultur als Religion anerkannt ist. Damit würde unsere Argumentation von der Loslösung von Kulturellem und Religiösem hinfällig, denn die kulturelle Prägung kehrte unter der Hand zurück. Das Konzept »Religion« wäre dann nur ein Produkt der westlichen Kultur, nicht seinem Inhalt nach, der unterschiedlich sein könnte, sondern seiner Form nach: Transzendenz, Offenbarung und Glauben. Tatsächlich ist unbestreitbar, wie wir sehen werden, dass der »Markt des Religiösen« eine standardisierende Wirkung hat, die paradoxerweise durch alle gesetzlichen Regelungen verstärkt wird, die darauf abzielen, entweder ein religiöses Monopol zu befestigen oder Religionsfreiheit zu gewährleisten. Denn das Recht etabliert schließlich eine »juristische Form des Religiösen«, ohne es durch seinen Inhalt zu definieren. Das geschieht zum Beispiel häufig über die Definition des steuerlichen Status einer als Religion anerkannten Gemeinschaft, ob negativ – wie bei den *dhimmis*, den Christen im klassischen muslimischen Recht – oder positiv mit der Befreiung von der Steuer, wie sie die Zeugen Jehovas in Frankreich 2004 erreicht haben. Wir bezeichnen das als die »Formatierung« des Religiösen durch den Markt. Insofern besteht kein Zweifel, dass das Paradigma des Religiösen der dominierenden Kultur viel verdankt, das heißt dem Christentum oder heute vielmehr dem Protestantismus.

Aber die Standardisierung ist ein Effekt der Globalisierung: Diese verändert auch das Christentum, das dominierend in seiner Form ist, jedoch seinerseits in seinen Traditionen und seinem Inhalt angegriffen wird, denn die Globalisierung erlaubt anderen Religionen, sich in die neue Konfiguration einzufügen. Die Debatte über den Ethnozentrismus der Religionswissenschaften (exemplarisch dafür steht die Kritik von Talal Asad an Clifford Geertz[2]; Asad wirft Geertz vor, er benutze eine christliche Definition des Religiösen zur Analyse von »Religionen«, die ein anderes Verhältnis zum Heiligen, zur Gemeinschaft und zum Mittlertum hätten) ist in der Anthropologie und der Geschichte absolut überzeugend, aber sie ist überholt: Die Globalisierung standardisiert und formatiert das Religiöse, sie führt dazu, dass es in gemeinsamen Kategorien gedacht wird, die sich allen Gläubigen aufzwingen.

Und wieder stehen wir vor der schwierigen Frage: Ist diese Formatierung nicht einfach das Ergebnis der kulturellen Dominanz des nordamerikanischen Modells? Wer hat gewonnen, wenn es auf einmal ein »*hallal* McDonald's« gibt oder »Mekka-Cola«? Hat die Scharia gewonnen oder das Fastfood? Mekka oder Atlanta? Die

Standardisierung erreicht auch die dominierende Kultur und schafft ein autonomes Produkt: Der Evangelikalismus in Afrika ist nicht einfach nur ein Export des amerikanischen Imperialismus. Der Versuch, die Vorgänge politisch in den Begriffen von Herrschaft, gar Hegemonie zu fassen, wird den Phänomenen von Wiederaneignung und Rückwendung nicht gerecht. (Wie wir sehen werden, ist das progressive, durch den Anti-Imperialismus definierte Denken heute erstaunlicherweise essentialistisch geworden.)

In diesem Buch geht es beispielsweise darum, wie das Rechtssystem Religiöses erschafft (in den Vereinigten Staaten wie in Frankreich gilt das Recht als laizistisch), und darum, welche normativen Praktiken religiöse Menschen in der Diaspora veranlassen, sich dem im Westen dominierenden Modell des Religiösen zu unterwerfen. Aber wir könnten die Frage auch andersherum aufzäumen und zeigen, dass das zeitgenössische Paradigma des Religiösen nicht das Produkt einer angelsächsischen protestantischen Kultur ist, genauso wenig wie die Globalisierung an sich das Produkt einer bestimmten Kultur ist, sondern dass es im Gegenteil seine perfekte Anpassung an die Dekulturation und Deterritorialisierung *ausdrückt*. Eine logische Folge wäre es dann, in der amerikanischen Kultur das Ende der Kultur zu sehen – einer gewissen Strömung des französischen Antiamerikanismus würde diese Sicht recht gut gefallen.[3] Oder, weniger polemisch formuliert, könnte man auch zeigen, wie die Globalisierung am besten dann funktioniert, wenn die Akteure von der Entkoppelung kultureller, ökonomischer und religiöser Marker ausgehen. Die amerikanische Kultur als Kultur des Heraustretens aus der Kultur?

Aber fangen wir damit an, dass wir die Grundlagen der Debatte erläutern. Wir verwenden das Wort »Kultur« in zweierlei Bedeutung:

1. als Produktionen von symbolischen Systemen, gedachten Vorstellungen und bestimmten Institutionen einer Gesellschaft;
2. als symbolische Produktionen, die gesellschaftlich als autonome ästhetische Kategorie wertgeschätzt werden (Kunst).

In der ersten Bedeutung (und ihr gilt unser zentrales Interesse in diesem Buch) wird die Religion von den Anthropologen und den Soziologen als ein symbolisches System neben anderen behandelt. Sie wird als integraler Bestandteil einer bestimmten Kultur wahrgenommen, sie *ist* Kultur. Viele »Religionen« behaupten auch gar nichts anderes, oder, genauer, sie werden nur von außen als »Religion« konzipiert, mit allem, was das an Anachronismus und Ethnozentrismus beinhaltet. (Der große Sinologe Marcel Granet hat in der Tradition der Jesuitenmissionare in China ein Buch geschrieben mit dem Titel *Die Religion der Chinesen*, obwohl es im Chinesischen gar keine genaue Übersetzung für das Wort Religion gibt, man würde eher von Schule, *jiao*, sprechen.)

Aber diese Definition erfasst die Besonderheit des Religiösen nur unzureichend: Die Religion will nicht einfach nur ein Glaubenssystem neben anderen sein, denn sie nimmt für sich in Anspruch, die Wahrheit zu sein oder zu sagen. Die Religionen verstehen sich als Trägerinnen einer universellen Botschaft, die Kulturen transzendiert; für die Religionen ist der Glaube nicht nur eine Überzeugung oder eine soziale Übereinkunft. Sie behaupten eine Beziehung zur Wahrheit, die nicht in die Kategorie »Kultur« fällt, denn der Glaube postuliert eine Wahrheit jenseits der Kultur. Die Religionen lehnen es ab, dass Staat und Nation die letzte Instanz für die Definition der sozialen Ordnung sein sollen, selbst wenn sie Loyalität zu Staat und Nation lehren. Wir nähern uns hier der Kategorie des Religiösen vom Gläubigen her und nicht vom Imaginären oder bestimmten Institutionen einer Gesellschaft. Die Haltung des Gläubigen wird von den Sozialwissenschaftlern in der Regel mehr oder weniger absichtlich ignoriert, sie wollen sie auf eine statistische Größe reduzieren, auf das Verhalten der Gruppe, meinen gar Entfremdung zu sehen (der Gläubige sagt etwas anderes, als er zu sagen vorgibt). Die Theorie der Entfremdung bildet das Zentrum der Entlegitimierung dessen, was die Religion über sich selbst sagt. So postulieren Feuerbach, Marx, aber auch Voltaire und sogar Maurras: Auf die soziale Funktion der Religion kommt es an. Die französische Laizität ist nur die politische Form, wie die Stimme des Gläubigen unterdrückt wird (sie wird nicht unbedingt zum Verstummen gebracht), indem man sie in den privaten Bereich verweist. Das Problem, wir wissen es, besteht eben darin, dass die »Rückkehr des Religiösen« in erster Linie die Auflehnung des Gläubigen ist, der nicht zulassen will, dass sein Wort auf den privaten Bereich beschränkt sein soll. Man kann es beklagen, aber es ist ein Faktum.

Wenn wir uns auf die Religionen konzentrieren, die sich auf eine transzendente Ordnung beziehen, die Ordnung der Wahrheit und des Absoluten, dann ist die Beziehung zwischen Religion und Kultur zufällig und schwankend. Denn eine so verstandene Religion sieht sich jenseits jeder Kultur, selbst wenn sie berücksichtigt, dass sie immer *in* eine bestimmte Kultur zu einem bestimmten Zeitpunkt *eingebunden* ist (was der katholischen Position zur Inkulturation, die das Konzept der Inkarnation Christi auf die Kultur überträgt, entspricht), sei es, dass sie eine Kultur *produziert,* die die Transformation religiöser Normen in *Habitus* ist, das heißt in verinnerlichte, feste Verhaltensweisen, die weder aus dem Glauben noch aus Überzeugungen entstehen. Die zweite Konzeption scheint durch, wenn die Muslime, wie so häufig, von einer »muslimischen Kultur« sprechen und kulturelle Normen meinen, die die Familie, den Umgang der Geschlechter, Scham, das Essen und so weiter betreffen. Sie unterscheidet sich von dem, was westliche Orientalisten unter islamischer Kultur verstehen, denn diese beziehen auch Kunst, Architektur oder städtisches Leben mit ein. Dementsprechend könnte man den Begriff »protestantische Kultur« in ganz unterschiedlichen Kontexten verwenden, vom angeblich alles erklärenden amerikanischen Puritanismus bis zur französischen HSP, *haute société protestante,* der protestantischen Oberschicht, zu der Zurückhaltung, Diskretion und gute Geschäfte gehören. In beiden Fällen hat das, was mit dem Begriff Kultur bezeichnet wird, nicht die Würde der Religion.

Im Grunde tritt die Religion nur dann als Religion in Erscheinung, wenn sie sich explizit von der Kultur ablöst, und sei es in einer kurzfristigen, fragilen und alles in allem abstrakten Spannung. Deshalb funktioniert das Konzept der Religion nicht in Systemen, wo das, was sonst mit der Religion verbunden wird (Frömmigkeit, das

Heilige), als etwas durch und durch Kulturelles wahrgenommen wird, wie bei der Zivilreligion. Das Problem der Gottlosigkeit ist ein modernes Problem, weil es genau diese Ablösung voraussetzt. (Deswegen beschäftigen die Historiker immer wieder Fragen wie: »Glaubten die Griechen an ihre Mythen?« und »Die Religion des Rabelais«.[4]) Sokrates' Gottlosigkeit war nicht sein Mangel an »Glauben« (das zu sagen, ist ein Anachronismus), sondern das, was als mangelndes staatsbürgerliches Bewusstsein erschien, als Auflehnung, Missachtung des Kultes der Polis. Die eigentliche Anklage lautete: Sokrates »verdirbt die Jugend«. Die Achtung der Götter der Polis war eine Frage des Verhaltens und nicht des Glaubens.[5]

Die Religion, die sich als die »wahre« versteht, präsentiert in einem bestimmten Augenblick die Kultur explizit als etwas Andersartiges, selbst wenn sie schließlich bemüht ist, sich die Kultur anzueignen oder eine Kultur zu schaffen. Bei dem protestantischen Theologen Richard Niebuhr finden wir sehr gewichtige Aussagen über die inhärente Spannung zwischen dem Christentum und jeder Kultur, auch der westlichen. Ihm ist im Übrigen jeder kulturelle Niederschlag des Christentums verdächtig, weil er die ursprüngliche religiöse Dynamik verrät.[6] Nach der Auffassung von Niebuhr kann man der Kultur nicht entgehen, die eine menschliche Hervorbringung und die Bedingung für das Leben des Menschen in der Welt ist, aber die Beziehung zwischen Christentum und Kultur ist notgedrungen sehr spannungsreich.

Nur wenn eine Religion sich, und sei es abstrakt, als etwas nicht Kulturelles präsentiert, kann sie den Anforderungen der Globalisierung entsprechen und universell werden. Wie wir sehen werden, gibt es *per se* keinen theologischen Determinismus, der bewirkt, dass diese oder jene Religion die Globalisierung verpasst. Wenn das der Fall ist, sind die Gründe vielfältig und hängen mit anderen Determinanten zusammen. Das Oszillieren zwischen Dekulturation und Inkulturation prägt die Verbreitung jeder Religion, die immer mit der Kultur als dem Anderen konfrontiert ist, ob es sich um die Kultur der anderen handelt oder um die Kultur, die sie selbst hervorgebracht hat, die aber zunehmend autonom und säkular wird.

Drei Positionen kommen dann für die Religion in Frage: Sie kann die Kultur als profan, säkular oder heidnisch abtun. Profan ist die Kultur, die sich dem Religiösen gegenüber gleichgültig zeigt. Sie ist trivial, zusammenhanglos und subaltern, weil ihre Autonomie eine Illusion ist, wenn sie nicht vom Geist oder vom Glauben durchdrungen ist. Säkular ist die nicht religiöse, aber legitime Kultur: Sie erlangt Würde, Legitimität und Autonomie, aber die Autonomie wird durch das Religiöse fixiert, denn sie beruht auf der guten Verwaltung der Gesellschaft, nicht auf letzten Zielen; das Religiöse delegiert einen Bereich an eine autonome Instanz, den »säkularen Arm« (ein ursprünglich juristischer Begriff). Es gibt zwei Ordnungen von Raum und Zeit, zwei Rechtsordnungen: die theologische und die juristische. Eine heidnische Kultur kann ein religiöses Etikett beanspruchen, das aber einen Gegensatz zur dominierenden Religion darstellt: Die Kultur ist konsistent und kohärent, aber sie transportiert Werte wie zum Beispiel die absolute Freiheit des Menschen, die Sakralisierung der Natur oder einer gesellschaftlichen Gruppe, die nicht einfach nur einen Gegensatz zu den religiösen Werten bilden, sondern ihren Platz einnehmen. Es ist die Zeit der falschen Götter (Mensch, Revolution, Rasse, Staat).

Diese Konstellation hat nichts mit der zu dieser oder jener Religion gehörigen Theologie zu tun. Wir finden sie natürlich stark ausgeprägt im Christentum, übrigens mit je nach Denkern unterschiedlichen Werten und Aufteilungen (in der mittelalterlichen Kirche war die Debatte über den Grad der Autonomie des Säkularen heftig und lieferte letztlich die Instrumente der Säkularisation). Aber im Gegensatz zu dem, was viele denken, finden wir sie auch im Islam. Das Profane ist dort in der Grauzone zwischen *hallal* und *haram* angesiedelt: *mandub* (empfohlen), *makruh* (nicht empfohlen) und vor allem *mubah* (neutral), drei Kategorien, die keine echte positive Definition haben und sich der religiösen Norm entziehen. Das Säkulare im Islam ist der Bereich der Autonomie des Politischen und des Gewohnheitsrechts, auch wenn die Rechtsgelehrten die Neigung haben, die Autonomie zu bestreiten oder zu begrenzen, die sich trotzdem behauptet. Das Säkulare unterliegt auch *ta'zir*, das heißt den Sanktionen, die der Herrscher nach eigenem Ermessen im Namen des Allgemeinwohls verfügen kann. Die Debatte geht weniger um die Kategorien als um ihre Handhabung und den Umfang ihrer Anwendung. Fundamentalistische Bestrebungen haben natürlich die Tendenz, den Raum, der den drei Bereichen zugemessen ist, zu reduzieren, und umgekehrt haben säkularisierte und mystische Religionen die Neigung, das Göttliche in der Gesamtheit des kulturellen Raums zu sehen. Einige christliche Theologen wie Teilhard de Chardin, Tillich, Bonhoeffer und Cox kritisieren im Übrigen die Abwertung des Profanen. Ihnen wurde aus konservativen Kreisen vorgeworfen, sie würden auf ihre Weise das Religiöse im Kulturellen auflösen.

In der Verbindung zwischen Kultur und Religion spielen vier Elemente eine Rolle: das Verhältnis zwischen religiösem Marker und Kultur, die Norm, die Religiosität, die Theologie.

- Der religiöse *Marker:* Er ist das Zeichen, die Geste, der Name, die Rubrik, die die *Sakralität* eines Objekts, eines Bereichs oder einer Person bestätigt: *hallal*, koscher, Segnungen, Riten, Salbung. Dieser Marker ist beweglich: Ein heiliger Gesang kann auf profane Weise konsumiert werden, ein normales Essen kann gesegnet werden, ein McDonald's-Restaurant kann *hallal* sein, ein Kopftuch kann ein religiöses Zeichen sein oder einfach nur ein modisches Attribut.
- Die *Norm:* Es handelt sich in erster Linie um die expliziten Normen einer Religion, die sich aus dem Gesetz oder der Ethik ergeben. Aber wie wir sehen werden, ist die Normativität einer Religion immer Gegenstand einer Neuinterpretation entsprechend dem Respekt, den ihre Normen gesellschaftlich und kulturell genießen. Zu einem bestimmten Zeitpunkt ist eine Norm sehr wichtig und zu einem anderen Zeitpunkt nahezu bedeutungslos, beispielsweise die Trennung der Geschlechter und die Abstinenz. Es gibt eine Interaktion zwischen der religiösen und der sozialen Norm, sie können konvergieren. So war die säkulare Moral eines Jules Ferry, die die Inhalte der »Morallehre« in der

laizistischen Schule ab 1881 bestimmte, nicht grundsätzlich von der christlichen verschieden, aber die sexuelle Befreiung der 1960er Jahre – außereheliche Sexualität, sexuelle Befreiung der Frauen, Homosexualität – hat die Kluft zwischen beiden immer weiter vertieft. Das Anathema, der Kirchenbann, hingegen erklärt diese oder jene gesellschaftliche Praxis als inakzeptabel für die Gläubigen. Aber das Anathema wandert, das Verbot ist beweglich. Die katholische Kirche tadelte eine Zeit lang die Geburtenkontrolle und ahndete sie halbherzig. Im 19. Jahrhundert wurde ihre Haltung zunehmend rigoroser, und zu Anfang des 20. Jahrhunderts verdammte sie die Geburtenkontrolle entschieden; der Kampf gegen die Abtreibung wurde zu einer Säule des Kampfs der Kirche gegen die moderne Kultur. Die gesellschaftlichen Rhythmen und die religiösen Rhythmen überlagern und widersprechen sich zugleich. Akzeptiert zu sein ist das entscheidende Kriterium im Verhältnis zwischen Normen und Kultur. Aber das Verhältnis ist komplex: In den 1990er Jahren wurde Homosexualität in Ägypten zu einem öffentlichen Skandal, ohne dass die explizite religiöse Norm sich geändert hatte. Gleiches gilt für die Pädophilie in der katholischen Kirche: Natürlich wurde sie immer von der kirchlichen Hierarchie verurteilt, aber man machte keine große Sache daraus. Heute hingegen ist sie für die öffentliche Meinung nicht hinnehmbar. Die Frage, was einen »Skandal« auslöst, ist auch sehr stark sozial und kulturell geprägt.[7]

– Die *Religiosität*, das heißt der gelebte Glaube: Es ist die Art, wie der Gläubige seine Beziehung zur Religion lebt, es geht um das Erlebte, die Innerlichkeit, das religiöse Gefühl, aber auch die Art und Weise, wie man sich als Gläubiger der Außenwelt gegenüber verhält. Was steht auf dem Spiel? Ist es die »Drohung« von tradierten Vorstellungen wie dem Fegefeuer, das Heil im Jenseits, das irdische Wohl, der Nächste, Selbstverwirklichung, der ehrliche Mensch, Kasteiung, religiöser Humanismus? Was heißt es, man selbst zu sein? Die Formen der Religiosität sind sehr verschieden und können mit großer theologischer Konformität einhergehen oder mit Abweichungen.[8] Religiosität ist nicht Theologie, um es noch einmal zu wiederholen, aber sie kann mit dem gleichgesetzt werden, was Niebuhr als religiöse Kultur bezeichnet.

– Die *Theologie:* Sie ist ein diskursiver Korpus von Glaubenssätzen, die methodisch begründet und dargelegt werden, Gegenstand von Debatten und immer neuen Interpretationen. Der theologische Korpus bildet sich und wird erörtert: Man braucht sich nur die Debatten in den ersten Jahrhunderten des Christentums anzusehen, wo der Glaube sich mühsam in den Kategorien der griechischen Philosophie neu definierte, die zum Beispiel das Konzept der Inkarnation nicht fassen konnte. Die gleichen Probleme stellten sich später dem Islam und, mit Spinozas radikaler Religionskritik und der Trennung vom Religiösen, dem Judentum. Das Theologische seinerseits kann sich in ein philosophisches System verwandeln, das den »lebendigen Gott« ausschließt.[9] Umgekehrt erleben wir bei den Religionen, die sich nicht als theologische Systeme präsentieren, das heißt die sich eher auf Mythen beziehen als auf ein dogmatisches Gebäude von Glaubenssätzen, dass nachträglich eine Theologie konstruiert wird unter dem Einfluss des religiösen Paradigmas der großen monotheistischen Religionen, das besagt, dass zu jeder Religion auch eine Theologie gehören muss; wir werden das im Hinduismus sehen.

## Konvertiten und Missionare: Der Zusammenprall von Kultur und Religion

### *Die Kultur und ihre Präfixe*

Bevor wir uns der Globalisierung zuwenden, müssen wir noch einmal zurückblicken. Wie haben universalistische Religionen, solche, die definitionsgemäß den Anspruch erheben, über den Kulturen zu stehen, konkret ihr Verhältnis zur Kultur geregelt?

Wieder soll es nicht um einen religionsgeschichtlichen Überblick gehen, sondern darum, die theoretische und oft auch praktische Behandlung der kulturellen Frage durch einige große Religionen zu betrachten, um gegenwärtige religiöse Entwicklungen zu entziffern und zu verstehen. Wir konstatieren zunächst, dass es nicht für jede Religion eine bestimmte, feststehende Konstellation gibt. Das Christentum hat jeweils unterschiedliche Beziehungen zur Kultur, je nachdem ob es eine »Sekte« im Römischen Reich ist, ob es zur Staatsreligion eben jenes Reichs wird, ob es von den »Barbaren« übernommen wird, die Triebkraft hinter den Kreuzzügen ist, die Eroberer begleitet oder sehr viel später in den Kolonialreichen Europas Fuß fasst. Genauso ist es beim Buddhismus, je nachdem ob er den Hinduismus ablöst, nach China und später nach Japan importiert wird oder zu den westlichen Mittelschichten gelangt. Der Islam wurde zum Ausdruck der arabischen Identität, weil er mit seiner Entstehung jede profane Form der arabischen Kultur in die »Unwissenheit« verwies. Und doch ist er zugleich säkularisiert in die arabische Kultur des klassischen Zeitalters eingegangen und »inkulturiert« in den persischen und indischen Kulturen vorhanden.

Im christlichen Universum ist die Frage nach der Kultur des Anderen vor langer Zeit aufgetaucht. Natürlich ist das Konzept der Kultur im anthropologischen Sinn modern (es stammt aus dem 19. Jahrhundert), aber die Tatsache, dass es kein Wort dafür gab, bedeutet nicht, dass Missionare und Prediger das Problem nicht kannten. Sie ordneten die Kultur im Allgemeinen in die Kategorie »Glaubensvorstellungen, Aberglauben, Riten« ein. In Wahrheit ging es darum zu klären, *in welches religiöse Register* die kulturellen Marker gehörten, die man in anderen Gesellschaften entdeckte: profan, säkular oder heidnisch? Die zentrale Frage im Ritenstreit in China lautete, ob der Kaiserkult Ausdruck eines nicht hinnehmbaren Heidentums war oder einfach nur Ausdruck der politischen Loyalität gegenüber der bestehenden säkularen Ordnung. Die katholische Kirche hat die Legitimität der Kaiser in China niemals in Frage gestellt, und Rom machte den Jesuitenpatres keinen Vorwurf, dass sie loyale Diener der Kaiser waren: Die säkulare Legitimität der Macht war unbestritten, aber es blieb die Frage, ob die Loyalität in einem offiziellen Ritual ausgedrückt werden durfte. Entweder hatte das Ritual gar nichts mit Religion zu tun, oder es war heidnisch. Der Streit ist interessant, weil er die Frage nach der Normativität des Konzepts der Religion aufwarf: Ist der Konfuzianismus ein religiöses System oder nur ideologischer Ausdruck einer Vorstellung von Macht?[10] Sobald der Vatikan den Konfuzianismus als Religion verstand, galt er als heidnisch. Aber es war die Außensicht, die ihn als Religion definierte.

Die heidnische Kultur erschien den Missionaren lange als Hindernis für die Verbreitung des Glaubens. Sie konnte als heidnische nicht überleben, konnte nur profan werden. Aber sie stand immer im Verdacht, dass sie hinter ihrer Maske religiöser Neutralität heidnische Werte transportieren könnte, was die Frage der angemessenen Kleidung, Musik und so weiter betraf. Ein gewisser positiver Charakter wurde ihr erst viel später zugestanden. Die Definition und Popularisierung des Konzepts der »anthropologischen Kultur«, das nach 1945 förmlich explodierte, veranlasste manche Religionen, den Begriff ihrerseits zu beanspruchen: Das Zweite Vatikanische Konzil und der Dialog der Kulturen, den Vertreter des Islam nach dem 11. September 2001 propagierten, sind Beispiele aus neuerer Zeit. Im Übrigen verwenden die Islamisten heute häufig den Begriff Kultur. Aber selbst zu anderen Zeiten, als die Missionare keine konkrete Vorstellung hatten, was eine Kultur war, passten sich ihre Verfahrensweisen implizit dem Kulturproblem an.

Immer wenn über die Beziehungen zwischen Religion und Kultur nachgedacht wurde, bekam das Wort »Kultur« ein Präfix: Man sprach von *de*kulturieren, *ak*kulturieren, *in*kulturieren, *ex*kulturieren.[11] Die Religion dekulturiert, wenn sie das Heidentum ausmerzen will (die Christen gingen so bei der Eroberung Amerikas vor und auch der orthodoxe Islam auf dem indischen Subkontinent). Sie akkulturiert sich, wenn sie sich der herrschenden Kultur anpasst (wie die Juden der Haskala[12], das Christentum und der Islam in Indien). Sie inkulturiert sich, wenn sie versucht, im Zentrum einer bestimmten Kultur Fuß zu fassen (das entspricht dem »indigenen« Christentum mancher lateinamerikanischer Theologen). Sie exkulturiert sich, wenn sie sich von einer dominierenden Kultur zurückzieht, an der sie teilhat, die ihr aber auf einmal oder nach und nach negativ, »heidnisch« oder areligiös und darum zerstörerisch erscheint (so die katholische und evangelische Reaktion Ende des 20. Jahrhunderts oder die Bewegung Jama'at ut Tabligh im Islam).

Aber die Religion *produziert* auch Kultur: Sie bewahrt Sprachen, entwickelt die Schrift, inspiriert zu religiöser Kunst, die irgendwann säkular wird. Die Religion kann sich mit einem Volk identifizieren und wird dadurch eine quasi-ethnische Religion wie im Falle mancher orthodoxer Kirchen in Osteuropa. Die Religion kann sich mit einer Kultur identifizieren oder überhaupt nur sie als Kultur schätzen. Das galt etwa für den Katholizismus im Verständnis von Charles Maurras; der Glaube spielte bei ihm keine Rolle mehr. Die Religion kann sogar jede religiöse Dimension verlieren, bis sie nur noch ein Marker der Identität ist. Mein bevorzugtes Beispiel dafür ist die von Mir Sultan Galijew gegründete muslimische kommunistische Partei, die kurzzeitig im bolschewistischen Russland 1918 existierte, aber man könnte auch die Protestanten und Katholiken in Nordirland anführen, denn dort kann man atheistischer Protestant sein und kommunistischer Katholik.

Das Verhältnis einer Religion zur Kultur tritt vor allem in Momenten von Übergängen und Verschiebungen zutage, während umgekehrt eine lange wechselseitige Durchdringung von Religion und Kultur in den Augen der Akteure wie der Beobachter die Unterschiede in der jeweiligen Zielrichtung verwischt. Der wichtigste Übergang ist natürlich die Konversion. Sie markiert die Entkoppelung von Kultur und Religion, denn der Konvertit sucht eine Religion, nicht eine Kultur. Natürlich schließen wir hier Konversionen aus konformistischen Motiven aus, solche, die um des sozialen Aufstiegs willen erfolgen oder aus dem Wunsch, eine Religion, die mit einer Minderheitskultur assoziiert ist, zu verlassen, um zur dominierenden Gesellschaft dazuzugehören. Das war beispielsweise bei den christlichen Beamten im Osmanischen Reich der Fall, die zum Islam konvertierten, oder bei den Juden der Haskala (der Aufklärung), die am Ende des 18. Jahrhunderts und zu Beginn des 19. Jahrhunderts in den südlichen Ländern katholisch wurden und in den nördlichen Ländern protestantisch – wie die Familie Mendelssohn in Deutschland. Auch jene, die zur Konversion gezwungen wurden, etwa die jüdischen und muslimischen *conversos* in Spanien nach der *Reconquista,* hatten kein Interesse an der dominierenden Kultur und versuchten vielmehr eine Tradition aufrechtzuerhalten; man denke an die Marranen und »heimlich Gläubige« aller Art. Wir kümmern uns hier hauptsächlich um Konversionen aus Überzeugung.

Das Wort Konversion ist dem Wechsel der Religion vorbehalten. Man konvertiert nicht zu einer Kultur, man übernimmt sie oder erlernt sie. Die Abruptheit der Konversion markiert klar die Entkoppelung von Kultur und Religion. Deshalb erregt die Konversion oft Misstrauen: Der Konvertit ist für seine ehemaligen Glaubensgenossen ein »Verräter« (ein Abgefallener, Renegat, *murtad,* Apostat) und für seine neuen Glaubensbrüder ein »Neophyt«, ein Eindringling, dessen Eifer ihnen bisweilen verdächtig erscheint. Tatsächlich beruht das Misstrauen gegenüber dem Konvertiten auf zwei gegensätzlichen Wahrnehmungen. Einerseits verbindet man automatisch Religion und Kultur miteinander, und die Konvertiten stehen oft im Verdacht, sie würden weiter der alten Religion anhängen, weil sie die Kultur beibehalten. So führten manche Gegner von Jean-Marie Lustiger immer wieder seine jüdische Abstammung an, und im Spanien der *Reconquista* wurde bei den Morisken Jagd auf alles gemacht, was kulturell noch »arabisch« (nicht nur muslimisch) geblieben sein mochte. Beispielsweise waren Bäder verboten, denn das Baden war eine »arabische« Sitte. Ein bemerkenswerter Autor wird heute im Islam nicht mehr erwähnt: Mohammed Asad, der Botschafter des neu gegründeten pakistanischen Staates in den Vereinigten Staaten war, bevor er in Ungnade fiel; denn geboren wurde er als Leopold Weiss. Auch militante Laizisten begegnen den Konvertiten oft misstrauisch: So ist es in Frankreich in der Polemik gegen den Islam gang und gäbe, die Experten zu verdächtigen, sie seien heimlich konvertiert.[13] Andererseits ist der Konvertit ein Zeuge für die Universalität der Religion, aber er ist eben auch ein Beweis für ihre Trennung von der Kultur, und damit steht er immer im Verdacht des Fanatismus. Das heißt, er erscheint als Ausdruck einer ungezähmten, wilden, nicht durch ihre Verwurzelung in der Kultur abgeschliffenen Religion. Sein Glaube ist nicht durch die Kultur gebändigt. Der Konvertit kennt das »Unausgesprochene« nicht und wundert sich immer über die scheinbare Lauheit seiner neuen Freunde. 2008 hat sich der spanische Konvertit Mansur Escudero an eine Säule in der großen Moschee von Cordoba, die zur Kathedrale umfunktioniert wurde, gekettet und das Recht für die Muslime eingefordert, dort zu beten. Die Föderation der islamischen Gemeinden in Spanien, die ihre Anhänger unter den muslimischen Immigranten finden, unterstützte ihn nicht. Glauben ohne Kultur ist eine der Erscheinungsformen dessen, was wir Fanatismus nennen.

Natürlich besteht ein erheblicher Unterschied zwischen massenhaften Konversionen im Kontext politischer Beherrschung (Eroberungen, Kolonialismus, Empire) und dem individuellen, freiwilligen Übertritt zu einer Religion, die auf dem gegebenen »Religionsmarkt« nicht unbedingt tonangebend sein muss. Deshalb ist die Frage der Herrschaft zentral, wir werden noch darauf zurückkommen. Aber zwischen den beiden Polen gibt es eine ganze Reihe von unterschiedlichen Einstellungen. Der Erfolg von Konversionen hängt nicht notwendigerweise mit Zwang zusammen. Der Islam hat selten zwangsweise bekehrt, wie die vielen Christen zeigen, die weiter auf arabischem oder osmanischem Gebiet lebten. Zwar mögen finanzielle Gründe eine Rolle gespielt haben – die Christen hatten mehr Steuern zu zahlen –, aber der Vergleich mit Spanien während der *Reconquista*, wo viele Morisken erst zur Konversion gezwungen und dann vertrieben wurden, ist aufschlussreich. Will ein algerischer Muslim, der im Jahr 2000 zum Christentum konvertiert, mit der herrschenden Kultur im Land, dem Islam, brechen, oder ist er fasziniert von der dominanten Weltkultur, dem amerikanischen Protestantismus? Auf jeden Fall gibt der Übertritt eines Aaron Lustiger zum Christentum zu einer Zeit, wo entsprechender Druck von allen Seiten ausgeübt wurde,[14] keinen Anlass, an der Ehrlichkeit des künftigen Prälaten zu zweifeln. Die Beherrschung reduziert die Überzeugung nicht auf schlichte Unterwerfung.

Doch nun betrachten wir nicht den Standpunkt des Konvertiten, sondern den des Missionars: Wie kann man die Kultur des anderen tadeln, sei er Heide inmitten seiner eigenen Gesellschaft oder ein Fremder, der eine andere Sprache spricht? Die Entkoppelung beziehungsweise Verbindung von Kultur und Religion ist der Leitfaden, an dem wir uns orientieren.

Christentum und Islam kennen theologische Gründe, andere zu bekehren. Bekehren heißt, das Heil zu beschleunigen, entweder das eigene (die Bekehrung ist eine fromme Tat und wird nach dem Tod belohnt werden) oder das Heil der Welt (durch die Rückkehr Christi, der erst kommen wird, wenn die Verkündigung die ganze Erde erreicht hat). Die »Mission«, die im Christentum, im Islam und, weniger ausgeprägt, im Buddhismus selbstverständlich ist, scheint im Judentum und im Hinduismus zu fehlen, denn beide sind offensichtlich mit einem bestimmten Volk und einer bestimmen Gesellschaft verbunden und deshalb wenig interessiert, ihre Botschaft nach draußen zu tragen. Doch abermals liegen die Dinge tatsächlich komplizierter: Das Judentum hat massenhaft bekehrt (Berber, Chasaren, Karaiten), und selbst heute noch, wo die Proselytenwerbung aus der Mode gekommen ist, erlaubt es der Mythos von den verlorenen Stämmen Israels, die irgendwo auf der Welt »wiedergefunden« wurden, unter der Hand zu bekehren, sei es als Werk vergessener Missionare oder als Wunsch einer Gruppe, sich eine neue Identität zu erfinden.[15] Vom Hinduismus wiederum wurden seit Beginn des 19. Jahrhunderts unterschiedliche Ausprägungen in den Westen exportiert.

Eine Religion kann auf zweierlei Weise in einer Kultur auftauchen: von innen durch eine Offenbarung, so geschehen bei Jesus und Mohammed, oder von außen durch die Anhängerwerbung unterschiedlichster Form, seien es Eroberungen oder Missionierung. Das Verhältnis zur Kultur ist jeweils unterschiedlich: Im ersten Fall unterhält die Religion unter anderem durch den Gebrauch derselben Sprache eine enge Beziehung zur Kultur, im zweiten Fall ist die Beziehung äußerlich. Aber die jeweiligen Probleme unterscheiden sich nicht sehr.

### *Innerhalb der eigenen Kultur konvertieren*

Für viele der ersten Christen blieb das Christentum, das noch nicht so hieß, im Rahmen des Judentums: Sie hatten nicht die Vorstellung, eine Kultur zu verlassen, sondern eine neue religiöse Botschaft zu bringen, die »Frohe Botschaft«, und es schien ihnen nicht so, dass diese Botschaft das kulturelle Judentum erschütterte. Das erklärt, weshalb die jüdischen Gemeinschaften in der Diaspora ein bevorzugtes Terrain für Konversionen waren, denn die neue Religion präsentierte sich als Verwirklichung der jüdischen Religion, nicht als ihre Negation.[16] Der Apostel Paulus hat bekanntlich Bruch und Kontinuität klar benannt: Das Wort Gottes richtet sich gleichermaßen an Juden wie Nichtjuden, es erhebt sich über den Formalismus des Gesetzes. Der religiöse Marker ist nicht mehr Mitgift eines bestimmen Volkes. Die Universalisierung läuft über die Ablösung von der Kultur, aber nicht über einen religiösen Bruch. Das ist die Grundlage für das ambivalente Verhältnis des Christentums zu den Juden: Die religiöse Kontinuität lässt sich nicht leugnen, deshalb beharrt man auf ihrem vermeintlichen »Obskurantismus«, das heißt darauf, dass das Religiöse angeblich durch einen immer stärker ethnisch wahrgenommenen Partikularismus verdunkelt sei (was erlaubt, eine Brücke zu schlagen zwischen religiöser Judenfeindschaft und rassistischem Antisemitismus).

Alle großen Offenbarungsreligionen behaupten die absolute Unabhängigkeit von der Kultur. Aber oft erweist sich dieser Anspruch als nicht haltbar – es sei denn, alle Anhänger würden sich aus der Welt und aus der Zeit zurückziehen (aber damit würden sie auch wieder eine Kultur und eine Gesellschaft begründen). Die ersten Generationen von Konvertiten, und später die Wiedererweckten, empfinden vielleicht noch einen Bruch mit der herrschenden Kultur, die folgenden Generationen richten sich dann zunehmend in der neuen Kultur ein; sie haben die Neuheit verinnerlicht und leben sie als eine neue Tradition. Die Religion ist »abgekühlt«, akkulturiert, in die Geschichte eingegangen, sie wird von neuen, nicht konvertierten Generationen angenommen oder in bereits konvertierten Familien weitergegeben und befindet sich nicht mehr in Distanz zur herrschenden Kultur – es sei denn, die Gruppe hat den unbedingten Wunsch, die Distanz zur Gemeinschaft weiter zu pflegen, wie etwa die Amish in den Vereinigten Staaten. Im Hinblick auf die neuen Konvertiten können wir eher von einer ablehnenden *Haltung* gegenüber der Kultur als von tatsächlicher Zurückweisung sprechen: Die ersten Christen sprachen weiterhin Griechisch oder Latein und studierten die Klassiker. Das Christentum brachte nicht eine neue Kultur ausländischer Herkunft (neohebräischer beispielsweise) in das Römische Reich. Es versuchte, in einer deutlich ausgeprägten Kultur eine Botschaft zu platzieren, die sich explizit nicht als kulturell verstand: In kultureller Hinsicht konnte sich das Christentum nicht als dem Hellenismus überlegen präsentieren und auch nicht in Konkurrenz zu ihm treten. Die Überlegenheit, die es beanspruchte, war seine religiöse Botschaft. Im ersten Korintherbrief (1, 22 und 23) bietet Paulus sogar den Griechen die Stirn: Die Weisheit des Kreuzes, »für Heiden eine Torheit« (und für die Juden »ein empörendes Ärgernis«), ist der Weisheit der Philosophen überlegen.

Das Christentum hat sich also in die griechisch-römische Welt »inkulturiert«, in der Formulierung von Vasiliki Limberis hat eine »kulturelle Übersetzung« stattgefunden.[17] Die »rein religiöse« Haltung einer abgeschlossenen Gemeinschaft, die die Rückkehr Christi erwartete, passte nicht mehr zu den neuen Generationen und der Ausdehnung auf eine Vielzahl sozialer Kategorien, denen nicht daran gelegen war, sich aus der Welt zurückzuziehen.[18] Kaiser Konstantin schlug zunächst einen Kompromiss vor, das Zusammenleben von Christen und Heiden.

Die Heftigkeit der christologischen Streitigkeiten in den ersten

Jahrhunderten des Christentums (wie hat man sich die Doppelnatur Christi vorzustellen, als Gott und Mensch zugleich?) bleibt unverständlich, wenn man darin nicht auch einen schmerzhaften Prozess der Einpassung des christlichen Glaubens in die intellektuellen Kategorien des Hellenismus sieht. Die rein theologischen Fragen, etwa die grundsätzliche Schwierigkeit, zu verstehen, was die Inkarnation ist, sind heute nicht mehr nachvollziehbar. Aber dieses immer wieder auftauchende Problem dürfte die Definition einer Orthodoxie nicht verhindern, die sowohl vom internen Standpunkt wie vom externen aus nötig ist, bei denen es respektive um die Einheit der Gemeinschaft und die Einheit des Reiches geht. Das setzt aber voraus, dass man den wichtigsten Lehrsatz des Christentums, die Inkarnation, in der formellen Sprache der dominierenden Kultur ausdrückt. Der Streit über den Monophysitismus, dem zufolge Christus nur eine, die göttliche, Natur besitzt, der die Kirche bis zum Konzil von Chalcedon 451 entzweite, wird meistens von den Erben beider Lager für überholt erklärt: Man spricht von Missverständnissen, Übersetzungsproblemen, Problemen der Übertragung von Begriffen wie Natur, Person, Hypostase aus den semitischen Sprachen (Hebräisch und Aramäisch) ins Griechische und Lateinische. Aber genau darum geht es: Eine Übersetzung ist eine Neuformulierung. Die christlichen Autoren ließen sich von den Erben Aristoteles' und Platons inspirieren, übernahmen die griechische und lateinische Philosophie (insbesondere *via* Cicero die westliche stoische Tradition) und bemühten sich zu zeigen, inwiefern sie ein Instrument ist, das dem Glauben erlaubt, sich durchzusetzen. Heute haben ehemalige Jakobiten (Anhänger der Kirche von Antiochien), Orthodoxe und Katholiken Mühe, zu erklären, worin sie sich unterscheiden. Man kann natürlich sagen, dass die theologischen Debatten politische und strategische Konflikte überdeckten, wie die Frage der Vormacht des Kaisers von Konstantinopel, die Hierarchie der Patriarchate oder die Unterstützung der persischen Sassaniden für die »Häresie«, aber das mindert die Bedeutung des Streits nicht im Geringsten. Denn es ist kein Zufall, dass derartige politische Fragen in einem theologischen Streit ausgedrückt werden: Es gab das Problem, religiöse Kategorien in kulturell akzeptable Konzepte zu fassen.

In der Anfangszeit des Christentums waren Konversionen individuelle Akte im Rahmen einer gemeinsamen Gesellschaft und Kultur, der eine geteilte Sprache zugrunde lag. Diese war eher Griechisch als Latein. Die ersten Apostel bekehrten Menschen, deren (oft doppelte) Kultur sie teilten. Der Heide war der Ungläubige, nicht der Angehörige einer anderen Kultur. Aber die gemeinsame Kultur war zugleich Verbindung und wichtigstes Hindernis, denn das Christentum war nicht einfach nur ein Neuankömmling. Es stellte den religiösen Pluralismus an sich in Frage und verfügte ein neues Konzept von Religion: absolut, geoffenbart, universell, hegemonial und monotheistisch. Es kämpfte nicht gegen eine bestimmte Religion, sondern gegen die der dominierenden Kultur eigene Vorstellung des religiösen Relativismus. Die christlichen Denker mussten ihre Auseinandersetzungen eher mit der griechischen Philosophie führen als mit der griechischen »Religion« (Apostelgeschichte 17 und 18). Die Kultur war ihnen nicht fremd, es war die den Gläubigen und Ungläubigen gemeinsame Kultur. Diese Kultur musste unterworfen werden, indem sie christianisiert wurde und man ihr ihre Unvollkommenheit vor Augen führte. Dafür verwendete man ohne Zögern ihre eigene Sprache und nahm sie selbst als Zeuge, wie es Paulus in Athen tat (Apostelgeschichte 17).

Das gleiche Problem hatten die ersten Protestanten: Sie teilten die Kultur derjenigen, denen sie Neuheidentum vorwarfen, weshalb sie so sehr die Trennung von Kulturellem und Religiösem betonten. Das ist auch ein Element der Modernität der protestantischen Evangelikalen von heute, denn ihr wortwörtliches Verständnis des Neuen Testaments gestattet ihnen, in einer modernen Welt zu leben, die der des Römischen Reichs viel näher ist als jener der Kreuzzüge und der »ausländischen« katholischen Missionen. Es geht darum, die Welt zu christianisieren, der man selber angehört, mit dem einzigen Unterschied, dass man heute von Rechristianisierung spricht; aber die umgebende Kultur wird wieder als heidnisch wahrgenommen, nicht nur als profan oder einfach säkular. (In diesem Sinn ist das Buch

*France, pays de mission* [Missionsland Frankreich] zu verstehen, verfasst von einem katholischen Priester, André Godin, im Jahr 1943, als »Mission« bereits seit eineinhalb Jahrhunderten Missionieren im Ausland bedeutete.) Der Unterschied ist natürlich der, dass das Urchristentum seine Zukunft vor sich hatte, während es heute darum geht, Verlorenes zurückzugewinnen. Aber ein evangelikaler Prediger, der mit der Apostelgeschichte in der Hand durch das Land zieht, kann den Eindruck haben, dass darin Gegenwärtiges beschrieben ist.

Der Islam ist in diesem Punkt radikaler: Alles, was zur arabischen Kultur vor der Offenbarung gehört, ist »Unwissenheit« *(jahilliya)* und wird darum in gewisser Weise ausgelöscht, angefangen mit der arabischen Sprache. Für die Fundamentalisten hat nicht die arabische Sprache den Koran hervorgebracht, sondern umgekehrt – zumindest hat der Koran die arabische Sprache zu ihrer Vollendung geführt, denn er ist unerreichbar, ungeschaffen. Deshalb steht das Arabische des Korans im Zentrum dessen, was zur arabischen Kulturproduktion wird, und die Religion beansprucht ein Recht zur Aufsicht über die kulturelle Produktion. Die vorislamische Kultur wird nur als eine »anthropologische« Kultur gesehen, als Kultur der Stammesgesellschaft der Beduinen. Das war sicher ein Argument, um zum Islam zu konvertieren, denn man stellte die Konversion als einen Akt der Emanzipation und als Fortschritt dar. Aber der Preis dafür war, dass die Beziehung von Sprache und Kultur sowie die Autonomie des kulturellen Korpus ausgeklammert wurden.

Heute verwenden im Übrigen auch Liberale und Reformer den Mythos von der *jahilliya* nach wie vor im anthropologischen Sinn, wenn sie zeigen wollen, dass das Problem des Islam nicht von der Religion herrührt, sondern von der Kultur. Die Botschaft Gottes wurde damit verwechselt, wie sie empfangen und von denjenigen gedeutet wurde, für die sie ursprünglich bestimmt war. Deshalb muss man den Koran wieder in seinen anthropologischen Kontext einordnen, wenn man seinen wahren Sinn erfassen will. Aber damit verstärkt man *de facto* die Vorstellung einer Dichotomie zwischen islamischer Kultur und arabischer Kultur und wertet Letztere ab.[19]

Die Weigerung der meisten Ulemas, den Koran in seinem kulturellen Umfeld zu denken, wirft ein grundsätzliches Problem auf: das der Beziehung zwischen Islam und arabischer Kultur. Wie kann man sich eine autonome Kultur außerhalb des Korans vorstellen, die mehr als ein Nebenprodukt der koranischen Offenbarung ist? Der Export des Islam in andere Kulturen lässt die Autonomie der Kultur erkennbar werden. Zu Beginn seiner Ausbreitung traf der Islam auf zwei Kulturen, die er gelten ließ: die griechische (das lebt bis heute fort etwa in der Volkstradition der »griechischen Medizin«, *tebb yunani)* und die persische *(ajam* ist derjenige, der nicht Arabisch spricht, aber dennoch Muslim ist; wir haben es mit einer Kategorie zu tun, die nicht den westlichen Christ, *kafir,* Franke, bezeichnet und auch nicht den arabischen Christ, sondern einen Muslim, der einer anderen Kultur angehört). Wie wir sehen werden, ist es kein Zufall, dass es heute eine Krise der Produktion, und vor allem des Konsums, von Kultur in arabischer Sprache gibt, während der türkische und der persische Sprachraum sich gut behaupten.

Im Lauf der Geschichte hat sich im Bereich der Philosophie, Literatur und Kunst ein autonomer Kulturraum in der muslimischen arabischen Welt etabliert, aber er war regelmäßig Zielscheibe eines ikonoklastischen, antikulturellen Fundamentalismus, der von den Almohaden über die Wahhabiten bis zu den Taliban von antisynkretistischen Bewegungen reichte, die allein schon dem Begriff Kultur misstrauten. Die Angst vor dem Synkretismus ist im Islam nicht neu, und sie hängt weniger mit der absoluten Forderung nach Einheit und göttlicher Transzendenz zusammen als mit der Fragilität der Beziehung von Religion und Kultur. Antisynkretistische Bewegungen sind genauso in der Phase der politischen Hegemonie aufgetaucht, etwa unter Aurangzeb im Mogulreich, wie auch in Zeiten der Beherrschung, so die Tablighis in Indien unter britischer Herrschaft. Der Wahhabismus ist in diesem Zusammenhang interessant: Ihn als Ausdruck einer Widerstandsbewegung entweder gegen die Osmanen oder gegen die Briten zu definieren, wäre ein Anachronismus. Die Tendenz zur Dekulturation ist hier intern motiviert und nicht nur die Folge ausländischer Beherrschung.

Selbst wenn Predigen und Bekehren durch theologische Erwägungen motiviert sind, wird die Praxis der Bekehrung zutiefst vom kulturellen und politischen Kontext bestimmt und wirft stets die Frage nach der Verbindung zwischen Religion und Kultur auf.

Es ist falsch zu denken, »schon immer« hätten Christen, Muslime und Buddhisten versucht, ihre Nachbarn zu bekehren, genau wie es falsch ist zu sagen, dass das Judentum Bekehrungsversuche nicht kannte. Die Bekehrung wird heute oft als Fortsetzung eines Projekts politischer Hegemonie gesehen, man denke an den Dschihad, ausländische Missionen im 19. Jahrhundert oder amerikanische Evangelikale. Aber das muss nicht so sein: Manche, die als Siedler in die Kolonien kamen, wollten gar nicht bekehren. Die ersten Siedler in Amerika beispielsweise, Puritaner bis auf die Knochen und allein durch die Religion angetrieben, unternahmen praktisch keinerlei Anstrengungen, die Indianer oder ihre schwarzen Sklaven zu bekehren; die Sklaven wandten sich aus eigenem Antrieb dem Christentum zu. Das zaristische Russland bemühte sich, die Tataren und später die Kasachen zur Konversion zu bewegen, während es die anderen muslimischen Völker in Zentralasien außer Acht ließ und Missionierungen bei den Muslimen von Aserbaidschan verbot.

Man bekehrt immer nur bestimmte Bevölkerungsgruppen, zu bestimmten Zeitpunkten. Die am stärksten auf Anhängerwerbung bedachte muslimische Bewegung des 20. Jahrhunderts beispielsweise, Jama'at ut-Tabligh, widmet sich beinahe ausschließlich der individuellen »Rekonversion« von Menschen, die nominell Muslime waren, etwas, das es in der klassischen Zeit nicht gab. Der Katholizismus hat sich bis zum 19. Jahrhundert so gut wie gar nicht bemüht, Muslime zu bekehren, mit einigen wenigen Ausnahmen wie Pierre le Vénérable oder Raymond Lulle. Aber die spanischen *conversos* der *Reconquista* sind ein ungeeignetes Beispiel, weil sie nie wirklich als echte Christen anerkannt wurden. Umgekehrt fand Ende des 18. Jahrhunderts, nach 250 Jahren Schweigen, eine Explosion protestantischer Missionierungsversuche statt, und die Vereinigten Staaten richten sie an Völker, an denen sie gar kein koloniales Interesse haben: Die erste Mission brach 1812 von Salem aus zur Insel Mauritius auf, doch um die Indianer und die Schwarzen kümmert man sich weiterhin nicht.

Nach dem Fall des Römischen Reichs, als das Christentum die offizielle Religion geworden war, versuchten die Missionare – im Allgemeinen waren es Mönche – ganze Völker zu bekehren: die Barbaren, mit denen sie keine gemeinsame Kultur teilten. Für die Kultur der Barbaren interessierte man sich nicht, nur für ihre Sprache. Das Vorgehen war pragmatisch, und die Kirche machte sich daran, die Sprachen aufzuzeichnen, Gotisch oder Kirchenslawisch, und gegebenenfalls auch die Schrift, um die Bibel zu übersetzen. Tatsächlich befanden sich die Barbaren die meiste Zeit in der Rolle derjenigen, die um Integration in den Westen baten, und der Westen wurde identifiziert mit der römischen Welt, später mit dem Christentum. Die Konversionen erfolgten kollektiv und wurden von der Elite oder sogar vom König selbst angeregt wie bei Chlodwig. Sie waren nicht Ausdruck von Unterwerfung, sondern erlaubten im Gegenteil eine bessere Machtausübung dank der neuen Legitimität und dem Zugang zu den Diensten jener, die lesen und schreiben konnten. Die bekehrte »Nation« konnte nun das Christentum in ihrem Kampf gegen andere Völker mobilisieren. Die Sprache wurde wie später bei den Protestanten nicht als Trägerin einer Kultur wahrgenommen, sondern allein als Medium zur Verständigung. Es gab nur eine Kultur, und das war die von Rom und Byzanz, darin stimmte die gesamte kultivierte Elite überein.[20]

Ab dem 11. Jahrhundert, sobald Europa den Weg des Christentums eingeschlagen hatte, trat die Bekehrung gegenüber dem Kreuzzug in den Hintergrund. Das Problem war nicht mehr der Heide, sondern der Häretiker. Der Islam galt nicht als eine andere Religion, sondern als Häresie, man verspottete ihn als pervertiertes Christentum, und Mohammed war ein »falscher Prophet«. Da es sich um eine Art negatives Christentum handelte, konnte ein Christ vom Islam nichts lernen. Der Islam war auch nichts Fremdartiges, sondern eher eine Monstrosität in dem Sinn, dass ein Monstrum etwas ist, das zwar gewisse vertraute Züge aufweist, in dem Falle aber disproportioniert, deformiert und grundsätzlich verkehrt erscheint.[21] Es wurde schon darauf hingewiesen, dass trotz einiger großartiger Ausnahmen (Papst Silvester II., Robert de Ketton, der Erzbischof von Pamplona, von Geburt Engländer, der den Koran übersetzte, oder Raymond Lulle) sich das christliche Europa bis zum 16. Jahrhundert nicht für das muslimische Denken als solches interessierte. Man interessierte sich für die Philosophen, die das griechische Denken weitergaben, aber nicht für den Koran und auch nicht für die Scharia. Man konnte sich einfach nicht vorstellen, dass es darin etwas Bemerkenswertes geben sollte. Anders verhielt es sich mit der Verbreitung technischer Fertigkeiten wie Medizin, Waffen, Handwerk oder auch griechischen Texten.

Die Kreuzfahrer wollten nicht bekehren, sondern auslöschen oder erobern. Im ersten Fall betraf das die Häretiker auf christlichem Boden, was das Schicksal der Katharer besiegelte, im zweiten ging es um die heiligen Stätten. Das heißt, die Kreuzfahrer wollten vertreiben und überwinden, nicht überzeugen. Einige wenige Ausnahmen bestätigen nur die Regel, zum Beispiel das Königreich Valencia unter Jakob I. im 13. Jahrhundert, wo Arabisch sprechende Priester versuchten, die nach der *Reconquista* in der Stadt verbliebenen Muslime zu bekehren.[22] Aber im Allgemeinen fielen Mission und Kreuzzüge auseinander: Im Falle der Ketzer (zum Beispiel bei den Katharern, mit der Erfindung der Inquisition) folgte die Missionierung dem Kreuzzug, nie umgekehrt. Es ging darum, dass ein bestimmtes Territorium religiös homogen werden sollte, und nicht darum, die Seelen der Ketzer zu retten. Bei den Kreuzzügen warb man keine Anhänger für die eigene Religion; es wurde getötet und vertrieben, aber nicht gepredigt. Die spanische *Reconquista* war ebenfalls zurückhaltend bei Konversionen: Ein Konvertit blieb verdächtig, das galt für Marranen wie für Morisken. Die Polemik, ein sehr häufiges Genre, das oft in Gestalt einer *disputatio* zwischen einem christlichen Gelehrten und einem Doktor des muslimischen Rechts vorkam, zielte weniger darauf ab, den Anderen als vielmehr sich selbst zu überzeugen, oder aber man versuchte, den anderen als einen klugen Kopf erscheinen zu lassen, der jedoch die Vernunft ablehnt. Die *disputatio* diente der Beschwörung der Versöhnung von Glauben und Vernunft mit den Mitteln der Rhetorik. Der Andere war wirklich anders, weil »symmetrisch«, er wurde in der herrschenden religiösen Ordnung entweder als etwas »Archaisches« wahrgenommen beziehungsweise als schlechtes Gewissen (wie der Jude), oder er galt als »der Teufel«, mithin als Antipode und Feind der guten Religion. Um ein verlorenes Christentum wiederzufinden, versuchte man, mit dem mythischen »Königreich von Priester Johannes« den Islam geografisch zu umgehen.

Zur Zeit der Reformation sah es genauso aus: Die Katholiken wollten eine Häresie ausmerzen, nicht den Protestanten predigen. Das war am Anfang insofern noch logisch, als der Protestant ehemaliger Katholik war und die Lehre der Kirche kannte, die er bewusst ablehnte. Der Protestant war der »innere« Andere im negativen Sinn, der Muslim die äußere Erscheinungsform des Anderen. Islam und Protestantismus wurden als pervertierte Formen des Christentums verstanden und nicht als eigene »Kulturen«. Der Protestant sah im Katholizismus, was an Gebräuchen, Ritualen und Irrtümern übrigblieb, wenn die Religion verschwunden war. Der Katholizismus war für die Protestanten keine Religion, sondern eine Kultur, die die wahre Religion verdreht hatte, und darum gehörte sie zum Heidentum. Die ersten Protestanten trennten Kultur und Religion und versuchten weniger zu bekehren, als Zeugnis abzulegen. Erst als der Protestantismus gut etabliert und »kulturiert« war, ergaben die Bekehrungsmissionen der katholischen Kirche einen Sinn, denn die Trennung von Kulturellem und Religiösem wirkte nicht mehr: Die Missionierungen wie etwa in Böhmen im 17. Jahrhundert machten aus der Kunst, in diesem Fall dem Barock, ein Instrument der Predigt.

Insofern drängte sich die Frage der Kultur nach und nach von außen auf. Die katholische Kirche unterschied zwischen Missionierungen im Inneren, die der Rückeroberung dienen sollten und sich vor allem auf Katharer, Protestanten und Ungläubige im 19. und 20. Jahrhundert bezogen auf der einen Seite, und »ausländischen« Missionierungen, die allein das Problem der Kultur aufwarfen. Erst nach den großen Entdeckungen anderer Weltteile betrieben die Katholiken systematisch Bekehrungen mit spezialisierten Institutionen, insbesondere den »Kongregationen« und nach Geschlechtern getrennten »Instituten«, was ein neuer Name für die traditionellen religiösen »Orden« war. Deren Männer und Frauen bekamen explizit den Auftrag, ›im Ausland zu missionieren‹,[23] das heißt, diese Institute waren dezidiert an den Anderen gerichtet. Dieser Andere war nicht einfach der Ungläubige, wie der Freidenker und der Protestant, sondern derjenige, der niemals Zugang zur Wahrheit hatte und sich in einem heidnischen »Sinnuniversum« bewegte, das keine Perversion des Christentums war und deshalb Autonomie besaß: die Kultur.

Interessant zu sehen ist, dass der Protestantismus, der heute viel mehr um Bekehrung bemüht erscheint als der Katholizismus, Rom 250 Jahre hinterherhinkt, was den Aufbau missionarischer Strukturen betrifft. Die Explosion katholischer Missionstätigkeit seit dem 15. Jahrhundert darf deshalb nicht nur als Begleiterscheinung der Kolonialisierung verstanden werden, denn die englischen und holländischen Protestanten, die ein Jahrhundert später ebenfalls den Weg es Kolonialismus einschlugen, betrieben in sehr viel geringerem Umfang Bekehrungen, aber waren trotzdem »Imperialisten«.

## Die katholischen Missionen

Die ersten katholischen Priester, die mit den Eroberern aufbrachen, waren die Feldgeistlichen, aber sehr rasch, in weniger als 15 Jahren, schickte die Kirche den Kolonisatoren Missionare hinterher, die die neu entdeckten Völker bekehren sollten. Las Casas beispielsweise traf 1502 in Santo Domingo ein und wurde 1513 auf Kuba zum Priester geweiht; 1508 kamen die Franziskaner nach Venezuela, 1541 nach Kalifornien. Später machten sich die Missionare vor den Soldaten auf den Weg und erkundeten Länder, in die keine Kolonialexpeditionen gelangten. So kam der Jesuit François Xavier 1542 nach Indien und 1549 nach Japan; seit 1582 waren Jesuiten in China, Matteo Ricci reiste 1601 dorthin und hatte zuvor schon den Katechismus ins Chinesische übersetzt; 1557 waren Jesuiten in Äthiopien. Der Jesuitenorden wurde explizit als Missionsorden gegründet, und zwar zur Missionierung von Protestanten wie von Heiden. 1615 gründeten die Jesuiten in Kanada die ersten Schulen zur Bekehrung und Unterrichtung von Indianern. 1628 öffnete in Rom die erste Schule zur Ausbildung eines eingeborenen Klerus (die Kongregation für die Evangelisierung der Völker), 1639 brachen die ersten Nonnen, französische Ursulinen, nach Kanada auf. 1675 erreichte Pater Marquette Illinois, um Indianer zu bekehren, dem nirgendwo auf seinem Weg protestantische Konkurrenten begegnet waren. 1685 wurde erstmals ein chinesischer katholischer Bischof ernannt.

Zu Anfang galten die Missionare als Hilfstruppen der Kolonisatoren, und die europäischen Staaten wachten eifersüchtig nicht nur über ihre Missionsstationen, sondern auch und vor allem über das Recht, in den neuen Kolonien das Christentum einzuführen. Auf Portugiesisch heißt das *padroado*, Patronage: Lokale Bischöfe wurden mit Zustimmung der Kolonialmacht ernannt, und nicht akkreditierte Missionare konnten zurückgeschickt werden. (Ein Konfliktpunkt zwischen den meisten europäischen Staaten und den Jesuiten war, dass Letztere sich weigerten, zu gehen, und sich darauf beriefen, sie gehorchten nur dem Papst.) In Kanada gab Colbert den Jesuiten Anweisungen, wie sie mit gemischten Eheschließungen und der Taufe von Indianern zu verfahren hatten. Das entsprach der Tradition des französischen Gallikanismus: Die zeitliche Macht des Königs gilt als von Gott verliehen, aber sie wird sehr weit gefasst, denn sie betrifft alles, was mit der öffentlichen Ordnung zusammenhängt, das heißt auch die Praxis der Religionsausübung. Der Heilige Stuhl wurde von den Kolonialmächten ignoriert oder umgangen, so wie die Christen des Osmanenreichs unter den direkten Schutz Frankreichs gestellt wurden. Der Vertrag von Tordesillas (1493), mit dem der Papst die Welt zwischen Spaniern und Portugiesen aufteilte, bedeutete nicht die Anerkennung der höchsten Macht des Papstes, sondern bekräftigte die Vorrangstellung der Staaten. Der Konflikt um die Jesuitenreduktionen in Paraguay ist in dieser Hinsicht aufschlussreich: Die Jesuiten richteten in Paraguay (aber auch in Québec) autonome Indianerdörfer ein, Spanien und Portugal erwirkten von Rom das Recht, die Dörfer zu zerstören. In Kanada blieben diese Dörfer nur im Machtbereich der französischen Krone bestehen.

Nach und nach versuchte der Heilige Stuhl, die Bewegungen der Missionare zu lenken und die Kontrolle der Staaten über die nationalen wie kolonialen Kirchen einzuschränken. Rom wollte vor allem, dass die Missionsstationen gegenüber den Kolonialmächten autonom blieben. In der ersten Zeit, Ende des 17. Jahrhunderts, umging der Vatikan den *padroado*, den er selbst eingerichtet hatte, und installierte gebietsunabhängige apostolische Vikare auf der Ebene unterhalb der Bischöfe; Letztere konnten nur mit Zustimmung der Kolonialmächte ernannt werden.

Doch im 19. Jahrhundert geriet alles ins Wanken: Der Heilige Stuhl schuf eine supranationale, globale katholische Kirche, und die ausländischen Missionsstationen waren ein wichtiger Teil davon. Dies wurde möglich, weil der ewige Streit zwischen Papst und Kaiser, das heißt zwischen dem Papst und den zeitlichen staatlichen Machthabern, allmählich zu einer Trennung *de facto*, wenn auch nicht *de jure* geführt hatte. Die Französische Revolution beendete den Gallikanismus. Das »Trauma der Revolution« brachte die Katholiken, vor allem die französischen, auf Distanz zum modernen Staat, wie er aus der Revolution und den Wahlen hervorgegangen war, sowie zur Macht der Menschen, die als zwar nicht atheistisch, aber doch zumindest profan angesehen wurde. In einem von der Errichtung der Nationalstaaten geprägten Jahrhundert etablierte Rom ein Prinzip von »Supranationalität«, allerdings im Namen einer spirituellen, nicht länger territorialen Macht. Die Katholiken konnten sich künftig direkt Rom unterwerfen. Ähnliches passierte überall in Europa: Das italienische *Risorgimento* war ebenso antiklerikal wie die meisten nationalistischen Bewegungen. Deshalb schwächte sich die direkte Kontrolle der Staaten über die nationalen Kirchen ab. Der

Ultramontanismus triumphierte und verteidigte die absolute Macht des Papstes in der Organisation der Kirche. Er wurde zur offiziellen Linie des Vatikans, der die Katholiken direkt leiten wollte, ohne Umweg über die Staaten und ohne Macht an sie zu delegieren. Die französischen Missionare im 19. Jahrhundert betrachteten sich beispielsweise als Sendboten Roms und nicht der Republik.[24] Territoriale Privilegien verblassten, die Missionsgesellschaften agierten international sowohl bei der Rekrutierung wie bei der Auswahl ihrer Einsatzgebiete.

Zur Bekehrung der Heiden wurden territorial ungebundene Kongregationen gegründet, die international rekrutierten und direkt dem Vatikan unterstanden, außerdem entstanden, oft aus Privatinitiative, Institutionen oder »Werke« zu ihrer Unterstützung wie das Werk der Glaubensverbreitung, das Pauline Jaricot 1822 in Lyon ins Leben rief.[25] Die Missionare waren weltweit im Einsatz: Katholische Priester aus dem Elsass verbreiteten das Evangelium in Nigeria und zeichneten die einheimischen Sprachen auf. Der Vatikan kontrollierte im 19. Jahrhundert die Missionen. Das kollektive, geplante Handeln der Kongregationen gewann die Oberhand über individuellen Heroismus, der oft unglücklich endete, ungeachtet der romantischen Hagiografie von glühenden Missionaren, die für ihre große Aufgabe litten.[26]

Obwohl mancherorts Kooperation durchaus die Regel war, warf die weit verbreitete Entkoppelung von Handeln der Kirche und Handeln der Kolonialverwaltung erneut das Problem auf, wie viel Autonomie man den Eingeborenen gewähren wollte. Betroffen waren sowohl juristische Fragen (die Kirche lehnte die Sklaverei ab) als auch institutionelle Anliegen (wie die Gründung lokaler Kirchen) und kulturelle Themen (wie die Frage der Zulassung lokaler Riten und einer entsprechend angepassten Ausbildung des lokalen Klerus). Die Globalisierung der Kirche stellte die immer wiederkehrende Frage nach der Verbindung von Religion und Kultur auf andere Weise.

Ein wesentlicher Punkt dabei war, dass die katholische Kirche sehr früh Wert darauf legte, religiöse Würdenträger auszubilden, die aus der jeweiligen Region stammten. Der Anstoß dazu erfolgte bereits 1622 mit der Erklärung von Papst Gregor XV., der die Kongregation für die Verbreitung des Glaubens *(De propaganda fide)* gründete und Anweisung gab, einheimische Geistliche auszubilden, jedoch ohne kulturelle oder doktrinäre Zugeständnisse an die einheimischen Kulturen und Religionen. Die Instruktion *Neminem profecto* vom 23. November 1845, die von eben jener Kongregation für die Verbreitung des Glaubens kam, formulierte die Bedingungen für die Gründung lokaler Kirchen.[27] Es ging darum, die christlichen Eingeborenengemeinden territorial abzugrenzen, sie unter der einheimischen Bevölkerung zu verwurzeln und in die Institution Kirche einzubinden.

Das einzige kulturelle Zugeständnis betraf das ostchristliche Ritual, das heißt für die Christen im Russischen und Osmanischen Reich, über lokale Kulturen wurde diesbezüglich nichts gesagt. Im Gegenteil, die Seminare sollten für eine einheitliche Ausbildung sorgen. Umgekehrt wurde empfohlen, sich nicht in geschäftliche und politische Angelegenheiten einzumischen. Es gab somit eine doppelte Bewegung von Globalisierung einerseits und Westorientierung andererseits, die zur institutionellen Autonomie der katholischen Kirche führte und sich im 20. Jahrhundert wiederholte. (In dem Fall waren die beiden Tendenzen die politische Einpassung der Befreiungsbewegungen in lokale Kulturen und ihr »Gegenteil«: die konservative Reaktion, die reichlich Bastionen in der Dritten Welt fand.) Der katholische Universalismus triumphierte in jeder Hinsicht: Vor Ort fand die tatsächliche Überwindung von nationalen europäischen Identifikationen infolge der Säkularisierungskampagnen sowie der Trennung von Staat und Kirche in Europa statt, was paradoxerweise die Autonomie der Kirche stärkte. Es entstand eine echte globale Vision, da man sich künftig ohne geostrategische und politische Hintergedanken für alle Völker interessierte, auch die am weitesten entfernten. Die Riten und Lehren wurden standardisiert, was das Ende der Gallikanismen und Partikularismen bedeutete, mit Ausnahme der Christen im Osten. Letzteres hatte primär politische Gründe: Der Uniatismus[28] funktioniert nur, wenn er die Traditionen respektiert. Ein Korps durch und durch internationalistischer Missionare wurde berufen und so weiter.

Die Kirche war bereit für die Globalisierung. Trotzdem kam die Globalisierung hauptsächlich den Protestanten zugute. Denn bei ihnen funktionierte die Entkoppelung von Kultur und Religion besser.

## Die protestantischen Missionen

Die Reformation bekräftigte zunächst einmal die absolute Trennung von Religion und Kultur,[29] und das erklärt großenteils ihre anfängliche Zurückhaltung bei missionarischer Betätigung.

Anders als vielfach gedacht wird, wollten die Reformierten zu Anfang nicht bekehren, weder in Europa noch in den Kolonien. In Europa erfolgte die Verbreitung der Ideen durch die Schrift in einem aufnahmebereiten, »präreformierten« intellektuellen Milieu. Die Bekehrung »im Volk« ging oft kollektiv vonstatten, angestoßen von oben durch den Einfluss eines Fürsten, eines Königs oder nur eines Stadtoberen. Calvin wurde nach Genf gerufen, er machte sich nicht auf, um Genf zu bekehren: Am 21. Mai 1536 beschloss der Rat der Bürger, die Reformation anzunehmen.[30] Der Wechsel zum Protestantismus war nicht das Ergebnis einer bestimmten Art von Predigt, sondern eine Rückwendung oder Rückkehr von Teilen des Katholizismus zu sich selbst. Viele reformierte Pastoren waren ehemalige Mönche, Priester und Seminaristen, es waren Kleriker, keineswegs beliebige Personen.[31] Ein Protestant stellte fest, dass er Protestant war, er wurde nicht von einem anderen dazu bekehrt. Eine Technik der Predigt bestand darin, in der Kirche auf die Kanzel zu steigen und *disputationes* zu organisieren. Man wollte selbst Zeugnis ablegen, nicht andere bekehren. Calvin rief im Übrigen niemals zum Bekehren auf, sondern nur dazu, Zeugnis abzulegen. Theodor Beza erklärte explizit, es gebe keinen Grund, alle in die Kirche zu holen, die der Kirche fern stünden, ob spirituell oder auch geografisch.[32] Deshalb kümmerte man sich hauptsächlich darum, dass die protestantischen Mannschaften und Siedler von Kaplanen begleitet wurden, nicht darum, die Kolonien als Brückenköpfe für die Bekehrung der Eingeborenen zu nutzen. Natürlich gab es Ausnahmen, aber die Stimmen, die darauf drängten, mehr zu missionieren, schafften es nicht, Unterstützung bei den großen protestantischen Kirchen Europas zu mobilisieren.[33]

Dass es keine *ausländischen* Missionen gab, hatte auch damit zu tun, dass zwischen innen und außen, *home* und *foreign*, nicht unterschieden wurde. Das Problem war nicht die ausländische Kultur, sondern die Kultur schlechthin, die Götzenverehrung. Als wichtigste Götzenverehrung galt der Papismus, aber ebenso der Humanismus sowie jede Religion oder Sitte der Eingeborenen. Für einen Calvinisten konnte es zumindest in der Anfangszeit keinen guten Wilden geben, genauso wenig wie einen guten zivilisierten Menschen, ganz einfach weil es keine guten Menschen gibt.

Diese Zurückhaltung gegenüber missionarischer Betätigung hatte zwei Gründe: die Kulturtheorie und die Heilstheorie. Luthers Reformation bestand darin, einen Bruch deutlich zu machen, und zwar nicht den Bruch mit einer Religion, sondern den Bruch mit einer religiösen Kultur. Falsch am Katholizismus war nicht die Lehre, sondern eine ganze Reihe falscher Annahmen, Irrwege und Gebräuche, die als Dogmen präsentiert wurden und die eigentlichen Lehrsätze des Christentums verdrehten. Letztere wollte Luther *wiederherstellen*, er wollte keine neuen Lehrsätze *aufstellen*. Die Kultur wurde im Sinne von »Gebräuchen« gedacht, und die protestantische Kritik bestand darin, den Katholizismus als einen Korpus von Sitten darzustellen, das heißt das Religiöse vom »Gewohnheitsmäßigen« abzulösen. Und das »Gewohnheitsmäßige« war das Kulturelle.

Ein interessanter Fall ist der des ethnologisch und militärisch interessierten Pastors Jean de Léry (1534 – 1613), eines ehemaligen Schuhmachers. Claude Lévi-Strauss hat ihn als den ersten Ethnologen bezeichnet und als Erfinder des Mythos vom »guten Wilden«; de Lérys Buch hat Montaigne und die Philosophen der Aufklärung nachhaltig beeinflusst.[34] Natürlich ist es immer riskant, von einem einzelnen Fall aus zu generalisieren, und die Geschichte der Hugenotten-Expedition nach Brasilien ist sicher vielschichtiger, als sie gemeinhin geschildert wird.[35] Fassen wir sie hier kurz zusammen.

Im Jahr 1555 brach eine französische Expedition nach Brasilien auf. Ihr gehörten zahlreiche Protestanten an, und von denen gedachten zumindest einige, eine Kolonie zu gründen und ihren Glauben zu leben, während in Frankreich die Religionskriege begannen. 1557 stieß eine von Calvin entsandte Gruppe von Pastoren, darunter Jean de Léry, zu ihnen – wiederum war es ihre Aufgabe, sich um die protestantischen Expeditionsteilnehmer zu kümmern, nicht die Indios zu bekehren. Jean de Léry verbrachte nach religiösen Konflikten innerhalb der Gruppe der Franzosen noch mehrere Monate mit den Eingeborenen. Er war kein Missionar, aber als er bei den Eingeborenen lebte, begann er über ihre Bekehrung nachzudenken. Er entschied sich dagegen und lobte ein Stück weit die Sitten der Indianer, oder vielmehr erwog er, dass sie womöglich nicht primitiver oder kritikwürdiger waren als die Sitten der Europäer. Der Kannibalismus war für Léry ein Ritus, natürlich nicht empfehlenswert, aber was sollte man andererseits von der katholischen Auffassung halten, dass bei der Kommunion der Leib Christi verspeist wird, oder von den Fällen von Menschenfresserei, die in Europa infolge der Religionskriege vorkamen? Für die Kapuziner, die die Portugiesen zur selben Zeit nach Brasilien begleiteten, war der Kannibalismus ein abscheuliches Verhalten und ein Grund, die Eingeborenen so schnell wie möglich zu bekehren, notfalls auch mit Zwang. Eben weil Léry die Gewohnheiten der Indianer präzise, distanziert und vorurteilsfrei beschrieb, bezeichnete Lévi-Strauss sein Buch als »Brevier des Ethnologen«. Tatsächlich praktizierte Léry einen bis dahin ungekannten kulturellen Relativismus.

Wir haben es also mit zwei scheinbar widersprüchlichen Elementen zu tun: Eine als anders, aber nicht unterlegen wahrgenommene Kultur wird mit wohlwollendem Blick betrachtet, und die Möglichkeit, die Indianer zu bekehren, wird als relativ aussichtslos eingeschätzt.[36] Der Widerspruch verschwindet, wenn wir bedenken, dass Léry Kultur und Religion getrennt sah, was ganz und gar der calvinistischen Auffassung entspricht. Für ihn war die katholische Kultur schlimmer als die der Eingeborenen, weil sie die Religion pervertierte, während die Indianer, die die Religion nicht kannten, »unschuldiger« waren. Doch zugleich glaubte Léry als guter Calvinist an die Prädestination: Es gibt nur wenige Erwählte, und wer dazugehört, hängt allein von der Gnade Gottes ab; bekehren, um Seelen zu retten, ist anmaßend und vergeblich, denn das fällt nicht die in Entscheidungsgewalt der Menschen. Dass der Eingeborene anders ist, liegt an der menschlichen Natur und nicht an einer bestimmten Kultur, seine Andersartigkeit illustriert die Doppelnatur des Menschen: Jeder hat einen »Wilden« in sich. Der Gegensatz zwischen Kultur und dem Religiösen liegt zunächst einmal im Inneren des Menschen, auch des Christen, und die Entdeckung einer äußeren Andersartigkeit stellt dieses Verständnis der menschlichen Natur nicht in Frage.[37]

Wir sehen also bei Léry eine Ambivalenz, die gleichermaßen die Apartheid rechtfertigt (Léry verurteilte sexuelle Kontakte mit den Eingeborenen) wie den Multikulturalismus. Die Kulturen sind gleichwertig, aber es gibt nur eine wahre Religion. Er preist die Kultur nicht, sondern sagt, dass jede Kultur ein Zeichen für die Unzulänglichkeit der Menschen ist. Es gibt keine »gute Kultur«, aber durchaus Kulturen, die weniger heuchlerisch sind als andere, etwa die der Indianer, und deshalb eher Lob verdient haben. Insofern nimmt Léry eine antikolonialistische Position ein, bevor es diesen Begriff überhaupt gab. Da man die Indianer nun einmal nicht retten kann, wozu sollte es gut sein, ihnen eine neue Kultur aufzuzwingen, die ihre eigene zerstören würde? Wie Frank Lestringant sagt: »Der Indianer ist in dieser Welt gerettet und verloren in der anderen.«[38] Die »Modernität« von Léry, das hat Andrea Frisch gezeigt, liegt in seinem calvinistischen Ansatz, die (katholische) Sitte in Frage zu stellen; er tritt eher für die Idee der Kontingenz der Kulturen ein, als dass er eine primitive Kultur idealisiert. Aus Léry vor allem die Idee des »edlen Wilden« herauszuziehen, entspricht der Lesart des 18. Jahrhunderts.[39] Er ist weder ein Paradox noch eine Ausnahme, sondern bringt die Entkoppelung von Religiösem und Kultur zum Ausdruck, die zu Anfang das Kernelement der Reformation war.

Im protestantischen Kolonialismus ist das Verfahren, die »Gemeinschaft der Heiligen« denen gegenüberzustellen, die nicht gerettet werden, häufig zu beobachten. Der Protestant möchte nicht über ein anderes Volk herrschen, er möchte nach seiner Religion leben: Der Eingeborene wird nicht als potenzieller »Untertan des Königs« angesehen, wie bei den Spaniern und den Franzosen, die beide damals diese Logik am beharrlichsten verfolgten, er ist bestenfalls ein Bestandteil der Landschaft und schlimmstenfalls ein Heide, der sich dem Plan Gottes widersetzt wie die Kanaanäer im Heiligen Land. Die gleiche Haltung findet man auch bei den Puritanern, die nach Amerika kamen: Der andere ist der Dämon, weil sie selbst die »Heiligen« sind. (Das erklärt zum Teil die Identifizierung vieler amerikanischer Evangelikaler heute mit Israel und die Gleichsetzung von Palästinensern und Indianern: Der Andere ist derjenige, der die Verwirklichung von Gottes Plan auf Erden vereiteln möchte.[40]) Die Ablehnung der Theorien von der Moral und der natürlichen Religion bedeutet, dass, selbst wenn *empirisch* die positiven Seiten der Indianer anerkannt werden, wie bei Léry, es *ontologisch* unmöglich ist, dass die Indianer positive Seiten haben.

Die angelsächsischen Protestanten versuchten darum nicht, die Indianer und die schwarzen Sklaven zu missionieren, die Katholiken hingegen, Franzosen wie Spanier, waren eifrig dabei. Als der protestantische Prediger Silas Rand sich um 1840 für die Micmac-Indianer in Kanada zu interessieren begann, waren sie schon seit zwei Jahrhunderten katholisch.[41] Natürlich gab es auch Ausnahmen: Die erste lutherische Missionsreise zu den Indianern fand 1643 statt: John Campanius war in Delaware. Daniel Gookin (1612–1687) reiste zu den Algonkin, ebenso John Eliot, der im Übrigen die Bibel in die Sprache der Wampanoag-Indianer übersetzte (aber die Begriffe *Testament, Bible, God* und *Jesus* blieben englisch). Im 17. Jahrhundert gründete Thomas Mayhew ein Indianerdorf auf Martha's Vineyard.[42] Deutsche Herrnhuter entsandten Missionare,[43] und 1726 ließ sich der Quäker John Wright in Pennsylvania nieder, um die Indianer zu bekehren. Doch die Konvertiten konnten sich nicht integrieren: 1675, im »King Philip's War« (dem Aufstand der Indianer im südlichen Neuengland gegen die englischen Kolonisatoren), wurden die *praying indians*, die Konvertiten, als Verräter getötet oder in die Sklaverei verschleppt. Integrationsversuche waren selten und meist vergeblich.

Mitte des 18. Jahrhunderts änderte sich die Situation langsam. Zwischen 1726 und 1760 entstand mit der ersten »Erweckung« in Amerika zwar noch keine missionarische Bewegung, aber die Grundlagen dafür wurden gelegt. 1726 führte der aus England gekommene John Wesley eine Mission zu den Indianern, und 1728 taufte er die ersten schwarzen Sklaven in Amerika. In Europa hatten englische Anglikaner die »Society for the propagation of the Gospel in foreign parts« (1697 – 1701) gegründet; sie entsandten 1726 Wesley nach Amerika und Thomas Thomson nach Ghana. Zur selben Zeit schickten Dänen Missionare nach Indien und Grönland. Aber das blieben Einzelfälle. (Wir müssen noch ergänzen, dass 1728 in Halle ein lutherisches Institut zur Bekehrung der Juden gegründet wurde.) 1759 wurde der Mahican-Indianer Samson Occom zum presbyterianischen Priester geweiht, er war der erste Indianer, der englische Texte verfasste. 1766 wurde der erste Nichteuropäer als anglikanischer Priester ordiniert, ein Schwarzafrikaner aus Ghana namens Philip Quaque.

Aber bei diesen Fällen handelte es sich vor allem um die Vorboten der großen Missionierungswelle im Zusammenhang mit dem »Second Awakening«. Ab Ende des 18. Jahrhunderts nahmen die Missionsbemühungen explosionsartig zu, es wurden spezielle Institutionen für die Ausbildung von Missionaren gegründet. Zwischen 1790 und 1810 entstanden die großen protestantischen Missionsgesellschaften; sie waren *low church*, das heißt volksnah und »gefühlsbestimmt«. William Carey, 1761 geboren, ein Engländer, Autodidakt und vom Anglikanismus zum Baptismus übergetreten, veröffentlichte 1789 *An inquiry into the obligation of Christians to use Means for the Conversion of the Heathens*, das der Anlass zur Gründung der Baptist Missionary Society (1791 – 1792) wurde. 1786 begann der Methodist Thomas Cook seine Missionsreisen in die Karibik. Die 1795 gegründete London Missionary Society entsandte 1796 die erste Mission nach Tahiti; man hatte diese Insel ausgewählt, weil dort keine Kolonialmacht herrschte. Es folgte die Gründung der Church Missionary Society (Anglikaner, 1799), der holländischen Missionsgesellschaft (1797), der New York Missionary Society (1800), der British and Foreign Bible Society (1804). 1807, mehr als zwei Jahrhunderte nach den Jesuiten, kam der erste protestantische Missionar, Robert Morrison, nach China. 1810 wurde das American Board of Commissioners for Foreign Missions gegründet und 1822 die Société des Missions évangéliques de Paris.

Wie lässt sich die Explosion protestantischer Missionsbestrebungen Ende des 18. Jahrhunderts erklären? Zwei Gründe liegen nahe. Erstens waren die meisten protestantischen Strömungen, auch bei den Calvinisten, von der Prädestination zu einer »arminianischen« Heilsauffassung übergegangen, der zufolge Gott so viel Gnade geschenkt hat, dass die ganze Menschheit gerettet werden kann, wenn die Menschen es wollen. Es ist kein Zufall, dass John Wesley gleichzeitig die »prevenient grace«, die bedingungslose Gnade, gegen die calvinistische Prädestinationslehre vertrat und Missionen zu Bekehrung befürwortete. Und dann verband sich der Protestantismus mit der Kultur. Die Entkoppelung von Kultur und Religiösem war auf Dauer nicht haltbar, sie führte zu inneren Spannungen, und für die praktizierenden Gläubigen war ihre Religion in eine Kultur eingebettet, sodass diese angelsächsische Kultur, geprägt von den religiösen »Erweckungen« des 18. und 19. Jahrhunderts, die missionarische Leidenschaft entfachte. In den Missionsaktivitäten der Protestanten finden wir immer wieder diese Spannung zwischen dem »reinen« Religiösen und der Kultur, die es bei den Katholiken nicht gibt; dort steht viel mehr die Inkulturation im Mittelpunkt. Wie wir sehen werden, geht der Katholizismus die Frage der Kultur direkt an, während die Protestanten sie als etwas Implizites behandeln oder leugnen.

Bei den Protestanten war die Bekehrung ab der Mitte des 19. Jahrhunderts explizit mit einem zivilisatorischen Projekt verbunden: Es galt, ein bestimmtes kulturelles Modell zu verbreiten. Deshalb wurden protestantische Kollegien und Universitäten gegründet, beispielsweise in Beirut und Kairo. Die Bekehrung allein reichte nicht aus, es musste auch Assimilierung geben, doch diese führte zu der Rassenfrage, die anders als im katholischen Milieu oft Gegenstand theologischer Überlegung war, etwa in Gestalt der Idee der von Gott verfluchten Rasse. Für einen Puritaner war die Kultur der Indianer ein Hindernis für das Heil, denn die Protestanten des 17. Jahrhunderts waren in die Kultur eingeschlossen, *culturally embedded*. Zunächst hatten die Protestanten die Frage der Kultur relativiert, wohl weil sie sich selbst in einer kulturell katholisch geprägten Gesellschaft in der Minderheit sahen. Doch nach ihrem Sieg machten sie ihre neue Kultur zur Bedingung des Zugangs zur Religion: John Eliot, einer der wenigen Protestanten des 17. Jahrhunderts, der die Indianer missionieren wollte, erklärte, die Eingeborenen *»must have visible civility before they can rightly enjoy visible sanctities in ecclesiastical communion« (sie »müssen erkennbar zivilisiert sein, bevor sie echte heilige Gefühle erfahren können«)*, was hieß, sie mussten der Erscheinung und der Kultur nach Engländer werden. Das wiederum erklärt die Wichtigkeit der Rassenfrage.[44] Aber zugleich verhinderte die grassierende Apartheid, dass die Eingeborenen sich assimilieren konnten. Allgemein herrschte eine Politik der »Separation«.

Die Protestanten versuchten ebenfalls nicht, ihre Sklaven zu bekehren, sondern die Sklaven kamen zum Christentum, der Skepsis der anglikanischen Missionare zum Trotz.[45] Es ist problematisch, einen nicht-rassistischen Spanier einem rassistischen Amerikaner gegenüberzustellen, denn tatsächlich spielte der Rassismus in Lateinamerika eine große Rolle. Aber der Rassismus bedeutet bei beiden etwas ganz Unterschiedliches: Was die Hautfarbe anbetrifft, kann man bei den Lateinamerikanern durch Vermischung (gemischte Ehen sind nicht verboten, allenfalls werden sie gesellschaftlich nicht gern gesehen) von einer Kategorie in eine andere gelangen; je heller jemand ist oder, genauer, je weniger schwarz, desto höher rangiert er auf der gesellschaftlichen Leiter, aber das Ganze ist ein Kontinuum. Daneben steht die Schwelle oder vielmehr Barriere, die im calvinistischen Milieu sehr stark und oft mit Verboten hinsichtlich Mischehen verbunden ist. Danach ist man entweder schwarz oder weiß, und ein einziger Tropfen schwarzes Blut macht einen Menschen zum Schwarzen. Wieder ändert der Kampf gegen den Rassismus die Definition nicht, höchstens die Zeichen: Die Kategorien Schwarz und Weiß gelten in den Vereinigten Staaten wie in Südafrika offiziell, auch wenn aus der negativen Diskriminierung eine positive Diskriminierung geworden ist. Im Juni 2008 feierten die Chinesen in Südafrika einen großen Sieg: Endlich wurden sie anerkannt als – Schwarze! Und damit fielen sie unter die positive Diskriminierung.

Doch manche protestantischen Kreise lehnten weiterhin die Bekehrung von Schwarzen ab, vor allem im Süden der Vereinigten Staaten.[46] Die Buren schickten keine Missionare zu den Schwarzen, aber die Herrnhuter predigten ab 1738 von ihrer Missionsstation Genadendal zu den Hottentotten, später wurden sie fast 50 Jahre lang von der calvinistischen reformierten Kirche am Kap verboten. In den Vereinigten Staaten waren protestantische Gemeinden bis zu den Bürgerrechtsgesetzen der 1960er Jahre selten rassisch gemischt.

Parallel zu den kolonialen Missionen entstanden bei den Protestanten Einrichtungen für die Bekehrung der Juden. Das geschah zur selben Zeit, aber in einer der Kolonialisierung entgegengesetzten Bewegung. Diesmal verließen die Juden das Getto und traten in die Mehrheitsgesellschaft ein, was sofort eine Debatte über Assimilierung auslöste: Sollte sie durch die Aufgabe des Judentums vonstatten gehen (das heißt durch Konversion) oder durch die Ablösung des religiösen Markers vom ethnisch-kulturellen Marker (womit das Judentum eine »bloße« Religion nach dem französischen Modell wäre)? Nehmen wir The London Society for evangelizing the Jews von 1808 und The American Society for meliorating the conditions of the Jews von 1820: Im zweiten Fall wurde das Wort »evangelisieren« aus rechtlichen Gründen, nämlich der Achtung vor der Religionsfreiheit, durch »bessern« ersetzt, was allerdings das wirkliche Ziel noch deutlicher unterstreicht. Das Königreich Preußen gründete 1822 eine Mission für die Juden. Auch hier stand im Hintergrund die Idee, dass Assimilierung nicht ohne Bekehrung möglich sein würde. Das war zugleich die Gegenposition zum damals gültigen französischen Modell, das darauf setzte, den religiösen vom kulturellen Marker abzulösen. Und es grenzt sich auch gegenüber dem in der zweiten Hälfte des 20. Jahrhunderts vorherrschenden Modell ab, den religiösen und den kulturellen Marker anders zu verknüpfen, man denke an »Jews for Jesus«, eine hebräische katholische Kirche in Israel. In beiden Fällen wird ein christlicher religiöser Marker mit einem jüdischen kulturellen Marker verknüpft. Nach letzterem Modell wurde aus der 1894 von Leopold Cohn gegründeten Mission to the Jews 1923 das American Board of Mission to the Jews, aber eine von Martin Rosen (er konvertierte 1953 zum Christentum und nahm in den 1970er Jahren seinen Namen Moshe wieder an) angeführte Abspaltung gründete Jews for Jesus, ganz im Geist von Beatnik- und Hippie-Bewegung. Der Gedanke war, dass es eine autonome »jüdische Kultur« gab. Er rief auch eine Musikgruppe ins Leben, The Liberated Wailing Wall. Die Gruppe wandte sich an junge, dekulturierte Juden und beanspruchte, sie wieder mit ihrem Judentum in Kontakt zu bringen, indem sie sie zu Jesus führte. Man setzte auf *ethnic pride*. Die Konversion bedeutete die Rückkehr zu den wahren Wurzeln ihres Judentums.

Damit sind wir bei einem vollkommen anderen Paradigma. Im Lauf dieses Rückblicks sind wir von der Abwertung des kulturellen Markers zugunsten des religiösen Markers hin zu einer neuen Aufwertung des Erstgenannten im Rahmen identitärer und kulturalistischer Probleme gelangt, die das rein religiöse Element wieder ersticken. Die Spannung zwischen Religions-»Kultur« und dem Auftauchen des rein Religiösen entsteht immer wieder neu in sehr verschiedenen Kontexten, die sich aber im 20. Jahrhundert am amerikanischen Protestantismus und an den identitären Fundamentalismen christlicher, jüdischer und muslimischer Prägung ausrichten.

Nach der Zeit der Asymmetrie zwischen einem Protestantismus, der nicht bekehren will, und einem Katholizismus, der die Bekehrung ins Zentrum seines Handelns stellt, erleben wir somit am Übergang vom 18. zum 19. Jahrhundert eine Explosion missionarischer Bewegungen, die von Europa ausgehen. Sie beginnen eher unten als oben, gehen oft von einer privaten Initiative aus (Pauline Jaricot) oder werden von individuellen Akteuren getragen (François Libermann und das Œuvre des Noirs, von dem später noch die Rede sein wird), aber sie werden von oben legitimiert und gebilligt. Der Klerus, der protestantische wie der katholische, rekrutiert seine Angehörigen überwiegend in den Volksschichten. Häufig sind die Randgebiete der Nationalstaaten überrepräsentiert: in Frankreich das Elsass, die Bretagne und der Norden; im Vereinigten Königreich Wales, Schottland und Irland; in Spanien das Baskenland. Die Missionare brechen oft mit schwärmerischem Eifer auf, später wird die Missionsbewegung rationalisiert und »technokratisiert«. Emotionen und Marketing werden wichtig: Durch das Mitgefühl gelangt man von der Sorge um das eigene Heil zum Heil der anderen, in säkularisierter Form wird daraus die große humanitäre Leidenschaft des ausgehenden 20. Jahrhunderts. Die Begeisterung für die Missionstätigkeit ist mit einer Veränderung der Religiosität verbunden.

Das Geld kommt aus Kollekten und Spenden. Man engagiert sich in militanter, supranationaler Weise für Missionsvorhaben. Es ist ein Hin und Her: Kirchengemeinden oder Kirchen sind Paten einer Missionsstation, man organisiert Vorträge, um Spenden zu sammeln, und holt dazu Missionare und Katechumenen aus dem fremden Land. Die exotische Welt der Kolonien wird zum Schauobjekt wie bei der Kolonialausstellung 1907 und dann 1931 in Paris. Die Frauen spielen eine wichtige Rolle bei den Missionsprojekten, das gilt für Katholiken wie für Protestanten.[47] Immer haben wir es mit einer globalisierten Bewegung zu tun, die sich nicht als der ausführende Arm einer nationalen Politik versteht obwohl mancherorts die Kollusion von Missionaren und Militärs erheblich ist. Im Übrigen sind Expeditionen, militärische wie andere, die verirrten oder verfolgten Missionaren zu Hilfe kommen, ein Dauerthema der medialen Berichterstattung, von der Expedition von Stanley und Livingstone bis zur Belagerung von Peking. Paradoxerweise geht der auf Zentralisation bedachte katholische Ultramontanismus[48] in dieselbe Richtung wie die Privatisierung und Zerstreuung der protestantischen Missionen: in die Richtung der Globalisierung, des Supranationalen, aber auch hin zur Ausbildung eines westlichen Modells. Die Parallele zu humanitären Einsätzen unserer Tage drängt sich auf.

Jenseits der Gemeinsamkeiten der westlichen christlichen Missionstätigkeit, die auf verschiedenen Wegen in Richtung der Globalisierung zielt, gehen Katholizismus und Protestantismus allerdings sehr verschieden mit dem Verhältnis von kulturellen und religiösen Markern um. Die katholische Kirche bemüht sich, unter anderem mithilfe des Konzepts der Inkulturation, stark um eine Symbiose mit der Kultur. Die Frage der Kultur steht in unterschiedlichen Erscheinungsformen im Zentrum des zeitgenössischen Katholizismus: als Inkulturation, Verteidigung einer europäischen Kultur, Bezug auf das Lateinische, Befreiungstheologie und so weiter. Im Gegensatz dazu geht der Protestantismus sehr weit auf dem Weg der Dekulturation, der Trennung von religiösen und kulturellen Markern.

# Von der Zivilisation zum Multikulturalismus

## Eine Zivilisation, mehrere Kulturen

Missionen sind Unternehmen zur Akkulturation. Bis in die erste Hälfte des 20. Jahrhunderts hinein waren die Missionare von zivilisatorischem Sendungsbewusstsein erfüllt. Sie konnten die Idee akzeptieren, dass unterschiedliche Kulturen existieren, aber für sie gab es nur *eine* Zivilisation: ihre Zivilisation. Die Zivilisation schlechthin war die westliche Kultur als Produkt des Christentums, und als solches war sie den anderen Kulturen überlegen. Sie glaubten an den ethischen, moralischen und sozialen Fortschritt, obwohl viele anerkannten, dass auch die Eingeborenenkulturen manch gute Seite haben. Natürlich waren die Wahrnehmungen unterschiedlich, vor allem bei der Frage, ob die westliche Kultur an sich, selbst in ihrer profanen Form, überlegen sei, unter anderem weil sie vom Christentum abstammt oder nur insofern sie dauerhaft von der Religion geprägt und durchdrungen ist. Aber der Gedanke einer »reinen Religion«, die über jeder Kultur steht, weil jede Kultur vom Sündenfall des geschaffenen Menschen gezeichnet ist – ein Gedanke, der, wie wir gesehen haben, im Calvinismus sehr intensiv und präsent ist – fehlte in der missionarischen Bewegung, bis im 20. Jahrhundert die Evangelikalen in Erscheinung treten. Der angelsächsische – nicht-evangelikale – Protestantismus hatte sich im 19. Jahrhundert an der Idee der profanen Überlegenheit der westlichen Kultur ausgerichtet. Er war sehr liberal geworden und hielt nur am Gedanken der moralischen Überlegenheit der christlichen Kultur sowie der Vorstellung, dass Jesus der moralische Orientierungspunkt der Menschheit sei, fest.[1] Für die katholischen Missionare hingegen konnte eine Kultur nur überlegen sein, wenn auch der Glaube darin präsent war. Aber in allen Fällen begriffen die Missionare das Religiöse nur im Rahmen einer Kultur.

Die Katholiken waren zu Anfang stärker auf Assimilierung bedacht als die Protestanten. So konzentrierten sich in Québec die Missionare, das heißt die Rekollekten wie auch die Jesuiten, primär auf die Indianer. Sie förderten gezielt gemischte Eheschließungen zum Zweck der Assimilierung und legten keinerlei Rassismus an den Tag, weder in theologischer noch in biologischer Hinsicht. Die Anweisung des Herzogs von Montmorency aus dem Jahr 1603 lautete: »Es gilt zu versuchen, die Eingeborenen zum christlichen Glauben zu führen, zur Zivilisation der Sitten, zu einem geordneten Leben und Verhalten, zu Beziehungen mit den Franzosen, die ihren Geschäften nützen, und schließlich dazu, dass sie sich der Autorität und Herrschaft der Krone Frankreichs beugen.«[2] Die Rekollekten, die 1615 kamen, »befanden bald, dass der Erfolg der Evangelisierung erheblich vom Erfolg der Bemühungen von Kirche und Staat abhängen würde, die Indianer zu einer sesshaften Lebensweise zu bringen. Sie beschlossen darum, Missionsstationen im Umkreis von landwirtschaftlichen Gütern zu gründen und die Indianer einzuladen, sich in der Nähe niederzulassen. Sie planten auch, tugendhafte katholische französische Familien dort anzusiedeln. 1616 trafen sich die Rekollekten mit Samuel de Champlain (dem Gründer von *Französisch-Kanada)* und einigen frommen Laien, um über diese Vorhaben zu diskutieren. Einstimmig wurde entschieden, man müsse ›die Indianer sesshaft machen und sie in unseren Sitten und Gesetzen unterweisen‹«.[3] Rom unterstützte, wie wir gesehen haben, nachdrücklich alle Bestrebungen, Eingeborene als Geistliche zu gewinnen, aber um den Preis der Akkulturation. Die Missionare »sahen sich darum oft vor der unmöglichen Herausforderung, den einheimischen Seminaristen römische Bildung und Disziplin beizubringen, was eine komplette Loslösung aus ihrer bisherigen Kultur voraussetzte. Die Ausbildungsprogramme und -modalitäten sowie das Leben im Seminar wurden weitgehend gestaltet wie in Europa. Es wäre jedoch anachronistisch, die römische Position im Licht zeitgenössischer Debatten über religiöse Akkulturation zu interpretieren. Sie folgte einer anderen Logik: der einer Förderung durch Bildung, und als richtige Bildung galt nur die, die nach römischem Vorbild erteilt wurde.«[4] Wie

Prudhomme schreibt: »Die Perspektive der Inkulturation, wie sie in den 1970er Jahren ausgearbeitet wurde, war den Missionen im 19. Jahrhundert fremd … Aus den Schriften der Missionare spricht meist ehrliche Sympathie für die evangelisierte Bevölkerung, obwohl die Freveltaten des Heidentums gegen die Zivilisation schonungslos angeprangert werden. Es bleibt die Tatsache, dass im 19. Jahrhundert kein Las Casas, Vitoria oder Ricci auftauchte und sich fragte, welche Probleme für die Missionstätigkeit die Universalisierung des Christentums und die Übertragung des Katholizismus auf nicht westliche Kulturen aufwarfen … Die zivilisatorische Perspektive hatte auch zur Folge, in der Praxis die Mission mit der Verbreitung der westlichen Moderne zu verbinden, wie sie die Schulen verkörperten.«[5]

Doch die von der katholischen Kirche betriebene Akkulturation hatte weniger mit einer positiven Definition der westlichen Zivilisation zu tun als mit dem Wunsch, das Modell einer universellen, homogenen und zentralistischen Kirche zu verteidigen. Das hatte zur Folge, dass nur ein kulturelles Modell anerkannt wurde, insbesondere zu einem Zeitpunkt, im 19. Jahrhundert, als die Kirche auf Distanz zu einer immer stärker säkularen westlichen Kultur ging. François Libermann, der die Missionierung in Schwarzafrika propagierte,[6] fasste die Ambivalenz der katholischen Politik der Akkulturation perfekt zusammen: »Wir denken, dass der Glaube nur eine stabile Form bei den Völkern annehmen kann und die entstehenden Kirchen nur eine gesicherte Zukunft haben, wenn die bis zu einem gewissen Punkt perfektionierte Zivilisation Unterstützung leistet … Der zweite Grundsatz lautet, dass Zivilisation ohne Glauben unmöglich ist.«[7] Das blieb ein dauerhaftes Thema des Katholizismus, man findet es noch bei Benedikt XVI.: Die westliche Kultur hat keinen Wert an sich, sondern nur insofern, als sie vom Christentum erfüllt wurde und wird. Die Kirche verteidigte nicht *die* westliche Kultur, sondern die *christliche* westliche Kultur. Die Christianisierung hat an einem zivilisatorischen Fortschritt teil (und alle Missionare, katholische wie protestantische, stimmen darin überein), aber für die Katholiken kann es keine säkulare, laizistische Zivilisation geben.

Die katholischen Missionare teilten hier nicht den Standpunkt vieler protestantischer Missionare, für die Verwestlichung *per se* ein Fortschritt war, geradezu die Voraussetzung für die Bekehrung. Ebenso wenig teilten sie im 19. Jahrhundert die Ansicht, dass die Akkulturation im Sinne der westlichen Zivilisation eine Vorbedingung war; sie stellten das Modell der Kirche in den Vordergrund. »Zivilisation« gab es demnach nur im Glauben, eine Wertschätzung der Eingeborenenkulturen war undenkbar, aber nicht, weil es indigene, sondern weil es heidnische Kulturen waren.

Die protestantischen Missionare, vor allem die Amerikaner, identifizierten sich mehr mit ihrer nationalen Kultur, die ihnen selbst in ihrer säkularisierten Form überlegen erschien. Sie behielten praktisch immer ihren westlichen Lebensstil bei, was Kleidung, Wohnung und Essen betraf.[8] Vor der Abreise erhielten sie weniger Unterweisung als die Katholiken und beschäftigten sich mehr mit der gesprochenen Sprache als mit der Kultur des jeweiligen Landes.[9] Sie interessierten sich auch mehr für die Eingeborenensprachen, die Dialekte, als für gelehrte Schriftsprachen. Ein katholischer Missionar erlernte klassisches Arabisch, ein evangelischer den marokkanischen Dialekt. Nach der protestantischen Sicht des 19. Jahrhunderts, die nicht mehr calvinistisch war und noch nicht evangelikal, war die Zivilisation die erkaltete Religion, das zur Ethik gewordene Gesetz, die zur Etikette gewordene Norm. Die Säkularisierung wurde hier eher positiv verstanden (außer natürlich in den Erweckungskirchen), man bewegte sich in die Richtung dessen, was später der liberale Protestantismus wurde, fern von religiösen Exzessen. Für die Protestanten entstammte darum die westliche Kultur, besonders die angelsächsische, der Zivilisation im Allgemeinen, weil sie aus dem Christentum hervorgegangen war, auch wenn sie sich nicht mehr unbedingt am Glauben orientierte. Für die Katholiken hatte die Zivilisation nur dann einen Sinn, wenn sie explizit auf dem Evangelium aufbaute, und dieses Zivilisationsmodell wurde von der Kirche zur Vollendung gebracht, nicht von den verschiedenen Nationalkulturen. Die katholische Kirche war im Übrigen vielfältiger bei der Rekrutierung, sowohl in geografischer wie in sozialer Hinsicht.

Trotzdem waren beinahe alle Anhänger beider Konfessionen von der Überlegenheit der westlichen Zivilisation überzeugt und stellten eine Verbindung zwischen »Zivilisiertheit«, Christianisierung und Verwestlichung her, auch wenn sie unterschiedliche Ansichten über die Verbindung zwischen Kultur und Religion hatten. Ein echtes Nachdenken über die Kultur gab es bis zur Mitte des 20. Jahrhunderts nicht.

Dennoch veränderte sich der Blick auf die anderen Kulturen allmählich, was damit zusammenhing, dass man mehr wusste, aber auch damit, dass der Begriff der Zivilisation fragwürdig wurde.

Die christlichen Missionare hatten reichlich Erfahrungen vor Ort gesammelt, sie wussten einiges über die Kultur des Anderen und über den Umgang mit kulturellen Unterschieden. Sie lernten Sprachen, und vor allem versuchten sie bei ihren Reisen in die Heimat, den Gemeinden, die sie eingeladen hatten, den Gedanken nahezubringen, dass »die Wilden« durchaus ihre Qualitäten besaßen. Viele Missionare betätigten sich regelrecht als Ethnologen, zeichneten Sitten und Rituale auf. Das ganze 19. Jahrhundert hindurch und in der ersten Hälfte des 20. Jahrhunderts war zu beobachten, dass die Sympathie gegenüber den Eingeborenen wuchs und die Distanz zum Kolonialsystem größer wurde. Im 20. Jahrhundert spielten Hilfe für die Bevölkerung und Bildung in den Missionsstationen eine größere Rolle als die Bekehrung: Das Krankenhaus und das Waisenhaus waren wichtiger als die Kirche aus Stein. In den Schulen und Hochschulen, die in großer Zahl erbaut wurden, verlangte man keine Bekehrung; dort wurden oft die neuen Eliten ausgebildet, ob christlich oder nicht. Die Tatsache, dass die neue Generation nationalistischer Politiker der Dritten Welt im 20. Jahrhundert überwiegend aus Christen bestand, wie etwa Tschiang Kai-scheck in China, veranlasste viele Missionare, sich für mehr Gleichberechtigung in den politischen Beziehungen zwischen den Kolonialmächten und den Eingeborenenbewegungen einzusetzen. Rassismus wurde von den Missionaren verurteilt, was manche von ihnen vor Probleme stellte, wenn sie, wie die Baptisten aus Alabama, vom Missionseinsatz in ihren Bundesstaat zurückkehrten, wo Rassentrennung herrschte.[10]

Bleibt noch festzuhalten, dass der Zugang zur Kultur empirisch und pädagogisch war: Was gab es an Positivem, das man nutzen konnte? Man denke an Paulus und den Altar von Athen, der »dem unbekannten Gott« gewidmet war? Als François Libermann die Parole ausgab, man solle »Neger werden unter Negern«, meinte er damit nicht, dass man sich für die Kultur der Neger interessieren sollte: Der Neger war der Arme, der Ausgeschlossene, der Abgelehnte und nicht der Träger einer anderen Kultur. Selbst wenn wachsende Sensibilität gegenüber den lokalen Kulturen zu beobachten war, gab es keinen Willen zum Kompromiss mit diesen Kulturen, und die Diskussion ging immer um die Riten: Wie viel von den Riten und Gebräuchen durfte man dulden?

## Das Auftauchen der Kulturen und die Krise der Zivilisation: Die Inkulturation des Religiösen

Nach 1945 tauchte in der allgemeinen Öffentlichkeit und bei den Politikern ein neues Konzept auf: das der Gleichheit und der Relativität der Kulturen. Sie galten nun als gleich an Würde, aber auch an Komplexität, und damit wurde *ipso facto* das Konzept der »Zivilisation« als einer materiellen und moralischen Vollendung einer bestimmten Kultur aufgegeben. Werturteile verschwanden. Es war das Ende jedes Evolutionsgedankens und jeder Geschichtsphilosophie, soweit es Kulturen betraf. In Frankreich hat sicher Claude Lévi-Strauss am meisten zur Verbreitung dieser Sichtweise beigetragen,[11] als Vollendung der großen Strömungen der Anthropologie des 20. Jahrhunderts. Aber vor allem ist interessant festzuhalten, dass das Thema der Autonomie und der Würde der Kulturen losgelöst von seinen wissenschaftlichen Ursprüngen politisch aufgenommen wurde. Und das hatte vielfältige Gründe.

Zunächst ging es darum, gegen den Rassismus zu kämpfen, der zum Nazismus geführt hatte, und dann wurde an einen Ausweg aus der Kolonialherrschaft gedacht, indem man deren große ideologische Rechtfertigung attackierte: die Verbreitung der Zivilisation. Die damals frisch gegründete UNESCO spielte bei der Popularisierung dieser beiden Themen eine große Rolle. In der Folge führten die Zuwanderung, der Kampf für die Bürgerrechte in den Vereinigten Staaten, die Problematik der »Minderheiten« (ethnischer, kultureller, religiöser und schließlich sexueller) dazu, dass Unterschiede als verschiedene »Kulturen« gedacht wurden. Als von einem Tag auf den anderen das Thema »Multikulturalismus« auftauchte, veränderte es das Verhältnis von Kultur und Religion zutiefst. Die Religion wurde nun dem Bereich der Kultur zugewiesen. Offenbar tauchte der Begriff »Multikulturalismus« erstmals 1960 in Kanada auf. Zunächst betraf der Begriff nur die jeweilige Stellung der beiden »Völker«, des englisch- und des französischsprachigen, aber sehr bald wurde er für alle Minderheiten verwendet, die es als Folge der Immigration im Land gab.

Das warf mehrere grundsätzliche Fragen auf: Wie ließen sich Universalismus und Authentizität versöhnen; wie Menschenrechte und Demokratie miteinander verbinden? Und vor allem, wie ließen sich kulturelle Verschiedenheit und religiöser Universalismus denken? Entweder wurde die Religion auf die Kultur zurückgeführt, oder sie musste sich von der Kultur, jedenfalls von der westlichen Kultur, lösen, um ihre Universalität zu behaupten.

Katholische Theologen entwickelten das Konzept der Inkulturation, das seit dem Zweiten Vatikanischen Konzil der Prüfstein der katholischen Reflexion blieb, obwohl es auch von einigen protestantischen Denkern übernommen wurde.[12] Wie wir sehen werden, stellten sich die verschiedenen Formen des Evangelikalismus diese Frage nicht, weil sie sie *de facto* durch die Entkoppelung des kulturellen Markers vom religiösen Marker gelöst hatten, das heißt indem sie die Debatte über die Kultur ignorierten. Die katholische Kirche fokussierte sich auf diese Frage mit einer Fülle von Positionen, die von einem extremen Multikulturalismus (bei dem man kulturellen Vorurteilen bis ins Herz der Theologie nachspürte, zum Beispiel der Tatsache, dass Gott als männlich definiert wurde) bis zur neuerlichen Bekräftigung eines intrinsischen Bandes zwischen westlicher Kultur und Katholizismus reichten. Die konservative katholische Reaktion auf die Befreiungstheologen bleibt bei der Problematik der Zentralität der Kultur stehen. Man hält am Konzept der Zivilisation fest, das heißt an der Überzeugung, dass es die Relativität der Kulturen nicht gibt: Die Zivilisation ist die Kultur, die die ethischen Normen der Religion integriert hat.

Das Nachdenken über die Inkulturation beruht auf einem einfachen Prinzip: Die Religion ist nicht die Kultur, aber sie kann nicht außerhalb einer Kultur existieren. Die Verbindung zwischen den beiden Realitäten ist von derselben Art wie die Beziehung zwischen dem Wort und dem Fleisch bei der Inkarnation: »Das Evangelium identifiziert sich nicht mit einer Kultur, aber es kann nie außerhalb einer kulturellen Form existieren, ob es die ist, die Jesus in der jüdischen Welt annahm, oder jene, die Paulus in den Parametern des Hellenismus und des Judentums in der Diaspora ausdrückte, oder die Kultur der Christen der ersten Jahrhunderte mit den griechisch-römischen und später barbarischen Kulturstrukturen.«[13]

Das Problem hat heute zwei Aspekte: den Ethnozentrismus des Christentums und die Dechristianisierung der europäischen Kultur, was zum Bruch zwischen Kultur und Religion führte. Wie Papst Paul VI. in dem apostolischen Schreiben *Evangelii Nuntiandi* über die »Evangelisierung in der Welt von heute« (1975) geschrieben hat: »Der Bruch zwischen Evangelium und Kultur ist ohne Zweifel das Drama unserer Zeitepoche, wie es auch das anderer Epochen gewesen ist.«[14] Ein belgischer Jesuit, Pierre Charles, hat den Begriff der Inkulturation ins Missionswesen eingeführt, »aber [er] gab ihm den gleichen anthropologischen Sinn wie Enkulturation, was den Prozess bezeichnet, wie man sich die eigene Kultur aneignet. Joseph Masson S.J. erfand 1962 den Begriff ›inkulturierter Katholizismus‹. Es dauerte aber fast noch 15 Jahre, bis der Begriff Inkulturation in seinem heutigen theologischen Sinn gebraucht wurde. Die 32. Generalkongregation der Societas Jesu von Dezember 1974 bis April 1975 verwendete ihn anscheinend zum ersten Mal, und der damalige Generalobere der Jesuiten Pedro Arrupe führte ihn bei der römischem Bischofssynode

1977 über die Katechese ein. Papst Johannes Paul II. griff ihn offiziell in seinem apostolischen Schreiben *Catechesi Tradendae* aus dem Jahr 1979 auf, und daraufhin fand er allgemeine Verbreitung.«[15]

Der Begriff taucht auch in der Enzyklika *Redemptoris Missio* (1990) von Johannes Paul II. auf, aber mit einer ganzen Reihe von Einschränkungen: »Der Prozess der Einfügung der Kirche in die Kulturen der Völker verlangt viel Zeit. Es handelt sich ja nicht nur um eine äußere Anpassung, denn Inkulturation ›bedeutet die innere Umwandlung der authentischen kulturellen Werte durch deren Einfügung ins Christentum und die Verwurzelung des Christentums in den verschiedenen Kulturen‹. Sie ist also ein tiefgreifender und umfassender Prozess, der sowohl die christliche Botschaft als auch die Betrachtung und die Praxis der Kirche betrifft. Es handelt sich aber auch um einen schwierigen Prozess, da die Eigenart und Vollständigkeit des christlichen Glaubens auf keine Weise geschmälert werden dürfen. Durch die Inkulturation macht die Kirche das Evangelium in den verschiedenen Kulturen lebendig und führt zugleich die Völker mit ihren Kulturen in die Gemeinschaft mit ihr ein und überträgt ihnen die eigenen Werte, indem sie aufnimmt, was in diesen Kulturen an Gutem ist, und sie von innen her erneuert … So bieten die Gruppen, die das Evangelium angenommen haben, die Elemente für eine ›Übersetzung‹ der Botschaft des Evangeliums im Bewusstsein des positiven Beitrags, den es im Laufe der Jahrhunderte gegeben hat dank der Kontaktpflege des Christentums mit den verschiedenen Kulturen, aber ohne die Gefahren der Entfremdung zu vergessen, die des Öfteren aufgetreten sind.«[16] Es geht weniger darum, das Evangelium an die jeweiligen Kulturen anzupassen, als darum, die Kulturen durch das Religiöse zu verändern.

Diese Vorbehalte verstärkten sich in der Folgezeit noch, und Papst Benedikt XVI. ist zu einer noch stärker ethnozentrischen Sicht zurückgekehrt oder vielmehr zu einer Sicht, die die religiöse Kultur aus der Zeit vor dem Zweiten Vatikanischen Konzil wieder zu Ehren bringt (insbesondere erlaubt er wieder die lateinische Messe). Er betont damit *de facto* die westliche Dimension des Christentums. Aber diese konservative Reaktion war auch durch ein gewisses Abgleiten der Inkulturation gerechtfertigt, und zwar in zwei Punkten.

Zum einen veränderte die Wiedereinführung von fundamentalen Konzepten des Christentums in ausländische Kulturen die Theologie. Die indigene Ausrichtung war oft mit der Befreiungstheologie verbunden, die dem Christentum vorwirft, es sei ein Herrschafts- und Enteignungsinstrument in den Händen zuerst der Kolonialmächte und dann der postkolonialen herrschenden Klassen gewesen, vor allem in Lateinamerika, wo die Kultur der Indios mit der Masse der Beherrschten assoziiert wurde und die westliche Kultur mit den herrschenden Eliten. Die Anhänger der »Indiotheologie« gingen so weit, die männliche Natur Gottes in Frage zu stellen (wie es auch in der feministischen Theologie geschieht). Man versucht, Gott als *pachamama* oder »Erde/Mutter« zu denken. Die Gestalt Christi löst sich in einem größeren Ganzen auf: »Wir glauben an Jesus Christus, der lebt, stirbt und aufersteht in jenen, die dafür kämpfen, ausgehend von den Armen ein historisches Projekt des Lebens zu errichten. Wir glauben an Jesus Christus als Gott der Nähe und Einigkeit, der uns Leben und Kraft gegeben hat durch das Opfer von Quetzalcóatl, der an unserer Seite war, ist und sein wird und uns hilft bei der Suche nach einem neuen *pachakuti* durch Brüderlichkeit, Solidarität, gegenseitige Hilfe, denn all das ist die Verwirklichung seiner großen Liebe, die uns den Weg zu einer neuen Erde und zu neuen Himmeln weist.«[17] Die Inkulturation läuft schließlich darauf hinaus, den Zölibat der Priester im Namen indigener Vorstellungen von Familie zu hinterfragen. Im Übrigen widersetzte sich die Führung der katholischen Kirche Mexikos der Ausweitung der Inkulturation im Zusammenhang mit der Frage der Weihe eingeborener Diakone.[18]

Bei den Protestanten ist diese Kulturtheologie seltener anzutreffen, ein Beispiel sind die Schriften des Theologen Sione Amanaki Havea aus Tonga[19]: Die Offenbarung habe sich durch den Heiligen Geist sofort über die ganze Welt verbreitet (andere Autoren verweisen auf die Heiligen Drei Könige, wenn sie die sofortige Ausbreitung der Offenbarung erklären wollen). Die Missionare haben nur eine bereits empfangene Botschaft bestätigt, aber sie entstellen sie entsprechend ihrer eigenen Kultur. Darum ist es legitim, sich der traditionellen polynesischen Kultur zuzuwenden, wenn man die authentische Offenbarung sucht. Das Kulturargument wird gegen die Missionare gewendet. Andere Autoren gehen noch weiter, und wie bei der indianischen Theologie tritt die Gestalt Christi als »zu historisch« in den Hintergrund zugunsten von *Fenua,* der mütterlichen und göttlichen Natur – so etwa bei dem tahitianischen Dichter Turo Raapoto.[20]

Einerseits werden durch die Wertschätzung der nicht-christlichen Kulturen die mit ihnen verbundenen Religionen aufgewertet, und wir kommen hier vom kulturellen Relativismus zu einem religiösen Relativismus, der schließlich zum Leitfaden des interreligiösen Dialogs wird. Die katholischen Konservativen nehmen dabei die Kritik an der »Naturtheologie« auf, die Leibniz so viel bedeutete. Sie relativiert genau wie die Theorie der impliziten Offenbarung die Historizität der Offenbarung und löst die Besonderheit des Christentums in einer lauen, auf inhaltslose Spiritualität reduzierten Ökumene auf.

Insofern ist es folgerichtig, dass Kritik an der Inkulturation und Vorbehalte gegen die Ökumene Hand in Hand gehen. Nach 1980 wurden vom Vatikan die katholischen Theologen sanktioniert, die anscheinend die Universalität des »westlichen« Glaubens in Frage stellten. Zum Beispiel wurde dem französischen Theologen Claude Geffré, Verfasser eines *Essai de théologie inter-religieuse,* die Entgegennahme der Ehrendoktorwürde der Universität Kinshasa untersagt;[21] ein weiteres Beispiel ist der spanische Theologe Juan-José Tamayo Acosta, dessen Schriften 2002 verurteilt wurden.

Kurzum, in beiden Fällen wird die Religion von der Kultur »geschluckt« und reduziert sich auf eine diffuse Form von Religiosität. Wir haben es ein weiteres Mal mit der Spannung zwischen Religion und Kultur zu tun, aber in dem Fall absorbiert die Kultur die Religion. Wie erhält das Religiöse seine Autonomie zurück? Wie wir sehen werden, indem es von der Kultur Abschied nimmt. Aber bis dahin ist zu betonen: Die dominierenden Religionen waren hervorragende Apparate zur Produktion von Kultur.

## Religion, Ethnie, Nation

In vielen Gesellschaften und bei vielen ethnischen Gruppen ist das Band zwischen Kultur und Religion offensichtlich: Die Polen sind katholisch, genau wie die Iren, die Bretonen und die Bewohner der Vendée; die Russen sind orthodox, die Malaien muslimisch, die Tibeter sind Buddhisten und so weiter. Die Zugehörigkeit zu einer bestimmten Religion geht nicht auf eine persönliche Entscheidung zurück, sondern ist Teil einer Gemeinschaftsidentität und unabhängig vom individuellen Glauben. Der kulturelle und der religiöse Marker fallen zusammen, und selbst wenn die Gesellschaften säkular werden, tragen sie immer noch den kulturellen Stempel der ursprünglichen Religion. Diese Sicht der Dinge liegt dem berühmten »Zusammenprall der Kulturen« zugrunde und ebenso ihrem Dialog.

Doch die Natur des Bandes zwischen den beiden Markern ist komplexer als nur eine einfache Verschmelzung: Es wechselt je nach Zeit und Raum, und die Evidenzen ändern sich durch die Geschichte und die Geografie. Manchmal ist der religiöse Marker nur ein Identitätszeichen neben anderen wie Sprache und Literatur – die Dänen sprechen Dänisch und sind lutherische Protestanten. Er kann auch zu einem kulturellen Marker ohne jeden religiösen Sinn werden. Das zum Beispiel heißt, dass man aufgrund der Tatsache, dass Dänemark eine der am stärksten »säkularisierten« Gesellschaften in Europa ist, die Dänen in religiöser Hinsicht nicht mehr als »Lutheraner« definieren kann. Die ethnisch-kulturelle Identität reicht in dem Fall tiefer als die religiöse Identität.

Aber der religiöse Marker kann auch zum dominierenden Zeichen der Identität werden, ohne immer mit einer authentischen Praxis verbunden zu sein, selbst wenn er eine solche favorisiert. Der Katholizismus erscheint als ein wesentlicher Zug der modernen irischen Identität, dies umso mehr, als der ethno-linguistische Marker, der Gebrauch der gälischen Sprache, weitgehend verschwunden ist.[1] Doch die ersten irischen Nationalisten im 19. Jahrhundert waren Protestanten (beispielsweise Charles Parnell), genau wie übrigens der Adel in der Vendée vor der Aufhebung des Edikts von Nantes: Die Verschmelzung eines kulturellen und eines religiösen Markers, in diesem Fall des Katholizismus, war ein neues Phänomen. Wenn jedoch die Verbindung zwischen religiösem Marker und nationaler Identität erst einmal erfolgt ist, kann die religiöse Dimension verblassen und der religiöse Marker sich seinerseits in einen kulturellen oder sogar nationalen Marker verwandeln: Nicht die religiöse Praxis unterscheidet in Nordirland Katholiken und Protestanten. Denn man kann Atheist sein, Marxist und trotzdem ein militanter Katholik; das gilt für einen ganzen Arm der IRA. Man kann politisch katholisch sein, obwohl man von der katholischen Kirche exkommuniziert wurde; der Bischof von Cork, Daniel Cohalan, exkommunizierte 1920 mehrfach Mitglieder der IRA, was diese nicht zur Umkehr bewog. Der religiöse Marker ist in dem Fall quasi-ethnisch oder definiert ganz einfach ein politisches Lager.[2]

Doch in vergleichbaren Kontexten kann das Band sehr unterschiedlich aussehen. Wie in Irland fanden die walisische und die schottische Identität zu bestimmten Zeitpunkten in territorialem oder rein linguistischem Nationalismus Ausdruck; wie in Irland ist auch in Schottland der linguistische Marker zugunsten der englischen Sprache verblasst. Ein spezifischer religiöser Marker hat dann die Identität, der es an Konturierung fehlte, verstärkt: in Wales der methodistische Glaube und in Schottland die presbyterianische Kirche, die institutionell, aber auch theologisch von der anglikanischen Kirche unabhängig ist (sie ist calvinistisch). Und dennoch hat in beiden Fällen, anders als in Irland, die religiöse Identität niemals eine politische Identität unterstützt. In ganz eigener Weise haben religiöse Erweckungen im Vereinigten Königreich vor allem die ethnische Peripherie, Waliser und Schotten, betroffen, aber der religiöse Marker hat sich nie mit einem Marker der kulturellen Identität verbunden. Die Erweckungen haben sich vielmehr im Rahmen eines universalistischen und oft missionarischen Proselytismus entwickelt, genau wie walisische und schottische »expatriots« im 19. Jahrhundert dem Ideal des britischen Weltreichs treu blieben: Sie stellten die Masse der Beamten und Soldaten in Übersee.[3]

Die Verwendung eines religiösen Markers als ethnischer Marker kennen die Anthropologen gut: Die Hemshin (oder Hamshen) in der Türkei sind der Sprache nach Armenier und der Religion nach Muslime; damit sind sie von einem wesentlichen Zug der armenischen Identität abgeschnitten, dem Christentum. (Allerdings könnte man den Satz auch umkehren und sagen, Armenier sind in erster Linie diejenigen, die Armenisch sprechen, und das Christentum käme dann nur ergänzend hinzu.) Der religiöse Marker hat dazu geführt, dass die Hemshin als eine eigene ethnische Gruppe wahrgenommen wurden.[4] Entsprechendes gilt auch für die Drusen und die Sikhs, wo die ethnische Bezeichnung eine religiöse ist, denn die anderen ethno-linguistischen Marker unterscheiden sie nicht von ihren arabischen oder pandschabischen Nachbarn.

In anderen Fällen hingegen macht der religiöse Marker aus einer disparaten Bevölkerung eine Gruppe mit einer eigenen Identität, sogar eine Quasi-Ethnie, wie zum Beispiel die Gruppe derjenigen, die in den angelsächsischen Ländern immer öfter als »muslimische Minderheit in Europa« bezeichnet werden: Sie setzt sich aus sprachlich und kulturell sehr unterschiedlichen Gruppen zusammen und wird mit dem kleinsten gemeinsamen Nenner bezeichnet: dem Islam. Das gilt auch für die »Pakistani«, die Bürger eines Landes, das sich von seinem indischen Zwilling nur durch die Religion unterscheidet. Die Zuordnung einer Gruppe zu einer Religion hängt oft mit einer politischen oder auch nur administrativen Konstruktion zusammen, viel häufiger jedenfalls als mit einer realen religiösen Praxis. Das galt für Algerien während der Kolonialzeit ebenso wie für die Bosniaken im ehemaligen Jugoslawien.

Die Verbindung eines religiösen Markers mit einem kulturellen Marker ist insofern vorübergehend, weil sie von einem bestimmten historischen Moment abhängt. Sie funktioniert in beide Richtungen, durch Verstärkung des religiösen Markers oder aber des ethnischen

Markers. Insofern hat sie einen realen Effekt, denn sie kann entweder die religiöse Praxis stärken oder »die Religiösen« zu den natürlichen Sprechern der Gruppe machen, wie wir es heute in Pakistan sehen, wo sich ein rein religiöser, internationalistischer Militantismus entwickelt. Aber der reale Effekt kann auch dazu führen, dass eine Quasi-Ethnie entsteht, die allein auf dem religiösen Marker aufbaut (wie »die muslimische Minderheit in Europa« oder die Bosniaken), oder sogar eine Nation (Bosnien-Herzegowina). Die Verbindung zwischen den beiden Markern ist auf jeden Fall strukturell fragil. Denn sie explodiert, wenn das Religiöse als »rein religiös« in Erscheinung tritt, sei es als Wiedergeburtsglaube oder als Fundamentalismus in Reaktion auf die Säkularisierung, sei es infolge von Emigration oder Konversionen. Die Globalisierung spielt, wie wir sehen werden, eine wichtige Rolle bei der Entkoppelung der beiden Marker.

## Das Spiel der religiösen und kulturellen Marker

Wir werden nun das Hin und Her zwischen religiösen und kulturellen Markern an einigen Beispielen untersuchen.

### *Die Syrer im Tur Abdin: Von einer Religion zur Neoethnie*

Die Syrer der Region Tur Abdin in der Türkei sind durch zwei Merkmale definiert: eine neuaramäische Sprache und die Zugehörigkeit zur Syrisch-Othodoxen Kirche. Für die Gläubigen von Tur Abdin bedeutet Syrer sein Christ zu sein, Syrisch zu sprechen und weder Türke noch Kurde zu sein.[5] Die religiöse Identität korreliert mit einer ethnischen Identität. (Und auch das Umgekehrte gilt: Für die Türken ist ein Christ immer ein Angehöriger einer ethnisch nicht-türkischen Gruppe.) Deshalb sind Eheschließungen mit anderen christlichen Gruppen, etwa Armeniern und Griechen, sehr selten.

Aber bezogen auf den gesamten Mittleren Osten, fallen die beiden Kriterien nicht mehr zusammen. Die Syrer aus dem Tur Abdin, die in arabischen Ländern leben oder in arabische Länder emigriert sind, werden sprachlich und kulturell Araber, und Heiraten mit Angehörigen anderer christlicher Konfessionen sind häufig, denn die Kategorie »christliche Araber« als ethnische Gruppierung ergibt einen Sinn, anders als die, ebenfalls in ethnischer Hinsicht definierte Kategorie »christliche Türken«. Die Syrisch-Orthodoxe Kirche von Antiochien, die nach der Abspaltung von der »kaisertreuen« Kirche 451 direkt aus dem Patriarchat von Antiochia hervorgegangen ist, mit Sitz in Damaskus, hat mehr Arabisch sprechende Mitglieder als Syrisch sprechende. Der seit 1980 amtierende Patriarch Mor Ignatius Zakka I. spricht Arabisch und versteht sich als »Araber«; die syrische Identität ist für ihn etwas rein Religiöses, nichts Ethnisches.[6] Für die Kirche bedeutet syrisch sein ein gläubiges Mitglied der syrischen Kirche zu sein, die sich in erster Linie durch ihre Geschichte definiert: das Patriarchat von Antiochia, den Bruch beim Konzil von Chalcedon 451 und das Festhalten an der Liturgie in Kirchensyrisch (eine tote Sprache, die für Sprecher des modernen Syrisch kaum verständlich ist). Das Band zwischen dem kulturellen und dem religiösen Marker hat sich auch deshalb gelockert, weil viele Sprecher des Syrischen mittlerweile Katholiken (Unierte) oder sogar Protestanten geworden sind. Vor allem aber beziehen sich unter dem Einfluss der irakischen Chaldäer, die ebenfalls einen neuaramäischen Dialekt sprechen, jedoch Nestorianer oder Katholiken sind, junge emigrierte Syrer auf eine assyrisch-chaldäische Identität unabhängig von der Religion, sondern allein auf die Sprache, die Kultur und das Fantasiegebilde eines »gemeinsamen Territoriums« in einem mythischen Mesopotamien gegründet. Das macht sie zu einer eigenen Gruppe ohne Bezug zu den Arabisch sprechenden Gläubigen der Syrisch-Orthodoxen Kirche. Es geht dabei nicht um eine schlichte Neuformulierung der Identität einer Gruppe, sondern vielmehr um die Konstruktion einer neuen ethnischen Gruppe ausgehend von der Zurückweisung zweier rein religiöser Identitäten: Orthodoxe und Nestorianer, beide getrennt durch die Religionsgeschichte, aber vereint durch die neuaramäische Sprache, finden sich neu zusammen. Arabisch sprechende Orthodoxe und Syrisch sprechende Orthodoxe hingegen, vereint durch die Religion, aber mit zwei verschiedenen Sprachen, trennen sich.

Es handelt sich hier um die Konkurrenz zwischen einmal einer rein religiösen Identität, die sich um eine Kirche herum bildet und sich nicht als ethnisch verstehen will (obwohl mehrheitlich Arabisch sprechend), und zum anderen einer ethnischen Identität, die sich auf den Gebrauch des modernen Neuaramäisch gründet und sich nicht auf eine bestimmte Kirche beziehen will, auch nicht auf das Christentum, sondern auf ein Territorium und eine gleichermaßen prächristliche wie präislamische Geschichte: die des antiken assyrischen und babylonischen Reiches. (Deshalb hat man als Emblem den assyrischen Adler gewählt – was die katholische Kirche als »heidnisch« kritisiert.)

Im Mittleren Osten gibt es keinen Widerspruch zwischen all diesen Identitäten: Die Geistlichen feiern die Messe in Kirchensyrisch und predigen in der Volkssprache. Aber die massiven Migrationsbewegungen der 1970er und 1980er Jahre haben die Situation verändert. Die große Mehrheit der Gläubigen der Syrischen Kirche von Antiochien lebt mittlerweile im Westen: in Deutschland, Schweden, Holland, der Schweiz, Belgien, Frankreich, den Vereinigten Staaten, Australien. Und wie so oft spielt die Migration eine beträchtliche Rolle bei der Neuformulierung der Identität.

Für die Kirche ist die Diaspora vor allem eine Glaubensgemeinschaft, die sich rund um die klerikale Institution organisieren muss. Eine Zeit lang stand das Patriarchat der Emigration ablehnend gegenüber, weil sie der Kirche ihre territoriale Basis im Mittleren Osten raubte, aber seit der Weihe von Mor Ignatius Zakka begleitet sie die Bewegung, sorgt dafür, dass es neue Bischöfe im Westen gibt, und organisiert neue Gemeinden rund um ein Zentrum im holländischen Losser, das zugleich Kloster, Friedhof und Seminar umfasst. Doch der Sitz des Patriarchats ist nach wie vor in Damaskus, im christlichen Viertel Bab Touma.

Die Laien spielen im Westen eine wichtigere Rolle, weil die Kirche dort später angekommen ist, aber auch, weil sie kulturelle Vereinigungen bilden, um mit den Verantwortlichen im Aufnahmeland, die lieber mit Laien verhandeln als mit Klerikern, ihren Status zu klären. Die gesprochene Sprache wird zu einem Thema, denn sie ersetzt nach und nach den religiösen Marker als Identitätsmerkmal. Das moderne Syrisch ist gleichwohl nirgendwo kodifiziert und auch nicht schriftlich festgehalten, denn für die Kirche gibt es nur eine »heilige« Sprache: Kirchensyrisch, das nur in der Liturgie verwendet wird und nicht in profanen Zusammenhängen. Doch viele junge Leute der zweiten Generation, die zwar gläubige Anhänger der Kirche sind, aber in einem Kontext, wo der Multikulturalismus und das Recht der Minderheiten einen positiven Rahmen für die Integration abgeben, setzen auf die Ethnisierung der Gemeinschaft im Unterschied zur religiösen Zugehörigkeit allein. Sie halten an der Sprache fest, auch in der zweiten Generation, weil es die einzige gemeinsame Sprache einer versprengten Gemeinschaft ist, die bei Eheschließungen weitgehend unter sich bleibt und darum eine gemeinsame Sprache braucht (die zweite Generation spricht Deutsch, Englisch, Schwedisch oder Französisch). Sie haben zwei Satelliten-Fernsehkanäle, die in Neuaramäisch senden und eine folkloristische »Kultur« mit »traditionellen« Liedern und Tänzen verbreiten. Der Wunsch nach »ethnischer« Anerkennung hat vor allem bei der schwedischen Regierung Gehör gefunden. Sie propagiert eine auf ethnische Zugehörigkeit gegründete multikulturalistische Politik: Die Immigrantenkinder müssen auch die Sprache ihrer Herkunftsländer lernen. Nun wurde aber das Volkssyrisch nie schriftlich aufgezeichnet, denn die Schriftsprache ist Kirchensyrisch. Ein junger syrischer Linguist hat von der schwedischen Regierung die finanzielle Unterstützung erhalten, um den syrischen Dialekt in geschriebener Form zu »fixieren« – mit lateinischen Buchstaben, und sein Material diente dann dazu, die Kinder in Syrisch zu unterrichten. Wir haben hier ein typisches Beispiel für die Erfindung einer ethnischen östlichen Sprache durch einen westlichen Staat und die anschließende Transformation einer religiösen Gemeinschaft in eine ethnisch-linguistische Gruppe.

Diese Konstruktion einer ethnischen Sprache ist ein Beispiel dafür, wie der westliche Multikulturalismus sich selbst bestätigt:

Man schafft das Ethnische, während man überzeugt ist, es nur wahrzunehmen, festzuhalten und ihm den Status zu geben, den es verdient.

Aber auch die umgekehrte Dynamik ist zu beobachten. Um die ethnische Identität der Christen zu untergraben, forderte die türkische Regierung in den 1930er Jahren, die religiösen Texte müssten in türkischer Sprache abgefasst sein. Die syrischen religiösen Würdenträger griffen zu einer List: Türkische Bibeln wurden angekauft (bei protestantischen Missionsstationen, die als einzige die Bibel übersetzten) und auf den Tischen in den Katechismusschulen ausgelegt, für den Fall, dass die Polizei Kontrollen durchführte. Verwendet wurden die Bibeln nicht. Aber einige Erwachsene lasen dadurch zum ersten Mal in der Bibel, denn in der kemalistischen Republik hatten sie auf Türkisch Lesen und Schreiben gelernt und konnten Kirchensyrisch nicht lesen. Ihr Zugang zum heiligen Text erfolgte über die Sprache der kulturellen Entfremdung. Nach Lektüre der Bibeln in türkischer Sprache konvertierten etliche Familien, und zwar zum Protestantismus.[7] Das Verschwinden des kulturellen Markers führte zu einer Neuformulierung und nicht zum Verschwinden des religiösen Markers, der in einem dekulturierten Universalismus aufging.

Statt eine uralte Verschmelzung von religiöser Identität und ethnisch-linguistischer Identität auszudrücken, zeigt der syrische Fall, dass die beiden Marker jederzeit getrennt werden können, auch wenn sie verbunden sind: Die identitäre Problematik ergibt sich aus der Art, *wie* sie verbunden sind, nicht daraus, *dass* sie verbunden sind.

### *Die Pamiris*

Es lassen sich noch viele weitere Beispiele für diese komplexe Beziehung zwischen kulturellen Markern (hauptsächlich sprachlichen) und religiösen Markern finden. Die Pamiris in Zentralasien werden mit dem Ismaelismus identifiziert, aber tatsächlich besteht kein systematischer Zusammenhang zwischen Sprache und religiöser Zugehörigkeit: Die meisten Sprecher der sogenannten Pamir-Sprachen (Shughni, Wakhi und so weiter) sind Ismaeliten, aber es sind auch Sunniten darunter. Umgekehrt gibt es große Ismaelitengemeinschaften, die Persisch sprechen, wie die Ismaeliten von Kayan in Afghanistan. Und die Pamiris aus Tadschikistan machen die Sache noch komplizierter: Sie waren die Vorhut einer tadschikischen (persischsprachigen) nationalen Identität zur Zeit der Sowjetherrschaft und stellten die Kader der Republik, bis sie durch die Khodjandis und Kulabis ersetzt wurden. Daraufhin schlossen sie sich der »islamisch-demokratischen« Opposition an.[8] Die Ismaeliten von Tadschikistan fanden sich damit in der umgekehrten Konstellation ihrer Brüder in Afghanistan wieder, die politisch den Kommunisten nahestanden und alle Formen eines sunnitischen Fundamentalismus entschieden ablehnten. Und um alles noch verwirrender zu machen, ist die Definition des religiösen Markers nicht eindeutig. Heißt Ismaelit sein: erstens ein Anhänger des Islam allgemein zu sein; zweitens der schiitischen Richtung des Islam zu folgen; drittens einer bestimmten Religion anzuhängen oder viertens sich mit einer säkularen Haltung zu identifizieren, was so viel wie die Abwesenheit des Religiösen vor dem Hintergrund einer sehr geringen religiösen Praxis bedeutet?

Schließlich hat wie so oft ein äußerer, westlicher Faktor kürzlich dazu beigetragen, die religiöse Zugehörigkeit zu »ethnifizieren«: Die Aga-Khan-Stiftung mit Sitz in Frankreich brachte ab 1990 Bildungs- und Entwicklungsprogramme auf den Weg, die die verschiedenen Ismaelitengruppen in Afghanistan, Zentralasien, China und Pakistan zusammenführen sollten und somit eine Konkurrenz zu den anderen ethnischen und religiösen Gruppen schufen, weil sie das neoethnische Kriterium der Gruppenzugehörigkeit betonen (obwohl sich die Stiftung bemüht, Programme anzubieten, die sich nicht nur an die Ismaeliten richten). Die Antwort auf die oben gestellte Frage hängt in diesem Fall nicht mehr von lokalen Gemeinschaften ab, sondern von der supranationalen Institution, die in ihrem Namen spricht. Es ist eine Entweder-oder-Frage: Ist der Ismaelismus eine eigenständige Religion oder eine Richtung des Islam? In den Debatten des Ismaelitischen Instituts in London, das der Bewegung als Universität und Thinktank dient, ist immer wieder ein Zögern zu spüren: Bis 1979 wurde vorwiegend eine entislamisierte Version des Ismaelismus in den Vordergrund gestellt, in einer Linie mit dem Zoroastrismus und der orientalischen Spiritualität. Aber nach der Islamischen Revolution im Iran legten die Führer der Gemeinschaft anscheinend mehr Wert darauf, ihre Bewegung in die große muslimische Familie zurückzuführen, wohl um Verfolgungen ihrer Mitglieder zu vermeiden, die in immer stärker islamisch geprägten Gesellschaften lebten (man denke an die Verfolgungen der Bahai im Iran, in einer islamischen Republik, die sich weigerte, sie anzuerkennen).

### *Die Afro-Amerikaner*

Die Religion kann als Identitätsmarker in einem Kontext dienen, in dem die Dekulturation besonders gewaltsam erfolgt wie bei der Verschleppung von Sklaven. Die Schwarzen in Amerika haben sich zuerst dem Christentum zugewandt und dann dem Islam. Durch das Christentum wollten sie Gleichheit sowie Assimilierung, und indem sie sich die herrschende Religion aneigneten, richteten sie sie gegen die Herrscher. Sie bemächtigten sich der Religion in Form einer besonderen Religiosität, die am besten im Gospel zum Ausdruck kommt. Man identifiziert sich mit dem Volk, das in die Sklaverei geraten ist (den Juden in Ägypten: *Let my people go!*), man ordnet sich in eine messianische Perspektive (*Joshua fit the battle of Jericho*) oder in eine Trost spendende ein (*Jesus rock my soul*). In der »Erzählung« spielt immer der Bezug zu einer dominierenden Kultur eine Rolle, indem ihre religiöse Botschaft von der gesellschaftlichen und kulturellen Umwelt abgelöst wird: Die Botschaft zerbricht das Paradigma von Herrschendem und Beherrschtem. Der Gospel ist kein Synkretismus, sondern trennt beim Anderen, dem Weißen, den religiösen Marker vom kulturellen; das erklärt, warum ein weißer Gospel in den Vereinigten Staaten kaum denkbar ist, es sei denn, man will sich politisch mit den Schwarzen identifizieren. Der weiße Gospel als »Technik« der universalistischen Predigt konnte nur in einem nicht-amerikanischen Kontext auftauchen, genauer gesagt in Frankreich, aber dort wird er auf Englisch gesungen.[9]

Während im Lauf des 20. Jahrhunderts ein militantes schwarzes Bewusstsein zunehmend an Bedeutung gewann, wurde die Form der Identifikation mit den Herrschenden durch die Religion immer öfter hinterfragt. Wie konnten die Schwarzen eine religiöse Identität wählen, die nicht die der angelsächsischen weißen Herren war? Wieder bot sich die Möglichkeit an, die beiden Marker, den religiösen und den kulturellen (hier gleichbedeutend mit dem rassischen), neu zu kombinieren. Man kann sich ein anderes religiöses Universum wählen, zum Beispiel den Islam, und das kann dann auf zwei verschiedene Weisen mit dem kulturellen Marker verbunden werden. Angeführt von Elijah Muhammad haben die Black Muslims einen separatistischen schwarzen Islam gewählt: Die Organisation Nation of Islam ist eine schwarze religiöse Gemeinschaft für die Schwarzen, der religiöse Marker ist dabei dem rassischen Marker untergeordnet. Andere schwarze christliche Kirchen definieren sich ebenfalls als »in erster Linie schwarz« (so auch Pastor Jeremiah Wright von der Trinity Church of Chicago, dem Barack Obama sehr verbunden war). Die religiöse Universalität wird so zugunsten der Ethnie negiert, wobei Ethnie hier definiert wird als juristische Kategorie in jenem Sinne, wie vom Obersten Gerichtshof in Amerika Ende des 19. Jahrhunderts festgelegt: Schwarz ist jeder, der nur einen einzigen Tropfen schwarzes Blut hat. Das spiegelt die Denkweise der protestantischen Sklavenhalter wider, die zur Rassentrennung und zur Apartheid führte – aber mit umgekehrten Vorzeichen.[10] Die Geschichte der Religion wird als »schwarze Geschichte« neu geschrieben, in einer Linie mit der bereits erwähnten indigenen Theologie. Interessant ist in dem Zusammenhang, dass manche schwarze Anthropologen bemüht sind, den hypostasierten ethnischen Marker wissenschaftlich zu belegen: Der Gospel soll demnach Ausdruck einer rein afrikanischen Religiosität sein, die als Substrat überlebt habe mit der Folge, dass das »schwarze« Christentum eine eigenständige Religion neben dem »weißen« Christentum sei.[11]

Aber auf Druck von Gläubigen, die nach Mekka gegangen waren, lehnte eine von Warith Deen Muhammad, einem Sohn von Elijah Muhammad, angeführte Strömung 1975, nach dem Tod Elijah Muhammads, jede Ethnisierung des amerikanischen Islam ab und betonte so die Universalität des religiösen Markers. Diese Strömung bezog sich auf die Umma, die Gemeinschaft aller Gläubigen, und nicht nur auf die schwarze Gemeinschaft, wie es die Nation of Islam getan hatte. Die Nation of Islam spaltete sich daraufhin. Heute dominiert die zentristische Richtung von Warith Deen Muhammad, und Schwarze, die konvertieren, schließen sich meistens dieser Strömung an. Für sie ist das kein »schwarzer Islam«.

Trotzdem sind wir weit von einer rein religiösen Gemeinschaft jenseits der Rassenzugehörigkeit entfernt. Denn der orthodoxe amerikanische Islam wird seit den 1980er Jahren vorwiegend von Immigranten aus dem Mittleren Osten und Südasien vertreten, die sich als »Weiße«[12] verstehen, der Mittelschicht und gehobenen Schichten angehören, besser integriert sind und höhere Schulabschlüsse haben als die schwarzen amerikanischen Muslime. Die Barriere ist hier weniger ethnischer Natur als vielmehr sozialer. Die »Kongregationen«, die Gemeinden rund um eine Moschee, bilden sich nach der sozialen Apartheid des amerikanischen Wohnumfelds. Schwarze und »weiße« (das heißt arabische oder pakistanisch-indische) Moscheen mischen sich nicht, trotz aller Bestrebungen, nach dem 11. September zusammenzurücken und als eine gemeinsame Lobby auf homogener demografischer Basis zu agieren.[13] Zudem sind die Strategien weiterhin unterschiedlich, unabhängig vom Wunsch nach Annäherung zwischen schwarzen Konvertiten und muslimischen Immigranten. Letztere versuchen sich als amerikanische Muslime zu definieren, wobei der kulturelle Marker amerikanisch ist und der religiöse Marker muslimisch. Man passt sich dem Umfeld an: Der junge Mohammed lässt sich in der Schule Mo nennen, und Samiullah ist Sam.[14] Umgekehrt legen viele konvertierte amerikanische Schwarze ihre »weißen« Namen ab (John als Vorname, Smith oder Jackson als Familienname), wählen »exotische« Namen (Abubakr, Abu Mumia) und nennen sich untereinander *brother* und *sister*. Anders ausgedrückt: Man stimmt überein, was die religiöse Orthodoxie anbetrifft, aber das Verhältnis zu den kulturellen Markern ist bei den beiden Gruppen verschieden. Die Schwarzen suchen Differenzierung/Integration durch die Islamisierung des kulturellen Markers, die Immigranten wollen den religiösen Marker amerikanisieren.

Somit wird der Islam teils dazu eingesetzt, den schwarzen Partikularismus zu stärken, teils auch in gegenteiliger Richtung wie das Christentum, mit dem Ziel, die schwarze Identität in einer größeren Glaubensgemeinschaft aufgehen zu lassen.

Ein weiterer interessanter Fall sind die zum Judentum konvertierten amerikanischen Schwarzen. Wie oft bei isolierten Gruppen, die auf einmal behaupten, sie hätten ihre jüdischen Ursprünge wiedergefunden, verbirgt sich hinter der Geschichte von den Wurzeln – den zehn verlorenen Stämmen Israels – eine Autokonversion. Sie behaupten außerdem, dass die alten Israeliten Schwarze waren und darum jüdischer als die heutigen Juden. Am radikalsten ist die 1979 gegründete Gruppe Nation of Yahweh, der vorgeworfen wurde, rassistisches Gedankengut zu vertreten. Die älteste Bewegung tauchte Ende des 19. Jahrhunderts auf (Church of God and Saints of Christ), danach kamen die Commandment Keepers, und 1966 wurden in Chicago die African Hebrew Israelites of Jerusalem gegründet. Hunderte Angehörige dieser Gruppen sind nach Israel emigriert, wo sie nicht als Juden anerkannt werden, aber häufig eine Aufenthaltsgenehmigung erhalten. Der religiöse Marker ist hier flüchtig, denn er ist eine Fantasie ohne Verbindung zu einer realen Religion oder Kultur und in den meisten Fällen mit einem »Guru« verknüpft.

### *Tataren und Morisken*

Es gibt noch weitere Beispiele für ethnische Gruppen, die von anderen beherrscht werden und die Religion des Siegers übernehmen, allerdings unter Druck. Die spanischen Morisken und Marranen haben wir bereits erwähnt. Sie konvertierten nicht aus freier Entscheidung, sondern wurden gezwungen. Zu Recht oder Unrecht erkannte die spanische Monarchie ihre Konversion nie als wirklichen Glaubenswechsel an, denn in den Augen der Könige war es undenkbar, dass Christen einer anderen als der herrschenden Kultur angehörten.[15] Im Fall der schwarzen amerikanischen Sklaven war die Dekulturation eine automatische Folge der Verschleppung in die Sklaverei, die muslimischen und jüdischen Minderheiten in Spanien hingegen behielten ihre Bindung an das Land und ihre Familienstrukturen, damit auch die Voraussetzungen, ihre Kultur weiterzugeben. Von jenen abgesehen, denen die vollständige Integration in die spanische soziale Landschaft gelang, oft um den Preis, dass sie wegziehen mussten, wurden die meisten letztlich vertrieben.[16]

Weniger tragisch ist der Fall der russischen Tataren, aber es geht um das gleiche Problem: Kann man Christ sein, wenn man einer nicht-christlichen Kultur angehört? Nach der Einnahme von Kasan im Jahr 1557 machten sich die Russen daran, die Tataren zum orthodoxen Glauben zu bekehren, respektierten dabei aber ihre Sprache: Die Konversion war keine Assimilation. Für die Muslime war das der einzige Weg, ihren sozialen Status zu erhalten – bis zur Anerkennung des Islam durch Katharina die Große im Jahr 1783. Die Verbindung des ethnischen Markers mit dem religiösen Marker ist in dem Fall vielschichtig. Die Nachkommen der konvertierten Tataren hießen weiterhin »Konvertiten«, die offizielle Bezeichnung am Ende des 19. Jahrhunderts war *kreschtschonyje inorodzy*, »getaufte Andersstämmige«. Von einem ethnischen und kulturellen Standpunkt aus wurden sie somit immer noch als »Andere« wahrgenommen, trotz der gegenüber Spanien sehr verschiedenen Philosophie hinter der Politik der Konversion. Zu Beginn des 20. Jahrhunderts wollten getaufte Tataren wieder zum Islam zurückkehren – obwohl die Orthodoxie keinen »Rückfall« zulässt. Sie erhielten trotzdem die Erlaubnis, die Religion zu wechseln. Die Behörden argumentierten damit, dass ihre Kultur nicht mit dem Christentum verbunden und deshalb das Christentum in gewissem Maß künstlich geblieben sei.[17] Wir haben hier wieder eine Selbstbestätigung der Idee, dass es eine Religion ohne Kultur nicht gibt und dass jede Kultur mit einer Religion verbunden ist. In der Folge wurden nicht alle Tataren wieder Muslime, aber die Tataren, die Christen blieben, definierten sich künftig als Russen.[18]

Dieses Paradigma steckt vielleicht auch hinter dem überraschenden Urteil eines ägyptischen Gerichts, das im Januar 2008 dem Antrag von Kopten stattgab, die zum Islam konvertiert waren und wieder zum Christentum zurückkehren wollten. Das Gericht entschied, im Grunde hätten sie nie aufgehört, Christen zu sein. Was als Anerkennung der Religionsfreiheit erscheint, ist vielleicht nur die Zuschreibung einer dauerhaften kulturellen Identität. Die gleiche Argumentation finden wir in einem Beitrag von Pater Christian Delorme in *Le Monde*, in dem er die Bestrebungen kritisiert, algerische Muslime zum Christentum zu bekehren, denn nach seiner Ansicht ist die Tatsache, Algerier zu sein, untrennbar mit dem Islam verbunden.[19]

### *Die Staaten und die Konstruktion von Neoethnien anhand von religiösen Markern*

Es sind vor allem Staaten, die, ausgehend von religiösen Markern, neoethnische Kategorien hervorbringen. Sehr oft wird der Marker »muslimisch« verwendet, um verschiedene Bevölkerungen unter einem Etikett zusammenzufassen.

Das bekannteste Beispiel ist das osmanische Millet-System. Der osmanische Staat teilte die Bevölkerung in Religionsgemeinschaften ein, die ihren eigenen Status unter der Kontrolle ihrer religiösen Autoritäten behielten. *De facto* gab es bei den Christen oft eine Trennung zwischen Ethnie und Religion, aber immer dominierte das Kriterium Religion. Denn wenn mehrere »Kirchen« für eine ethnisch-sprachliche Gruppe existierten, wurde ein Millet (eine »Nation«) für jede Kirche errichtet: ein orthodoxer armenischer Millet, ein katholischer armenischer Millet und so weiter. Ebenso war es möglich, dass Menschen unterschiedlicher ethnischer Zugehörigkeit in ein und demselben Millet zusammengefasst wurden: Die »melkitischen« orthodoxen Araber wurden dem Millet »orthodoxe Griechen« zugewiesen, denn ihr Klerus war griechisch. Der Millet der Maroniten definierte sich durch die Besonderheit ihrer Kirche und nicht durch ihre Sprache, die das Arabische war. Als der Uniatismus, die Annäherung der Orthodoxen an Rom, sich ab dem 16. Jahrhundert auf aggressives Drängen von Rom hin ausbreitete, erreichten die »Lateiner«, die von den westlichen Mächten, etwa Frankreich, unterstützt wurden, die Schaffung lateinischer Millets, die einfach katholische Versionen der orthodoxen Millets waren. Das Millet-System besteht heute noch in Palästina, Israel, Jordanien, Syrien und dem Libanon – und auch in Griechenland. Man gehört einem Millet unabhängig von den individuellen Überzeugungen an: Georges Habache, Generalsekretär der (linksextremen) Volksfront zur Befreiung Palästinas, war Angehöriger des griechisch-orthodoxen Millet, und seine Trauerfeier fand dementsprechend in der Kirche statt.

Die Geschichte der christlichen Millets ist bekannt, aber in einer Gegenbewegung zur Einrichtung sehr verschiedenartiger christlicher Millets wurden die Ausdrucksformen des Islam reduziert: Angesichts einer geteilten Christenheit sollte der Islam ein einziges, einheitliches Gesicht haben. Der muslimische Millet wurde darum ausschließlich als orthodox sunnitisch definiert, Schiiten und Sufis kamen nicht vor. Das Paradigma des Millet trug allein durch Verwendung des religiösen Markers zur Homogenisierung der Identitäten bei.

Wie vielschichtig die Beziehung zwischen religiösem und kulturellem Marker sein kann, sehen wir bei der muslimischen Minderheit in Griechenland. Sie hat ihre eigenen Zivilgerichte vertraglich abgesichert, diese wenden noch den osmanischen Kodex an, der in der Türkei seit Atatürk verschwunden ist. Der Kodex ist in Osmanli (Osmanisch) abgefasst und wurde nie ins Griechische übersetzt. Die offizielle Sprache dieser Minderheit ist dementsprechend Türkisch (aber es gibt auch nicht-türkischsprachige Muslime wie die Pomaken), und sie wird als eine eigene ethnische Gemeinschaft wahrgenommen, die durch das Minderheitenrecht geschützt ist. Doch seit den 1990er Jahren entwickeln die Muslime in Griechenland eine neue Präsenz. Vor allem frisch eingewanderte Araber aus dem Mittleren Osten fordern, als religiöse Gruppe anerkannt zu werden, als griechische Staatsbürger mit muslimischer Religion, und lehnen es ab, einer ethnischen Minderheit zugeordnet zu werden, mit der sie nur die Religion gemeinsam haben. Hier gerät der Wille, eine von ethnischen Wurzeln losgelöste religiöse Gemeinschaft zu bilden, in Konflikt mit der Tradition der Ethnisierung religiöser Zugehörigkeiten im osmanischen Millet-System.

Im Folgenden erläutern wir einige Beispiele, wie auf der Basis politischer Entscheidungen eine muslimische Neoethnie produziert wurde.

– *Die »Produktion« der neoethnischen Kategorie der Muslime in Indien durch die britische Kolonialverwaltung:*

Die Briten vereinfachten die große Vielfalt der religiösen und ethnischen Landschaft Indiens. Sie fassten bei der Volkszählung Untergruppen mit vielschichtigen Identitäten als »Muslime« zusammen und behandelten sie in der Folge als solche. Die Zuweisung zu administrativen Kategorien hatte einen realen Effekt und einen der Selbstbestätigung. Die betreffenden Gruppen wurden tatsächlich Muslime, aber ihre religiösen Praktiken blieben vielfältig. Sie wurden somit nur noch durch einen bis dahin ziemlich schwachen religiösen Marker definiert, und letztlich blieben sie an dem einzigen Marker, der ihnen zugewiesen wurde, »hängen«. Die bengalischen »Muslime« beispielsweise, die Hindu-Namen hatten und eigene Begriffe für »Gott« verwendeten, nahmen muslimische Namen an und sprachen von »Allah«.[20] 1919 und 1935 wurden die Wähler nach religiöser Zugehörigkeit zu Gruppen zusammengefasst, was den religiösen Marker endgültig als den entscheidenden Marker fixierte und unausweichlich zur Teilung des Landes 1947 führte. Diese religiöse Polarisierung war natürlich nicht nur die Tat der Briten, sondern auch eine Folge reformistischer und fundamentalistischer religiöser Bewegungen, die bestrebt waren, die kulturellen Marker durch einen rein religiösen Marker zu ersetzen (Ahl-i Hadith, Deobandi, Tabligh, Jama'at Islami). Genau diese Problematik finden wir später wieder bei der britischen Form des »Multikulturalismus«.

Parallel zur administrativen Homogenisierung hat sich, was nur logisch ist, ab Ende des 19. Jahrhunderts bei den indischen Muslimen der Panislamismus entwickelt, der sich auch in der Kleidung niederschlug (in Aligarh trug man Fez und ansonsten »arabische« Kleidung).[21] Auch die Sprachen wurden fixiert, um eine religiöse Unterscheidung zum Ausdruck zu bringen, der keine linguistische Realität entsprach: Hindustani zerfiel in Urdu (die Sprache der Muslime) und Hindi (die Sprache der Hindus). Zunächst geschah dies vor allem durch ein je eigenes Alphabet, allerdings entwickelten sich beide Sprachen dann auch getrennt weiter.

– *Pakistan: Staat der Muslime oder islamischer Staat?*

Die Trennung der Wähler und die Teilung der indischen Gesellschaft in Hindus und Muslime ebneten komplexere Identitäten (ethnische, religiöse und regionale) ein und führten logischerweise zu einer separatistischen muslimischen Bewegung, die einen eigenen Staat für die Muslime auf dem indischen Subkontinent forderte: Pakistan. Aber es ist interessant festzuhalten, dass für den Gründer Ali Jinnah nicht der Islam als Religion, sondern als Kultur Pakistan definierte (was ihm Abul Ala Maududi scharf vorgeworfen hat).

Pakistan war immer zwischen zwei Selbstdefinitionen hin und her gerissen: ein muslimischer territorialer Nationalstaat zu werden oder ein ideologisch islamischer Staat mit der Berufung, alle Muslime der Region oder gar die Umma zu repräsentieren. Kurzum, muslimischer Staat (so Jinnah, der Gründer) versus islamischer Staat (Maududi). Die Armee, die wichtigste Säule des Staates, unterstützte zunächst die erste Definition und dann, nach der Machtübernahme durch General Zia 1977, die zweite. Tatsächlich hat die Verschmelzung der religiösen und kulturellen Marker im Dienste einer pakistanischen Identität nie funktioniert, und Maududis Kritik erwies sich als zutreffend. Die unter General Zia begonnene Reislamisierung bestand eben darin, den islamischen religiösen Marker zum einzigen Prägestempel Pakistans zu machen und alle kulturellen Marker außer Acht zu lassen.

Aber eine solche Politik der Islamisierung kann nur funktionieren, wenn sie von islamistischen oder neofundamentalistischen Strömungen getragen wird, die versuchen, eine »reine« Religion gegen oder jenseits der bestehenden Kulturen zu konstruieren, und die die territoriale Unantastbarkeit des pakistanischen Staates nicht anerkennen. Für sie ist es ein ideologischer Staat, eine regionale Untereinheit der muslimischen Umma. Deterritorialisierung und Dekulturation sind die Folgen der Hegemonie des religiösen Markers.

Mehr denn je befinden wir uns in der heiligen Einfalt, denn die Vorherrschaft der religiösen Norm macht jeden Versuch zunichte, eine Kultur zu errichten.

– *Die Bosniaken*

Die Muslime im ehemaligen Jugoslawien bildeten nie eine eigene ethnische Gruppe.[22] Österreich-Ungarn garantierte 1908 ihre religiösen Rechte bei der Annexion von Bosnien-Herzegowina. Solange der jugoslawische Staat bestand, von 1920 bis 1992, waren ihre politischen Eliten gespalten in Panislamisten, Proserben, Prokroaten und Anhänger einer autonomen bosniakischen Identität, die den in Bosnien-Herzegowina lebenden Muslimen vorbehalten und nicht für alle Muslime in Jugoslawien zugänglich sein sollte. 1968 erkannte die Liga der Kommunisten von Bosnien-Herzegowina die »Muslime der Republik Bosnien-Herzegowina« als eine »Nation« (oder »Nationalität« nach sowjetischem Sprachgebrauch) an. Man kombinierte also einen von der realen Praxis (die damals kaum eine Rolle spielte) abgelösten religiösen Marker mit einem territorialen Marker und schuf daraus eine neoethnische Gruppe, die alle Voraussetzungen hatte, eine Nation zu werden. Sie bezeichneten sich selbst später dann als »Bosniaken«. Die bosnischen Muslime wurden somit künstlich als eigene Gruppe von den anderen in Jugoslawien lebenden Muslimen abgegrenzt wie denen im Sandschak (einem Teil von Serbien), die nur durch einen religiösen Marker bezeichnet wurden: als muslimische Serben. Nach dem Zerfall Jugoslawiens griffen die Serben die bosnischen Muslime an, aber nicht die Muslime in Serbien: Sie zielten auf die neoethnische Gruppe der Bosniaken und nicht auf die Menschen, die den Islam als Religion praktizierten.

Deshalb war das kein Religionskrieg, sondern eine Folge der Ethnisierung der religiösen Zugehörigkeit. Die bosnischen »Islamisten«, die sich der Partei SDA von Alija Izetbegovic anschlossen, appellierten interessanterweise während des Kriegs mit Serbien an die Solidarität der Umma, versuchten aber nie, als Repräsentanten aller Muslime im ehemaligen Jugoslawien aufzutreten. Sie bildeten eine »islamisch-nationalistische« Partei und nicht eine internationalistische religiöse Partei. Dass ausländische muslimische Freiwillige, die während des Krieges mit Serbien an der Seite der Bosniaken kämpfen wollten, zurückgewiesen wurden und vor allem, dass ihnen die Staatsbürgerschaft, die ihnen im Krieg verliehen worden war, wieder aberkannt wurde, illustriert sehr klar diese Nationalisierung der religiösen Identität, deren Begleiterscheinung die Schwierigkeit ist, eine »bosniakische« Staatsbürgerschaft zu definieren, die Serben und Kroaten einschließt. In diesem Fall ist die Ethnisierung des Religiösen abgeschlossen.

– *In der Immigration*

Die Kategorie »Muslim« funktioniert als neoethnische und nichtreligiöse Kategorie. Das hängt natürlich mit komplexen Phänomenen zusammen und nicht nur mit einer administrativen Lesart.

Unabhängig davon, welche Gruppe betroffen ist, verstärkt die Immigration zunächst den jeweils maßgeblichen religiösen Marker und bringt ab der zweiten Generation die kulturellen Marker, das heißt die gesprochene Sprache, Sitten und Gebräuche, in Bedrängnis. Dieses Phänomen ist besonders ausgeprägt in den Vereinigten Staaten.[23] Dort dient der Katholizismus als das Banner, unter dem sich die Latinos versammeln, und für die Koreaner erfüllen die protestantischen Kirchen diese Funktion. Man kann übrigens beobachten, dass manche Koreaner im Augenblick der Einwanderung zum koreanischen Protestantismus konvertieren, um Integration und die Erhaltung einer koreanischen Identität zu verbinden. In Ländern, wo die religiöse Praxis zum gesellschaftlichen Leben gehört wie in den Vereinigten Staaten, nimmt die Intensität der Praxis in der zweiten Generation sogar noch zu: Bei den Juden in Amerika war das in den 1950er Jahren so.

Aber die ethnische Identität gerät in der zweiten Generation in die Krise.[24] Der religiöse Marker dient in einer sehr von Rassenzugehörigkeit geprägten Gesellschaft nun als ethnischer Marker, wenn die Praxis der betreffenden Kirche keinen echten eigenen sprachlichen und kulturellen Inhalt mehr hat. Der religiöse Marker wird in der Tat oft als positiv wahrgenommen, in jedem Fall als ehrenwert (außer was den Islam nach dem 11. September betrifft); er ermöglicht zudem in Ländern wie den Vereinigten Staaten, wo der Marker Rassenzugehörigkeit sehr oft negativ besetzt ist, sich über rassistische Klassifizierungen hinwegzusetzen: Man ist lieber Hindu als Inder, Buddhist als Angehöriger der gelben Rasse, lieber Griechisch-Orthodoxer als Araber. Wir haben es hier also mit einem subtilen Spiel mit Äquivalenzen zwischen dem religiösen und dem ethnischen Marker zu tun, was keineswegs bedeutet, dass an einer ursprünglichen Kultur, schon gar nicht an einer Identität festgehalten wird.[25] Im Gegenteil, es verweist darauf, dass die kulturellen Marker zugunsten einzig des religiösen Markers verschwinden, der nicht im kulturellen Bereich funktioniert, sondern im ethnischen. Der religiöse Marker erlaubt es damit, das Ethnische außerhalb des Kulturellen zu denken: Er ist ein Faktor der Dekulturation.

So entsteht in Europa eine Kategorie »Muslim«, die praktisch austauschbar mit der Kategorie Immigrant ist. Während in französischen und deutschen Untersuchungen von »Personen mit Migrationshintergrund« die Rede ist, spricht man in England von »jungen Muslimen« und *muslim riots*. Zu nennen wäre etwa der Bericht *Muslim Youth and Women in the West: Source of Concern or Source of Hope*, erstellt 2008 vom Center for Dialogues: Muslim World – U.S. – The West an der Universität New York. Das Open Society Institute führte 2007 eine große Untersuchung mit dem Titel »Muslim in EU Cities« durch. Auch in Kampagnen gegen die Islamophobie (unabhängig davon, was man von dem Konzept generell halten mag) werden in der Regel Muslime und Immigranten gleichgesetzt, weil man oft Rassismus und religiöse Diskriminierung verwechselt. Bei einer Konferenz der OSZE zu dem Thema in Cordoba im November 2007 unterstützten die meisten offiziellen Redner die Idee, dass Bedingung für den Kampf gegen die Islamophobie ein verbesserter Dialog der Kulturen sei.[26] So schließt sich der Kreis: Die Muslime bleiben Fremde, weil man mit ihnen, vermittelt durch Organisationen des Mittleren Ostens wie der Arabischen Liga und der Organisation der islamischen Konferenz, verhandelt. Die Debatte in Belgien über die Vertretung der Muslime zeigt ebenfalls solche Zweideutigkeiten: Als im Jahr 2004 die muslimischen Vertreter der muslimischen Religion gewählt wurden, forderten Personen mit Migrationshintergrund, die die Religion nicht praktizierten, Wahlbüros in den Schulen ein, weil sie zur Stimmabgabe nicht in Moscheen gehen wollten. Sie wollten als nicht praktizierende, sogar atheistische Muslime anerkannt werden. Die Wahl fand statt, aber das Gremium funktionierte nie.

In Frankreich hat man mit der Einrichtung des CFCM (Conseil Français du Culte Musulman, Französischer Muslimrat) diese Konfusion theoretisch vermieden, denn er richtet sich nur an jene, die die Religion praktizieren, und ist mit dem Netz der Moscheen verknüpft. Trotzdem gibt es auf beiden Seiten oft Verwirrung: Vertreter des Staates machen häufig keinen Unterschied zwischen Immigranten, Arabern und Muslimen, und die UOIF (Union des Organisations Islamiques de France, Vereinigung der islamischen Organisationen in Frankreich) hat eine Fatwa zu den Unruhen in den Vorstädten 2005 erlassen (»Zündet keine Autos an!«), als würde sie ihrerseits die Gleichsetzung von jungen Leuten in den Vorstädten und Muslimen übernehmen. Diese systematische Ethnisierung des Islam erlaubt auch den selbst ernannten »Führern der Gemeinschaften«, ihre Position zu rechtfertigen (damit man eine Gemeinschaft führen kann, muss sie zumindest virtuell existieren). Neoethnische Einheiten werden somit auch von religiösen Autoritäten konstruiert, die in einem Kontext der Dekulturation und der Abgrenzung von Minderheiten ihre Führungsrolle behalten wollen.

Nirgendwo war das Wechselspiel zwischen kulturellem und religiösem Marker wohl so lange so komplex wie im Judentum. Mit der Vertreibung aus Jerusalem durch die Römer im Jahr 130 gerieten die Juden in eine Diaspora-Situation und blieben bis 1948 immer eine Minderheit. Sie erlebten alle widersprüchlichen Probleme von Minderheiten: Akkulturation beziehungsweise Assimilation oder aber die Betonung der eigenen Identität. Der gemeinsame Nenner war ohne Zweifel ein religiöser Marker, nämlich die Achtung des jüdischen Gesetzes oder der Halacha.[27] Dabei handelt es sich weniger um einen theologischen Bestand (die religiösen Debatten sind reichhaltig und lebhaft, die Schulen sehr verschieden) als um eine erklärte »Orthopraxie«, die aber nicht immer buchstabengetreu eingehalten wird.[28] Typisch ist, dass in bestimmten Fällen von erzwungener Konversion (bei den Marranen beispielsweise) das einzig »Jüdische«, das bleibt, diese Praxis ist.[29] Umgekehrt setzt die vollkommene Assimilation voraus, dass alle Marker verschwinden. Das Judentum wird dann von außen entweder aus einem rassischen Blickwinkel zugeschrieben, wie in dem spanischen Gesetz über die Reinheit des Blutes oder in den Nürnberger Gesetzen im Dritten Reich, oder durch genealogische Forschungen – da findet man bei vielen Prominenten eine jüdische Großmutter.

Somit haben wir es in der Diaspora mit zwei Phänomenen zu tun: der Akkulturation (man übernimmt die Sprache und viele Elemente der dominierenden Kultur) sowie einer Verstärkung des religiösen Markers. Aus den Kriterien für koscheres Essen ergibt sich eine strikte Barriere zur umgebenden Gesellschaft, die durch Ausgrenzung und räumliche Abschottung seitens der Staaten regelmäßig noch verstärkt wird (Getto, Stetl und *pal*, das Land, das den Juden in Russland zugewiesen wurde). In muslimischen Ländern war die Akkulturation noch stärker, weil die jüdischen religiösen Marker viele Ähnlichkeiten mit den muslimischen aufwiesen, zum Beispiel die Beschneidung oder Speisevorschriften. Auch die sprachliche Nähe war groß, obwohl die Juden das hebräische Alphabet verwendeten (deshalb gibt es Jüdisch-Persisch, Jüdisch-Tat, Jüdisch-Berberisch und so weiter). Die deutschen »Aschkenasim« entwickelten ein System von Vorschriften und Verboten, das viel strenger war als das der sephardischen Juden des Mittleren Ostens im Hinblick auf Sprache, Kleidung, religiöse Gebote oder Küche.[30] Dort, wo die Juden ausgeschlossen unter sich lebten, entstand eine eigene Kultur. Jiddisch, eine germanische Sprache, wurde in einem nicht-germanischen, dem slawischen und rumänischen, Umfeld zur Sprache der Juden.

In allen Ländern, muslimischen wie christlichen, war mindestens bis zum 19. Jahrhundert die Bekehrung Voraussetzung für die Assimilation. Insofern dominierte der religiöse Marker bei der Definition des Judentums, zumal oft religiöse Führer die Gemeinschaft leiteten und repräsentierten. Als die Stadt Amsterdam im 17. Jahrhundert einwilligte, dass sich sephardische Juden, die aus Spanien vertrieben worden waren, niederließen, erkannte sie sie als religiöse Gruppe an und übertrug dem Rabbinergericht die Leitung der Gemeinde (die Folgen bekam Spinoza zu spüren).

Ende des 18. Jahrhunderts, als die Juden das Getto verließen, gab es verschiedene Versuche, eine jüdische Identität neu zu denken, die nicht mehr mit der strikten Beachtung der Halacha verbunden wäre:

– das Judentum als eine »Religion« wie andere, das heißt der Funktionsweise der christlichen Religiosität nachgebildet (in Frankreich war das der Übergang vom Juden zum Israeliten);
– das Judentum als ethnisches oder sogar rassisches Merkmal (Konstruktion einer jüdischen »Rasse« durch Übergang vom religiösen Antijudaismus zum rassischen Antisemitismus);
– das Judentum als eine Art von Kultur, als jüdischer Geist, als eine von jedem bestimmten religiösen Glauben abgelöste Form des Humanismus;[31]
– das Judentum als Zugehörigkeit zu einer Nation, entweder deterritorialisiert (»Nationalität« in der Sowjetunion, Bund-Bewegung in Russland und in Osteuropa, österreichisch-ungarischer Marxismus) oder territorial gebunden (Zionismus); der jüdische

Charakter wurde dabei im Rahmen des nationalistischen Paradigmas des 19. Jahrhunderts definiert (ein Volk, ein Staat, ein Land, eine Sprache).[32]

Der religiöse Marker wird entweder konstruiert, wie der israelitische »Kultus« in Frankreich oder in den Vereinigten Staaten, oder isoliert und verstärkt; man denke an Chassidim und Charedim. Zum Teil wird er auch ignoriert, etwa durch den sozialistischen Bund, oder aber als ethnisch-politischer Marker wiedereingeführt; wer die Aliya nach Israel, die Einwanderung, unternehmen will, kann Atheist sein, muss aber Jude sein.

Gleichzeitig prägte der vom Aufnahmeland gebotene Rahmen stark das Erscheinungsbild der jüdischen Gemeinden: Ob Millet, Getto, »Kirche«, ethnische Gruppe oder eine multikulturelle Konstellation, jedes Paradigma beeinflusste die ganze oder einen Teil der jüdischen Bevölkerung dahingehend, sich gleichermaßen zu integrieren wie sich abzugrenzen.

Wenn wir den religiösen Marker nehmen, so sehen wir im 19. Jahrhundert in Europa und den Vereinigten Staaten Bestrebungen, ein rein religiöses Judentum zu definieren, entweder aus freien Stücken, man denke an die Bewegung Haskala, oder gezwungenermaßen, wie bei der Schaffung des Großen Sanhedrin durch Napoleon. So ersetzte der Begriff »Israelit« im offiziellen französischen Sprachgebrauch bis in die Zeit des Vichy-Regimes den Begriff »Jude«, mit dem einzigen Bezug auf die Formel »israelitischer Kultus«. Zahlreiche jüdische Institutionen in Frankreich übernahmen die Bezeichnung: Es gab ein Zentralkonsistorium der Israeliten in Frankreich und Algerien, die Universelle israelitische Allianz, Israelitische Pfadfinder und Pfadfinderinnen in Frankreich oder den 1943 gegründeten Vertretungsrat der Israeliten in Frankreich.

Die Bewegung der Reformjuden in den Vereinigten Staaten war ebenfalls bestrebt, den religiösen Marker komplett aus dem ethnischen Kontext zu »befreien«. Sie verzichtete auf die orthodoxe Definition der Zugehörigkeit zum Judentum, wonach es allein von der

Mutter weitergegeben wird, rückte von der strengen Einhaltung der Speisevorschriften ab, ersetzte die Synagoge durch einen »Tempel«, zeigte sich offen bei Bekehrungen und ließ ganz im Geist des Feminismus auch Frauen als Rabbiner zu. Die hebräische Sprache spielte keine Rolle mehr. Im Sinne dieser Logik gingen reformierte Rabbiner davon aus, dass von dem Augenblick an, in dem das Judentum von einer Ethnie unabhängig und als universalistische Religion wahrgenommen wird, die aktive Werbung von Anhängern sinnvoll war. Und so entstand in den 1930er Jahren in den Vereinigten Staaten nach dem Vorbild der christlichen Missionsbewegung eine jüdische Missionsbewegung.[33] Der kulturelle Marker verschwand, die Gemeinschaft war nur noch durch einen religiösen Marker nach dem Vorbild der dominierenden Religionen definiert.

Aber die Reduzierung des Judentums allein auf das religiöse Paradigma parallel zum Christentum (vor allem zum Protestantismus) wurde durch eine ganze Reihe von Tendenzen des 20. Jahrhunderts in Frage gestellt, die in unterschiedlicher Weise die ethnische Identität betonten. Allen voran sind natürlich der Antisemitismus und der Nazismus zu nennen, die anders als die religiöse Judenfeindlichkeit das Jüdischsein als rassisches Merkmal definierten, es also vom Recht auf Selbstdefinition lösten.[34] Dann war da der Zionismus, der aus den Juden ein Volk machte, eine ethnische Gruppe, eine Nation auf der Suche nach ihrem Staat. Heute definiert der Staat Israel Jüdischsein zum einen durch die Abstammung – obwohl die jüdische Behörde, die die Einwanderung regelt, und das Großrabbinat nicht die gleichen Kriterien verwenden, denn für Letzteres läuft die Abstammung nicht über die Mutter. Zum Anderen ist die Nicht-Zugehörigkeit zu einer anderen Religion relevant, das heißt der streng religiöse Marker (die Praxis) wird durch die ethnische Zugehörigkeit neutralisiert. Die »liberale« Forderung, die Weitergabe des Judentums sowohl über den Vater wie über die Mutter anzuerkennen, läuft darauf hinaus, dass das letzte in der ethnischen Definition noch verbliebene religiöse Element aufgegeben wird, und das verstärkt den Faktor Ethnizität.

Die dritte Tendenz ist der *Multikulturalismus*, der alle religiösen Marker auf kulturelle Marker zurückführt. Die Ethnisierung kann ein linkes Projekt sein. In den Vereinigten Staaten sind paradoxerweise mit der schwarzen Bürgerrechtsbewegung, in der die liberalen Juden sehr aktiv waren, viele zu einer »ethnischen« Vision zurückgekehrt, weil der Multikulturalismus in der Theorie und institutionell die Kategorie »Religion« nicht kennt, sehr wohl aber die Kategorie »ethnische Zugehörigkeit«. Wie wir gesehen haben, wirkt der Multikulturalismus stark ethnisierend. Er kann neue Ethnien hervorbringen, vor allem aber lässt er die ethnische Dimension einer Gruppe, die sich schon immer als ein Volk definiert hat, hervortreten. Wir sprechen vom jüdischen Wahlverhalten wie vom schwarzen, hispanischen, dem der WASPS und so weiter, und das hat jeweils nichts mit Glauben oder religiöser Praxis zu tun.

In Frankreich kehrte man nach dem Zweiten Weltkrieg schnell vom Begriff »Israelit« wieder zu »Jude« zurück, ein Zeichen dafür ist die Namensänderung des CRIF: Aus dem Vertretungsrat der Israeliten [Conseil représentatif des israélites de France] wurde der Vertretungsrat der jüdischen Institutionen [Conseil représentatif des institutions juives de France]. Nach einem Bericht der Zeitschrift *L'Arche* »gab in einer 1976 von der SOFRES unter Leitung von Émeric Deutsch durchgeführten Umfrage ein Drittel der französischen Juden an, für sich selbst die Bezeichnung ›Israelit‹ zu verwenden. Zwölf Jahre später, 1988, sagten das nur 5 Prozent, und dieser Prozentsatz hat sich bis 2002 nicht geändert.«[35]

Doch zugleich erlebte das Judentum im 20. Jahrhundert eine neue Welle der religiösen »Wiedererweckung« mit dem Ziel, den religiösen Marker über alles Profane zu stellen. Die Bewegung der Lubawitscher Juden unterschied sich hier von früheren Bewegungen, die vor allem eine Glaubensgemeinschaft zu bewahren versuchten: Sie wollte alle »Kultur«-Juden »erreichen« und dazu bringen, den Glauben zu praktizieren. Sie warb in Kampagnen dafür, die religiösen Marker sichtbar zu machen, etwa beim Chanukka-Fest eine Menora, den siebenarmigen Leuchter, aufzustellen – als Zeichen für den Sieg des Judentums über den Hellenismus, das heißt die Verweigerung der Assimilierung.

Wir haben es also mit zwei Bewegungen zu tun, die in unterschiedliche Richtungen gehen: einerseits einer religiösen Wiedererweckung, die den religiösen Marker betont; andererseits dem Wunsch, gleich einer ethnischen Kultur eine jüdische Identität für Nicht-Gläubige zu entwickeln. Das Beharren auf dem religiösen Marker geht von Erweckungsbewegungen wie den Lubawitschern aus, aber natürlich auch vom israelischen Großrabbinat, das auf strengen Kriterien für die Definition des Juden (die Mutter ist ausschlaggebend) und für die Konversion besteht. So protestierte es beispielsweise dagegen, dass während des jüdischen Osterfestes weiterhin gesäuertes, also mit Backtriebmitteln versetztes, Brot verkauft werden darf.[36] Der religiöse Marker sollte hier den öffentlichen Raum dominieren. Die Ultraorthodoxen in Jerusalem setzen alles daran, dass er zur allgemeinen Norm wird, und pochen auf Geschlechtertrennung in den Bussen, die in orthodoxe Wohnviertel fahren.

Auf der anderen Seite entwickelte sich eine Bewegung, die die jüdische Identität und Kultur ohne religiösen Bezug betont. Sie hatte eine doppelte Stoßrichtung: Einmal wollte sie eine jüdische Identität in der Diaspora definieren, die nicht mit dem politischen Zionismus verbunden war. Nach 1948 entstand zudem ein nicht-religiöser Israelismus mit dem Wunsch, eine israelische Kultur zu definieren, die weder die des religiösen Judentums noch die des Humanismus in der Diaspora sein sollte, sondern die eines säkularen Israel. Die Bewegung stand damit in der Tradition des ethnischen Nationalismus des 19. Jahrhunderts, wie sie der aktuelle Multikulturalismus aufgegriffen hat. Mit den Worten von Paul Mendes-Flohr: »Der Konflikt zwischen Kulturzionisten und politischen Zionisten drehte sich maßgeblich um die Frage, wie eine moderne jüdische Identität ›kodiert‹ sein sollte – in einem territorialen politischen Rahmen, rein ethnisch oder durch die Kultur.«[37] Seit 2006 bietet in London, mit Unterstützung des damaligen Bürgermeisters Ken Livingstone, eine Art von *Jewish Pride* namens »Simcha on the Square« bei einem großen Jahrmarkt auf dem Trafalgar Square alles auf, was »jüdisch« ist (Musik, Küche, Kunsthandwerk, Kultur), nur die Religion spielt dabei keine Rolle.

Man kann dies auch als den Versuch lesen, ein »säkulares Judentum« zu schaffen auf der Grundlage von religiösen Markern, die säkularisiert wurden. Zum Beispiel hat der 2007 verstorbene Rabbiner Sherin Wine 1993 die Bewegung des »Humanistischen Judentums« ins Leben gerufen, die Ausgangspunk für das International Institute for Secular Humanistic Judaism war. Anliegen des Instituts ist es, »rationales Denken und jüdische Kultur« zu verbinden.[38] Als 2006 in Jerusalem eine laizistische Jeschiwa, eine jüdische Hochschule, eröffnet wurde, verlangte das Großrabbinat, dass sie geschlossen werde.[39] Ihr Programm legt den Akzent auf das Judentum als Kultur und nicht als Religion, auch wenn die Kultur natürlich mit religiösen Markern agiert: Man feiert jüdische Hochzeiten, *britot mila* und die *bar* oder *bat mitzvah*. Hier besteht eine Parallele zu den Bemühungen der Stadtverwaltung von Paris, eine säkulare arabische Kultur zu fördern. Vor diesem Hintergrund wurde 2007 in Frankreich ein Institut für Kulturen des Islam gegründet, wo religiöse Feste wie das Ende des Ramadan »weltlich« gefeiert werden. Der religiöse Marker wird so in einen kulturellen Marker transformiert, aber die säkulare Kultur gerät dabei unvermeidlich unter einen religiösen Blickwinkel. Manchmal endet die Säkularisierung religiöser Riten bei schlichter Folklore.[40]

In Israel scheint sich die Kluft zwischen Israelis und Diaspora-Juden zu vergrößern. Aber die Tatsache, dass man keine Minderheit mehr ist, verändert offenbar das Verhältnis zur Welt, weil die expliziten Bemühungen, eine ethnisch-kulturelle israelische Identität zu begründen (wie die sogenannte Bewegung »der Kanaanäer« mit der Zeitung *Alef* von 1948 bis 1958), hinfällig werden.[41] In einer »realen« Gesellschaft ist die Verkoppelung religiöser und kultureller Marker komplexer als in einer Minderheitensituation. Kulturelle und religiöse Marker verbinden und lösen sich immer wieder, werden säkular und sakral in einem Hin und Her, das nie nur einfach Wiederholung ist, vor allem nicht seit der Gründung des Staates Israel. All das hat das Konzept der Diaspora schlagartig verändert. Weil es wieder ein Land gibt, steht die Diaspora nicht mehr im Mittelpunkt, und die Spannungen zwischen religiösem Universalismus, Diaspora-

Judentum und territorialisiertem Nationalstaat sind stark, obwohl sie maskiert sind durch die mehrheitliche Unterstützung des Staates Israel seitens der Diaspora.

So entsteht ganz offenkundig eine israelische Identität, die nicht einfach nur eine Unterstruktur der jüdischen Identität ist: Im Mai 2008 wurden israelische Schriftsteller zur Pariser Buchmesse eingeladen. Es ging explizit um Schriftsteller, die auf Hebräisch schreiben wie zum Beispiel Sayed Kashua, der Araber und Muslim ist, und nicht um jüdische Schriftsteller, die in anderen Sprachen als Hebräisch schreiben, selbst wenn sie israelische Staatsbürger sind. Und schließlich wächst in den Vereinigten Staaten eine immer größere israelische Diaspora, die sich von der amerikanischen jüdischen Gemeinschaft unabhängig macht.

Wir könnten aus dem bisher Gesagten nun folgern, dass der religiöse Marker endgültig nach dem kulturellen Marker neu ausgerichtet wird, zu Lasten der religiösen Dimension, und dass wir es hier mit einem Prozess der Ethnisierung des Religiösen zu tun haben, ganz wie im Fall der atheistischen Juden, die den religiösen Marker bestreiten. Doch wir finden auch Beispiele für eine neue Entkoppelung: Tatsächlich kann man aus dem Spiel der beiden Marker eine letzte und interessante Evolution herauslesen: In der Gemengelage von jüdischem religiösen Marker und jüdischem kulturellen Marker wird Ersterer ersetzt durch einen christlichen Marker! Zwei christliche Bewegungen, die sich diametral gegenüberstehen, beanspruchen die jüdische ethnische Identität, Indikator dafür ist die Praxis des Hebräischen. Auf der einen Seite präsentieren sich die Jews for Jesus, wie wir gesehen haben, als durch und durch jüdisch und durch und durch christlich. Auf der anderen Seite gibt es eine hebräischsprachige katholische Kirche, anerkannt von Papst Johannes Paul II., der 2003 als ersten Weihbischof Monsignore Gourion an ihre Spitze berief, einen konvertierten Juden. Durch den Bruch mit der im Nahen Osten traditionellen Verbindung von lateinischer Kirche und arabischer Identität (verkörpert durch den Lateinischen Patriarchen von Jerusalem, der eine katholische arabische Kirche leitet, das heißt eine palästinensische) wollte der Papst das Ostchristentum und die arabische Identität entkoppeln. Das Mittel dazu war die Gründung einer hebräischen Kirche. Diese im Höchstmaß politische Geste wurde allein deshalb möglich, weil es in der Region eine Hebräisch sprechende, katholische Bevölkerung gibt: die Ehepartner israelischer Juden, die selbst Christen geblieben sind, konvertierte Juden oder katholische Araber, die Hebräisch sprechen. Zwar handelt es sich nur um ein paar Hundert Menschen, aber die symbolische Dimension ist wichtig und wie so oft sehr ambivalent: Die Entscheidung, eine solche Kirche zu gründen – die als Unterstützung Israels präsentiert wurde und erstmals die territoriale Verwurzelung Israels im Nahen Osten anerkannte –, kommt der Aussage gleich, dass man Israeli sein kann mit Hebräisch als Muttersprache und zugleich ein Anhänger des katholischen Glaubens. Das verändert die traditionelle Problematik der Konversion des Juden zum Christentum, denn der Konvertierte bleibt in der jüdischen politischen und kulturellen Gemeinschaft, zumindest will er das. Die Barriere, die die Beachtung des hebräischen Gesetzes zwischen innen und außen schafft, verschwindet. Die Änderung des religiösen Markers auf unverändertem kulturellem Inhalt ist durch und durch neu und wirkt destabilisierend. Man konnte atheistischer Jude sein, denn das stellte den religiösen Marker nicht in Frage. Aber kann man christlicher Jude sein, ein Jude im Dienste Jesu?

### *Religiöse Nationalismen*

Ich spreche von religiösem Nationalismus, wenn eine religiöse Institution sich mit einem Staat und einem Volk identifiziert. Es geht nicht nur um eine enge Verbindung zwischen Kirche und Staat, wie es bei der katholischen Kirche in Spanien und dem Franco-Regime der Fall war, auch nicht um ein enges Band zwischen einem Volk und einer religiösen Identität, wie beim Katholizismus in Irland oder Québec, sondern um die Idee, dass eine religiöse Institution die Seele eines Volkes verkörpert und dabei nicht nur andere Religionen, sondern auch andere Völker ausschließt. Folglich muss diese Institution eng mit der politischen Ordnung des entsprechenden Volkes verbunden sein, unabhängig von der Verbindung auf der Ebene der Hierarchien. Insbesondere können religiöse und politische Führer nicht ernannt werden, ohne dass die jeweils andere Seite ein Mitspracherecht hat, was beispielsweise in Irland nie der Fall war. Die Verbindung kann auch virtuell sein, wenn das Volk politisch nicht existiert; hier ließen sich bestimmte protestantische Kirchen nennen, die das Prinzip der Inkulturation und der indigenen Theologie so weit getrieben haben, dass die religiöse Gemeinschaft sich mit der ethnischen Gemeinschaft identifiziert. Die Evangelische Kirche von Französisch-Polynesien beispielsweise verteidigt die Identität und Kultur des »Ma'ohi-Volkes« und unterstützt Unabhängigkeitsbewegungen.[42]

Wenn eine ethnisch-politische Bewegung das Religiöse besetzt, ist es oft so, dass die politischen Akteure eine vorhandene Religion »nationalisieren« wie etwa in Sri Lanka, wo der Buddhismus zur identitätsstiftenden Religion der Singhalesen geworden ist und der Klerus sich bei der Unabhängigkeitserklärung auf die Seite des singhalesischen Nationalismus gestellt hat.[43] Ähnliches geschah in Malaysia, wo nach der Unabhängigkeit der Islam zum Identitätsmarker der Malaien und damit des neuen Staates wurde. Zwar besteht laut Verfassung Religionsfreiheit, aber diese gilt nach juristischer Auffassung nur für Nicht-Malaien, denn ein Malaie kann nicht aus dem Islam austreten.[44]

Die deutlichsten Formen von religiösem Nationalismus finden wir unbestreitbar in der christlichen Orthodoxie, bei der die Identifizierung zwischen Kirche und Volk über eine enge Verbindung mit dem Staat läuft. Das Band zwischen Kirche und Staat ist dabei sehr alt: Lange vor dem Untergang des lateinischen Kaiserreichs nahmen die byzantinischen Kaiser die religiösen Angelegenheiten in die Hand und intervenierten nicht nur in der internen Organisation der Kirche, sondern auch in theologischen Auseinandersetzungen, etwa im Streit um die Christologie, beim Bilderstreit und so weiter. Die Kirche als Institution hat sich im politischen Raum entfaltet.

Das soll natürlich nicht heißen, dass das orthodoxe Christentum in seiner religiösen Vision »ethnisch« ist: Die Gnade und die Frohe Botschaft sind der ganzen Welt verheißen. Aber wenn die Orthodoxie konkret bekehrt, tut sie das im Rahmen des Reichs: Die russische Orthodoxie hat vom 16. bis 19. Jahrhundert große missionarische Anstrengungen im Russischen Reich entfaltet, um den Einklang zwischen politischer und religiöser Ordnung herzustellen. So wurden lokale Sprachen mit kyrillischen Schriftzeichen festgehalten, und einheimische Priester wurden ausgebildet, wobei die missionarische Bewegung stets auf das Reich beschränkt blieb. Anders als Spanien während der *Reconquista* war die russische Orthodoxie jedoch nicht rassistisch, der Konvertit wurde ins Reich integriert, und die tatarischen Adligen, die sich taufen ließen, wurden in den russischen Adel aufgenommen, beispielsweise die Familie Jussupow. Doch der ethnisch-nationale Charakter der Religion hat sich letztlich durchgesetzt. Das Prinzip der Autokephalie, wonach jede nationale Kirche ihren eigenen Patriarchen hat, auch wenn das symbolische Oberhaupt der Patriarch von Konstantinopel ist, betont die Identifizierung von Kirche und Nation. Parallel zum Übergang von imperialen zu nationalstaatlichen Strukturen – vom Untergang des Byzantinischen Reichs bis zum Untergang des Sowjetreichs – vervielfacht sich die Zahl der autokephalen, ethnischen Kirchen.

Schauen wir uns drei typische Beispiele an.

Nehmen wir als Erstes die »melkitische« orthodoxe Kirche im Nahen Osten. Sie war die Kirche des Byzantinischen Reichs entsprechend der Bedeutung des Wortes »melkitisch«, das heißt »mit dem Kaiser verbunden« (heute wird der Begriff »melkitisch« auch für die unierten Katholiken verwendet). Insofern handelte es sich um eine »Hofkirche«, ihre Sprache war Griechisch, weil Griechisch die *koiné* war, die universelle Sprache, und nicht die Sprache einer griechischen »Ethnie«. Doch mit dem Untergang des Byzantinischen Reichs und dem Aufkommen der nationalistischen Bewegungen im 19. Jahrhundert konzentrierte sich die melkitische Orthodoxie nach und nach wieder auf den Hellenismus, der als nationale Ideologie Griechenlands im 19. Jahrhundert triumphierte. Die »griechische« Orthodoxie ist die Staatsreligion Griechenlands. Doch wie steht es mit den Melkiten des östlichen Mittelmeers, vorwiegend Arabern, die auf einmal unter die Kontrolle eines ethnischen Klerus gerieten? Die griechisch-orthodoxe Kirche des Nahen Ostens wurde arabisch, das griechisch-orthodoxe Patriarchat von Jerusalem blieb griechisch, die Prälaten sind heute allesamt griechische Staatsbürger und die Gläubigen palästinensische Araber.[45] Aber der hohe Klerus Griechenlands lehnt im Namen der Verteidigung des Hellenismus jede Öffnung gegenüber den Arabern kategorisch ab. Die Tatsache, dass die griechisch-orthodoxe Kirche im Nahen Osten einmal multiethnisch war, erscheint heute als ein Unfall der Geschichte angesichts der ethnisch-nationalistischen Abschottung des gegenwärtigen Klerus.

Der orthodoxe Klerus Griechenlands hat seit der Aufnahme Griechenlands in die Europäische Gemeinschaft eine Schlacht nach der anderen geschlagen, um die Verbindung zwischen Hellenismus und Orthodoxie zu bewahren: Es ist Pflicht, die Religion im Ausweis anzugeben, Konfessionslosigkeit ist nicht möglich und so weiter. Diese Haltung gegenüber den Bestimmungen der Europäischen Union ist immer weniger haltbar, doch die griechischen Befürworter einer Entethnisierung der Kirche bilden eine sehr kleine Minderheit.[46]

Genauso sieht es in Russland aus. Der russische Patriarch beansprucht die Herrschaft über alle russisch-orthodoxen Kirchen einschließlich derjenigen im Exil. Die Oktoberrevolution hatte zu einer Spaltung der Patriarchate geführt, eines blieb in der Sowjetunion, ein zweites entstand im Exil (die armenische Kirche erlebte die gleiche Spaltung). Die sogenannten »weißen russischen« Gemeinschaften im Westen hielten lange an ihrer russischen Identität fest, aber vor allem in Frankreich konvertierten im 20. Jahrhundert Nicht-Russen zur Orthodoxie mit einer Liturgie in Volkssprache. Und sie sahen nicht ein, warum sie sich zu Russen erklären oder zwischen den bestehenden ethnischen Patriarchaten wählen sollten.

Schließlich haben die nach dem Ende der Sowjetunion entstandenen unabhängigen Staaten das Problem noch verschärft: Wie bei den Matroschkas forderte jedes neue Land, obwohl orthodox und russischsprachig, sein eigenes autokephales Patriarchat. Die Makedonier und ein Teil der Ukrainer beispielsweise sagten sich vom serbischen beziehungsweise russischen Patriarchat los. Die Spaltung der Ukraine in zwei orthodoxe Patriarchate spiegelt die Spaltung des Landes in einen pro-russischen und einen auf Unabhängigkeit bedachten Bevölkerungsteil wider: mithin eine politische, nicht eine religiöse Spaltung. Die Tatsache, dass die bosnischen Serben sich auf das serbische Patriarchat in Belgrad beziehen, bedeutet in erster Linie, dass sie sich nicht als Bosnier verstehen, sondern als Serben. Am anderen Ende der orthodoxen Welt hat die Unabhängigkeit Eritreas von Äthiopien 1993 zu einer Spaltung des äthiopischen koptischen Patriarchats geführt, und 2003 wurde ein eigenes eritreisches koptisches Patriarchat eingerichtet.

Die Staaten fördern natürlich diesen »Cäsaropapismus« und genauso das Monopol der orthodoxen Kirche. Nach dem Vorbild der muslimischen Länder versuchen sie, sich mit Gesetzen über Konversionen und die Ausübung der Religion gegen die protestantische Anhängerwerbung zu wehren.[47] In diesem Sinn hat Russland das Konzept der »Nationalreligionen« in seine Verfassung aufgenommen, genannt werden die Orthodoxie, der Islam, der Buddhismus und die lutherische Religion. Dieser Schritt baut auf dem Grundsatz der Übereinstimmung von ethnischer Zugehörigkeit und Religion auf, und demzufolge sind die Burjaten Buddhisten, die Tataren Muslime, die Esten Lutheraner und die Russen Orthodoxe. So proklamiert das nationale orthodoxe Christentum zwar Universalismus, aber es bekehrt nicht mehr, weil aus seiner Sicht eine Identität zwischen Religion und Kultur besteht. Demnach führt es eher einen Verteidigungskampf: Die Osmose zwischen Nationalkultur und Religion soll um jeden Preis erhalten bleiben.

Jede universalistische Religion kann sich in eine identitäre Religion verwandeln, wie wir bei den Christen im Orient gesehen haben. Aber das gilt auch für die singhalesischen Buddhisten oder für Malaysia, wo die Gleichsetzung von malaysisch und muslimisch von den Gerichten immer wieder neu bekräftigt wurde. In Malaysia illustriert ein Gerichtsurteil vom Dezember 2007 den Übergang vom Universalismus zu einer identitären Religion: Darin wurde der malaysischen katholischen Zeitung *Herald* (die in mehreren Sprachen erscheint, darunter Malaysisch und Englisch) untersagt, das Wort »Allah« für »Gott« zu verwenden, und zwar in all ihren Sprachen einschließlich Malaysisch.[48] Aus etwas Universellem machte man damit etwas Spezielles, denn »Allah« ist nichts anderes als das arabische Wort für Gott. Das zeigt schon das muslimische Glaubensbekenntnis, »es gibt keinen Gott außer Gott«, wo das Wort nacheinander als Oberbegriff und als Eigenname verwendet wird. Im Übrigen gebrauchen die Christen im Orient »Allah« genauso. Wenn man Gott mit einem Copyright versieht, ist das ein sehr deutliches Zeichen, dass das Kulturelle sich des Religiösen bemächtigt hat.

Der Nationalismus treibt die Aneignung des Religiösen auf die Spitze, indem er eine »nationale Authentizität« verteidigt, die gleichermaßen in Begriffen der Kultur wie der Religion zum Ausdruck kommt. Das ist auch eine Art, sich den aus dem Westen importierten Werten zu widersetzen, die je nachdem als »amerikanisch«, »katholisch« oder »christlich« qualifiziert werden.

## Religion und Sprachpolitik

Die Sprache ist ein grundlegender Identitätsmarker. Sie ist Träger einer profanen Kultur, und der linguistische Status einer Sprache ist an den politisch-sozialen Status der Gruppe ihrer Sprecher gebunden, er verändert sich damit: Eine Amtssprache wird explizit normiert, bei einem »Dialekt« gibt es das nicht. Die Zuschreibungen Sprache, Dialekt, Mundart werden durch den Status der Gruppe definiert, nicht dadurch, wie sie gesprochen werden. Vom Dialekt zur gesprochenen Sprache, weiter zur geschriebenen Sprache und schließlich zur Kultursprache, *koiné* oder heiligen Sprache: Der Status der Sprecher ist jeweils ein vollkommen anderer. Bei Mehrsprachigkeit gibt es fast immer eine Hierarchie zwischen den gesprochenen Sprachen. In den 1950er Jahren waren ein flämischer Belgier oder ein afghanischer Paschtune zweisprachig, der Französisch oder Persisch sprechende Landsmann war es nicht. Wenn jemand eine Regionalsprache spricht, erwartet man, dass er auch die Amtssprache beherrscht, aber ein symmetrisches Verhältnis ist sehr selten. Man denke an Bretonisch und Französisch, Kurdisch und Türkisch, Katalanisch und Kastilisch. Diese Situation ist ganz klar veränderbar, und zu bestimmten Zeiten werden bestimmte Sprachen zu transnationalen Kultursprachen: Griechisch, Latein, Französisch, Englisch, Arabisch.

Schließlich ist die Fixierung einer Sprache durch die Schrift ein Schlüsselelement für ihren Status: Ohne dies kann eine Sprache nicht Trägerin einer Schriftkultur und schon gar nicht die Sprache politischer Institutionen werden. Insofern ist es durchaus möglich, dass sich der Status einer Sprache entwickelt: Es gibt die nicht gesprochene »heilige« Sprache (das Hebräische von der hellenistischen Zeit bis zur jüdischen Heimstatt in Palästina, oder Latein seit dem Ende des Römischen Reiches), die dominierende Sprache einer Kultur (das Griechische im östlichen Teil des Römischen Reichs), die gehobene Sprache der Kultur beziehungsweise die Amtssprache (das moderne Französisch, Englisch und Deutsch) und Sprachen, die über verschiedene Ebenen verfügen, literarisch oder volkstümlich, wie beispielsweise das Arabische. Außerdem kann die Schrift in unterschiedlichem Maße zugänglich sein: Manchmal ist sie das Monopol einer Gelehrtenkaste (Hieroglyphen, Japanisch in chinesischen Schriftzeichen), oder der Gebrauch der Schrift ist demokratisch (phonetisches Alphabet).

Die Religionen haben bei all diesen Prozessen eine entscheidende Rolle gespielt, die jedoch ambivalent ist. Denn sie schwanken zwischen der Sakralisierung einer privilegierten Sprache (Hebräisch, Arabisch, Latein, Sanskrit) und der Notwendigkeit, die Volkssprache zu verwenden, um die Massen zu erreichen. Sie tendieren dazu, ihre Botschaft in die Volkssprache zu übersetzen und bei Bedarf schriftlich niederzulegen, aber in der Regel behalten sie auch die Herrschaft über die Lehre, weil diese in einer heiligen Sprache fixiert wird, die das Monopol der Priester ist. Manchmal ist die Sprache der Religion auch die Sprache der weltlichen Ordnung: So kann die »heilige« Sprache zugleich Kanzleisprache sein, wie im europäischen Mittelalter oder heute in der arabischen Welt. In einem Kontext, in dem die Schrift nur in Religionsschulen gelehrt wird (vor der Einrichtung eines säkularen Schulsystems oder wenn ein solches ganz fehlt), ist die »heilige« Sprache oft auch die Sprache der Schreiber, der *literati*, der Gelehrten und Beamten, das heißt die Sprache des Staates oder zumindest seiner Archive. Das galt oder gilt für Latein im Westen im Mittelalter, Hebräisch in Konkurrenz zu Aramäisch oder das geschriebene Arabisch. Die Rechtsgelehrten der französischen Könige im Mittelalter, die Wesire der Seldschuken und Osmanen waren Gelehrte oder Ulemas: Robert de Sorbon wie Nizam al-Mulk (dessen Name sich übersetzen lässt als »Ordonnanz des Königreichs«) gründeten die »Universitäten« ihrer jeweiligen Zeit in einem religiösen Rahmen.

Die katholische Kirche durchlief Phasen der intensiven Übersetzungstätigkeit, etwa in der zweiten Hälfte des ersten Jahrtausends, gefolgt von Zensur, und kehrte dann wieder zur Übersetzung zurück. Die Abneigung in der katholischen Kirche gegen das Übersetzen hing nicht mit der Heiligkeit des Textes zusammen (Latein war nicht die Sprache der Offenbarung), sondern mit der Notwendigkeit, die Lektüre zu kontrollieren. Nicht der Respekt vor der Sprache, sondern die Autorität der Kirche war in Gefahr.[49] Im Jahr 1199 verbot Papst Innozenz III. Laien die Lektüre der Bibel. 1210 verbot die Synode von Paris die Abfassung religiöser Schriften in Volkssprache. Das zielte auf die mystischen Neigungen adliger Frauen, die Französisch lasen und schrieben, aber nicht Latein. Das Gleiche gab es mit Hebräisch und Jiddisch: Jiddisch war zuerst die Schriftsprache der Frauen aus guter Familie, denen der Zugang zum Hebräischen verwehrt blieb. 1408 untersagte die sogenannte Oxford Constitution die Übersetzung der Bibel ins Englische ohne ausdrückliche bischöfliche Erlaubnis.[50] Das richtete sich gegen die Übersetzung von John Wyclif beziehungsweise die Präreformation. Mit den Indexen von 1559 und 1564 verbot Rom die Lektüre der Bibel in Volkssprache.[51]

Doch genau zu dem Zeitpunkt, als die katholische Kirche sich darauf versteifte, Übersetzungen abzulehnen, sah sie sich durch die großen Entdeckungen und die Notwendigkeit, vom Protestantismus erobertes Terrain zurückzuholen, dazu veranlasst, ihren Widerstand zu überdenken. Tatsächlich nahmen die Protestanten zur gleichen Zeit eine pragmatische Haltung den Sprachen gegenüber ein: Für sie gab es keine »heilige« Sprache, denn »Gottes Wort« steht über allen Sprachen, und darum kann ihm jede beliebige Sprache als zeitliches und irdisches Vehikel dienen. Katholiken wie Protestanten öffneten sich somit gegenüber den Sprachen, allerdings aus unterschiedlichen Gründen.

Die jeweiligen Entscheidungen der Religionen hatten fundamentale Konsequenzen für Politik, Ethnisierung und Kultur. Um predigen zu können, musste man die Sprache der Gläubigen sprechen, und das wertete die profanen Volkssprachen auf: Sie wurden zu Schriftsprachen und entwickelten sich, nachdem sie dergestalt den Ritterschlag erhalten hatten, zu Trägern einer durch und durch profanen identitären Konstruktion.

Mehrere Varianten in einem breiten Spektrum waren möglich: Entweder man anerkannte die Hegemonie einer herrschenden Sprache, die mit der »Botschaft« assoziiert wurde, die man verbreiten wollte, oder man verwandelte Sprachen, die unterdrückt waren oder einen nachgeordneten Status hatten, in Schriftsprachen, sodass sie selbst zu Trägern der Botschaft werden konnten. Die Folgen für das Seelenheil waren vermutlich ähnlich, die Folgen für die Politik, die Kultur und den Status der Eliten unterschieden sich grundlegend voneinander. Im Allgemeinen verbreiteten die Religionen die Sprachen der jeweils herrschenden Macht (Spanisch in Lateinamerika, Französisch in Afrika, Arabisch im Maghreb). Evangelikale protestantische und mormonische Missionsstationen bieten auch heute gern noch Englischkurse an. Die herrschende Sprache, die zunehmend Verbreitung findet, ist nicht unbedingt die »religiöse« Sprache, wie wir am Beispiel des Englischen sehen. Ähnliches gilt auch für die französische Sprache. So wurde die Alliance israélite universelle Ende des 19. Jahrhunderts in Frankreich gegründet mit dem Ziel, den Juden im Orient zu helfen: Ihre Arbeitssprache war Französisch, und sie trug dazu bei, die jüdischen Eliten im Orient zu »verwestlichen« und ihnen die französische Kultur nahezubringen, was viele veranlasste, nach Frankreich zu emigrieren und nicht nach Palästina.

Aber die Religionen haben auch die Entwicklung von Sprachen gefördert, die nicht Amtssprachen waren, um neue Bevölkerungsgruppen zu erreichen. Auf diese Weise schenkten sie den Bevölkerungsgruppen das linguistische Instrument für ihre politische Identität und unterstützten die Herausbildung der Eliten ihrer kulturellen oder sogar politischen Strukturen (die neuen »Gebildeten«). In der Zeit der westlichen Kolonialherrschaft bedeutete dies eine permanente Spannung: Entweder verbreitete die Kirche massiv die Sprache des Kolonialherrn, was am häufigsten vorkam, oder sie arbeitete daran, Eingeborenensprachen zu fixieren oder einfachere Schreibweisen zu entwickeln (etwa für das Vietnamesische), und diese Bemühungen bewirkten unter Umständen eine Politisierung nationaler Identitäten. Die katholische Kirche trug auf diese Weise dazu bei, Alphabete zu erfinden, festzuhalten oder auch nur zu verbreiten, die der jeweils gesprochenen Sprache angepasst waren, insbesondere bei Sprachen, für die es entweder noch gar keine Schrift gab oder die in einer Gelehrtenschrift geschrieben wurden (wie im Fall der chinesischen Schriftzeichen, die auch in Vietnam oder Japan verwendet wurden). Die Kirche hat das Kyrillische erfunden, hat Vietnamesisch in lateinischen Buchstaben geschrieben, hat im Japanischen die *kana* favorisiert, eine einfachere Schrift, die bis dahin nur Frauen benutzten, anstelle der chinesischen Schriftzeichen, die die Mandarine und vor allem die Buddhisten verwendeten.[52]

Die Haltung war in all diesen Fällen pragmatisch, genau wie bei Calvin, der lieber in lateinischer Sprache schrieb, aber aus pädagogischen Gründen Französisch benutzte. Trotzdem waren die Folgen dieser linguistischen Praktiken schwerwiegend.

Ein Paradox des universalistischen westlichen Christentums liegt darin, dass es immer wieder dem *empowerment* einheimischer oder minoritärer Eliten gedient hat (womit eher der Zugang zu den Hebeln der Macht als zur Macht selbst gemeint ist) und somit geholfen hat, eine ethnisch-nationale Identität im Widerstand gegen den herrschenden Staat oder den westlichen Kolonialismus zu entwickeln. Die katholische Kirche bot oft Schutz, sogar Zuflucht, für unterdrückte Sprachen und lokale Identitäten, so in der Bretagne, in Irland, dem Baskenland oder Trient-Südtirol. Sie stellte auch die Instrumente zur Verfügung, die man für die Etablierung von Führern und sozialen sowie politischen Institutionen in minoritären, indigenen und regionalen Gesellschaften brauchte. In erster Linie geschah das durch die Fixierung der Sprache, die mit der Entstehung einer Schicht von *literati* und in der entsprechenden Sprache ausgebildeten Intellektuellen, Lehrern, einherging, dann aber auch zum Aufkommen politischer Funktionsträger führte, deren Karriere mit ihrer neuen ethnisch-nationalen Identität verknüpft war. Priester und Pastoren standen oft an der Spitze politischer Bewegungen (und gaben dafür sogar ihre priesterlichen Funktionen auf): in Tahiti, auf Haiti, bei den Karen in Birma, in Südafrika (Bischof Tutu) und in den Vereinigten Staaten (bei den Schwarzen). Die Kirche sorgte für Räume, in denen sich eine lokale Elite bilden konnte, die nicht in die nationalen Netze der Macht eingebunden war. Solche Räume reichten von christlichen Schulen in den Kolonien bis zu christlichen Gewerkschaften (in Frankreich gibt es die Jeunesse ouvrière chrétienne, JOC, die christliche Arbeiterjugend, und die Jeunesse agricole chrétienne, JAC, die christliche Landjugend). Sie verfolgt somit explizit das Konzept der lokalen Kultur, der Volkskultur, mit einer politischen Ausrichtung, die vom rechten Flügel (die katholische Bretagne) bis zum linken Flügel (die Befreiungstheologie) reichen kann.[53]

Die Katholiken verteidigten auch die Identität der Einwohner von Québec. Die Protestanten taten das Gleiche in Tahiti: Die Evangelische Kirche von Französisch-Polynesien propagierte die Identität und Kultur des »Ma'ohi-Volkes«, insbesondere durch das Konzept einer Kultur-Theologie (theoretisch gefasst durch Turo Raapoto).[54]

In diesem Sinn haben die Missionsstationen paradoxerweise lokale nationalistische Strömungen gefördert, indem sie zur Homogenisierung und Territorialisierung der Identitäten beitrugen, zur Entfaltung von Eliten und zur Verbreitung eines Universalismus, der gegen die Kolonialmacht gewendet werden konnte. Die vietnamesischen Marxisten übernahmen ein von den Jesuiten entwickeltes Alphabet, das sie von der Übermacht der Mandarine und vom Schatten der chinesischen Kultur befreite. Natürlich ging daraus nicht in allen Fällen eine neue Nation hervor. In Nigeria beispielsweise drängten die anglikanischen Führer auf die Verbreitung der Volkssprachen, die Kolonialbeamten hingegen favorisierten die englische Sprache. Die Igbo-Dialekte, die die Missionare mit Blick auf eine Standardsprache, *»union igbo«*, festhielten, konnten sich jedoch gegen die dreifache Gegnerschaft bestehend aus kolonialen Machthabern, Igbo-Intellektuellen und der katholischen Kirche nicht durchsetzen. Auch hier waren die Entscheidungen wieder taktisch motiviert. Die katholische Kirche war durch die in Frankreich gegründete Kongregation der Pères du Saint-Esprit vertreten, deren Missionare vielfach deutschsprachige Elsässer waren, wie zum Beispiel Pater Kirchner. Ein Angehöriger dieser Kongregation, Pater Aimé Ganot, veröffentlichte 1899 die erste Grammatik für Igbo, trotzdem entschied sich die Kongregation für Englisch als Sprache der Missionierung.[55] Das hing damit zusammen, dass die Eingeborenenfamilien ihre Kinder nur in die Missionsschulen schickten, weil sie hofften, sie würden dort Englisch lernen und damit den sozialen Aufstieg schaffen. Alles in allem besaß die Sprache des Kolonialherrn bereits so große Anziehungskraft für die Bevölkerung, dass es kontraproduktiv schien, in der lokalen Sprache zu predigen.

Im Gegensatz dazu gelang es in Indien einer beherrschten Gruppe, sich durch die Wahl einer nicht schriftlich fixierten lokalen Sprache als eigenständig zu begreifen und sich eine Identität als christliche Gruppe zu geben. Die Missionare wirkten daran mit, die gemeinsame Sprache mehrerer Stämme schriftlich zu fixieren, und stoppten auf diese Weise die Assimilation dieser Stämme an den dominierenden Hinduismus vermittels sprachlicher Akkulturation.

So trugen die Missionare dazu bei, dass die Stämme nicht nur eine sprachliche, sondern auch eine politische Identität ausbildeten, zum Beispiel indem sie Zeitungen herausgaben, was unmöglich gewesen wäre, solange die Sprache noch nicht fixiert war und niemand in der Sprache lesen und schreiben konnte. Diese Leistung war das Verdienst der Missionare.[56] Damit einher ging die Ethnisierung und zugleich Wiederherstellung des Bandes zwischen kulturellem und religiösem Marker.

In Frankreich blieben zur Zeit der Reformation sowohl die protestantischen als auch die katholischen Eliten zunächst bei Latein. Calvin schrieb lieber auf Latein als auf Französisch. Doch aus teils identischen Gründen (dem Wunsch, das Volk zu erreichen), die durch die Konkurrenz zwischen den beiden Kirchen noch verstärkt wurden, gingen sie schließlich zur Volkssprache über. Die katholische Kirche rückte nach und nach von dem Verbot ab, die Bibel in die profane Sprache zu übersetzen.[57] Der Bedeutungsverlust von Latein gegenüber den Nationalsprachen, wie er im Edikt von Villers-Cotterêts (1539) zum Ausdruck kam, war keine Konsequenz der Reformation, denn er war in allen Ländern Europas zu beobachten. Der Protestantismus spielte damals eine wichtige Rolle bei der Fixierung und Verbreitung der großen Nationalsprachen, weniger gegenüber dem Latein als gegenüber den Dialekten und Regionalsprachen; favorisiert wurden standardisierte Nationalsprachen, die die Aussicht hatten, Amtssprachen zu werden. Bekannt ist, welche Rolle die Bibelübersetzung von Martin Luther für die Etablierung einer hochdeutschen Schriftsprache spielte. Das Englisch der sogenannten King-James-Bibel wiederum hatte zwar keine Bedeutung für die Fixierung der Sprache, aber große Bedeutung für die literarische Produktion, denn diese Bibel lieferte eine Fülle von literarischen Bezügen und Wendungen.[58] Weniger bekannt ist, dass die Reformation auch an der Verbreitung des Französischen in Okzitanien sehr großen Anteil hatte. Die Pastoren sprachen systematisch Französisch und nicht die verschiedenen »Mundarten«. Die »Inspirierten« in den Cevennen zur Zeit der Camisards (Anfang des 18. Jahrhunderts) verkündeten ihre Prophezeiungen auf Französisch, als man gar nicht glaubte, dass sie es kannten.[59] Dass noch heute die protestantischen Bürgermeister von Marseille, wie Gaston Defferre, »wie Pariser« sprechen und die Katholiken, wie Jean-Claude Gaudin, »mit Akzent«, ist kein Zufall.

Andererseits propagierte die katholische Kirche in Frankreich zunehmend religiöse Äußerungen in Regionalsprachen, ohne allerdings daraus ein Dogma zu machen. Die Regionalsprachen galten seit der Französischen Revolution als Refugium der katholischen Identität angesichts des jakobinischen, atheistischen Französisch; die Französische Revolution hatte die Regionalsprachen verdammt, der lokale katholische Klerus verwendete sie ausdrücklich.[60] Im 17. Jahrhundert ließen die Bischöfe von Mende und von Auch den Katechismus aus dem Französischen in lokales Okzitanisch übersetzen, um so den in den Cevennen und im Béarn aktiven Protestanten die Stirn zu bieten.[61] Die Jesuiten erarbeiteten im 18. Jahrhundert die ersten bretonischen Grammatiken, zudem wurden zahlreiche baskische und bretonische Grammatiken und Wörterbücher von Kanonikern und Priestern verfasst. Der Bischof von Quimper, Monsignore Joseph-Marie Graveran (1793 – 1855), billigte die von Le Gonidec erfundene Transkription des Bretonischen; gleichwohl konnte Le Gonidec sein Neues Testament in Bretonisch nur mit Unterstützung einer protestantischen Gesellschaft veröffentlichen, was einmal mehr zeigt, wie sehr die katholische Kirche schwankte zwischen dem Wunsch, die Volkssprache zu verwenden, und dem Misstrauen gegenüber allen Bibelübersetzungen. Unter der Ägide des Bischofs von Quimper wurde 1865 die Zeitung *Feiz a Breiz* (Glauben und Bretagne) gegründet. Über ein Jahrhundert später, im September 2003, veröffentlichte der damalige Bischof von Vannes, Monsignore Gourvès, ein pastorales Schreiben mit dem Titel »Die Erneuerung der bretonischen Kultur: eine Herausforderung für die Kirche«. In einem Interview sagte er: »Bei der Vorbereitung des Papstbesuchs [Papst Johannes Paul II. traf zwei- oder dreimal mit allen Bischöfen zusammen] fragte ich ihn, warum er in seinen Reden und bei seinen Reisen die Minderheiten so wichtig nehme. Er antwortete mir: Wir steuern auf eine Globalisierung zu, die alle überrollen wird. Die Menschen sehnen sich nach sicheren Wurzeln zurück. Ihr in der Bretagne habt solche sicheren Wurzeln, genau wie wir in Polen. Alles, was auf kulturellem Gebiet geschieht und die Minderheit betrifft, die sich ausdrücken möchte, ist wichtig und kann zur Verbreitung des Glaubens beitragen.«[62] Hier wird deutlich, dass die katholische Kirche immer auf Territorialisierung und lokale Verwurzelung fokussiert ist, beides wird heute durch die Globalisierung in Frage gestellt.

Dennoch dürfen wir kein Gegensatzpaar aus Dialekt sprechenden Katholiken und gebildeten Protestanten konstruieren. Die katholische Gegenbewegung während der Gegenreformation setzte auf die Hochkultur, nicht auf Volkskulturen.[63] Die Kirche entschied einfach, die Zinnen der Kultur nicht unbesetzt zu lassen. Das heißt, die Konkurrenz zwischen Katholizismus und Protestantismus wurde auf dem Feld der Kultur ausgetragen.

Die »heilige« Sprache mag einer »heiligen« Verwendung, etwa in der Liturgie, aber auch der Politik, vorbehalten bleiben, die profane Sprache – fixiert und standardisiert durch die Schrift und unter Umständen auf das Alphabet einer heiligen Sprache wie Jiddisch, Persisch, Urdu oder Osmanli angewiesen – unterstützt eine profane Literatur. Das ist insbesonders der Fall, wenn die »heilige« Sprache sich auf die religiöse Produktion spezialisiert und den profanen Raum ausspart. So verbreitete sich Jiddisch als geschriebene Sprache zuerst durch profane Literatur (Ritterromane), die von außen kamen und von neuen Schichten gelesen wurden, die keinen Zugang zu Hebräisch hatten, der einzigen Schriftsprache der »Gebildeten«.[64] Persisch entwickelte sich vor allem auf dem Feld der Poesie, durch Autoren wie Rudaki oder Ferdowsi, weil die persischsprachigen Kleriker und Gelehrten wie Avicenna ihre theologischen und philosophischen Werke lange Zeit auf Arabisch verfassten. Doch indem die profane Literatur sich verselbständigte, trug sie dazu bei, den religiösen Marker und den kulturellen Marker zu trennen, bis der Punkt erreicht war, an dem die Religion sich nicht mehr in der Kultur wiedererkannte, zu deren Entstehung sie maßgeblich beigetragen hatte.

Im muslimischen Raum betrieben weder die weltlichen Machthaber noch die geistlichen Führer eine Sprachpolitik. Das Arabische stand in so hohem Ansehen, dass es andere Sprachen veränderte, sein Alphabet durchsetzte und seinen Wortschatz verbreitete, ohne dass dazu Gesetze oder Dekrete nötig waren. Türkisch, Persisch und Hindi färbten sich arabisch. Zugleich islamisierten sich diese Sprachen und trugen so dazu bei, dass die muslimische Welt – von Marokko bis Indien und Mittelasien – ein hohes Maß an kultureller Kohärenz behielt. Völker, die nie unter der politischen Macht der Araber gestanden hatten, übernahmen das Alphabet der Araber und einen beträchtlichen Teil des arabischen Wortschatzes, und zwar weit über den rein religiösen und administrativen Bereich hinaus. Das gilt zum Beispiel für die Uiguren und die Kasachen, allerdings setzte sich der Einfluss des Arabischen dort über das Persische durch. Die Verwendung gemeinsamer Begriffe und eines gemeinsamen Alphabets hat wahrhaftig einen gemeinsamen kulturellen Raum entstehen lassen.

Heute ist mehr als je zuvor von einer muslimischen Kultur und einer muslimischen Welt die Rede. Doch das gemeinsame Sinnuniversum wurde linguistisch durch die Säkularisierungspolitik der einzelnen Staaten, die sie seit 1920 in unterschiedlichen ideologischen Einkleidungen führten, zerstört. So gegensätzliche Regime wie die Sowjetunion, die kemalistische Türkei und der Iran zu Zeiten des Schahs betrieben nach 1918 eine ähnliche Sprachpolitik, gegründet auf eine doppelte Forderung: »Entarabisierung« und »Entislamisierung«. Mehrere Regime änderten das Alphabet (die UdSSR, die Türkei, das chinesische Sinkiang), archaische Wörter wurden wieder hervorgeholt (Iran, Türkei), Lehnübersetzungen und Neologismen wurden geprägt, und man übernahm Wörter aus den westlichen Sprachen (Russisch). Und das war nicht nur im religiösen Kontext zu beobachten: Das arabische Wort für Flugzeug *(tayyara)* war zunächst im gesamten muslimischen Raum gebräuchlich. In den 1930er Jahren wurde daraus *havapeyma* im iranischen Persisch, *uçak* auf Türkisch und *samoliot* in den mittelasiatischen Sowjetsprachen. In den 1980er Jahren intervenierte die türkische Botschaft in Frankreich massiv und drängte darauf, dass Türkisch am INALCO (Institut national des langues et civilisation orientales, Institut für orientalische Sprachen und Kulturen) nicht mehr nach derselben Struktur wie Arabisch gelehrt werden sollte, weil dazu ein gemeinsames Grundstudium Islamkunde gehörte. Die Studenten, die heute Türkisch lernen, haben keine obligatorische Islamkunde mehr und lernen nichts über die Kultur des ehemaligen Osmanischen Reiches. Diese Art der Sprachenpolitik hat natürlich einen performativen Aspekt: Man erzeugt den Bruch, den man angeblich nur konstatiert. Aber das hat trotzdem Folgen.

Die Zurücknahme der religiösen Marker in den orientalischen Sprachen, vom Arabischen abgesehen, war ein relativer Erfolg und führte mittlerweile zu dem Ergebnis, dass religiös aktive Sprecher sich diesen Markern wieder gezielt zuwandten. Die religiösen Marker, die früher in die Sprache eingebettet waren, flottieren nun frei. Sie werden von den Sprechern bewusst als Elemente der religiösen Identifikation verwendet und nicht mehr einfach nur als Versatzstücke der Kommunikation, so etwa bei dem Gruß »Salam aleikum!«.

Besonders zwei Sprachen haben ein Problem mit ihrer Säkularisierung: Arabisch und Hebräisch. Wenn man im Arabischen die Sprache des Koran sieht, taucht das Problem der Sakralität der Sprache auf: Der Koran ist »ungeschaffen«, folglich ist das Arabische, in dem er geschrieben ist, eine heilige, unantastbare Sprache. 1926 verurteilte die Al-Ashar-Universität das Buch von Taha Hussein, *Die präislamische Dichtung*, genau aus dem Grund, weil es das Arabische als eine autonome profane Sprache verwendete. Die muslimischen religiösen Würdenträger nahmen alle Versuche christlicher arabischer Autoren, ein »literarisches« und nicht mehr »buchstabengetreues« Arabisch zu schaffen, mit Misstrauen auf. Einer Formulierung von Scheich Tantawi zufolge widersetzten sie sich der »Christianisierung des Islam« – was nichts anderes als eine religiöse Formulierung für den Übergang des Arabischen in den profanen Bereich ist.[65] 1981 wurde ebenfalls in Ägypten das Buch *Geschichte der arabischen Spra-*

*che* von Fikri al-Aqad verboten. Dass heute die Ungeschaffenheit des Koran so sehr betont wird, was mit der Ausbreitung des Salafismus zusammenhängt, hatte eine noch stärkere Sakralisierung des Arabischen zur Folge; jede nur annähernd profane Verwendung des Arabischen erschien als Blasphemie. Zensurmaßnahmen, offizielle und nicht offizielle, gegenüber fiktionaler Literatur in arabischer Sprache sind zahlreicher geworden, vor allem in Ägypten. 1992 wurde der ägyptische Autor Farag Foda ermordet, nachdem Al Ashar ihn zum Abtrünnigen erklärt hatte. 2000 wurde *Le festin des algues de mer* (Ein Bankett für die Früchte des Meeres) von Haidar Haidar verboten. Drohungen richteten sich auch gegen Schriftsteller, die nicht auf Arabisch schreiben, wie die Affären um Salman Rushdie oder um Taslima Nasrin zeigen, aber diese internationalen und von viel medialer Aufmerksamkeit begleiteten Fälle verbergen die Realität der eher nadelstichartigen Zensur gegenüber arabischer Produktion: Es gab keine Kampagne gegen die Übersetzung von *Tausend und eine Nacht* in ausländische Sprachen, aber 1985 wurde die arabische Ausgabe von den Behörden in Kairo offiziell verboten, als wäre es gewissermaßen ein erschwerender Umstand, »Profanes« in arabischer Sprache zu schreiben.

Erstaunlich viele arabische Autoren schreiben heute in anderen Sprachen: auf Englisch wie Ahdaf Soueif, Laila Lalami *(Other Dangerous Pursuits)*, Hisham Matar *(In the Country of Men)*; auf Französisch wie Driss Chraibi, Tahar Ben Jelloun, Fouad Laroui, Rachid Mimouni, Amin Maalouf; auf Holländisch wie Hafid Bouazza, Abdelkader Benali, Mustapha Stitou. Sayed Kashua schreibt auf Hebräisch und wurde nie ins Arabische übersetzt. Etliche von ihnen begründen ihre Entscheidung für die jeweils andere Sprache mit der Kluft zwischen dem klassischen Arabisch und dem gesprochenen Arabisch, so etwa Kashua.[66] Aber das ist ein politisches Tabuthema: Die Staaten weigern sich aus politischen Motiven, das gesprochene Arabisch zu berücksichtigen. Sie ziehen ihre Legitimität zum einen aus dem Panarabismus, zum anderen – zunehmend – aus dem dominierenden islamischen Nationalismus und müssen deshalb den Mythos von der »arabischen Nation« aufrechterhalten, indem sie sich auf den heiligen Charakter der Sprache und nicht auf ihre Vielfältigkeit beziehen.

Aus diesem Grund wird das »Profane« in Dialekten oder in anderen Sprachen ausgedrückt. Die Autoren, die für sich eine nichtreligiöse arabische Identität beanspruchen, haben einen schweren Stand. Das erklärt vielleicht, warum das Konzept vom »atheistischen Muslim« auftauchte, das Abdelwahab Meddeb ins Spiel gebracht hat.[67] Aber läuft dieser Ansatz letztlich nicht auch auf das Argument der Religiösen hinaus, nur dass er ihre Schlussfolgerung einfach umdreht: Eine arabische Identität gibt es nur durch den Islam?

Im Jahr 2002 veröffentlichte das Entwicklungsprogramm der Vereinten Nationen (UNDP) einen Bericht über die Situation der arabischen Kultur, der zu dem Ergebnis kam: Die arabische Schriftkultur befindet sich in der zweiten Hälfte des 20. Jahrhunderts in der Krise.[68] Allerdings kann man nicht den Islam dafür verantwortlich machen, dass in der gesamten arabischen Welt nur 20 Prozent der Zahl an Übersetzungen erscheine, die allein Griechenland in einem Jahr herausbringt, denn in der Türkei wie auch im islamischen Iran wird viel mehr übersetzt. Andererseits zeigt ein Blick auf die Listen der Professoren an amerikanischen und britischen Hochschulen, wie zahlreich Personen arabischer Herkunft im intellektuellen und kulturellen Bereich vertreten sind. Das neue Bewusstsein für die Probleme der arabischen Kultur wird auch daran deutlich, dass nach 2001 (man stellte eine Verbindung zwischen Radikalisierung und Kulturkrise her) viele Stiftungen zur Förderung einer laizistischen arabischen Kultur gegründet wurden. Diese grenzen sich scharf von allen Bemühungen der hauptsächlich von Saudis unterstützten Institute ab, die darauf zielten, Konzepte wie »islamische Wissenschaften«, »islamische Finanzen« und »islamische Kultur« zu propagieren.

Nach der großen Welle der Reislamisierung von oben wie von unten sah es nach dem 11. September 2001 so aus, als würden einige Regierungen und Institutionen einen voluntaristischen Prozess der Säkularisierung betreiben. Eine Feststellung, die ich damals traf, scheint mir heute mehr und mehr akzeptiert zu sein: Nicht der Zusammenprall der Kulturen ist die Quelle von Gewalt, sondern die Dekulturation des Religiösen. Der Herrscher von Dubai, Scheich Mohammed bin Raschid al-Maktoum, kündigte im Januar 2007 die Einrichtung eines mit zehn Milliarden Dollar ausgestatteten Fonds an, um die Entwicklung der Kultur und des »Wissens« zu fördern. Er spricht davon, dass man eine »Wissensgesellschaft« anstrebe. Aber das Thema Sprache kommt bei ihm nicht vor, es geht vor allem um Informatik, Internet und Technologie. Die Sprache in diesem Bereich ist Englisch. Gleichzeitig betreiben die Emirate aktiv Kunstpolitik und finanzieren Museen wie zum Beispiel den Louvre in Abu Dhabi. Sie wollen die schönen Künste in der arabischen Welt fördern und dabei die geläufige Unterteilung in »islamische Künste« und »Volkskunst« überwinden, der man bislang in den Museen der Region begegnet. Aber die Förderung der Künste setzt auch ein gewisses Maß an Demokratisierung und Einschränkung der religiösen Zensur voraus, was immer noch eine Herausforderung darstellt. Und schließlich ist die Sprachenfrage offen: Die Emirate haben seit 2002 Initiativen ergriffen, um die Produktion von Belletristik in arabischer Sprache zu fördern. So wurden der Internationale Preis für Literatur in arabischer Sprache und der Scheich-Zayed-Preis ausgeschrieben, und ein reicher ägyptischer Unternehmer, Karim Nagy, hat das Projekt Kalima gestartet, das die Übersetzung von Werken der Weltliteratur ins Arabische unterstützt.

Die kulturelle Säkularisierung ist dadurch möglich, dass die Volkssprache ein Maß an Autonomie erlangt hat, von dem das Arabische noch weit entfernt ist. Aber wie wir sehen werden, braucht auch der Neofundamentalismus diese Autonomie, damit er gedeihen kann, denn er ist zugleich ein Faktor und ein Produkt der Dekulturation. Deshalb bedient sich der islamische Neofundamentalismus ohne Schwierigkeit fremder Sprachen. Die Fundamentalisten verwenden das Arabische als eine Art religiösen Marker, wenn sie Englisch oder Französisch reden und ihre Worte mit arabischen Formeln und Begriffen akzentuieren. Die Auflösung des inzestuösen Bandes zwischen der Sprache und dem Heiligen infolge der Globalisierung hat im Islam zu mehr symbolischer Gewalt geführt als in anderen

Religionen, weil die profane Sprache keine hinreichende Autonomie besaß. Der Salafismus wurde so zu einem sehr mächtigen Instrument der Dekulturation. Darin liegt das Paradox der arabischen Welt: Während die enge Verflechtung von Sprache und Religion die identitäre Beziehung zwischen Religion und Kultur eigentlich weiter befestigen müsste, zieht die Krise der Kultur automatisch eine Krise des Religiösen nach sich, die sich nicht in einer neuen Kultur manifestiert, sondern (zumindest auf symbolischer Ebene) in einer gewaltsamen Form der Dekulturation, deren Ausdruck der Salafismus ist.[69] Deshalb ist die Rekulturation der arabischen Sprache durch die Entwicklung einer profanen, aber nicht unbedingt antireligiösen Literatur sicher ein Element einer gegen die Radikalisierung gerichteten Politik. Es bleibt die Frage, ob eine solche Entwicklung von oben und durch finanzielle Anreize angeregt werden kann. Denn Literatur ist keine Technik: Sie ist der Ausdruck von einzelnen Völkern und Personen.

Die gleiche Spannung, aber in deutlich anderer Form, finden wir auch im Judentum. Als das Hebräische und das Aramäische nicht mehr gesprochene Sprachen waren, wurden sie zu heiligen Sprachen, vereinnahmt von den »Religiösen«, und kamen darum für die profane Literatur nicht mehr in Frage. Natürlich verwendeten die Juden, wie wir gesehen haben, profane Volkssprachen für die populäre Literatur. Eine dieser Sprachen hat ein besonderes Schicksal: das Jiddische.[70] Jiddisch verselbständigte sich gegenüber der deutschen Sprache, weil es in einem nicht-deutschen Umfeld wie dem Baltikum, bei den Slawen oder Rumänen die Sprache der Juden wurde. Das mit hebräischem Alphabet geschriebene Jiddisch wurde zum Ausdrucksmittel der profanen Literatur und anfangs von den Religiösen abgelehnt, obwohl diese sich später zu didaktischen Zwecken auch des Jiddischen bedienten, um die Personen zu erreichen, die nicht Hebräisch konnten, vor allem Frauen.

Bis dahin war die Situation noch vergleichbar mit dem Ladino der Juden, die aus Spanien vertrieben wurden und sich im Osmanischen Reich niederließen. Aber mit der Haskala (der Aufklärung) und dem Verlassen des Gettos standen die Juden vor der Frage, ob sie Jiddisch aufgeben und stattdessen die Sprache des jeweiligen Landes übernehmen sollten, etwa das »richtige« Deutsch, Russisch, Polnisch und so weiter, wodurch das Hebräische auf den heiligen Bereich beschränkt würde, oder ob sie aus dem Jiddischen eine ethnische Sprache, die Sprache der Juden, machen wollten und es somit auf eine Stufe nicht mit dem Hebräischen, aber mit Deutsch oder Russisch stellen sollten. Abseits der Kontroverse, die die Eliten spaltete, wurde Jiddisch durch die Ablösung vom Hebräischen, der heiligen Sprache, die den Studien und der Liturgie vorbehalten blieb, zum Träger einer reichen Profankultur. Dabei spielte auch die Verweigerung der Assimilierung eine Rolle, denn zur Assimilierung hätte gehört, die großen europäischen Sprachen zu übernehmen.

Das Paradox des Jiddischen ist jedoch, dass es ausgerechnet zwei vollkommen gegensätzliche Bewegungen waren, die dazu beitrugen, dass Jiddisch zu einer autonomen profanen Sprache wurde, wobei man sagen muss, dass beide ihren Ursprung in sehr frommen Gemeinschaften mittel- und osteuropäischer Juden hatten,.

Einerseits waren es laizistische, nationalistische jüdische Intellektuelle, in der Regel im Bund engagiert, die sich für das Jiddische einsetzten. Sie waren ethnisch nationalistisch, antizionistisch und oft sozialistisch eingestellt; in ihren Augen hatte die jüdische Nation ihren Platz in Europa als eine nicht-territoriale Gruppe mit eigener Sprache, eigener Kultur und eigenen Institutionen (mithin ein Zwischending zwischen dem säkularen Millet-System des Osmanenreichs und dem Multikulturalismus nach britischem beziehungsweise kanadischem Muster). Der Übergang von der Religion zur Kultur erfolgte auf Jiddisch.

Auf der anderen Seite wurde Jiddisch auch von den Ultraorthodoxen propagiert, den Charedim oder Chassidim, die genau wie die ethnischen Nationalisten die Assimilierung ablehnten, aber anders als diese die Religion als das Herzstück der jüdischen Identität betrachteten. Für die Ultraorthodoxen verbot der Umstand, dass Hebräisch die »heilige« Sprache ist, ihren profanen Gebrauch, denn das wäre einer Beschmutzung gleichgekommen – eine Auffassung, die sie noch heute vertreten. Jiddisch soll damit explizit eine profane Sprache sein, die nicht in Konkurrenz zur heiligen Sprache tritt, sondern sie schützt.[71]

Eine dritte Gruppe, die Zionisten, war anfangs gegen die Wiederbelebung des Hebräischen als gesprochener Sprache: Theodor Herzl befürwortete ein mehrsprachiges Israel nach dem Modell der Schweiz, die Juden sollten ihre verschiedenen europäischen Sprachen sprechen. Aber bald arrangierten sich die Zionisten mit dem modernen Hebräisch als Nationalsprache nicht mehr des »jüdischen Volkes«, sondern des Staates Israel, definiert als ethnisch jüdisch und in religiöser Hinsicht laizistisch. Die hebräische Sprache wurde insofern durch den Zionismus säkularisiert, bevor sie zur Trägerin einer reichen profanen Literatur werden konnte. Jiddisch als Sprache einer beachtlichen profanen Literaturproduktion hat den Holocaust nicht überlebt. Aber es hat als Volkssprache in den orthodoxen jüdischen Gemeinden überlebt, die Jiddisch sprechen, um das Hebräische nicht durch den täglichen Gebrauch zu entweihen. Jiddisch wird somit vor allem aus dem religiösen Blickwinkel als profane Sprache definiert, und eben dieser Blickwinkel schließt aus, dass es Träger einer autonomen Literatur wird. Für die Charedim kommt Kulturproduktion außer zu didaktischen religiösen Zwecken nicht in Frage, denn sie kämpfen gegen alles, was zu einer profanen Kultur gehört: Romane, Theater, Dichtung, Fernsehen, Kino. So bleibt nur die didaktische Literatur, etwa Romane mit einem belehrenden Anliegen.

Insofern kann man sagen, dass es die Religionen sind, die eine profane Kultur erschaffen. Denn sie schmieden die Werkzeuge, die danach außerhalb des religiösen Rahmens verwendet werden. Doch genau dieses Band greifen die religiösen Wiedererweckungsbewegungen von heute an. Die Frage ist, wie und warum sie das tun.

# Kultur und Religion: Der Bruch

## Wenn Gläubige und Ungläubige in derselben Kultur zusammenkommen

### *Die Unmöglichkeit einer religiösen Gesellschaft*

Das Religiöse schafft, meistens implizit, ein kulturelles Umfeld, weil die Religion auch als eine Kultur erlebt wird. Dass die Religion folgenreich für die Kultur ist, ist unvermeidlich, denn keine Gesellschaft kann sich ausschließlich mittels eines expliziten Glaubens behaupten. Die Herrschaftsausübung kann nur funktionieren, wenn die dominierende Religion sich zu einer Kultur entwickelt, das heißt zu einem symbolischen und imaginären System, das die gesellschaftliche und politische Ordnung legitimiert, aber den Glauben nicht zu einer Bedingung des Zusammenlebens macht. Konformität und nicht Glaube begründet eine Gesellschaft, das ist der Unterschied zwischen einer Gesellschaft und einer Gemeinschaft.

Entgegen dem, was man über religiöse Ideologien fantasiert hat, ist eine Glaubensgemeinschaft niemals eine echte Gesellschaft. Sie kann es nicht sein, denn die Gemeinschaft setzt voraus, dass entweder der Bürger immer zutiefst religiös ist (was sich nicht erzwingen lässt und in die Zuständigkeit des Einzelnen, und damit der Politik, fällt und nicht auf die göttliche Transzendenz verweist) oder dass das Religiöse zugunsten äußerer Normen vollständig seiner religiösen Dimension entkleidet wird. Für den Islam habe ich das in meinem Buch *L'Échec de l'islam politique*[1] (Das Scheitern des politischen Islam) zu zeigen versucht. Die Gemeinschaft zur Zeit des Propheten, die heute den Verfechtern eines »islamischen Staates« als nostalgisches Vorbild dient, musste sich, um Bestand zu haben, in eine »echte« Gesellschaft verwandeln: Was als Fall oder Niedergang wahrgenommen wird, ist die unausweichliche Konsequenz des politischen Erfolgs. Darum gibt es nie echte Konkurrenz zwischen der religiösen Loyalität und der nationalen Loyalität; als Stichworte seien hier Ultramontanismus und Vatikan, Umma, jüdisches Volk und Israel genannt. Denn eine Gemeinschaft ist genauso wenig Gesellschaft wie eine Gesellschaft eine Gemeinschaft ist, auch wenn sie sich gerne so sieht. Das hat schon Max Weber betont, auf den die Unterscheidung von Gesellschaft und Gemeinschaft zurückgeht, und der Anthropologe Maurice Godelier[2] weist dies ebenfalls nach. Was für anthropologische Gemeinschaften gilt, die auf Verwandtschaftsbeziehungen gründen, gilt genauso für religiöse Gemeinschaften. Den calvinistischen protestantischen Gemeinschaften gelang es nicht, zu echten Staaten zu werden, obwohl sie einst Städte wie Genf oder Boston kontrollierten.[3] Das Fundament einer Gesellschaft ist die Souveränität, angefangen mit dem Anspruch auf ein Territorium. Eine Gesellschaft ist vor allem eine politische Struktur, nie eine religiöse, auch wenn sie die Religion zur Legitimierung von Machtbeziehungen mobilisiert. Und gerade deshalb erzeugt es so große Spannungen, wenn das Religiöse im politischen Raum auftaucht: weil es zu nichts führen kann. Die allmähliche Verschiebung des Religiösen in die Kultur hinein ist somit eine Form seiner Domestizierung und Instrumentalisierung. Das erklärt die offenkundig paradoxe Position von Nicht-Gläubigen und Agnostikern, die die Religion preisen, von Charles Maurras bis zu Nicolas Sarkozy.

Dass politisch-religiöse Gesellschaften wie die amerikanischen Puritaner oder die islamischen Revolutionäre im Iran *de facto* gescheitert sind, hängt damit zusammen, dass sie offiziell ihre wahre Funktionsweise, die eine politische ist, abstreiten und stattdessen von der Tugend der Regierenden und der Bürger reden, während sie gleichzeitig ihren Gegnern Untugend unterstellen und ihnen den Status von Ungläubigen zuweisen. Das Phänomen der Ausgrenzung des Anderen im Namen der »Reinheit« finden wir bei allen revolutionären Ideologien: Reinheit der Klasse oder Reinheit der Rasse. Solche Systeme haben keinen Bestand, das gilt für Florenz unter Savonarola über Genf unter Calvin bis zur Revolution Khomeinis.

Die faktische Reduzierung auf die weltliche Machtausübung bewirkt letztlich die Säkularisierung.[4] Die Spannung zwischen Politischem und Religiösem lässt sich nicht dadurch auflösen, dass man ein »religiöses« politisches System errichtet.

Damit eine Gesellschaft dauerhaft existieren kann, darf sie nicht nur auf dem Expliziten aufbauen, sondern muss auch Implizites und Unausgesprochenes als Fundament haben, selbst wenn über die zentralen Werte Einigkeit besteht (was nicht immer der Fall ist). Sie muss die Randbereiche, Abweichungen, Andersartigkeiten akzeptieren und darf nicht versuchen, sie zu beseitigen – vom Bordell bis zum Karneval, von der Homosexualität bis zu Drogen und Alkoholsucht. In vielen Fällen war dafür die »Volkskultur« zuständig, die auch als ein System der Regulation funktionierte, denn sie bot ein Ventil, die Möglichkeit, Verhaltensweisen zu verspotten, ohne dabei die bestehende Ordnung in Frage zu stellen.[5] Das Problem ist der *Umgang* mit den Rändern einer Gesellschaft, nicht deren Beseitigung: mit den Räumen von Überschreitungen (den Rotlichtbezirken), den Zeiten von Überschreitungen (Festen, Karneval), den Randexistenzen, aber auch mit dem Privatleben und politischer Opposition. Kultur gibt es nur, wenn auch solche Randbereiche bestehen.

Die Gesellschaften, die sich vorrangig religiös verstehen, dekretieren, dass die Randbereiche und Abweichungen verschwinden sollen. Darum sind sie zu permanenter Instabilität verurteilt, denn die Forderung nach Reinheit bringt alle Menschen in eine unsichere, unhaltbare Position: Es sind Gesellschaften des Zweifels und des Verdachts und damit der Angst; das finden wir auch in den stalinistischen kommunistischen Systemen, wo jeder Held zum Verräter werden kann. Noch lange nach den Religionskriegen war in Europa die Vorstellung verbreitet, der loyale Untertan müsse die Religion seines Herrschers haben – ein Gesetz, ein Glaube, ein König –, ein Gedanke, der durch das Edikt von Nantes wie auch seinen Widerruf bestätigt wurde, aber die Übereinstimmung blieb rein formal, sie verlangte keinen echten Glauben.

Die Überzeugung, dass alle Mitglieder einer Gesellschaft explizit ein Glaubenssystem teilen müssen, ist absurd und kann nur zu dauerhaftem Zwang führen. Der traditionelle (nicht fundamentalistische) Gläubige beklagt den Mangel an Glauben, ersetzt aber in realistischer Weise Überzeugung durch Konformität und organisiert den Glauben auf seine Weise. Das ist der Punkt, um den sich die Debatte über *takfir* im Islam und die Beichte in der christlichen Religion dreht: Je nachdem, ob die Beichte nur vor einem Priester abgelegt werden kann, wie im Katholizismus, oder öffentlich, wie in den Anfängen des Protestantismus, ist das Verhältnis zwischen persönlichem Glauben und öffentlicher Person komplett verschieden. Die Folgeerscheinungen sehen wir in der amerikanischen Begeisterung für die öffentliche Beichte, die inzwischen im Fernsehen stattfindet. In den Anfängen des Christentums war die Beichte öffentlich, und Vergebung wurde nur einmal gewährt; das hörte auf, als das Christentum zu einer Massenreligion geworden war. Die private Beichte vor dem Priester als Ohrenzeuge war eine disziplinarische Abschwächung, die im Übrigen erfolgte, als die Herrschaft »der Christenheit« (im 12. und 13. Jahrhundert) auf ihrem Höhepunkt stand und man annahm, die ganze Welt sei christlich. Der Katholizismus hat ein vielfältiges Repertoire des »Umgangs« mit der Verfehlung: Beschreibung, Kategorisierung (Listen von Sünden), Abstufung, Techniken des Geständnisses (Beichtspiegel), Wiedergutmachung, Ablass, Vergebung, Reue und so weiter. Auf jeden Fall soll die Position des Alles oder Nichts vermieden werden, wie sie Calvin vertrat. Das Anliegen des Protestantismus, die utopische Rückkehr zu den Ursprüngen, implizierte auch die Zwänge der Ursprünge.

In vergleichbarer Weise macht *takfir* im Islam – die Möglichkeit zu erklären, dass jemand, der sich als Muslim bezeichnet, nicht mehr Muslim ist – den bloßen gesellschaftlichen Konformismus unmöglich, denn es verlangt von allen den offensichtlichen Glauben und die offensichtliche Glaubenspraxis. Terroristische Bewegungen sind natürlich »takfiristisch«; im islamischen Iran hingegen wurde das *takfir* gerade aus Herrschaftsgründen verboten. Im Judentum stellt sich die Frage, ob der Glauben explizit bekundet wird, immer wieder dadurch, dass für die Anerkennung der Konversion zum Judentum, die die Voraussetzung für die Staatsbürgerschaft ist, orthodoxe Rabbiner zuständig sind. So entschied im Mai 2008 das Rabbinergericht von Aschdod, Übertritte, die von Rabbiner Chaim Druckman vollzogen worden waren, rückgängig zu machen, weil eine Konvertitin ihre religiösen Überzeugungen nicht deutlich nach außen gezeigt hatte.[6] Eine solche Entscheidung bringt schlagartig das Konzept der Staatsbürgerschaft ins Wanken: Das Großrabbinat bemühte sich deshalb, sie wieder aufzuheben, was nicht aus grundsätzlichen Erwägungen geschah, sondern aus Sorge um die öffentliche Ordnung.

Soweit die traditionellen religiösen Gesellschaften nur durch ein formales Bekenntnis zusammenhalten, das oft nicht mehr als Konformismus ist (oder dessen Kehrseite, Heuchelei), hängt das auch damit zusammen, dass sie die wirkliche Überschreitung nur in der Ausnahme sehen, im Skandal und dem Spektakulären der Strafe, die damit zu einer anderen Form der Außerordentlichkeit wird. Es wäre ein Irrtum zu glauben, dass in einer Gesellschaft mit einem offensichtlichen religiösen Rahmen alles religiös sei. In gewisser Weise könnte man sogar sagen, dass der profane und/oder säkulare Raum dort weiter entwickelt ist, denn die Frage der Grenzen stellt sich nur durch den Skandal einer außerordentlichen Übertretung. In zahlreichen Religionen sind extreme Strafen mit extrem hohen Anforderungen an die Beweisführung verbunden, was die Anwendung der Strafen (die an einen bestimmten politischen Kontext gebunden ist) praktisch unmöglich macht: Die *hudud* im Islam, die Tatbestände, auf denen die Todesstrafe oder Amputation steht, sind sehr schwer zu beweisen, oder aber sie werden mit politischen Absichten verhängt, um ein Exempel zu statuieren. Die Tribunale der katholischen Inquisition dienten hauptsächlich politischen Zwecken. Die Inquisition verlangte Konformität sowie die Ausmerzung von Feinden im Inneren und zielte auf bestimmte Personengruppen, hauptsächlich *conversos*. Als 1766 in Paris der Chevalier de la Barre hingerichtet wurde, der gefoltert und verurteilt worden war, weil er nicht den Hut abgenommen hatte, als eine Prozession mit dem Allerheiligsten vorbeizog, war das Schockierendste daran wohl das Missverhältnis zwischen dem Anlass und der Strafe. Das Missverhältnis erklärt sich daraus, dass das Urteil im Grunde nicht von der Empörung über eine religiöse Verfehlung motiviert war, sondern von einer politischen Absicht: der eines gallikanischen Parlaments in Paris, das zeigen wollte, dass es besser als die Kirche die Symbole des christlichen Glaubens zu verteidigen wusste.

Die Ausbreitung oder, je nach Standpunkt, auch der Abstieg des Religiösen in die Kultur ist umso logischer, als die Religion selbst die Instrumente für ihre Transformation in Kultur schafft, auch wenn sie dabei bereits vorhandene Operatoren verwendet (ich nenne das Formatierung). Zur Säkularisierung im strengen Sinn gehört keineswegs ein Konflikt oder ein Bruch mit der Religion, wie die Beispiele Nordeuropa, Vereinigte Staaten, Großbritannien, aber auch Thailand und Japan zeigen. Und die Trennung von Kirche und Staat ist auch nicht notwendigerweise mit einem Konflikt zwischen Kultur und Religion gleichzusetzen, verstanden als zwei unterschiedliche Glaubenssysteme, ein säkulares und ein religiöses, wie das Beispiel der Vereinigten Staaten illustriert. Viele Gallikaner waren und sind im Übrigen exemplarische Gläubige; man könnte sicher General de Gaulle in diese Kategorie einordnen.

### *Die Orthopraxie: Wenn Laien und Religiöse sich darüber verständigen, was richtig ist*

Die Säkularisierung bedeutet nicht unbedingt einen Konflikt, nicht einmal die Trennung vom Religiösen. Eine säkularisierte Gesellschaft kann weiter im Einklang mit einer religiösen Kultur und religiösen Werten bleiben. Die Säkularisierung betrifft den Glauben, aber nicht notwendigerweise die Werte. Wenn die Säkularisierung die Politik berührt und das Thema der Trennung von Religion und Staat auf den Plan ruft, verlangt sie nicht unbedingt eine Debatte über moralische Werte: Klerikale und antiklerikale Kräfte können dieselbe Vorstellung von Moral haben, und Veränderungen der Sitten führen nicht automatisch zu einem Konflikt zwischen Religion und Kultur.

Wir sprechen von Trennung und Loslösung, wenn Gläubige und Ungläubige sich nicht mehr in einer »Orthopraxie« wiederfinden, das heißt in der Achtung vor denselben praktischen Werten, selbst wenn sie unterschiedlich gerechtfertigt werden. Ebenso sprechen wir mit einer Formulierung von Danièle Hervieu-Léger von »Exkulturation«, wenn die Gläubigen sich in der sie umgebenden Kultur nicht mehr wiedererkennen und wenn die Kultur das Religiöse nicht mehr anerkennt.[7]

In vielen säkularisierten Gesellschaften, auch im republikanischen Frankreich des 19. Jahrhunderts sowie zu Beginn des 20. Jahrhunderts, betraf der Gegensatz zwischen Gläubigen und Atheisten nicht so sehr die Frage der Werte, denn man hatte eine gemeinsame Orthopraxie: Der Ungläubige behauptete nicht, andere Werte zu haben, sondern im Gegenteil genauso »moralisch« oder »noch moralischer« zu sein als der Fromme, der immer der Heuchelei verdächtig war. Die Moralvorstellungen von Jules Ferry (bekannt für seine Rede von der »Moral unserer Väter«), die er als Erziehungsminister in das Curriculum des säkularen Schulsystems einbrachte, das er 1881 verpflichtend machte, waren von der christlichen Moral nicht weit entfernt. Es ist im Übrigen ein fundamentales Prinzip der laizistischen Moral, dass sie auf Konsens bedacht ist und nicht der Religion entgegengesetzte Werte verbreiten will. Schon der Code Napoléon ging bei Ehebruch und ehelichen Verfehlungen von einer christlichen Sicht der Familie aus, und das blieb so bis Ende des 20. Jahrhunderts, also lange über den Zeitpunkt hinaus, da die Laizität in der Verfassung verankert wurde. Das mögliche Urteil über eine Frau, dass sie einen »schlechten Lebenswandel« habe, wurde unabhängig von religiösen Überzeugungen gefällt. Das Konzept der »guten Sitten« stand in der Rechtsordnung der laizistischen Republik ebenso wie in administrativen Rundschreiben des republikanischen Frankreich. In den 1920er Jahren stieß das Gesetz gegen Abtreibung in Frankreich auf relativ breiten Konsens, jedenfalls führte es nicht zu einem Gegensatz von Gläubigen und Laizisten: Auch die Linken waren Natalisten. (An dieser Stelle sei auch an den Widerstand von Jeannette Vermersch, der Lebensgefährtin von Maurice Thorez, dem

Generalsekretär der Kommunistischen Partei, gegen die Freigabe von Verhütungsmitteln in den 1960er Jahren erinnert.) Die Idee, dass es eine von der Natur des Mannes verschiedene Natur der Frau gebe, die sich in der Mutterschaft realisiere, gehörte zur dominierenden Kultur in der französischen Dritten Republik.

In zahlreichen muslimischen Gesellschaften unserer Zeit findet man einen ähnlichen Konsens über Werte und Normen – einen Konsens, der wenig mit einem expliziten Bezug auf die Scharia zu tun hat.[8] Die Orthopraxie ergibt sich hier nicht aus einer religiösen Praxis oder einer ideologischen Forderung, sondern aus einem Konsens, wie ein gemeinsamer Sinnhorizont aussehen kann, und das erklärt zu einem großen Teil, warum man sich häufig geradezu beschwörend auf die Scharia beruft und gegenüber ihrer tatsächlichen Anwendung gleichgültig ist. Die Scharia wird (und wurde) nie vollständig angewendet, aus Gründen, die wir schon mehrfach betont haben: Die Gemeinschaft zur Zeit des Propheten war eine religiöse Gemeinschaft, und als sie sich später in eine politische Gesellschaft verwandelte, entsprang das einer politischen Logik, die zur Folge hat, dass seither kein Herrscher die vollständige Autonomie der Scharia hinnehmen kann. Er wird sie darum auf zweierlei Weise in die Schranken weisen: einmal durch eine restriktive Definition ihres Anwendungsbereichs (im Allgemeinen betrifft dieser die persönlichen Lebensverhältnisse, das Familienrecht und manchmal auch einige Strafregeln) oder durch ihre Kodifizierung nach dem Vorbild des westlichen positiven Rechts, um sie in das staatliche Recht zu integrieren (wie beim osmanischen Kodex, *mecele* oder *mejele*, der in den Rechtsordnungen verschiedener arabischer Länder noch präsent ist). Die Forderung nach vollständiger Anwendung der Scharia bedeutet, dass man die Autonomie der politischen Instanz aufgibt; das ist die Aporie des Konzepts »Islamischer Staat«.

Woher kommt nun der »Ruf nach der Scharia«? Aus zwei sehr unterschiedlichen Richtungen: Einmal gibt es ein fundamentalistisches Projekt, das darauf hinausläuft, jeden Bezug auf die Geschichte und die Kultur abzulehnen; das ganze gesellschaftliche Leben wird auf ein System expliziter Normen zurückgeführt. Auf der anderen

Seite und im Gegensatz dazu steht eine kulturelle Orthopraxie, für die die Scharia ein virtueller Sinnhorizont ist und nicht eine spezifische Rechtsordnung. Baudouin Dupret und Jean-Noël Ferrié[9] haben in ihren Arbeiten dargelegt, dass die Ägypter sich zwar auf die Scharia berufen, sie aber sehr wenig praktizieren; Steinigung findet nicht statt. Es ist ein (sehr) frommer Wunsch, der aus der Definition einer »Zivilität« (Ferrié) entspringt, und nicht ein juristischer Kodex.

Wenn wir den Bezug auf gemeinsame Werte als einen Sinnhorizont betrachten und nicht als eine Ansammlung von expliziten Normen, die mit allen Mitteln, juristischen und politischen, durchgesetzt werden müssen, dann sind die Konflikte um Normen lösbar, ob es um die Frage von Bordellen in einer traditionellen katholischen Gesellschaft geht (wo ihre Zulassung nichts mit einer Lockerung der Sitten zu tun hat) oder den Widerspruch zwischen dem paschtunischen Stammenskodex *(pashtunwali)* und der Scharia. Der Widerspruch zwischen Norm und Praxis wird in einem größeren Sinnzusammenhang erlebt: Ich bin gläubiger Katholik, aber ich kann sündigen; ich bin Muslim, aber ich kann ein schlechter Muslim sein. Das ist keine Schizophrenie. Hingegen ändert sich alles, wenn Taliban auftauchen oder ein Savonarola: Die Norm wird explizit und muss universell angewendet werden.

Das Problem entsteht aus dem Brüchigwerden der Orthopraxie und der Schwächung des Sinnhorizonts. Dann tritt die Trennung zwischen dem Religiösen und der Kultur zutage: Aus dem religiösen Blickwinkel ist die Kultur nicht mehr profan, sondern sie wird heidnisch.

Die Exkulturation des Religiösen ist ein Schlüsselphänomen der Entwicklung des Religiösen in unserer Zeit. Es ist zugleich eine Folge und ein Instrument der Globalisierung und erklärt zu einem großen Teil den Erfolg fundamentalistischer Erscheinungsformen des Religiösen. Mit Akkulturation hat das nichts zu tun: Es geht nicht um den Zusammenprall zwischen verschiedenen Kulturen, sondern um die Trennung von Kultur und Religion.

## Kultur als neues Heidentum

Die Exkulturation des Religiösen geschieht, wenn die religiöse Norm sich von der Kultur ablöst.[10] Aus religiöser Sicht erscheint die Kultur auf einmal als Heidentum und nicht mehr nur als eine profane oder säkulare Realität, die die Religion wie ihr eigener Schatten begleitet.

Das passiert natürlich in den Gesellschaften, die einen Prozess der Säkularisierung erlebt haben, wie wir später noch sehen werden. Aber es gibt keinen Automatismus zwischen Exkulturation und Säkularisierung: Wie schon dargelegt, kann eine säkularisierte Gesellschaft kulturell religiös bleiben, aber umgekehrt kommt Exkulturation auch in Gesellschaften vor, die sich noch als zutiefst religiös empfinden, aber das Religiöse nicht mehr im Rahmen einer komplexen traditionellen Kultur denken, wie das in den Ländern mit muslimischer Kultur der Fall ist. Die Trennung zwischen Religion und Kultur kann insofern außerhalb des klassischen Prozesses der Säkularisierung erfolgen.

Im November 2007 berichtete die marokkanische Presse über ein Video im Internet, das angeblich eine »homosexuelle Eheschließung« in der Stadt Ksar el-Kebir zeigte: Inmitten der Gäste tanzte ein Mann in Frauenkleidung. Der Skandal war enorm. Tatsächlich handelte es sich bei der Szene höchstwahrscheinlich um einen Exorzismus nach traditionellem Ritus, begangen zum Fest des lokalen »Heiligen« Sidi Madloume. Man blieb somit im noch akzeptablen Rahmen einer Tradition, die sich als religiös verstand, vielleicht auch verbunden mit der *gnawi*-Musik, die lange Zeit von den Nachfahren schwarzer »guineischer« Sklaven gespielt wurde, die sich in Marokko angesiedelt hatten. Aber auf einmal verursachte das, was lange zwar als marginal galt, aber akzeptiert war, einen Skandal und wurde nicht mehr als ein Ausdruck der Volkskultur am Rand verstanden. Rand muss hier in mehrfacher Hinsicht gedeutet werden: als Rand der Gesellschaft, verbunden mit Ganoven und sozial Deklassierten; als Rand im psychiatrischen Sinn, verbunden mit Heilung; und als Rand im religiösen Sinn, da zu einem »Heiligenkult« gehörig, den der vorherrschende Salafismus ablehnt. Zunächst fiel die Marginalität, die Verortung als

Abweichung von einem bestimmten Setting an sich weg, weil die von einem Teilnehmer gefilmte Szene sofort auf YouTube gezeigt und allgemein verbreitet wurde: Durch die technischen Möglichkeiten wurde das Ereignis aus dem Kontext herausgelöst und globalisiert. Dann wurde es nach expliziten Normen gedeutet, in diesem Fall waren es neofundamentalistische und westliche: Es ging um die Verurteilung von Homosexualität, aber um Homosexualität, so wie sie im Westen definiert wird, nämlich nicht auf das Handeln der Beteiligten bezogen, sondern auf deren Wesen. Das Thema Legalisierung der »Schwulenehe« bewegt in der Tat seit einiger Zeit die westlichen Länder und die Wähler dort. Aber es wird darüber hinaus in der ganzen Welt als ein universelles Paradigma verbreitet, losgelöst von jedem religiösen, kulturellen oder auch nur rechtlichen Kontext.

Wie lautet nun die rechtliche Definition der Ehe? Im muslimischen Recht ist die Ehe einfach ein Vertrag, der der französischen Lebenspartnerschaft als einem zivilen Solidaritätspakt näher steht als jener säkularisierten Form der christlichen Ehe, die für das napoleonische Recht typisch ist. Nun wird jedoch diese Symbolik der »westlichen« Ehe auf einmal zu einer universellen Form, die sowohl das islamische Recht wie das lokale kulturelle Imaginäre überlagert. Parallel dazu wirkt die islamische religiöse Norm, im gegebenen Fall der Salafismus, in dieselbe Richtung: Das lokale kulturelle Imaginäre wird weggewischt, und die Norm haftet sich an das juristische Konzept der westlichen Ehe an. Das Imaginäre verschwindet hinter einer real gewordenen Symbolik. Das Implizite soll explizit werden: Wenn viele Marokkaner finden, die Videobilder verstießen gegen ihre Religion und ihre Kultur, dann deshalb, weil die religiöse Norm die kulturelle Imagination ausgelöscht hat. Das Internet schafft einen homogenen, undifferenzierten Raum vor den Augen der ganzen Welt. Es gibt kein Zentrum und keinen Rand, keine Abstufung und keine Variation der Norm einerseits, aber vor allem wird, andererseits, die religiöse und universelle Norm ausgehend von einem aus dem Westen, so wie er gerade ist, übernommenen Paradigma (»die homosexuelle Eheschließung«) definiert.

Nicht die Säkularisierung lässt eine solche Zeremonie in den

Augen der Öffentlichkeit seltsam erscheinen, sondern ein neofundamentalistischer Prozess, das heißt die Behauptung universeller, abstrakter religiöser Normen, die aus jedem kulturellen Kontext herausgelöst sind. Das Wissen über eine Volkskultur ist auf einmal verschwunden. Aber die Normen sind auch summarische und sehr unzulängliche Rekonstruktionen, wobei die Religion nicht mehr auf Wissen gegründet wird, sondern auf einen Kodex von Regeln (erlaubt/verboten, *hallal/haram*). Fundamentalisten verweigern sich bekanntlich der Komplexität jedes religiösen Wissens. Die *heilige Empörung* entstammt der *heiligen Einfalt.*

Das Phänomen der Exkulturation ist noch viel ausgeprägter in säkularisierten Gesellschaften, denn dort hat das Profane seine religiösen Bezugspunkte verloren. Das Religiöse lässt sich nur schwer wieder mit einer Gesellschaft verbinden, die als etwas Andersartiges dargestellt wird. Der kulturelle Marker und der religiöse Marker fallen auseinander. Die Notwendigkeit, sich einzig in der Reinheit des Glaubens neu zu konstruieren, bringt die religiöse Gemeinschaft dazu, die religiösen Marker absichtlich von der Kultur abzulösen, die als heidnisch angesehen wird, und im Anschluss versucht sie, diese Marker zu monopolisieren: Die Gemeinschaft versteht sich als Minderheit, selbst wenn ihre Religion gesamtgesellschaftlich in der Mehrheit ist – das trifft für den Protestantismus in den Vereinigten Staaten und für den Islam im Mittleren Osten zu.

Im Juni 1997 verlangte der katholische Patriarch von Venedig, Kardinal Scola, die Absetzung des Tanzstückes *Messiah Games* von Felix Ruckert, das bei der Biennale gezeigt werden sollte. Die Begründung lautete, es handle sich um eine sadomasochistische Umdeutung der Passion Christi. Im Februar 2005 erreichte eine dem französischen Episkopat nahestehende Vereinigung namens Croyances et Libertés, dass in der ersten Instanz eine Werbekampagne des Modehauses Marithé et François Girbaud verboten wurde, die *Das Abendmahl* von Leonardo da Vinci verwendet und auf dem Bild die Jünger durch sehr leicht bekleidete junge Frauen ersetzt hatte. Das Gericht erkannte an, dass sich durch die Darstellung eine Gemeinschaft von Personen in ihren Gefühlen verletzt fühlen könnte. Es argumentierte nicht mit Gotteslästerung (den Tatbestand gibt es im französischen Recht nicht), sondern mit *pretium doloris* (Schmerzensgeld bzw. Zufügen von Schmerz) und mit Antirassismus, das heißt der Verteidigung einer Gruppe, die durch ihre Rasse, ihre religiöse oder ihre sexuelle Orientierung definiert ist. Das Urteil, das in der nächsten Instanz wieder aufgehoben wurde, ist interessant, weil es den kulturellen Marker vom religiösen geradezu exemplarisch ablöst. Die Gemeinschaft der Gläubigen beansprucht gewissermaßen ein Copyright auf den religiösen Marker, in dem Fall die Darstellung einer Szene aus einem heiligen Text, während das Bild von Leonardo da Vinci als Bestandteil eines gemeinsamen künstlerischen Erbes gilt.

Das wirft ein Problem auf, denn entweder sind die religiösen Symbole (das Abendmahl) universell und gehören zu unserer westlichen Kultur, oder sie gehören einer Gemeinschaft von Gläubigen, im konkreten Fall vertreten durch eine Institution, die katholische Kirche. Aber in einer Gesellschaft wie der europäischen, wo Kunst und Religion seit jeher eng verbunden sind, gehören die religiösen Symbole den Gläubigen genauso wie den Ungläubigen. In einer lebendigen Kultur gibt es beständig Umwendungen, Umdeutungen und Neuinterpretationen, auch bei ganz trivialen Dingen, wie zum Beispiel den Flüchen in Québec, von denen noch die Rede sein wird.

Doch seit einigen Jahren pocht der Vatikan systematisch auf die christlichen Ursprünge Europas, und christdemokratische Abgeordnete des Europäischen Parlaments haben gefordert, der Bezug auf die christlichen Wurzeln Europas müsse in der Präambel der künftigen europäischen Verfassung stehen. Wenn man allerdings sagt, dass es ein gemeinsames Erbe gibt, dann erlaubt man zugleich jedem, damit zu hantieren, auch im Spott oder zu Werbezwecken. In ihrem Protest gegen die Vermarktung sind die christlichen Aktivisten nicht allein. Aber die Werbung hat sich des Abendmahls bemächtigt, weil das Bild zu uns spricht. Dessen Zweckentfremdung ist letztlich eine Verbeugung vor der Vertrautheit religiöser Bezüge; eine solche Werbung wäre beispielsweise im Jemen sinnlos. Den ironischen oder gar blasphemischen Gebrauch eines religiösen Paradigmas zu verbieten, läuft darauf hinaus, es aus dem Bereich der Kultur auszuschließen und allein im Religiösen zu verorten. Dann ist es nur der Besitz der Gemeinschaft der Gläubigen, die verlangt, als solche anerkannt zu werden. Nicht mehr die Kultur begründet die Identität, sondern allein der Glaube. Die »reine« Religion ist die, die sich von jedem kulturellen Bezug lossagt. Indem die Kirche sich die Hoheit im Umgang mit religiösen Symbolen sichert, drückt sie das Gegenteil dessen aus, was sie mit ihrem Beharren auf der Wichtigkeit der christlichen Kultur in Europa eigentlich sagen wollte: Sie verteidigt nicht mehr eine Universalität – obwohl sie natürlich denkt, dass ihr Partikularismus etwas Universelles ist–, sondern eine in sich abgeschlossene minoritäre Gemeinschaft, die verlangt, das Gesetz solle die Gefühle ihrer Mitglieder schützen. Sie folgt einer kommunitaristischen Logik von derselben Art, als wollte man die Rechte von Homosexuellen verteidigen oder sexistische Scherze verbieten. Ihr Handeln entspricht dem, was überall auf dem Feld der Religion zu beobachten ist, angefangen mit dem Islam: Religiöse Wiedererweckungsbewegungen blühen, weil sie Religion und Kultur voneinander entkoppeln, die religiösen Marker aus jedem gesellschaftlichen Kontext herauslösen und eine klare Trennungslinie zwischen Gläubigen und Ungläubigen, Häretikern und Skeptikern ziehen. Aber die mehr oder weniger christliche Kultur, auf die Europa sich mit Recht berufen kann, hat nicht mehr viel mit einem reinen und ach so gefährdeten Glauben zu tun, der um den Schutz der Gerichte bettelt. Die Religion hat die Kultur verlassen: Die Kirche ist zu einem Agenten der Säkularisierung geworden.

Wir finden dafür auch Beispiele in der muslimischen Welt, ein besonders kurioses ist die bereits erwähnte Verfügung des malaysischen Innenministeriums, dass Christen für Gott den Begriff »Allah« nicht verwenden dürfen. Diese Bezeichnung bleibt dem Gott der Muslime vorbehalten. Aber auf Arabisch bedeutet »Allah« Gott allgemein, was sich auch daran ablesen lässt, dass die arabischen Christen von Allah sprechen. Hier wurde ebenfalls der religiöse Marker von seinem kulturellen Gebrauch, in dem Fall in der Sprache, abgelöst und für die religiöse Identität okkupiert.

Die Gläubigen nehmen die sie umgebende Kultur als einen Angriff auf die Religion wahr, als permanente Blasphemie. Aber die Exkulturation der Religion funktioniert in beiden Richtungen: Das Religiöse verliert seine kulturelle Verwurzelung, und die Kultur hat ihre religiösen Wurzeln sowie alles profane Wissen über das Religiöse vergessen. In der muslimischen Welt trifft man heute viele säkulare Intellektuelle, sogar solche, die sich öffentlich als Atheisten bekennen wie Abdelwahab Meddeb, die umfassend mit der religiösen Kultur vertraut sind. Im ehemals christlichen Westen ist das nicht mehr der Fall. Die Antiklerikalen des 19. Jahrhunderts hatten einen religiös geprägten kulturellen Hintergrund, oft weil sie selbst aus religiösen Zusammenhängen kamen, man denke an die Seminare und Schulen, die von Orden wie den Jesuiten geleitet wurden. Umgekehrt waren die Agnostiker des ausgehenden 20. Jahrhunderts häufig viel nachsichtiger gegenüber der Religion, die ihnen eher seltsam, unangemessen, exotisch und extravagant als bedrohlich erschien – das zeigt die Popularität eines Johannes Paul II. –, weil sie ihnen fremd blieb. Es ist kein Zufall, dass man seit dem Ende des 20. Jahrhunderts in Frankreich über einen weltlichen, laizistischen Religionsunterricht nachdenkt, denn es gibt praktisch kein profanes Wissen mehr über Religion. Wir haben es mit einem Paradox zu tun: Wer der Rückkehr des Religiösen den Weg bereitet, als Bekehrter oder Wiedergeborener, tut dies ohne Wissen über die Religion, das er später erwerben kann oder auch nicht, aber auf jeden Fall als ein von jedem kulturellen Kontext losgelöstes Wissen. Wie wir noch sehen werden, ist es verblüffend, wie wenig die Fundamentalisten über ihre jeweilige Religion wissen.

### Die Kultur hat das Religiöse vergessen

Folgender Satz ist heute ein Gemeinplatz: Die profane Kultur hat ihre religiösen Wurzeln vergessen. Das hat nichts mit Antiklerikalismus zu tun oder einer militant antireligiösen Haltung. Es geht schlichtweg um Unwissen. Man weiß nicht mehr, was »religiös« bedeutet, selbst wenn man das Etikett weiter verwendet. In Frankreich wurde im Jahr 2006 eine Gruppe von Personen befragt, die auf die Frage: »Sind Sie katholisch?« ausdrücklich mit Ja geantwortet hatten.[11] Die Frage an sie lautete: »Was ist der wichtigste Grund, warum Sie sich als katholisch definieren?« 55 Prozent sagten, sie seien in eine katholische Familie hineingeboren worden, und nur 21 Prozent nannten den Glauben. Aus der Umfrage geht auch hervor, dass nur 26 Prozent derjenigen, die sich in Frankreich als Katholiken bezeichnen, die Existenz Gottes für gesichert halten. 2007 konstatierte der Erzbischof von Paris, André Vingt-Trois: »Wegen des starken Rückgangs der Katechese können viele Erwachsene gar nicht mehr Stellung zum christlichen Glauben beziehen, denn sie wissen nichts darüber. Dessen Symbole und zentralen Begriffe sind für sie zu etwas Fremdartigem und Exotischem geworden. Viele Katholiken haben im Übrigen das Ausmaß der gesellschaftlichen Konsequenzen dieses Wandels noch gar nicht begriffen. Glaube und Gott, Nächstenliebe, Teilen, die Fähigkeit, sich in den Dienst anderer zu stellen, sind nicht länger die Werte, an denen die Gesellschaft sich orientiert.«[12] Im Hinblick auf die neue Katechese sagte er, »es geht weniger darum, den Glauben zu festigen oder zu vermitteln, sondern darum, überhaupt erst die Grundlagen dafür zu legen angesichts der Tatsache, dass zwar 70 Prozent der Franzosen sich als Katholiken bezeichnen, aber nur 5 Prozent den Glauben praktizieren«.[13]

Als Kommentar zu der Umfrage erklärte Pater Madelin: »Kann man von einer Minderheitskultur sprechen? Offenbar, wenn man sich anschaut, wie wenig Katholiken ihren Glauben in die Praxis umsetzen. Aber für mich, der ich in Brüssel lebe, ist das keine französische Besonderheit. Ein belgischer Bischof hat kürzlich gesagt, seine Kirche werde [in Belgien] bald genauso in der Minderheit sein wie in der Türkei, das heißt in einer Situation, bei der ihr Einfluss nicht mehr die vorrangige Matrix darstellt. […] Die Zahl der Kinder, die im Glauben unterwiesen werden, ist in Frankreich auf einen sehr tiefen Stand gesunken. Dieser Punkt fehlt in der Umfrage, und die Kirche breitet schamhaft einen Schleier darüber, obwohl er von entscheidender Bedeutung ist. Er erklärt nämlich, warum die französischen Katholiken, bei denen inzwischen eine zweite Generation ohne religiöse Unterweisung herangewachsen ist, die Glaubenslehren nicht praktizieren: Sie kennen sie ganz einfach nicht mehr!«[14] Diese Unwissenheit beunruhigt sogar die säkularen Milieus: Die Gründung des europäischen Instituts für Religionswissenschaften 2006 in Paris entsprach dem Wunsch nach profanem Wissen über die Religion. Aber wie kann man Religion lehren, ohne vom Glauben zu sprechen?

Die Klage durchzieht alle Religionen.[15] Auch solche Religionen, die eine Mehrheit vertreten, haben es sich zum Ziel gesetzt, Menschen zu bekehren, die sich zwar nominell auf sie berufen, aber jegliches religiöse Wissen verloren haben. Das gilt zum Beispiel für Bewegungen wie die Tablighis im Islam oder die Lubawitscher im Judentum.[16] Sie wollen aus einer nominellen Zugehörigkeit wieder eine echte Praxis machen.

Im Frühjahr 2006 tauchten entlang der Autobahnen in Québec merkwürdige Werbetafeln auf: In Großbuchstaben waren typische Flüche aus Québec zu lesen wie »Tabernakel« und »Kelch«, jeweils gefolgt von ihrer Definition – die eine religiöse ist. Die Initiative zu der Kampagne war vom Erzbischof von Montreal ausgegangen. Es sollte daran erinnert werden, dass die Flüche einen christlichen Ursprung haben. Man flucht mit dem Heiligen, entsprechend dem französischen Wort für fluchen, *jurer*, das auch schwören bedeutet.[17] Wenn die Menschen fluchen, ohne dass sie wissen, was sie sagen, hat die dominierende Kultur jeden Bezug zur Religion verloren. Und der Kirche ist nichts Besseres eingefallen, als die profane Unwissenheit als Anknüpfungspunkt zu nehmen, um religiöses Wissen zu vermitteln oder ganz schlicht daran zu erinnern, dass es sie gibt.[18]

Eine neue Debatte in der christlichen Welt dreht sich um religiöse Feste. Seit Ende der 1990er Jahre hat Halloween in Frankreich Verbreitung gefunden und den Zorn vieler Bischöfe geweckt, die es als »heidnisches Brauchtum« anprangern. Damit haben sie vollkommen recht, es ist ein Beispiel für das Abgleiten des Profanen ins Heidnische, und dieser Prozess trennt das Religiöse und die Kultur noch weiter voneinander. Unübersehbar ist auch die Dechristianisierung von Weihnachten: Man geht nicht mehr in die Mitternachtsmesse, und der Weihnachtsmann oder Santa Claus sind wichtiger als das Christkind. Aber diese Dechristianisierung wird besonders in einem »multikulturalistischen« Kontext offenbar, in dem viele Stimmen dafür plädieren, dass der christliche Bezug um der religiösen Neutralität willen ganz verschwinden sollte. So wird in Amerika der Begriff *Christmas* mittlerweile oft vermieden und durch *Holiday* oder *Yule*, einer germanischen Bezeichnung für die Wintersonnwende, ersetzt. Die großen amerikanischen Geschäfte wünschen auf ihren Plakaten nicht mehr *Merry Christmas*, sondern religiös neutrale *Season's greetings*, sehr zur Empörung vieler Christen.[19]

Angesichts der Trennung zwischen profaner Kultur und Religion erleben wir bei den christlichen Autoritäten zwei gegensätzliche Reaktionen: Da sind einmal die, die Weihnachten rechristianisieren wollen und dafür kämpfen, dass das Wort *Christmas* nicht verschwindet; sie setzen sich dafür ein, den religiösen und den kulturellen Marker wieder zusammenzubringen. Man denke an die Erklärung von Papst Benedikt XVI. vom 9. Dezember 2006, in der er forderte, in Klassenzimmern und Gerichtssälen solle es weiterhin sichtbare christliche Zeichen wie das Kruzifix geben. Auf der anderen Seite gibt es die Stimmen aus dem Umfeld eines fundamentalistischen Protestantismus, die die religiöse Sphäre und das Profane, das als strukturell heidnisch wahrgenommen wird, vollkommen trennen wollen. Ihr Vorbild ist die Vertreibung der Händler aus dem Tempel, ein bei dem Theologen Karl Barth immer wiederkehrendes Thema. Tatsächlich hat der Wunsch der Protestanten nach einer Trennung von Staat und Religion nichts mit Liberalismus zu tun, sondern rührt im Gegenteil von einer Form des Fundamentalismus her, die wir übrigens auch im islamischen Schiismus finden. Die amerikanischen Puritaner feierten Weihnachten nicht, und zu Anfang des 19. Jahrhunderts trat an diesem Tag der amerikanische Kongress zusammen, denn für die strengen Protestanten gibt es keine Grundlage in der Bibel, die rechtfertigen würde, diesen Tag zu feiern. Hier ist vielleicht der Hinweis von Interesse, dass das moderne Weihnachten (als ein Fest der Familie, das rund um den Kamin gefeiert wird, mit Weihnachtsbaum und Geschenken) tatsächlich ein erster Schritt in Richtung einer Dechristianisierung der Geburt Christi ist. Denn es entstand im viktorianischen England im Gefolge von Charles Dickens Buch *A Christmas Carol,* und es handelte sich tatsächlich um einen Bruch mit der unter Christen damals üblichen Art zu feiern, bei der man die Wärme des heimischen Herdes verließ und in nächtlicher Kälte zur Kirche ging. Wieder erweist sich eine vermeintliche »christliche Tradition« als eine kulturelle Erfindung.

Eine ähnliche »Heidnisierung« religiöser Feste finden wir auch im Judentum und im Islam: Seit 2001 ist in den Vereinigten Staaten die Zahl der zu Thanksgiving als *hallal* verkauften Truthähne explodiert, was bedeutet, dass hier ein muslimischer religiöser Marker, *hallal,* über einen amerikanischen kulturellen Marker gestülpt wird, ohne dass man sich Gedanken über die religiöse Bedeutung des Fests macht. Zudem mischen sich jüdische Feste mit christlichen Festen, vor allem wenn die Feiertage auf dem Kalender zusammenfallen; die religiösen Marker beider Seiten werden dann wie kulturelle Marker behandelt.[20]

Aber die Trennung von Religion und Kultur bringt es mit sich, dass der Zwischenraum verschwindet, die Abstufung. Der Übergangsbereich zwischen Unglaube und der Glaubensgemeinschaft war definitionsgemäß der Bereich der religiösen Kultur. Er wurde Mitte des 20. Jahrhunderts zum Objekt der soziologischen Erforschung, als die Gläubigen nach der Intensität ihrer religiösen Praxis klassifiziert wurden, etwa von Fernand Boulard, einem Priester, oder Gabriel Le Bras. Dieser Zwischenbereich rechtfertigte angepasste Formen der Seelsorge und die Einbeziehung von Priestern in weltliche Aktivitäten, was im Aufkommen von Arbeiterpriestern kulminierte. Das Zweite Vatikanische Konzil rechtfertigte nachträglich diese »Inkarnation des Christentums« in der Welt. Aber seit der Wahl von Papst Johannes Paul II. im Jahr 1978 ist eine Rückbesinnung auf die »Glaubensgemeinschaft« oder das »Volk Gottes« zu beobachten; die Zwischenstufen verblassen und werden zunehmend durch das Prinzip des »Entweder-oder« ersetzt. Wie wir sehen werden, tragen auch die Religionen selbst zur Verstärkung der Dichotomie und zum Verschwinden einer weltlichen religiösen Kultur bei, indem sie die Kriterien für die Zugehörigkeit verschärfen.[21] Die Religion wird gemäß Begriffspaaren wie Erfülltheit gegenüber Leere gedacht, beziehungsweise als Zugehörigkeit zu einer Gruppe, Engagement, Identität und nicht mehr im Hinblick auf ihre Präsenz in der Welt. Die »Welt«, das heißt die umgebende Gesellschaft, erscheint verdächtig, bedrohlich, beschmutzend, denn sie ist feindselig, materialistisch und unrein, mit einem Wort: heidnisch.

## Die heidnische Moderne: Die neuen Götter eines atheistischen Menschen

Die Loslösung der Kultur wird von religiösen Menschen natürlich als Verrat seitens der Kultur erlebt und nicht als Rückzug des Religiösen. »Frankreich, du älteste Tochter der Kirche, was hast du aus deinem Taufgelübde gemacht?«, rief Johannes Paul II. bei seinem ersten Besuch in Paris 1981 aus. Oder aber sie betrachten sie als »kulturelle Invasion« (*tajavoz e farhangi* im Iran).

Das Ende der Orthopraxie und der Untergang eines gemeinsamen Horizonts einer religiösen Kultur hängen nicht nur damit zusammen, dass die Kultur das Religiöse vergessen hat, sondern auch damit, dass sie neue Werte und neue Bezugspunkte in den Vordergrund rückt, die im Gegensatz zu den religiösen stehen. Der religiöse Mensch kritisiert heute das kulturelle Neuheidentum. Natürlich entwickeln sich solche Werte und Bezüge nicht als ein kohärentes System, das an die Stelle der Religion treten soll – wie es bei den großen Ideologien wie dem Kommunismus der Fall war. Im Konflikt zwischen Christentum und Marxismus bestand eine Symmetrie, die oft von den Akteuren beider Seiten anerkannt wurde: Man hatte zwei Visionen der Welt, die im Grunde beanspruchten, Antworten auf dieselben Fragen zu geben. Hingegen präsentiert die neuheidnische Kultur von heute kein kohärentes System von Werten und Bezügen.

Wie sehen nun die neuen Paradigmen aus? Sie drehen sich um

zwei Themenbereiche: einmal um die Sexualität, die Frau und die Fortpflanzung, dann um die Stellung des Individuums, das heißt um Freiheit sowie einem Misstrauen gegenüber jeder transzendenten Ordnung. Beide Bereiche sind eng miteinander verbunden: Der Mensch ist an die Stelle Gottes getreten. Der Vormarsch des Feminismus und die Forderung nach Geschlechtergleichheit sind mit der Idee verbunden, dass die individuelle Freiheit die Natur bezwingt: Diese Vorstellung steht im Mittelpunkt der Debatte über die Abtreibung, die ganz sicher die große Debatte der zweiten Hälfte des 20. Jahrhunderts war, denn in ihr fließen alle Paradigmenwechsel zusammen: Das biologische Geschlecht bestimmt nicht mehr die Geschlechtsidentität, die Fortpflanzung ist nicht allein das Resultat einer Entscheidung, sondern immer öfter ein künstlicher Akt, die Familie ist nicht der einzig denkbare Rahmen, um Kinder aufzuziehen, und das Individuum behauptet, es bestimme über sich selbst und mithilfe der Schönheitschirurgie über sein Aussehen, über seine Bezugspunkte, seine Fortpflanzung. Die Brisanz liegt nicht nur darin, dass die Werte von den natürlichen Voraussetzungen abgelöst werden, dass jede Transzendenz geleugnet wird, sondern bereits Begriffe wie Wert, Norm und Ethik werden fragwürdig, obwohl nie zuvor so viel von universellen Normen die Rede war, vor allem juristischen und politischen Normen, wie Demokratisierung und Menschenrechte. Es geht also nicht darum, dass eine säkulare, libertäre Welt, die über keine Normen verfügt, einer religiösen Welt gegenübersteht, die einer transzendenten Ordnung unterworfen ist, sondern um zwei grundsätzlich verschiedene Definitionen der menschlichen Natur. Es ist nutzlos, an dieser Stelle zeigen zu wollen, dass die Begriffe der individuellen Freiheit und der Person auf eine dem christlichen Westen gemeinsame Matrix verweisen. Die Konzepte werden unabhängig von ihrer Genealogie neu zusammengefügt, unter Umständen auch im Gegensatz zur katholischen Weltsicht.

Doch es ist nicht für sich genommen die Einführung solcher neuer Paradigmen, die das Religiöse vom Kulturellen trennt, denn alle Religionen haben die Erfahrung gemacht, dass sie sich anpassen mussten. Wie der Historiker Kaspar von Greyerz im Hinblick auf die Reformationszeit in Europa anmerkte, besteht sehr wohl eine Autonomie der Kultur gegenüber dem Religiösen: Veränderungen der Religiosität, der Einstellung zur Religion, gehen religiösen Veränderungen im eigentlichen Sinn voraus. Es gab in Europa einerseits eine Präreformation, das heißt Veränderungen, die nicht Folge der Reformation waren, sondern eher als Determinanten der Reformation zu begreifen sind. Und andererseits waren im 16. und 17. Jahrhundert parallele Entwicklungen in der katholischen *und* der protestantischen Welt zu beobachten, beispielsweise das Interesse für Bildung. Kurzum, eine Reihe von Dingen, die man als Folge von Veränderungen im religiösen Bereich hielt, waren tatsächlich Ursachen der Veränderungen.

Im Lauf des 20. Jahrhunderts waren in den großen Religionen zwei gegensätzliche Bewegungen zu beobachten: einmal die Reaktion auf und die Anpassung an kulturelle Veränderungen und dann die Feststellung eines Bruchs sowie die Kritik an kulturellen Paradigmen als neuheidnisch. Zum Beispiel ist die Debatte zwischen Abtreibungsgegnern und Abtreibungsbefürwortern in den Vereinigten Staaten weitaus mehr als die Fortsetzung des Konflikts zwischen »Laizisten« und »Religiösen«, denn es ist kein Konflikt um die Macht, sondern ein Konflikt um fundamentale Werte. Es steht mehr auf dem Spiel als die korporatistische Verteidigung einer patriarchalischen religiösen Institution, die mit der konservativen Rechten verbunden ist. Die katholische Kirche, die seit der Enzyklika *Humanae Vitae* gegen die Abtreibung und für den Schutz des Lebens in all seinen Formen kämpft, hat sich dementsprechend auch nicht an die Seite der konservativen oder neokonservativen Rechten gestellt, außer in Einzelfällen wie der Verbindung zwischen christlichen Rechten in Amerika und Präsident G. W. Bush oder zwischen dem spanischen Episkopat und der Volkspartei von José Maria Aznar. Bei den Themen Immigration, Ökologie und soziale Beziehungen vertritt die katholische Kirche fortschrittlichere Positionen als das konservative politische Lager.

Bei diesen drei Themen sind der relative Konsens und die Orthopraxie am Ende des 20. Jahrhunderts explodiert.

Zum Beispiel wurde die Keuschheit der Priester zu einer zentralen Frage in der katholischen Kirche, weil sie in der westlichen Welt von heute nicht mehr angemessen erscheint (im Islam hingegen war das schon immer so). Im Mittelalter stellte das kein besonderes Problem dar; unabhängig von den tatsächlichen Lebensweisen war Keuschheit im Christentum kulturell positiv besetzt, und die Überschreitung wurde als ein marginales Problem wahrgenommen, das die zentralen Werte nicht gefährdete, weil niemand die Keuschheit einforderte. Bei den Priestern wurde die Normüberschreitung als eine Randerscheinung behandelt, wobei jener Rand sowohl den gesellschaftlichen Raum der Prostitution umfasste, dann den Raum, wo das persönliche Gewissen entschied und die »Schwachheit des Fleisches« wirkte, und schließlich den rituellen Raum der Beichte. Aber heute hört niemand mehr auf das, was die Kirche zur Keuschheit sagt, weil die Sexualität zu einem Wert an sich geworden ist. Der Zölibat der Priester bei den Katholiken, Abstinenz als Form der Empfängnisverhütung oder als Mittel im Kampf gegen Aids, Jungfräulichkeit vor der Ehe, die Ablehnung der Scheidung bei den Evangelikalen und den Katholiken: All das erscheint nicht mehr zeitgemäß. Was früher am Rand der Gesellschaft stattfand (Abtreibung, Homosexualität, Drogenkonsum, Prostitution), vollzieht sich heute vor aller Augen, teils weil die Beteiligten es so wollen, die ihr *Coming out* haben und sich zu Lobbygruppen zusammenschließen, die das Recht auf Abtreibung und die Anerkennung homosexueller Ehen durchsetzen wollen, teils weil der private Raum durch Kommunikationstechniken (Internet, *facebook*), durch mehr Kontrolle (Datenspeicherung) und durch zunehmende Verrechtlichung der sozialen Beziehungen (Ausweitung der Definition von Vergewaltigung, von Kindesmissbrauch, von Gewalt – mit dem Konzept des Mobbing) kleiner geworden ist. Ganze Bereiche des privaten Lebens sind öffentlich geworden – weil man erzählen will, weil man seine »Identität« bekunden will oder durch Bloßstellung. Die Reduzierung der Ränder oder einfach der Räume, die im Dunkeln bleiben, die Zurschaustellung des Privatlebens, die Forderung nach Transparenz, Authentizität und Wahrheit, die mit der Neupositionierung des Religiösen heute einhergehen, bewirken, dass viele Menschen Sexualität nicht mehr als eine »Schwäche« behandelt wissen wollen, vielmehr ist Sexualität für sie gerade eine Dimension menschlicher Authentizität. (Man denke nur an die Partnerinnen von Priestern, die Anerkennung ihres Status fordern, oder an Homosexuelle, die beispielsweise in der anglikanischen Kirche verlangen, dass sie als Menschen, die sich offen zu ihrer sexuellen Neigung bekennen, als Priester ordiniert werden.) Der »Skandal« ist heute der Normalzustand. Die neuen Paradigmen entstammen in den Augen religiöser Menschen dem Materialismus, der Pornografie, egoistischem Genussstreben, und sie sehen darin Verkörperungen neuer Götzen einer Gesellschaft, die wieder heidnisch geworden ist. Manchmal trifft das im wörtlichen Sinn zu, etwa bei der Entwicklung von Bewegungen, die sich selbst als heidnisch verstehen, wie den Wiccans.

Dass es auf einmal eine solche Bedeutung erlangt hat, wenn der Zölibat der Priester in Frage gestellt wird, ist eine Folge des Bruchs zwischen der Religion und der herrschenden Kultur hinsichtlich der Frage der Sitten. Aber die neuen Paradigmen durchdringen auch einen Teil der christlichen Gemeinschaft, obwohl die religiösen Marker nicht einmal mehr als Bezug auf eine vergangene Kultur wahrgenommen werden, sondern nur noch als Diktate einer Hierarchie, der es immer mehr an pädagogischem Gespür fehlt. Als im Jahr 2005 in Frankreich zwei katholische Priester, der 58-jährige Bernard Chalmel, Pfarrer der Gemeinde Villeneuve-sur-Lot, und der 60-jährige Pierre Brignol aus Port-Sainte-Marie (Lot-et-Garonne) suspendiert wurden, weil bekannt geworden war, dass sie Lebenspartnerinnen und Kinder hatten,[22] unterzeichneten die Menschen in den Dörfern, die genau über die Lebensverhältnisse Bescheid wussten, eine Petition zu ihren Gunsten: Sie sahen nicht ein, warum Priestertum und Familie nicht vereinbar sein sollten, denn ihre Kultur war die der neuen Paradigmen, die individuelle Freiheit und das Recht auf Sexualität anerkennen. Umgekehrt ist Pädophilie, die es, wie wir annehmen können, in der Kirche immer gegeben hat, heute in der Öffentlichkeit nicht mehr akzeptabel, und das hat eine katholische Hierarchie überrumpelt, die das Problem nicht verstand und vor allem bestrebt war, Skandale zu verhindern, ohne deswegen über die Verfehlungen hinwegsehen zu wollen.[23] In den Vereinigten Staaten scheint der Vorstoß der evangelikalen Kirchen, die dafür werben, einen »Keuschheitsring« zu tragen, der zeigt, dass der Träger oder die Trägerin voreheliche sexuelle Beziehungen ablehnt, die Zahl eben solcher vorehelicher Beziehungen nicht verringert zu haben. Dafür sprechen auch Bestrebungen, eine Erklärung der »zweiten Jungfräulichkeit« populär zu machen (»ich habe es getan und werde es nicht wieder tun«). Aus soziologischen Untersuchungen geht hervor, dass das Konzept der »Keuschheit« an sich zweifelhaft geworden ist durch die extreme Banalisierung der Sexualität, die so weit geht, dass bestimmte Formen wie Fellatio gar nicht mehr als sexuelle Handlungen wahrgenommen werden – man denke nur an die berühmte Verteidigungserklärung von Präsident Clinton, die Menschen seiner Generation als der Gipfel der Heuchelei erschien, der jüngeren Generation aber offenbar nicht.[24]

Bei der Homosexualität ist der Bruch zwischen der Religion und dem herrschenden Paradigma noch deutlicher. Die meisten westlichen Rechtsordnungen stellten Homosexualität bis in die 1960er Jahre unter Strafe. Seither wird sie nicht nur toleriert, sondern durch eine ganze Reihe von Gesetzen, die Homophobie mit Rassismus gleichsetzen, geschützt. Wohl nie zuvor hat sich ein Paradigma in einer Kultur ohne äußeren Zwang in so kurzer Zeit verändert.

Deshalb wirken die Kampagnen gegen Homosexualität, die auf Vorurteilen aufbauen, die früher in der westlichen Kultur weithin geteilt wurden, heute wie Hasskampagnen von religiösen Fanatikern. Kampagnen von Gruppen fundamentalistischer Protestanten werden vom Staat oft mit rassistischer Diskriminierung gleichgesetzt, etwa in Schweden oder Kalifornien. Im Jahr 2003 musste sich in Schweden der Pastor einer Pfingstkirche Ake Green vor Gericht verantworten, weil er Homosexualität als einen »Krebs der Gesellschaft« bezeichnet hatte. Er wurde in erster Instanz verurteilt und vom Obersten Gerichtshof im Namen der Meinungs- und Religionsfreiheit freigesprochen. Von einer erneuten Anklage wegen Verunglimpfung einer Bevölkerungsgruppe wurde er mit den gleichen Argumenten freigesprochen: Er gehöre einer Gemeinschaft an, die das Recht habe, sich zu äußern. Der Freispruch bedeutete keineswegs, dass seine Äußerungen akzeptiert wurden, sondern definierte im Gegenteil seine Gemeinschaft als eine neben anderen. Die Trennung von Religion und Kultur ist damit total. Umgekehrt verstehen religiöse Menschen, insbesondere Christen, ihren Kampf gegen die Homosexualität explizit als Bekräftigung, dass das Wort Gottes mehr zählt als die Kultur. »Das Evangelium muss über der Kultur stehen«, erklärte Erzbischof Drexel Gomez aus der Karibik bei einer Konferenz anglikanischer Gegner der Ordinierung homosexueller Priester.[25] Die anglikanische Kirche steht seither am Rande eines Schismas.

Erinnern wir nebenbei noch daran, dass der holländische Populist Pim Fortuyn seinen Feldzug gegen den Islam startete, nachdem der Imam von Rotterdam, Khalil el-Moumni, im Mai 2001 im Fernsehen erklärt hatte, Homosexualität sei eine Krankheit, die die Gesellschaft bedrohe. Konservative christliche Kreise teilen diese Auffassung, aber in dem Fall machte man eine islamische Besonderheit daraus, obwohl dies ein gutes Beispiel dafür ist, wie sich verschiedene Religionen rund um autonome religiöse Marker (in diesem Fall die Verurteilung der Homosexualität), die aus jedem kulturellen Kontext herausgehoben werden, transversal neu ordnen. El-Moumni wurde von holländischen Gerichten von der Anklage des Aufrufs zum Hass mit der gleichen Begründung wie der schwedische Pastor freigesprochen.

Im Jahr 2008 traten in Sacramento, der Hauptstadt des amerikanischen Bundesstaates Kalifornien, zwischen der Homosexuellen-Community und einer evangelikalen Gemeinschaft, die hauptsächlich aus russischen Emigranten bestand, Spannungen auf, und ein junger Homosexueller wurde bei einer Schlägerei getötet.[26] Auch in dem Fall behandelte die Presse den Konflikt als Auseinandersetzung zwischen zwei »Gemeinschaften«, wobei die eine (die Evangelikalen) negativ wahrgenommen wurde, weil sie die Rechte der anderen einschränkte. Aber der Vorfall wurde nicht als ein Problem der Gesellschaft analysiert. Systematisch betonte die Presse den ethnisch-religiösen Charakter der evangelikalen Gemeinschaft. Religiöse Gemeinschaften drücken mit ihrem Kreuzzug gegen die Homosexualität nicht einen kulturellen Konsens aus, sondern erscheinen als intolerante Minderheitsgruppen.

Hingegen ist in muslimischen Ländern und in vielen afrikanischen Ländern die Ablehnung der Homosexualität noch Teil der Orthopraxie, und oft wird bestritten, dass Homosexualität überhaupt vorkommt. Der iranische Präsident Ahmadinedschad erklärte 2007 bei einer Pressekonferenz in New York, im Iran gebe es keine Homosexuellen, und in Ägypten wurde in mehreren Prozessen und Pressekampagnen gegen Homosexuelle bekundet, Homosexualität sei ein Ergebnis ausländischen Einflusses. Der Islam hat zwar praktizierte Sexualität an sich nie verteufelt und sogar immer anerkannt, dass Lust etwas Legitimes ist, aber bei der Homosexualität ist er unnachgiebig, nicht unbedingt soweit es um den einzelnen Vorfall geht, wohl aber hinsichtlich derer grundsätzlichen Zulässigkeit. In dem Punkt stimmt der islamische Standpunkt mit der konservativen christlichen und jüdischen Reaktion überein.

Der Vormarsch des Feminismus zeigt ebenfalls, dass ein neues kulturelles Paradigma sich etablieren konnte, das die Religiösen vor ein Problem stellt. Die sexuelle Ungleichheit von Männern und Frauen, die in den einzelnen Religionen mal mehr, mal weniger hervorgehoben wird, aber immer vorhanden ist, war nichts speziell Religiöses, sondern Teil der allgemeinen Auffassung. Es gab hier eine Orthopraxie, die zugleich vom Gesetz und von der allgemeinen Moral unterstützt wurde. (Die rechtliche Ungleichheit von Mann und Frau in der Ehe bestand in Frankreich bis in die 1970er Jahre. Bestimmte Berufe waren *de jure* oder *de facto* Männern vorbehalten, und nicht nur fundamentalistische Christen betonten ständig die biologischen Unterschiede zwischen den Geschlechtern.) Sexistische Scherze waren kein Privileg religiöser Gruppen. Solange es zur allgemeinen Kultur gehörte, den Platz der Frau einzuschränken, stellte die Lehre der Kirche kein Problem dar. »Gleich an Würde und ungleich in der sozialen Stellung« war das akzeptierte Motto. Doch der Feminismus wurde zumindest in der Theorie sehr schnell zu einem festen Bestandteil der westlichen Werte. Heute sieht man darin vor allem etwas, das die westliche Welt vom Islam unterscheidet.

Tatsächlich betrifft heute die Hauptkritik des Westens am Islam die Stellung der Frau. So ging es bei der Kampagne in Ontario 2004 im Zusammenhang mit der Einrichtung eines Schariagerichts nach dem Vorbild bestehender Rabbinergerichte nicht um den Grundsatz der Laizität, sondern um den anderen Status der Frau im Islam. Aber das ist ein sehr junges Phänomen: In den religiösen Polemiken des Mittelalters und sogar der Neuzeit taucht dieses Thema nicht auf. Wenn christliche Autoren die Polygamie im Islam verdammten, dann nicht, um die Rechte der Frau zu verteidigen, sondern um die vermeintlich zügellose Sexualität der muslimischen Männer anzuprangern. Erst sehr viel später wurde die Emanzipation der muslimischen Frau zu einem zentralen Thema, im Rahmen der kolonialen und postkolonialen Strategien des Westens. Die Sowjetunion machte die Emanzipation der Frauen sogar zum Angelpunkt ihrer Sowjetisierungspolitik in Mittelasien in den 1930er Jahren.[27] Das Gleiche gilt für Frankreich im Algerienkrieg, allerdings nicht für die Zeit der vorangehenden Kolonialherrschaft. Seitdem ist das ein zentrales Thema, von der Bewegung »Weder Huren noch Unterwürfige«, die auf die Lage der muslimischen Frauen in den französischen Vorstädten aufmerksam machen will, über die Unterstützung Ayaan Hirsi Alis bis zur Kampagne der Zeitschrift *Elle* gegen die Taliban in den Jahren 2000 und 2001.

Die Rechte von Frauen und Homosexuellen spielen somit eine Schlüsselrolle bei der Neudefinition religiöser Marker in der zweiten Hälfte des 20. Jahrhunderts. Die Kluft verläuft zwischen denjenigen, die, selbst im Rückzugsgefecht befindlich, die neuen religiösen Paradigmen aufnehmen, und jenen, die das Religiöse neu definieren, indem sie religiöse Marker in den Vordergrund rücken, bei denen es ausdrücklich um den Bruch mit einer nunmehr als heidnisch erlebten Kultur geht. Diese Geschichte ist offenkundig lang und komplex. Aber weltweit erzeugte die Frage der Ordinierung von Frauen einen ersten Bruch zwischen den verschiedenen liberalen protestantischen Kirchen und dem Reformjudentum, die sie akzeptieren, auf der einen Seite, und auf der anderen Seite der katholischen Kirche, den Christlich-Orthodoxen, den orthodoxen Juden und den meisten Evangelikalen, die sie ablehnen. Im Islam ist der Konflikt weniger heftig angesichts der vagen Definition, was ein Imam ist. Ein erster weiblicher Imam, Amina Wudud, hat eine Moschee in Washington eröffnet, und in den amerikanischen Streitkräften melden sich erste Bewerberinnen für die Funktion eines »muslimischen Militärgeistlichen«.[28] Im Westen gibt es unterdessen immer mehr gemischte Moscheen.[29]

Der liberale Protestantismus und das Reformjudentum waren die Pioniere bei der Ordinierung von Frauen. Die erste Rabbinerin wurde in den 1930er Jahren in Berlin ernannt, und die erste Pastorin der reformierten Kirche in Frankreich, Élisabeth Schmidt, trat 1949 ihr Amt an (allerdings durfte sie nicht heiraten). Erst 1966 wurde auf der Synode von Clermont-Ferrand entschieden, dass Frauen ohne Einschränkungen ordiniert werden dürfen. Im November 2006 wurde die Bischöfin Katharine Jefferts Schori mit 52 Jahren Oberhaupt der amerikanischen Episkopalkirche. Die Debatte dreht sich auch um den theologischen Aspekt, denn viele Feministinnen drängen auf eine geschlechtsneutrale Bezeichnung Gottes, und das bestärkt wiederum die Konservativen in der Erwartung, dass die Ordinierung von Frauen nur der Prolog dazu ist, das Bild von Gottvater ins Wanken zu bringen.[30]

Selbst die Religionen, die die Frauen auf ihre Rolle am heimischen Herd beschränken wollen, müssen die neuen Paradigmen berücksichtigen und sich anpassen, ohne die Grenzen zu überschreiten, weil alle das Phänomen des sexuellen Dimorphismus kennen: Je mehr die allgemeine religiöse Praxis abnimmt, desto größer ist der Anteil der Frauen am religiösen Leben und bei der Organisation der Gemeinschaft. In Frankreich liegen heute der Religionsunterricht und das Gemeindeleben weitgehend in der Hand von Frauen. Auch im Islam ist zu beobachten, dass die Rolle der praktizierenden Frauen größer wird, wenn der Glaube in einer Minderheitenposition ist: Die Auseinandersetzungen um das Kopftuch sind genau der Beweis, dass Frauen für die Sichtbarkeit und die Organisation der religiösen Gemeinschaft wichtiger werden. Nur ein kurzer Besuch bei den Kundgebungen der großen islamischen Vereinigungen, etwa beim Fest von Le Bourget der UOIF (Union des organisations islamique de France) zeigt die Schlüsselfunktion der Frauen in der Organisation, der Leitung und der Öffentlichkeitsarbeit. Selbst das orthodoxe Judentum ist von der Entwicklung betroffen.[31] Für den Salafismus wie für die orthodoxen jüdischen Bewegungen hat sich die Notwendigkeit, die Rolle der Frauen zu überdenken, auch durch ihre Präsenz auf dem Arbeitsmarkt ergeben: Die Frauen müssen arbeiten, selbst wenn sie oft abgeschreckt werden. So hat das israelische Arbeitsministerium angesichts der Gefahr, dass die Charedim verarmen, ein Zentrum zur Förderung der Beteiligung von orthodoxen Frauen am Arbeitsleben geschaffen.

Bei der Homosexualität gab es zwei Etappen der Entwicklung. Zunächst kämpften Gruppen einfach darum, dass gläubige Homosexuelle wie andere Gläubige betrachtet wurden, so etwa die Gruppe David und Jonathan bei den Katholiken, Keshet bei den Bostoner Juden[32] oder Queermuslim. Sie erreichten im Allgemeinen, dass sich der Tonfall der religiösen Autoritäten änderte. Man wählte nun eine eher medizinische als theologische Ausdrucksweise, aber die grundsätzliche Haltung änderte sich nicht. Doch der wahre Konflikt dreht sich im neuen Jahrtausend um homosexuelle Eheschließungen und die Einsetzung von offen homosexuellen Geistlichen. Und hier ist die Debatte hitzig, der Bruch tief, vor allem in den protestantischen Kirchen. Die anglikanischen und episkopalischen Kirchen stehen bei dem Thema am Rand der Spaltung.[33]

Schließlich ist noch die Frage der künstlichen Befruchtung zu nennen, in der die katholische Kirche mit ihrer Position isoliert dasteht, während die meisten anderen Religionen, sogar das orthodoxe Judentum, offener sind.

Nicht nur die Paradigmenwechsel bei der Sexualität alarmieren die Gläubigen, sondern insbesonders das Verschwinden Gottes und die Tatsache, dass das Individuum zum Maß aller Dinge wird. Ziel der spirituellen Suche ist nicht mehr Gott, sondern postmoderne Religionen. Heidnisch ist somit zugleich das Verschwinden Gottes wie die Suche nach Ersatz.

Monsignore Roland Minnerath, damals Professor an der Katholisch-Theologischen Fakultät der Universität Straßburg, schrieb dazu: »Die Moderne macht deutlich, dass ganze Bereiche des Christentums eine *Pseudomorphose* erleben, ein Begriff aus der Metallphysik, den H. I. Marrou verwendet hat, um die Veränderung der heidnischen Religiosität im 2. Jahrhundert zu beschreiben. Heute lässt sich das Konzept auf das Christentum übertragen: Die Verpackung aus christlichen Wörtern, Ritualen und Symbolen bleibt unverändert, aber der Inhalt ändert sich und nimmt einen neuen, rein säkularen Sinn an, vor einem Horizont, wo es das Mysterium Gottes nicht mehr gibt.« Wir erleben somit eine Umkehrung, denn die Prozesse, die den Übergang vom Heidentum zum Christentum möglich gemacht haben, wirken heute in umgekehrter Richtung. Und er fügt hinzu: »Die Postmoderne bereitet sich vor zum Aufbruch ins Irrationale, zu gnostischen Vorstellungen, Sekten, New Age, die alle dem atomisierten Individuum eine kosmische Verschmelzung versprechen, nachdem eine gesellschaftliche oder auch einfach nur familiäre Verschmelzung unmöglich geworden ist. Die Postmoderne will keinesfalls die Rückkehr zum Christentum. Sie bekundet kein Interesse, den transzendenten und inkarnierten Gott kennenzulernen, Schöpfer und Erlöser der Welt und des Menschen.«[34] Die Trennung von Kultur und Religion lässt an Deutlichkeit nichts zu wünschen übrig. Das sehen wir vor allem in Spanien, wo die katholische Kirche bei den Wahlen 2004 auf einmal registrierte, dass sie sich kulturell und nicht nur politisch in der Minderheit befand: Der Erzbischof von Madrid, Kardinal Rouco Varela, kritisierte daraufhin die »Kultur der Laizität« als Täuschung.[35]

Die Freiheit hat über die Autorität gesiegt, und die Botschaft der Kirche, die beides zum Ausdruck bringen möchte, wird nicht mehr gehört. Das räumte Papst Benedikt XVI. bei seiner USA-Reise im April 2008 bei einem Auftritt in New York ein: »Autorität, Gehorsam: Um ehrlich zu sein, sind das Worte, die sich heute nicht mehr leicht aussprechen lassen. Solche Worte sind für viele Menschen heute ein Stein des Anstoßes.«[36] Die Werte, um die es heute geht – Freiheit, Demokratie, Menschenrechte etc. –, bereiten den Religionen Probleme. Die Fundamentalisten lehnen sie ohne Zögern ab, gemäßigte Konservative versuchen, ihnen einen neuen Sinn zu geben. Aber was soll man tun, wenn man einerseits den Rahmen der Demokratie und der Institutionen akzeptiert (das gilt gleichermaßen für die katholische Kirche, die Protestanten, konservative Juden und zunehmend für Islamisten) und andererseits davon ausgeht, dass es Werte gibt, die nicht verhandelbar sind wie »das Leben« für die Christen, die Abtreibung ablehnen, oder die Scharia für konservative Islamisten? Trennung bedeutet nicht automatisch Konflikt, aber die Religion gerät dadurch in eine Außenseiterposition.

Eine andere Zielscheibe sind die neuen Idole und neuen Glaubensvorstellungen, von Madonna über Harry Potter und Halloween bis zu *Sakrileg* von Dan Brown. Es handelt sich dabei nicht um neue Religionen, aber weil sie neuheidnische Glaubensvorstellungen zum Hintergrund der zeitgenössischen Kultur machen, bringen sie die großen Religionen in eine Minderheitenposition, sie sind nur noch Avatare der neuen Glaubensideen. Der Erfolg von *Sakrileg* hat die katholische Kirche überrascht, denn der Roman zerstört nicht nur die christliche Theologie von innen, sondern stellt das gegenwärtige Christentum als eine Sekte, eine Verschwörung dar, ja als eine Häresie, die Erfolg gehabt hat: Er kehrt das Verhältnis zwischen Mehrheit und Minderheit, Sekte und Kirche, um. Am meisten schockiert hat die Kirche wohl die Tatsache, dass diese These wenn schon nicht als wahr, so doch zumindest als wahrscheinlich aufgenommen wurde. Ein ähnlicher Kampf findet auch im Islam statt, aber an zwei Fronten. Die erste, salafistische, Front fürchtet mehr als alles andere die

Christianisierung des Islam und sieht in der kulturellen Invasion eine Form der Verwestlichung. Eine andere Richtung predigt eher ein Bündnis der großen »Religionen« gegen die »Heiden« und bemüht sich um gemeinsame Themen, so wie die katholische Kirche im Kampf gegen Halloween, das als eine Form der Amerikanisierung dargestellt wird, auch nach Verbündeten in säkularen Kreisen sucht. Wir haben damit eine beständige Ambivalenz im Kampf gegen das Heidentum, das bald auf das Verschwinden des Religiösen zurückgeführt wird, bald auf den Import ausländischer Kulturen – der westlichen Kultur im Osten und der amerikanischen Kultur in Europa. Deshalb ist der Antiamerikanismus so verbreitet auf der Welt: Man kann Amerika zugleich Neuheidentum und christlichen Fundamentalismus vorwerfen.

Bei der Suche nach einer religionsübergreifenden Front gegen Materialismus und Neuheidentum spielt die rigorose Ablehnung der Homosexualität eine große Rolle. Das hat der gemeinsame Protest gegen die Organisation des *gay pride* in Jerusalem gezeigt. Ein anderes Beispiel ist der Einspruch, den vier Religionsvertreter der Stadt Lyon im Jahr 2007 gegen die Legalisierung der Homosexuellenehe erhoben: Er kam vom Bischof, dem Rabbiner, dem Vorsteher der Moschee und dem evangelikalen Pastor – der reformierte Pastor unterzeichnete nicht.

Und noch ein neues kontroverses Thema ist aufgetaucht: die Debatte über die Evolution. Seit Ende des 19. Jahrhunderts hat dieses Thema nur fundamentalistische protestantische Randgruppierungen in Amerika beschäftigt, bis es mit der Theorie vom sogenannten *intelligent design* einen neuen Aufschwung erlebte. Die Theorie erlaubt, die Idee eines großen Plans in die Evolution einzuführen, ohne deswegen als Verfechter einer buchstabengetreuen Lesart der Bibel zu erscheinen. Damit lässt sich eine größere Allianz zusammenbringen, um durchzusetzen, dass *intelligent design* in den Schulen gelehrt wird, und auch die Muslime können einbezogen werden, weil die Bibel nicht ins Spiel kommt. Nach der Jahrtausendwende schwappte die Debatte nach Europa über: Einerseits erschienen in mehreren europäischen Sprachen die Bücher des Muslims

Harun Yahya, der den *Atlas der Schöpfung* veröffentlichte und die Argumentation der protestantischen Fundamentalisten aufgreift, was ein weiteres Beispiel dafür ist, wie eine typisch christliche Debatte von Fundamentalisten in den Islam importiert wird, die sich damit, ohne dass es ihnen bewusst ist, zu Agenten der Christianisierung des Islam machen. Auf der anderen Seite gab es einige vereinzelte Äußerungen katholischer Würdenträger, die Distanz zum Darwinismus erkennen ließen, unter anderem die des Bischofs von Wien, Christoph von Schönborn, in der *New York Times* am 7. Juli 2005. So hat sich die Lehre vom *intelligent design* in christlichen und muslimischen Kreisen verbreitet. Das ist ein Bruch zwischen Kultur und Religion, denn die Evolutionstheorie wurde schließlich wie Galileos heliozentrisches Weltbild zum integralen Bestandteil der gemeinsamen Kultur, unabhängig von rein wissenschaftlichen Diskussionen. Aber die Debatte ist auch ein Indiz für einen anderen wesentlichen Bruch: den zwischen Religion und Wissenschaft. Die Religionen werden nicht schlagartig obskurantistisch, aber sie betrachten die Aussagen der Wissenschaft ganz einfach nicht mehr als objektiv und neutral. Der Bruch reicht über die Kultur hinaus: Er betrifft das Verhältnis von Wissenschaft und Glauben.

Ein wiederkehrendes Thema in der muslimischen Welt ist die Anprangerung von *kufr,* Unglauben, in der muslimischen Gesellschaft und Kultur. Der Verlust der religiösen Evidenz hat zur Folge, dass permanent die Zulässigkeit dieser oder jener Praxis hinterfragt wird, vom Gebrauch von Kreditkarten bis zum Händedruck. Es gibt keine Rückkehr zu einer traditionellen archaischen Sicht, bei der diese Fragen sich nicht stellten. Die Fragwürdigkeit rührt gerade daher, dass die gegenwärtigen kulturellen und gesellschaftlichen Praktiken nicht Ausfluss einer traditionellen muslimischen Kultur sind. Nichts ist mehr klar. Religiöse Praktiken sind nicht mehr in die umgebende Kultur eingebettet, sie müssen neu formuliert, erklärt oder erzwungen werden, Letzteres ist die Aufgabe der Religionspolizei in Saudi-Arabien. Der Unglauben liegt im Herzen der Gesellschaft, weil man ihn nicht mehr als solchen erkennt; er besitzt mittlerweile die gesellschaftliche Evidenz, die das Religiöse nicht mehr hat.

Die Ulemas führen das Neuheidentum im Islam auf den westlichen Einfluss zurück. Dies macht es möglich, in einem Zug alle Abweichungen zu externalisieren, indem man sie zu ausländischen Importen deklariert, was sich an den Prozessen gegen Homosexuelle in Kairo 2001 zeigte, den bereits erwähnten Erklärungen von Ahmadinedschad, wonach es im Iran keine Homosexuellen gibt, und der regelmäßigen Anprangerung des Satanismus in der arabischen Presse. Hier wie bei der Sexualität bewirkt die herrschende Orthopraxie einen relativen Konsens über diese Themen und beugt der Spaltung zwischen Religiösen und Laizisten vor. Aber wie wir bei der Affäre von Ksar el-Kebir gesehen haben, handelt es sich durchaus um einen Prozess der Dekulturation: Alles, was nicht zur expliziten religiösen Norm gehört, wird als nicht mit der »authentischen« Kultur übereinstimmend betrachtet. Die Krise des Glaubens wird auf den wachsenden Einfluss des Westens zurückgeführt. Das geht so weit, dass die Verteidigung der Religion zur Verteidigung der kulturellen Identität, einer »Authentizität«, umgedeutet wird, die von der Komplexität der realen Kultur abgeschnitten ist. Das Wort Kultur bezeichnet, wie häufig im zeitgenössischen Islam, nicht einen Aspekt der Religion, sondern die Religion *ist* die Kultur: Eine areligiöse Kultur wäre undenkbar. Das Thema Verteidigung der kulturellen Identität war sicher in den muslimischen Ländern besonders ausgeprägt: Bei den Werten der Kultur nachzugeben hieße, bei Glauben und religiöser Identität nachzugeben, und umgekehrt. Aber zugleich ist die profane Kultur in der arabischen Welt zunehmend inhaltsleer, sie verschwindet zwischen dem doppelten Druck des Salafismus auf der einen Seite und der Verwestlichung auf der anderen Seite. Das Paradox besteht darin, dass das Beharren auf einer normativen islamischen Kultur zu Lasten der klassischen Kultur und der Volkskultur geht und nicht die Verwestlichung bremst.

Wie immer der nostalgische Diskurs über die guten alten Zeiten, als die Religion noch in die Kultur eingebettet und die Kultur von der Religion durchdrungen war, lauten mag, praktisch überall wird der Bruch konstatiert, auch in den Gesellschaften, in denen eine bestimmte Religion dominiert. Oft ist das erste Symptom des Bruchs zwischen Religion und Kultur ein Bruch innerhalb der religiösen Gemeinschaft, ein Schisma oder ein Rückzug. Solche Brüche haben seit den 1960er Jahren zugenommen und spiegeln unterschiedliche Reaktionen auf die Exkulturation wider. Der Katholizismus erlebte die Abspaltung von Bischof Lefebvre, der 1970 die Piusbruderschaft gründete und 1975 mit Rom brach. Am anderen Ende gibt es die stille Abwendung von Priestern und Gläubigen, die der Kirche den Rücken kehren, ohne auszutreten.[37] Im Islam brechen radikale muslimische Gruppen, inspiriert vom Gedankengut Said Qutbs, mit der herrschenden Lehre und erklären die muslimischen Verantwortlichen, die sich nicht vom Westen und den herrschenden Regimen distanzieren, zu Abtrünnigen. Das mündete in die Ermordung mehrerer muslimischer religiöser Würdenträger in Ägypten: 1977 wurde in Kairo der Minister für die frommen Stiftungen, Scheich al-Dhahabi, durch die Gruppe Al-Takfir wal Hijra (Exkommunikation und Hedschra) von Shukri Mustafa umgebracht, und auch die Besetzung der großen Moschee von Mekka durch Juhaiman al-Utaibi 1979 gehört in diesen Zusammenhang.

Im Protestantismus bietet die Vielzahl von Kirchen reichlich Wahlmöglichkeiten. Veränderungen erfolgen durch den Wechsel von einem »Bekenntnis« zu einem anderen, von den etablierten Kirchen wie die anglikanische, lutherische, episkopalische oder methodistische zum Pfingstlertum und zum Evangelikalismus, was mit Exkulturation und Deterritorialisierung einhergeht; man verlässt seine Gemeinde und sein Milieu und besucht oft weit entfernte Orte des Massenkults. Aber zu Beginn des 21. Jahrhunderts zeichnen sich innere Brüche ab hinsichtlich der Frage der Homosexualität, vor allem im anglikanischen Umfeld. Dort bahnt sich ein Schisma an zwischen einem Pol, der die Anerkennung der Homosexualität verweigert (hauptsächlich sind dies afrikanische Kirchen, dazu weiße amerikanische Gemeinden und einige englische Bischöfe), und der angelsächsischen Mehrheit, was allein daran sichtbar wird, dass die amerikanische Episkopalkirche 2003 erstmals einen bekennenden Homosexuellen zum Bischof gewählt hat. Im Judentum trat die Spaltung zwischen Reformierten, Konservativen, Orthodoxen und Ultraorthodoxen im 19. Jahrhundert zutage, dabei ging es genau um die Frage der Integration und Akzeptanz von säkularen Werten. Die Spaltung bekam besondere Brisanz mit der Gründung des Staates Israel, weil dort die Orthodoxen das Monopol auf die öffentliche Ausübung der Religion und die Rabbinergerichte haben, was ihr Verhältnis zu den Laien, aber auch zur Mehrheit der amerikanischen Rabbiner kompliziert machte.

Der Bruch bedeutet auch, dass es Verfahren für den Eintritt in die Gemeinschaft sowie den Ausschluss aus der Gemeinschaft gibt, einen »Gläubigen im soziologischen Sinn« erkennt man nicht mehr an. Bei den neuen protestantischen Bewegungen muss der Gläubige wiedergeboren sein: Er muss explizit um die Taufe bitten. Die katholische Kirche hat auf dem Zweiten Vatikanischen Konzil Kurse für Taufaspiranten eingeführt: Es genügt nicht, dass man um die Taufe bittet, und manchmal genügt es nicht einmal, dass man als Kind getauft wurde, wenn man danach den Glauben nicht mehr praktiziert hat. Auch vor der Eheschließung müssen die Partner, die nicht regelmäßig zur Kirche gehen, heute eine Unterweisung absolvieren. Überall, im Judentum wie im Islam, werden Übertritte aus formellen Gründen, beispielsweise als Voraussetzung für eine Eheschließung, erschwert. Bis in die 1960er Jahre waren die Übertritte noch relativ unproblematisch möglich (man musste nur den richtigen Rabbiner finden), doch nun wird eine echte Beschäftigung mit der neuen Religion über einige Zeit hinweg verlangt. Konservative Rabbiner sprechen sich gegen Mischehen aus, denn sie lehnen Gefälligkeitskonversionen ab, und auch bei echten Konversionen sind sie skeptisch: Sie plädieren deshalb für Endogamie. Ich kenne keine Untersuchungen über Gefälligkeitskonversionen im Islam, aber meine Erfahrung in meinem beruflichen Umfeld (wo es naturgemäß viele gemischte Ehen gibt) ist die, dass es vor 30 Jahren genügte, das islamische Glaubensbekenntnis, die *shahada*, zu sprechen, und die Sache war erledigt, während heute Länder wie Tunesien, das angeblich ein laizistischer Staat ist, und Marokko fordern, dass der Bewerber einen richtigen Unterricht durchläuft und dies von Imamen kontrolliert wird.

### *Das rein Religiöse*

Wenn man die Tatsache einmal akzeptiert hat, dass ein Bruch zwischen der Religion und dem umgebenden Neuheidentum besteht, sind zwei Haltungen denkbar: Rückzug oder Rückeroberung. (Und auch die Rückeroberung nach Rückzug ist denkbar.)

Rückzug bedeutet, dass man einen klaren, deutlichen Schnitt zwischen der Gemeinschaft der Gläubigen und dem Rest der Welt macht. Die Grauzone, die Abstufung und das Uneindeutige, das heißt der Raum der Kultur, verschwinden. Es geht um »sie« und »wir«, Unterscheidungsmerkmal ist die aktive Glaubenspraxis, nicht einfach nur die nominelle Zugehörigkeit. Die neuen protestantischen Gruppen sind »bekennend«, das heißt als Mitglied wird nur der Erwachsene gezählt, der sich persönlich engagiert, zum Beispiel indem er sich erneut taufen lässt. Etwas dazwischen, den »soziologischen Christen«, gibt es nicht. Der persönliche Glauben muss ausgesprochen werden und sichtbar sein. Man will den Erweckten, den erwachsenen Menschen, der im Glauben wiedergeboren wird. Selbst für die Religionen, die das nicht zu einem theologischen Prinzip erheben, zählt die Rückkehr des Gläubigen zum offensichtlichen Glauben, etwa für die muslimischen Tablighis oder die charismatischen Katholiken. Die orthodoxen jüdischen Gruppen wie etwa die Lubawitscher ermutigen die Bal Teshuva, die »Rückkehrwilligen«, die strengen Praktiken zu übernehmen und ein Leben aufzugeben, das nicht vollständig den religiösen Normen und Markern unterworfen ist.

Wie der Philosoph Jean-Luc Marion gesagt hat: »Die Christen sollten sich in erster Linie für Christus interessieren, weil die Nicht-

Christen sich vor allem für die Kirche interessieren. Denn die Ablehnung oder die Zugehörigkeit zur Kirche resultiert nicht aus einer ideologischen oder spirituellen Entscheidung, sondern aus einer Erwählung durch Gott in Christus. Der Christ und der Nicht-Christ nehmen Gestalt an, indem sie darauf antworten oder nicht.«[38] Es gilt der Grundsatz alles oder nichts. Das durch und durch calvinistische Thema der Erwählung kehrt mit Macht wieder, auch im Katholizismus. In der Romanserie *Left behind* der amerikanischen Evangelikalen Tim LaHaye und Jerry Jenkins werden die Erwählten ganz plötzlich von Gott gerufen und lassen die profane Welt in Krieg und Krise zurück.

Die Katholiken wollen im Allgemeinen mit der Kultur verbunden bleiben und sie im Bereich des Religiösen halten. Evangelikale und Salafisten hingegen haben schon mit dem Konzept der Kultur Schwierigkeiten. Man muss sich von der herrschenden Kultur befreien. Die heidnische Kultur zu ignorieren ist ein Weg, die Reinheit des eigenen Glaubens zu retten. Das ist die heilige Einfalt. Was David Martin über die Regeln der Pfingstler in Lateinamerika gesagt hat, trifft das Verhältnis der neuen religiösen Bewegungen zur Kultur sehr gut: »Die Regeln sind rigide und puritanisch, vor allem das absolute Verbot von Alkohol und Drogen, die strenge Überwachung des Sexuallebens und die Schranken zwischen den Gläubigen und den Versuchungen der Welt: Kino, Tanz, Fußball, Theater, profane Literatur und Unterhaltungssendungen – alles ist verboten.«[39]

Aus dem folgenden Zitat einer amerikanischen Theologin wird deutlich, dass es nicht um den Gegensatz zwischen einer »guten« Kultur und einer schlechten geht, sondern einfach um den Gegensatz von Glaube und Kultur: »Um in der Liebe zu leben, müssen wir uns in gewisser Weise weigern, in der Angst zu leben in einer Kultur, die uns beständig neue Gefahren vor Augen stellt … Ich meine, dass das Gerede über romantische Liebe in unserer Unterhaltungskultur in Wahrheit der Irreführung dient.«[40]

Die Paradigmen der »Anfänge« dienen deshalb dazu, die Kultur zu umgehen, die als ein Produkt historischer Zufälle wahrgenommen wird, ein bestenfalls nutzloser, schlimmstenfalls schädlicher Auswuchs. Die Anfänge sind die von Jesus, für die Protestanten vor allem aber die der Apostel. Man soll seinen Glauben leben wie die ersten Christen zu ihrer Zeit.[41] Die Bibeltexte werden wörtlich genommen, und dabei ignoriert man komplett die literarische und historische Seite der Texte, wie zum Beispiel den Umstand, dass die Apostelgeschichte voller literarischer Bezüge ist, sehr konstruiert und stilistisch hochkomplex.[42] Stattdessen liest man die Texte als Handbuch des zeitgenössischen Wanderpredigers. Die Kultur zu ignorieren bedeutet nicht, kulturelle Bezüge oder Texte ganz abzulehnen, aber man verschließt die Augen vor ihrer kulturellen Dimension. Das erklärt auch, warum die Protestanten keine Schwierigkeit mit dem Übersetzen haben. Das bekannte Problem jeder Übersetzung – die Unübertragbarkeit kultureller und literarischer Konnotationen, woher die Redewendung »traducteur/traduttore/translator is traitor« rührt, die den Übersetzer einen Verräter nennt – wird zu einem Vorteil: Weil die Übersetzung das tilgt, was den Text beschwert, ermöglicht sie, dass die Botschaft unmittelbar, außerhalb jeder kulturellen Dimension, aufgenommen wird. Der heilige Geist vermittelt den Sinn, nicht die Klarheit des Wortes.[43]

Die Wertschätzung der Anfänge zu Lasten der Geschichte finden wir im Islam bei denen wieder, die in der ersten muslimischen Gemeinschaft das unübertreffliche Vorbild für jede muslimische Gesellschaft sehen und, wie die Tablighis und die Salafisten, annehmen, dass die vollendete Frömmigkeit die Nachfolge des Propheten darstellt und nicht das theologische Wissen.

Die neuen religiösen Bewegungen ziehen sich darum gegenüber dem Gesellschaftlichen zurück, denn sie fürchten die Gefahren für ihren Glauben, wenn sie sich in der Welt engagieren. Bernice Martin zitiert in einer Untersuchung über die Ausbreitung des Evangelikalismus in Lateinamerika Pastor Caballo aus Pueblo Hundido in Chile, der Fußballspielen verbot, nicht weil er etwas gegen die Sportart hatte, sondern weil sie für ihn mit kulturellen Verhaltensweisen in Verbindung steht, die der religiösen Praxis zuwiderlaufen, wie zum Beispiel dem Konsum von Alkohol. Er selbst hat nichts gegen materiellen und beruflichen Erfolg einzuwenden: Nicht um der Askese willen lehnt er den Sport ab, sondern weil Sport mit einer lasterhaften Kultur einhergeht.[44]

Die katholische Kirche, die in den 1950er und 1960er Jahren die Kirchen öffnete und für Veranstaltungen zur Verfügung stellte, verschließt sie mittlerweile nicht nur vor anderen Kultformen, sondern auch vor profanen Aktivitäten wie nicht-religiösen Kulturveranstaltungen. Manche Gemeinden haben es abgelehnt, ihre Kirche für die Telethon-Konzerte 2007 zu öffnen, einzelne Bischöfe haben sogar die Beteiligung am Telethon [einer Spendensammlung für Muskelkranke über das Fernsehen] verurteilt, weil bei den Forschungen zur Bekämpfung seltener Krankheiten womöglich Embryonen verwendet werden könnten. Allenthalben trägt die Verteidigung der Gruppenidentität und der Gruppenwerte den Sieg über soziale Einbindung und Seelsorge in der Welt davon. Manchmal werden die Träger der äußeren Kultur sogar physisch angegriffen: Die Taliban, afghanische wie pakistanische, verboten Fernsehen und Videofilme, während die ultra-orthodoxen Charedim von Jerusalem das letzte verbliebene Kino des Viertels Mea Seharim angriffen, das Edison. Andere Charedim versuchten, ein koscheres Internet zu initiieren. Denn das ist ein allgemeines Problem: Wie kann man die neuen Technologien nutzen und zugleich die Werte, die sie transportieren, umgehen?

An einer evangelikalen amerikanischen Universität gibt es laut eines Artikels der *New York Times* einen Prediger, der den Studenten vorschlägt, sich von negativen kulturellen Markern zu befreien, indem sie diese auf Zettel schreiben, die sie dann feierlich (das heißt betend) in den Papierkorb werfen, zusammen mit Objekten, die heidnische Kultur symbolisieren: Das alles sei »Kulturmüll«. Und so sieht die Liste der Studenten von Dingen aus, die in den Abfall gehören: Ryan Seacrest, Louis Vuitton, *Gilmore Girls, Days of Our*

*Lives, Iron Maiden*, Harry Potter, ›der Wunsch nach einem Freund‹, ›dass ich unbedingt perfekte Zähne will‹. Jemand hat in winzigen Buchstaben geschrieben: ›vögeln‹. Ein paar haben Feuerzeuge, Marken-T-Shirts, Faschingshüte und CDs weggeworfen, darunter eine CD mit dem Titel *I'm a Hustla.*« Der zweite Schritt besteht darin, »die Marke zu wechseln«, sich umzuorientieren. Das heißt, es gilt die weggeworfenen kulturellen Marker durch religiöse Marker zu ersetzen, die allerdings durchaus gleichartig sein können, was besonders für T-Shirts mit Aufdruck gilt. Der Prediger erklärt: »Ich lege meine diesseitige Identität ab, und an diesem Morgen bekleide ich mich mit Christus, mit seinem Lebensstil. Daran soll man mich erkennen.« Die Journalistin der *New York Times* berichtet weiter: »Die Teenager stürzen sich auf die Tische mit T-Shirts und CDs mit dem Aufdruck ›branded by God‹. MTV-Clips werden durch die einer alternativen christlichen Kultur ersetzt, sodass die Jungen ihre Identität mit Christus verbinden und nicht mit dem Popstar, der zuletzt nackte Haut zur Schau gestellt hat.«[45]

Im Westen lebende Muslime werben für »muslimische Bekleidung«, die in mehr oder weniger starkem Kontrast zur jeweils herrschenden Mode steht: Vom salafistischen *shalwar-qamiz* bis zum *dawa-wear* des »konsumorientierten Islam«,[46] immer geht es darum, entweder die Mode zu ignorieren oder ihr durch einen religiösen Marker einen neuen Stempel aufzuprägen, also um ein *rebranding*. Man ersetzt die gebräuchlichen kulturellen Marker durch religiöse Marker, die man aber so trägt, als handelte es sich um kulturelle Identitätsmarker.

Damit sind wir bei einer Sichtweise, bei der es um Minderheiten und Unterschiede geht. Die Religiösen verstehen sich als Minderheit, auch in den Gesellschaften, in denen die Religion kulturell dominiert. Amerikanische Evangelikale protestieren gegen angebliche Diskriminierungen in den Schulen und im öffentlichen Raum oder klagen dagegen, dass sie bei Universitätsprüfungen wegen ihrer anderen Ansichten benachteiligt seien. Damit verschreiben sie sich einer kommunitaristischen Logik (»Rühr meine Gemeinschaft nicht an!«) und nicht der Evangelisierung.[47] Richard Turnbull, der Direktor von Wycliffe Hall, einem anglikanischen theologischen College in Oxford und alles andere als eine marginale Institution, hat erklärt, 95 Prozent der Menschen in Großbritannien würden in die Hölle kommen, sollten sie nicht umkehren und auf die Botschaft Gottes hören.[48] Aus theologischer Sicht ist dagegen nichts einzuwenden, aber es ist ein Bruch mit der Position des anglikanischen Establishments und zeigt klar, dass von innen her das Band zwischen der anglikanischen Kirche und der britischen Gesellschaft angegriffen wird.

Im Islam definierten sich die radikalen Gruppen der 1960er und 1970er Jahre durch die Bezeichnungen, die sie wählten, als kleine Minderheiten in einer Welt, die nur noch dem Namen nach muslimisch war: »die aus der Hölle Geretteten« oder »Exkommunikation und Hedschra«. Aber allgemeiner gesehen, stellen die Salafisten die Hadiths des Propheten in den Vordergrund und betonen die unüberwindliche Spaltung der Gemeinschaft, zum Beispiel zwischen 72 »Sekten« (*firqa* ist das Wort für Sekte), von denen nur eine gerettet wird. Letzteres ist ein sehr calvinistisches Thema, weshalb der Fall als weiteres Zeichen für die Standardisierung des Religiösen gedeutet werden kann. Im Internet ist ein muslimischer *a-capella*-Song (*nashid*) seit 2000 sehr populär. Er stammt aus einem Video, das einen Kämpfer zeigt, der nach seiner Verurteilung in einem Prozess in Ägypten hinter Gittern diesen Song anstimmt: *Ghoraba*, »Die Fremden«. Aber die Fremden sind die guten Muslime, fremd in der Welt, weil in der Minderheit und gleichgültig gegenüber der herrschenden Kultur, die sich gleichwohl als muslimisch bezeichnet – *»ghurabaa' hakazhal ahraaru fii dunya-al ‚abiid«* (Fremde: so sind sie frei in einer Welt der Sklaven).

Ende des Jahres 2007 tauchte in der israelischen Tageszeitung *Yated Ne'eman* eine seltsame Richtigstellung der ultraorthodoxen Gruppe Degel Hatorah auf: »Leider erschien in unserer Freitagsausgabe eine Werbung, die keinen Platz in unserer Zeitung hat. Die Werbung wurde von einer Gruppe geschaltet, die Versöhnung zwischen den Religiösen und Laizisten möchte. Wir haben alle Maßnahmen ergriffen, dass sich das nicht wiederholt ... Wir stellen klar, dass ein Jude, der an die dreizehn Glaubensartikel glaubt, keine Freundschaft mit jenen pflegen kann, die den Glauben an den Schöpfer der Welt leugnen. Wir können dem Säkularismus nie verzeihen und uns auch nicht mit ihm versöhnen, der durch Täuschung und Betrug Hunderttausende Kinder dem Religionsunterricht entzogen hat zugunsten einer Erziehung zur Zwangsbekehrung außerhalb des Judentums.«[49] Noah Feldman, ein sehr renommierter Professor an der Harvard Law School und praktizierender Jude, hat berichtet, dass er nach dem Jahrestreffen der Ehemaligen jener Jeschiwa, an der er studiert hat, ein Foto erhielt, auf dem man seine Ehefrau wegretuschiert hatte, weil sie keine Jüdin ist.[50] Dass orthodoxe Juden gemischte Ehen ablehnen, ist nicht neu, aber interessant an der lebhaften Debatte nach diesem Artikel ist, dass es gleichermaßen um Schutz und Diffamierung der Gemeinschaft ging wie um die Achtung religiöser Prinzipien.[51] Der Lubawitscher Rabbi Eliezer Shemtov veröffentlichte 2006 ein kleines pädagogisches Buch, das in mehrere Sprachen übersetzt wurde, mit dem Titel *Lieber Rabbi, warum kann ich sie nicht heiraten?*. Die Kampagne gegen Mischehen wird offen geführt, auch in vollkommen assimilierten und politisch liberalen Kreisen. So hat der berühmte amerikanische Anwalt Alan Dershowitz ein Buch geschrieben, in dem er den Standpunkt seines Sohnes widerlegt, der erklärt hatte, er wolle eine Nicht-Jüdin heiraten und Jude bleiben.[52] Die Assimilierung ist ein Thema, das religiöse jüdische Kreise wieder umtreibt.[53]

Wenn die Religiösen als Minderheit gedacht werden, definieren sie sich schließlich selbst so. Ein Artikel im *Le Monde* beschreibt das folgendermaßen: »Sie sind zwischen fünfzehn und fünfundzwanzig Jahren und gehören einem fremden Stamm an. Journalisten und Soziologen haben diesem Stamm einen Namen gegeben: die Generation Johannes Pauls II. Sie glauben an Gott, sie sind Katholiken (›Kathos‹, wie sie sagen), sie lieben den Papst und sind stolz darauf, und dabei sind sie durch und durch Kinder ihrer Zeit, im Guten wie im Bösen, und fühlen sich absolut wohl in ihren Basketballschuhen – wirklich eine seltsame Tierart.«[54] Das Religiöse zieht sich auf das

Identitäre zurück oder rekonstruiert sich als eine Glaubensgemeinschaft. Heute spricht man von katholischer Identität oder muslimischer Identität, was im Mittelalter keinen Sinn ergeben hätte. Das Paradox ist: Um eine »Glaubensgemeinschaft« aufzubauen, verwendet man die religiösen Marker so wie die übrigen kulturellen Marker; man folgt dem multikulturalistischen Modell. Anstatt die Kultur zu überwölben, wird die Religion zu einer Subkultur genau wie die Arbeiterkultur, die Kultur der Schwulen, Frauen, Schwarzen und so weiter. Das geht so weit, dass man bei Kundgebungen von »Minderheiten« von San Francisco bis London den Stand der Muslime nicht weit vom Stand der Schwulen entfernt findet.

In diesem Sinn wird das Wort »Kultur« sehr oft von den Religiösen, Christen wie Muslimen, verwendet. Zum Beispiel hat der italienische Kardinal Biffi zur Definition von Kultur geschrieben: »Wie wir diesen Begriff letztendlich auch füllen wollen, es ist legitim, von einer ›katholischen Kultur‹ zu sprechen, nicht nur als Konzept, sondern in der Realität. Und genau in dieser Pflicht, die ›katholische Kultur‹ zu schützen, liegt die Antwort auf die Frage, die uns interessiert. Das soll heißen, dass die Grundidentität des politisch engagierten Christen nicht durch die Tatsache garantiert ist, dass er überzeugter Anhänger des Glaubensbekenntnisses ist, dass er das sakramentale Leben achtet, dass er die Gebote Gottes als verpflichtend anerkennt. Er muss auch fest und eifrig der ›Kultur‹ treu sein, die letzten Endes durch die verschiedenen kirchlichen Formen auf homogene Weise aus Christus und seinem Evangelium hervorströmt. Kurzum, er muss der ›katholischen Kultur‹ treu sein. Gibt es eine ›katholische Kultur‹ in diesem präzisen Sinn? Ja, sie existiert, weil ein katholisches Volk existiert und existieren muss, was nur denen missfallen dürfte, die meinen, es gäbe keine Christenheit mehr und solle keine mehr geben. Die Christenheit von heute mag minoritär sein, anders als vor einigen Jahrhunderten, aber das ist kein Grund, warum sie weniger lebendig und weniger typisch sein sollte.« Der Kardinal schließt, man dürfe in der Politik nicht den Kompromiss suchen »zu Lasten einer Identität, die niemals in Gefahr gebracht werden darf«.[55]

Alle Begriffe sind da: Minderheit, Identität und Kultur im Sinne der Kultur einer Gruppe, zurückgeführt auf die expliziten Normen des Religiösen und nicht auf die profane Entwicklung einer religiösen Inspiration. Insgeheim übernehmen die Religiösen den multikulturalistischen Diskurs, indem sie sich als kulturelle Minderheit präsentieren, für die eine aus jedem Kontext herausgelöste religiöse Norm den kulturellen Marker liefert. Der religiöse Marker dient als Marker für die Identität. Das Religiöse und das Kulturelle mischen sich erneut, aber weil das explizit Religiöse die kulturelle Norm vorgibt. Die Kultur als solche verschwindet, sie wurde durch die religiöse Norm ausgetrocknet.

Deshalb ist es nur logisch, dass es Veranstaltungen zu *christian pride* gibt nach dem Vorbild von *gay pride*, wie im Mai 2008 in Paris. Der Pastor, der jene Veranstaltung organisierte, bezog sich explizit auf eine »evangelikale Kultur«, was eingeschränkter ist als die christliche Kultur, und zeigt, dass das Wort Kultur hier auf eine Identität verwies und nicht auf einen anderen Bestand rein religiöser Marker.[56] Identität entspricht hier nicht dem Gebrauch eines modernen Konzepts, das es erlaubt, die Vergangenheit besser zu verstehen: Es ist ein »performatives« Konzept, das erzeugt, was es benennt.

Während zum Beispiel die katholische Kirche in Frankreich in ihrem Konflikt mit der Laizität das ganze 20. Jahrhundert hindurch die Gemeinden ermunterte, sich auf die Gesellschaft, auf Sport und Kultur einzulassen und mittels Patenschaften, Sportclubs und Ferienlagern den religiösen Marker einzubringen, geht die Tendenz seit dem Amtsantritt von Monsignore Lustiger als Erzbischof von Paris im Jahr 1981 eher dahin, dass man unter sich bleibt, aber Flagge bzw. das Kreuz zeigt: Es gibt eigene Radiosender, Orte für spirituelle Einkehr, Pilgerreisen und so weiter. In den 1950er Jahren wurde die Verschmelzung mit der umgebenden säkularen Kultur als eine Form der Sendung verstanden: Man trug Zivilkleidung, baute Kirchen ohne äußere religiöse Indizien, man vertrat die Auffassung, dass die Gnade im Profanen zutage tritt, auch in der Politik, in sozialen Bewegungen sowie nationalen Befreiungsbewegungen und so weiter. Mittlerweile setzen Kleidung, Architektur und Sprache wieder deutlich die Zeichen der Zugehörigkeit. Das ist der Gegensatz zur liberalen Tendenz, wie sie Protestanten von Friedrich Schleiermacher über Dietrich Bonhoeffer bis Harvey Cox verkörpern, für die die Säkularisierung nicht nur unvermeidlich, sondern positiv ist, und zwar so sehr, dass das Religiöse darin aufgehen soll. In einer post-religiösen Welt werden Werte nicht mehr vom Religiösen an sich vermittelt. In dieser Theologie der Säkularisierung verschwindet der religiöse Marker. Bei den neuen Gläubigen von heute ist es umgekehrt: Das Profane hat nichts Gutes, und der religiöse Marker muss nicht nur wiederhergestellt, sondern auch ausgestellt werden.

Die Isolierung des religiösen Markers wird deutlich daran, dass nach und nach eine spezielle religiöse »Etikettierung« zu beobachten ist: Man spricht, offenbar seit 1905, von »katholischen« Schriftstellern, wie man im 20. Jahrhundert von »schwarzen« Schriftstellern oder »weiblichen« Autoren spricht. Am Ende des Jahrhunderts tauchen die »islamistischen Schriftsteller« auf, und es entsteht eine profane religiöse Literatur, die den religiösen Marker in einer Welt ohne Religion rehabilitieren will[57] und immer demselben Schema folgt: Eine junge Frau oder ein junger Mann wird mit den Versuchungen der Welt konfrontiert, findet aber das Glück in der Religion und im Familienleben.[58] Die religiösen Schulen – freilich gibt es Ausnahmen – werden entweder weltlich, wie zum Beispiel die katholischen Privatschulen in Frankreich, oder sie lehren ausschließlich Religion, was immer häufiger bei islamischen und jüdischen Hochschulen zu beobachten ist. Natürlich gibt es auch Stimmen, die Studenten dazu ermutigen, beides zu tun, das heißt zur Universität zu gehen *und* religiöse Studien zu treiben; andere wiederum wollen einen weltlichen Unterricht an religiösen Schulen einführen. Aber mit etwas Abstand betrachtet, muss man feststellen, dass die Religion praktisch überall zu einer Art identitärer Subkultur geworden ist, während sie sich gleichzeitig auf etwas Universelles bezieht.

Deshalb führt der Rückzug zu doppelten Aggressionen, nämlich externen und internen. Nach außen hin attackiert man entweder vor Gericht oder durch die Drohung mit direkten Aktionen, man denke an die berühmten *fatwas*, die oft nur Fantasiegebilde sind. In den Prozessen vor säkularen Rechtsinstitutionen geht es im Allgemeinen um die Diffamierung einer Gemeinschaft, die Respekt verlangt, so geschehen im Streit um das Bild *Das Abendmahl*, die dänischen Karikaturen oder die Affäre Rushdie. In den westlichen Ländern häufen sich die Verfahren wegen tatsächlichen oder vermeintlichen Antisemitismus. In den Ländern mit einer Staatsreligion reaktiviert man entweder Gesetze gegen Gotteslästerung oder fordert solche ein. Selbst vermeintlich »liberale« Religionen wie der Buddhismus setzen auf diese Karte.[59] Im Inneren der Gemeinschaft erfreuen sich Verfahren zur Exkommunizierung neuer Beliebtheit: *takfir* im Islam, *pulsa danura*, die Verfluchung, bei den Charedim.[60] Die evangelikalen Kirchen kennen das Problem der »Erkalteten«, die nicht das Engagement an den Tag legen, das man von ihnen erwartet. Die Tatsache, dass die religiöse Gemeinschaft nicht mehr auf Konformismus und Territorialisierung gründet und in der sie umgebenden Kultur verwurzelt ist, hat zur Folge, dass der Beitritt zwar ein freiwilliger Schritt ist, dass man aber auch schnell hinausgeworfen werden kann.

### *Die heilige Einfalt*

Auf die Spitze getrieben, verwandelt sich die Ablehnung der profanen Kultur in Misstrauen auch gegenüber dem religiösen Wissen, weil man meint, dass es erstens nicht nötig ist zu wissen, um gerettet zu werden, und zweitens, dass das Wissen vom wahren Glauben ablenken kann. Das Wort Gottes erreicht einen direkt, ohne Vermittlung durch das Wissen: Genau das ist die Funktion des Heiligen Geistes bei den Protestanten. Bildung ist nicht nötig, um unter dem biblischen Text die Wahrheit zu finden, sondern der Text ist wahr, weil er das lebendige Wort Gottes ist. Man muss sich dem Wort hingeben. In ihrem Extrem kommt diese Haltung in dem berühmten

»Reden in Zungen«, der Glossolalie, der Pfingstler zum Ausdruck: Wie die Apostel zu Pfingsten (daher der Name der Bewegung) beginnen die Gläubigen unter dem Einfluss des Heiligen Geistes, Töne zu artikulieren, die jeder in seiner Sprache versteht. Das bedeutet nicht, dass sie plötzlich Chinesisch, Tagalog oder Hebräisch sprechen können, sondern dass sie durch eine Lautäußerung, die nichts mit Sprache zu tun hat, verstanden werden. Hier gibt es weder theologisches Wissen noch linguistisches, noch kulturelles, vielmehr handelt es sich um eine Präsenz, die nicht durch Wissen vermittelt wird. Es ist der typische Fall, dass der Buchstabe in dem Wort verschwindet, welches direkt eindringt, ohne Vermittlung der Sprache. Definitionsgemäß ist die Sprache aber zugleich Trägerin der Kultur, Objekt des Wissens und Instrument des Wissens. Die Aufhebung der Sprache zugunsten des Wortes ist sicher das stärkste Beispiel für die heilige Einfalt.

Aber es gibt noch andere Beispiele für die Weitergabe der Botschaft ohne Weitergabe von Wissen, dazu zählen alle Formen von Ekstase, die Meditation, Zen. Im Judentum, wo Wissen traditionell sehr hoch geschätzt wird, rücken chassidische Bewegungen heute andere Formen der Weitergabe in den Vordergrund: Die Nachman organisieren Wandergruppen, die musizieren und tanzen und so »Freude weitergeben« wollen.[61] Weitergegeben wird vor allem ein Gefühl; man möchte beim anderen das gleiche religiöse Erleben wecken, das man selbst empfindet, aber man macht einen Bogen um alles diskursive Wissen, denn das erscheint als Zeitverlust oder als Gefahr, sich in säkularer Selbstgefälligkeit zu verlieren.

Hier ein Zeugnis, natürlich ein ganz individuelles, wie die heilige Einfalt entschuldigt wird: Eine ehemalige Leiterin eines Gästehauses für Evangelikale in Jerusalem kritisiert das Geschäftemachen der Evangelikalen in Israel und schreibt in einem Blog (ich übernehme die Typographie): »Aber nachdem das gesagt ist, ist es nicht viel wichtiger, nach dem Bild von JESUS CHRISTUS verändert zu werden, als ›Schreiber‹ zu werden, die von vielen Kenntnissen aufgeblasen sind? Der Apostel PAULUS sagt: ›Die Erkenntnis macht aufgeblasen.‹ Und das stimmt immer noch. Ich muss nicht Hebräisch können, um zu verstehen, dass ich mein ›Ich‹ ablegen muss, damit der HEILIGE GEIST mich täglich nach dem Bild CHRISTI verändert … Aber was ich unbedingt brauche, ist ›für mich zu sterben‹, mich ›täglich verleugnen‹, meinen ›eigenen Willen‹ abweisen, um Dem meines Herrn zu gehorchen, damit ich so wie Er in der Lage bin, Seine Werke zu vollbringen durch die Macht des GEISTES CHRISTI, der mich dann ganz erfüllen wird! Ich denke an die Worte unseres Herrn und Meisters: ›Wenn ihr nicht wie die Kinder werdet, könnt ihr nicht in das Himmelreich kommen.‹ Und dagegen scheint es, als müsste man heute ein Diplom in Theologie haben, um den GEIST in seiner Fülle zu erfassen! Aber unser Herr lehrte das Volk mit einfachen Gleichnissen, und vor allem brachte er das Königreich GOTTES auf die Erde, indem er den Beladenen half, den Blinden die Augen öffnete, die Toten erweckte und so weiter. Er stürzte die Wissenschaft der ›Weisen‹ und der Intellektuellen seiner Zeit, ER, über den die Pharisäer und die Hohepriester sagten, ER habe die Schrift nicht studiert. (Mit ihnen in ihren Studiersälen.) Der HEILIGE GEIST war ausschlaggebend! AMEN.«[62]

ZWEITER TEIL

# Die Globalisierung und das Religiöse

## Freier Markt oder Dominanz des Marktes?

Welche Wirkung hat die aktuelle Globalisierung bei diesem unablässigen Spiel der Akkulturation und Dekulturation des Religiösen sowie dem Wandel von Religiositäten? Sie bewirkt, wie schon gesagt, eine Systematisierung, Generalisierung und Beschleunigung der Vorgänge. Im Hinblick auf die Globalisierung des Religiösen dominieren heute zwei Theorien: die Theorie der Akkulturation und die Theorie des Marktes, welche jüngeren Datums ist. Natürlich sind die beiden nicht klar voneinander geschieden, sondern es handelt sich eher um zwei Pole, zwischen denen eine Fülle nuancierter Positionen steht.

Die Akkulturation setzt voraus, dass die Wandlungen des Religiösen eine Folge dessen sind, dass ein dominierendes Modell aufgezwungen wurde, und verweist somit letztlich auf politische Beherrschung. Der »Besiegte« übernimmt die dominierende Kultur oder reagiert auf sie, entweder durch Integration oder durch Revolte. Das Ergebnis ist ein Synkretismus (wie der Kimbanguismus, die von Simon Kimbangu begründete Bewegung im Kongo), Hybridisierung (Voodoo) oder eine »Umwendung«, bei der man sich der herrschenden Kultur im Namen ihrer eigenen Werte widersetzt (der schwarze amerikanische Gospel). Diese drei Kategorien, mit denen zuerst vorsichtig die Anthropologen hantierten, wurden später zur Basis aller *post-colonial, cultural* und *subaltern studies*: Die Ausbreitung des Religiösen oder vielmehr bestimmter religiöser Formen geht mit der Beherrschung einher. Es gibt keine Nachfrage nach Religiösem, sondern nur ein Angebot, das entweder gewaltsam aufgezwungen wurde oder sich auf subtilere Weise durch die Zwänge der Dekulturation durchsetzte.

Es ist interessant festzuhalten, dass die französischen »Souveränisten« von links wie von rechts, die Europa genauso ablehnen wie die Globalisierung, an vorderster Front gegen die »fremden« Religionen kämpfen, womit in der Regel der amerikanische Protestantismus und der Islam gemeint sind. Vollkommen logisch wird den »neuen Religionen« unterstellt, sie seien Teil der durch die Globalisierung angeregten strategischen Neuordnung.

Wir untersuchen zunächst die Frage der Beherrschung und kehren dann zum Markt zurück.

## Akkulturation als Beherrschung

Natürlich soll nicht bestritten werden, dass es ein gewaltsamer Akt ist, wenn eine Kultur oder eine Religion aufgezwungen wird. Andererseits ist klar, dass die Globalisierung heute die Fortsetzung des Kolonialismus darstellt und die Debatte über Werte wie Menschenrechte, Demokratie und die Rechte der Frau auch eine Debatte über Macht ist. Dies wird illustriert durch das »Recht auf Einmischung« und ein robustes humanitäres Engagement, ein würdiger Erbe der Missionare des 19. Jahrhunderts. Aber die Ergebnisse der Globalisierung reichen wie die der Kolonialherrschaft weit über die Problematik von Macht und Entfremdung hinaus, und genau das interessiert uns.

Der »reinste« Fall von Akkulturation sind die Indianer in Mittel- und Südamerika, weil sie Ziele einer raschen, intensiven und gewaltsamen Bekehrungspolitik wurden.[1] Zwei entwickelte Kulturen, die zuvor keine Beziehung zueinander hatten, traten schlagartig für sehr kurze Zeit in militärischen Kontakt. Die Indianerkultur wurde besiegt, aber die Indianer wurden nicht ausgerottet, sondern sie wurden zur Akkulturation gezwungen und sollten die Religion des Siegers übernehmen. Das soll jedoch nicht heißen, dass die Kultur der Indianer verschwand, vielmehr verwandelte sie sich im Rahmen der Kultur des Siegers und einer politischen Herrschaftsbeziehung. Ein anderes Beispiel sind die afrikanischen Sklaven in Nordamerika. Sklaverei ist definitionsgemäß immer eine absolute Herrschaft, aber es kommt vor, dass Herren und Sklaven in einem

Universum leben, in dem zwei Kulturen tatsächlich koexistieren, und sei es in Konfrontation, wie bei der Sklavenhaltung im Mittelmeerraum des 15. oder 18. Jahrhunderts. Dort zeigte sich, dass die Akkulturation nicht zwangsläufig stattfinden muss, der christliche Sklave eines muslimischen Herrn kann Christ bleiben; oder aber Akkulturation ist eine Sache der individuellen Entscheidung, wie beim Übertritt zum Islam. Kurz, die Referenzreligionen der Beteiligten, das heißt Islam und Christentum, bleiben in einem Verhältnis der antagonistischen Symmetrie unverändert. Hingegen gingen für Millionen afrikanischer Sklaven beim Transport über den Ozean nach Amerika die Sprache und Kultur ihrer Heimat verloren, und es stellte sich die Frage, welcher Art das Bekenntnis dieser Sklaven zum Christentum sein sollte.[2]

Aus dieser Sicht werden die Ausbreitung neuer Religionen wie die der Pfingstler und die Neubesetzung etablierter Religionen durch indigene Formen der Religiosität, wie etwa das sogenannte »afrikanische Christentum« oder die »einheimischen afrikanischen Kirchen«,[3] in Form von Synkretismus und Hybridisierung als Triebkräfte der Akkulturation wahrgenommen.

Die Theorie der Akkulturation unterstellt, dass es eine herrschende Kultur gibt und dass die beherrschte Kultur in einer »minderen« Form wiederkehrt, entweder durch Substrate oder durch eine Fusion, oder durch das Festhalten an einer Religiosität, die sich durch die Übernahme von Paradigmen der dominierenden Religion verändert. Zum Beispiel, so hat T.H. Smith im Hinblick auf den Gospel geschrieben, hätten die schwarzen Sklaven in Amerika damit eine afrikanische religiöse Matrix mit neuen kulturellen Markern wiederbelebt, dem Text der Evangelien.[4] Entsprechend dieser Deutung nahmen die Indianer in Nordamerika den katholischen Priester oder den Pastor als funktionales Äquivalent für den Schamanen wahr und gaben den christlichen Riten und Dogmen traditionelle Bedeutungen. »Auf diese Weise sicherten die Indianer das Überleben der indigenen Kultur, indem sie die Religion der Eindringlinge als Schutzschicht verwendeten.«[5] Der Autor folgert, die Hinwendung zur Religion bleibe in dem Fall oberflächlich. Wir finden hier die in der Anthropologie regelmäßig zu beobachtende Tendenz, den religiösen Marker auf einen kulturellen Marker zurückzuführen. In diesem Rahmen kombinieren hybride oder synkretistische Religionen die Marker aus zwei verschiedenen Universen neu, weil entweder die vorangehende Schicht unterdrückt wurde oder neue Marker gewaltsam aufgezwungen wurden. Das Nebeneinander erscheint immer als künstlich, unecht und zerbrechlich. Auffallend ist die Neigung von Journalisten und Verlegern, zum Beispiel bei der Suche nach Buchtiteln, die den Leser ansprechen, für das, was man »kulturelle Oxymorons«[6] genannt hat: Mariachis und Psalmen, Schleier und Handy (statt Handy wahlweise auch: Kalaschnikow, Laptop, Joggingoutfit usw.), McDonald's und *hallal*, Buddhismus und Aktenkoffer etc. Mit anderen Worten: Eine Verbindung zwischen den verschiedenen Markern zu schlagen, wirkt unpassend, weil die einzelnen Marker auf je unterschiedliche Kulturen verweisen.

Die Religionen oder religiösen Formen, die als »hybrid« bezeichnet werden, kombinieren die verschiedenen Marker neu zu einer Einheit, in der Religion und Kultur wieder miteinander verbunden sind. Der Beobachter von außen erkennt darum weder eine Besonderheit noch eine Autonomie des Religiösen: Alle kulturellen Register – Musik, Küche, Familie, soziale Bindungen – werden im Rahmen der Vermischung gedacht. Der Synkretismus erscheint als eine Folge der Herrschaft, und die *subaltern studies* entwickeln sich logischerweise als eine Unterform der *cultural studies*.

Aber diese Sicht wirft aus drei Gründen Probleme auf: Sie ignoriert die Besonderheit des Religiösen, indem sie es auf das Kulturelle zurückführt; sie lässt die religiöse Erfindung als eine Folge der Herrschaftsbeziehung erscheinen; und sie betrachtet den religiösen Akteur aus dem Blickwinkel der Entfremdung, das heißt nicht als ein bewusstes Subjekt. Was will man ausdrücken, wenn man Voodoo und *milonga* in Brasilien als synkretistische Religionen bezeichnet? Für die Anhänger ist es nicht Synkretismus, sondern eine echte Religion. Entsprechendes gilt für die verschleierte Frau mit Handy oder den Inhaber eines *hallal* Fastfood-Restaurants: Es ist weder ein kulturelles Oxymoron noch ein Paradox, noch Widerspruch noch

Merkwürdigkeit – ihr Erleben macht die Kombination zu einer neuen Einheit. Von Synkretismus zu sprechen, setzt eine Theorie von falschem Bewusstsein und Entfremdung voraus: Das Subjekt weiß nicht, was es tut, die Wahrheit liegt im Blick des Betrachters von außen, der angeblich neutral ist und die Determinanten durchschaut – der aber tatsächlich nicht neutral sein kann.[7]

Aber das bedeutet auch, dass man eine implizite Unterscheidung zwischen »reinen«, das heißt nicht synkretistischen, und gemischten Religionen vornimmt, was die Unterscheidung von Sekte und Religion, zwischen »Hochkultur« und »Volkskultur« voraussetzt. Zumindest sofern man nicht jede Religion als eine Form von Synkretismus ansieht, etwa das Christentum als Mischung von Judentum und neuen Heilstheorien. Aber in dem Fall wäre das Konzept der »synkretistischen Religion« redundant. Mit einem Wort: Die Theorie der Akkulturation/Dominanz übersieht die Dynamik der Verselbständigung des Religiösen, weil sie sie auf das Kulturelle zurückführt, und in diesem Rahmen wird die Verselbständigung des Religiösen unverständlich. Wie kann ein religiöser Marker außerhalb des kulturellen Markers funktionieren? Wie kann sich das Religiöse verbreiten? Denn die Globalisierung hat das Band zwischen religiösen und kulturellen Markern – ein Band, das bereits nicht mehr stabil war – gekappt.

Man muss darum unterscheiden zwischen (realer) Dominanz, Entfremdung, Formatierung und Konversion. Die Entfremdung setzt voraus, dass das Subjekt nicht frei ist und eine von außen aufgezwungene Identität annimmt, die darauf abzielt, die Unterwerfung zu gewährleisten. Darum geht es bei der großen Debatte über das Kopftuch in Frankreich: Wie kann eine freie Frau freiwillig ein Zeichen der Unterwerfung wählen? Wir wissen, dass die Gymnasiastinnen, die die verschiedenen Konflikte ausgelöst haben, nicht unter dem Druck ihrer Eltern oder Brüder handelten. Aber der vermutete Druck wurde als allgemeines Erklärungsprinzip genommen, und das erlaubte, eine »freie« Entscheidung als Entfremdung darzustellen, überdies als »kulturelle« Entfremdung. Darum konzentrieren sich die Medien auf die Unterdrückung der Mädchen aus den Vorstädten durch gleichaltrige männliche Jugendliche oder ihre Väter. (Darum ziehen Vereinigungen wie »Ni putes ni soumises«, die darum kämpfen, die französischen muslimischen Mädchen aus der Unterdrückung durch ihre Brüder zu befreien, solche Aufmerksamkeit auf sich, und darum verursachte es bei der laizistischen Linken einen solchen Skandal, dass die Vorsitzende Fadela Amara Staatssekretärin unter einer Ministerin wurde, Christine Boutin, die praktizierende Katholikin und überzeugt von der biologischen Rechtfertigung des Unterschieds zwischen den Geschlechtern ist.) Ähnliche Überlegungen veranlassten zur Zeit der Französischen Revolution im Februar 1790 die Konstituante, die klösterlichen Gelübde zu verbieten: Wenn ein Mönch sein endgültiges Gehorsamsgelübde ablegt, gibt er freiwillig seine Freiheit auf – und das ist mit seinem Status als Bürger nicht vereinbar. Der Begriff der Entfremdung wird im Anschluss an die Analysen von Marx und Feuerbach üblicherweise von laizistischen Denkern als eine Kategorie verwendet, die dazu dient, das Religiöse zu reduzieren; die zweite Technik ist die Reduktion auf die Kultur.

Die Theorie der Akkulturation bleibt stark abhängig von den Herrschaftstheorien. Aber die dominierende Kultur ist nicht notwendigerweise die der politischen Machthaber. Zum Beispiel haben sich in Indien Islam, Judentum und Christentum »hinduisiert«, angepasst an das gesellschaftliche System der Kasten, während die politische Macht zu den Muslimen übergegangen ist.[8]

Auf der anderen Seite kann sich die Akkulturation gegen die herrschenden Mächte auswirken. Der Katholizismus hat in den kolonisierten Ländern im Gefolge der politischen Dominanz Fuß gefasst und auf seine Weise zur Bildung der Eliten der Unabhängigkeitsbewegung beigetragen. Die Konzepte »Religion«, »Nation«, »Volk« wurden von den Befreiungsbewegungen okkupiert. Der Neohinduismus ist eine Rekonstruktion von komplexen religiösen Praktiken und Bezügen im Rahmen eines modernen territorialen Nationalismus, seine Sprache ist Englisch. Die Formatierung des Hinduismus nach der westlichen Kategorie »Religion« ist ein Faktor des Hindu-Nationalismus.[9] Dabei geraten auch die »westlichen«

Kategorien durcheinander. Man spricht von Hybridisierung, Vermischung, aber man muss auch von *strategischer Nachahmung*[10] sprechen: Man bedient sich der herrschenden Kategorien, um die eigenen Ziele desto besser verfolgen zu können.

In Lateinamerika ist die Verwandlung des Katholizismus offensichtlich: Zu Beginn ein spanisches Herrschaftsinstrument, wurde er im Lauf des 20. Jahrhunderts allmählich zur Befreiungstheologie, die die politische Ordnung in Frage stellt und gegen den amerikanischen Einfluss kämpft. Dann erfolgte eine zweite Christianisierungswelle: der protestantische Evangelikalismus, der die Befreiungstheologie ausdrücklich ablehnt und sich rechts auf dem politischen Spektrum einordnet. In Guatemala führte nach einem Staatsstreich zwei Jahre lang, 1982/1983, General Rios Montt, der der amerikanischen Pfingstkirche Church of the Word beigetreten war, das Land. Er gab den Gegnern der Befreiungstheologie eine christliche Rechtfertigung.

Die Dinge können noch komplizierter werden. Die Indianer im Bundesstaat Chiapas, in ihrer Revolte gegen das mexikanische Establishment angeführt von Subcomandante Marcos, waren traditionell katholisch. Aber in den 1990er Jahren gab es zwei Konversionswellen: erst eine protestantisch-evangelikale, die sich vom politischen Kampf abwandte, und dann eine islamische Welle. Und wie es aussieht, waren die muslimischen Konvertiten zuvor zum Protestantismus konvertiert.[11] Der Missionar, der die zweite Welle ins Rollen brachte, war ein weißer Spanier namens Aurelino Perez, zum Islam als Mohammed Nafia konvertiert. Er gehörte der spanischen Murabitun-Gruppe an, die ausschließlich aus Konvertiten besteht. Damit hat ein weiteres Mal ein Nachfahre der Konquistadoren eine monotheistische Religion ins Land gebracht, als käme jede gute Religion von den Konquistadoren oder *gringos*. Aber in diesem Fall ist es eine Religion, die sich andernorts demonstrativ in eine tiersmondistische, antiimperialistische Identität kleidet. Der Anführer der Bewegung, Mansur Escudero, forderte das Recht auf muslimische Gebete in der Kathedrale von Cordoba, der ehemaligen großen Moschee; der Bischof ließ ihn von der Polizei vertreiben. Daraufhin bekam er öffentliche Unterstützung vom Generalsekretär der Arabischen Liga, Amr

Musa.[12] Manchmal sind die Wege, die die List der Vernunft nimmt, unerforschlich, vor allem wenn man bedenkt, dass Hunderttausende amerikanischer Indianer, die in den letzten Jahren als Arbeitsmigranten nach Spanien gekommen sind, zum evangelikalen Protestantismus konvertierten unter dem Einfluss spanischsprachiger Pastoren, die in den Vereinigten Staaten ausgebildet worden waren.

Die Ausbreitung des Pfingstlertums in den indigenen Gesellschaften der ehemaligen Kolonien wird immer wieder, wie in Guatemala, als Ausdruck der amerikanischen kulturellen Dominanz oder als eine neue Form der Hybridisierung gedeutet. Ein interessanter Fall ist das Pfingstlertum in Tahiti.[13] Die Pfingstbewegung hat sich dort ausgehend von amerikanischen Kirchen entwickelt, die sowohl auf den christlichen Universalismus als auch auf die indigene Orientierung setzten, um ihren Bruch mit dem Kolonialismus deutlich zu machen; die Pfingstkirche soll im Gegensatz zum französischen Kolonialismus als »indigen« und universell erscheinen. Manche Pfarrer lassen »traditionelle« Tänze zu (importieren dafür aber seltsamerweise Tänze aus Hawaii, einem amerikanischen Bundesstaat) und vertreten eine Theorie über Dämonen, die an eine lokale Tradition anschließt. Aber wo ist der Synkretismus? Der kulturelle Marker, der Tanz, ist künstlich und überdies umstritten, und die Dämonentheorie spielt im Pfingstlertum eine große Rolle: Je näher die Herrschaft Gottes rückt, desto mehr greifen die Dämonen an. Wir haben hier ein religiöses Paradigma vor uns, das im Verhältnis zur lokalen Kultur autonom ist, aber eine bessere Verwurzelung ermöglicht hat.

Wenn wir noch einen Schritt weiter gehen, können wir auch feststellen, dass die Wiederaneignung einer Religion durch eine lokale Gruppe die Form der Ultraorthodoxie, des Fundamentalismus annehmen kann, was bedeutet, dass der kulturelle Unterschied geleugnet wird. Das ist nichts Neues: Die Berber im Atlasgebirge haben auf fundamentalistische Weise den Islam angenommen, als sie die großen Almoraviden- und Almohaden-Dynastien in Spanien begründeten. Im heutigen Afghanistan sind die Nuristani neben den Paschtunen die einzige Bevölkerungsgruppe, die in großem Umfang den Salafismus übernommen hat; als letzte Gruppe sind sie Ende des 19. Jahrhunderts zum Islam konvertiert. Wie wir weiter unten noch sehen werden, ist Afrika heute ein Zentrum des christlichen Traditionalismus, sowohl im Anglikanismus, womit vor allem die Kirchen von Nigeria und Kenia gemeint sind, wie im Katholizismus, man denke an Monsignore Hyacinthe Thiandoum, den Nachfolger des später suspendierten Monsignore Lefebvre als Erzbischof von Dakar. Der tahitianische Evangelikalismus ist sehr viel fundamentalistischer als die protestantischen Strömungen im Mutterland.

### Ist das Christentum noch westlich?

Das Gravitationszentrum des Katholizismus hat sich nach Süden verlagert: Muss man darin eine kulturelle Veränderung sehen, eine andere katholische Kultur, entsprechend der These von Philip Jenkins, oder vielmehr den Gipfel der Dekulturation? Jedenfalls ist eine bemerkenswerte »Tiersmondisation« des Christentums, eine Verlagerung in Länder der sogenannten Dritten Welt, und vor allem des Katholizismus zu beobachten. Diese Verlagerung hat nicht nur mit der demografischen Vitalität der Länder des Südens und den niedrigen Geburtenraten in traditionell katholischen Ländern wie Spanien und Italien zu tun, sondern auch damit, dass es dort mehr Berufungen gibt. 1990 zählte die Societas Jesu 25 000 Mitglieder, die meisten, 4724 Mitglieder, kamen aus den Vereinigten Staaten, und danach folgte schon Indien mit 2997; die Missionsgesellschaft von Lyon zählte 1990 190 Kandidaten, davon 79 Afrikaner, 32 Iren und vier Franzosen.[14]

Autoren wie Philip Jenkins sprechen von einem »afrikanischen Christentum« und sehen eine gegenläufige Akkulturation des Christentums voraus: »Das Christentum [wird], wenn es sich nun weiter südwärts ausbreitet, durch den Kontakt mit den dort ansässigen Kulturen verändert werden.«[15] Tatsächlich kann man sich noch einmal fragen, ob das überhaupt Akkulturation ist, denn das Christentum aus dem Süden reexportiert in den Norden eine orthodoxe Haltung, die nicht mehr dorthin passt. Der Katholizismus des Südens vertritt keine anderen kulturellen Normen, sondern leistet Widerstand gegen die Veränderung der Sitten, die im Westen zu beobachten ist, als Beispiel sei nur die Anerkennung der Homosexualität genannt. Wie lässt sich erklären, dass eine episkopalische Gemeinde aus einem schicken, weißen, gut situierten Vorort von Washington, von deren Mitgliedern nicht zu erwarten ist, dass sie zu Trommelklängen tanzen, sich um einen schwarzen anglikanischen Bischof aus Nigeria schart?[16] Wie ist zu verstehen, dass die »Beherrschten« die »Herrschenden« bekehren? Die neuen Formen der Religiosität sind nichts spezifisch Afrikanisches: Auch bei westlichen »Erweckungen« haben Musik und Emotionen eine Rolle gespielt. Es ist nicht die religiöse Folklore, die die Neuen anzieht, sondern die zentrale Frage der Orthodoxie und der Platz des Religiösen im persönlichen Leben.

Die Etablierung christlicher oder aus dem Christentum hervorgegangener Kirchen in Afrika, wie die *African Initiated Churches*, wurde als eine typische Erscheinung der Afrikanisierung des Christentums beschrieben, das heißt eine Akkulturation in umgekehrter Richtung.[17] Das war am Anfang vielleicht zutreffend, denn diese Kirchen entstanden tatsächlich durch den Bruch mit den missionarischen, allzu weißen Kirchen. Aber einerseits ist die missionarische Kirche indigen geworden, und andererseits haben sich die »afrikanischen Kirchen« global ausgebreitet und sind nach Westen gelangt wie die Aladura und die Celestial Church of Christ. Die Spezialisten, darunter Harold Turner, die nicht von Akkulturation und Synkretismus sprechen möchten, weil die beiden Begriffe zu ethnozentrisch sind, gebrauchten nacheinander die Bezeichnungen »*African Independent Churches*«, um ihre Unabhängigkeit von ausländischen Missionen zu betonen, »*African Indigenous Churches*«, um den Wunsch nach Verwurzelung in der afrikanischen Kultur zu unterstreichen, und neuerdings »*African Initiated Churches*«, denn mittlerweile ist Afrika vor allem der Ausgangspunkt, da die betreffenden Kirchen in die ganze Welt expandieren wollen.[18] Diese Kirchen fassten in Europa in den 1960er Jahren Fuß, sammelten Anhänger zunächst bei afrikanischen Immigranten, benutzten Englisch und Französisch und entfalteten sich dann in einem Raum, der nichts mehr mit Immigration zu tun hatte: Entweder wandten sie sich an die zweite Generation der Zuwanderer, an Menschen von den Antillen oder an »Weiße«. Diese Kirchen sind protestantisch und charismatisch, denominationell nicht gebunden, sie kümmern sich nicht um traditionelle religiöse Zugehörigkeiten und definieren sich als religiöse Gemeinschaften, nicht über Ethnien.[19] Heute besteht ihre Strategie darin, in nicht-afrikanischen Milieus Anhänger zu werben, wie es auch die großen neosufistischen Bruderschaften tun oder die buddhistischen und neobuddhistischen Bewegungen. Aber es ist auch ein interessantes Phänomen einer Rückwendung an den ursprünglichen Absender und bringt das Thema Hybridisierung und Akkulturation gehörig durcheinander. Das Phänomen betrifft auch die »neuen Religionen«: Das Oberhaupt von Lukumi Babalu Aye, der ersten, in den 1980er Jahren in den USA gegründeten Santeria-Kirche (eine religiöse Bewegung schwarzer Sklaven in Kuba) war ein »Weißer«, Ernesto Pichardo, dessen bürgerliche Familie in Kuba von einem schwarzen Sklaven bekehrt worden war.

Die Entkoppelung von kulturellen und religiösen Markern ist bei der Frage der Norm besonders interessant. Schon traditionell kritisiert Rom den afrikanischen Klerus wegen seiner Laschheit in Fragen der Sexualität: Der Vatikan hat den Erzbischof von Sambia, Emmanuel Milingo, exkommuniziert, weil er 2001 eine Koreanerin geheiratet hat, Maria Sung, ein Mitglied der Moon-Sekte. Aber die »afrikanischen Kirchen« fordern keine größere Toleranz im Hinblick auf die Sexualität: Sie fordern heute im Gegenteil Treue zu den überkommenen christlichen Normen, die ihrer Ansicht nach im Westen zunehmend aufgegeben werden, wie der Umgang mit der Homosexualität zeige. Es ist interessant zu sehen, dass man heute von der Homophobie »der Schwarzen« spricht (oder der Russen usw.), als wäre Toleranz gegenüber Homosexualität eine westliche Eigenschaft; dabei ist das ein ganz neues Phänomen im Westen. Tatsächlich dürfen wir die Frage der Norm nicht in Begriffen von »Kultur« denken: Die Debatte über die Norm entwickelt sich im gegenwärtigen westlichen Recht sehr rasch, und das macht deutlich, dass solche Normen nicht Ausdruck einer »westlichen Kultur« sind. Das illustriert auch der Fall Pim Fortuyn in Holland: Als dieser militant homosexuelle Soziologieprofessor politisch aktiv wurde und den Islam attackierte, tat er das nicht, weil er das christliche Europa verteidigen wollte, sondern im Gegenteil das Europa der sexuellen Revolution der 1960er Jahre.

Die neuen Religionsführer aus dem Süden sind in Fragen der Inkulturation und des Dialogs der Kulturen oft viel kritischer als ihre europäischen Amtsbrüder. Die Kritik an der Inkulturation als Heidnisierung kommt nicht nur aus traditionellen Bereichen des europäischen Klerus, sondern immer öfter von Religiösen aus indigenen Kulturen, die der Inkulturation die Universalität des Dogmas gegenüberstellen. So erklärt Pastor Fabien Ouamba: »Die Inkulturation verbirgt nur unzureichend einen echten Wunsch nach Rückkehr zum Heidentum bei einem Teil der Christen oder eine Strategie der Rache des Heidentums am Christentum aus dem Inneren des Christentums heraus. Für manche Christen bedeutet die Öffnung des Evangeliums gegenüber der afrikanischen Kultur, dass der afrikanische Christ sich wieder seinen Götzen zuwenden, seine Götter in den Glauben integrieren kann, dass er zum Wahrsager gehen, den Schädeln seiner Vorfahren opfern, sich ohne schlechtes Gewissen berauschen, sich von den Priestern der traditionellen Religion reinigen lassen kann. Es ist, alles in allem, die Lizenz, das Heidentum im Christentum und in der Kirche zu praktizieren unter dem Deckmantel der Inkulturation.«[20] In ähnlicher Weise meldeten sich in Großbritannien, wo der Erzbischof von Canterbury, Rowan Williams, 2008 für mehr Toleranz gegenüber dem Islam plädierte, zwei seiner anglikanischen Amtskollegen zu Wort. Es handelte sich um zwei aus Ländern des Südens stammende englische Bischöfe, die sich denkbar kritisch über den Dialog der Kulturen äußerten und jeden Kompromiss ablehnten: der Bischof von Rochester, Michael Nazir, der vom indischen Subkontinent stammt, und der Bischof von Birmingham, John Sentamu, geboren in Uganda.

Der Übergang des Südens zum Christentum bedeutet somit nicht eine neue kulturelle Vermischung, sondern vielmehr eine scharfe Trennung zwischen kulturellen und religiösen Markern.

# Der Markt des Religiösen

## Der Markt: Metapher oder Realität?

Das Konzept vom »Markt des Religiösen«, das jünger ist als das der Akkulturation, ist mittlerweile gut etabliert in der Forschung, zumindest in der angelsächsischen.[1] Die Pew Foundation, ein international renommiertes Meinungsforschungsinstitut, hat 2008 eine Untersuchung über die religiöse Praxis in den Vereinigten Staaten veröffentlicht mit dem Titel *A Very Competitive Marketplace*. Die konkrete Erfahrung veranlasst auch zahlreiche religiöse Akteure, beispielsweise Bernard Grosclaude, in wirtschaftlichen Begriffen zu sprechen: »Was habe ich also beobachtet? Soweit es die gesellschaftliche Umwelt betrifft, ist offensichtlich, dass der ›Markt‹ des Religiösen für die historischen Kirchen nicht die Basis war. Er ist sehr flüchtig, disparat, gegensätzlich, undefinierbar und so weiter. Natürlich gibt es ›Nischen‹, die gut funktionieren, wie die in Taizé, aber diese sind nicht wichtig genug, als dass sie Einfluss auf die Entwicklung nehmen könnten ... Die Zahlen liegen vor und sprechen eine klare Sprache. Die Gesetze des Marktes gelten überall und ganz besonders für unsere Gemeinden. Wir müssen anerkennen, dass unsere ›spirituellen Produkte in der Gemeinde‹ vielen Zeitgenossen entweder als uninteressant, ungeeignet oder überholt erscheinen.«[2]

Das Konzept des Marktes, das von der Ökonomie übernommen wurde, betont im Gegensatz zu den Theorien der Akkulturation, die das Religiöse als ein aufgezwungenes Angebot betrachten, die tatsächliche Nachfrage nach Religiösem. Diese Nachfrage verweist auf eine Eigenheit der menschlichen Natur oder jedenfalls auf ein religiöses »Bedürfnis«, und sie sondiert das Angebot auf dem Markt.[3] Die Globalisierung hat einen Weltmarkt für Religiöses entstehen lassen. Man spricht von »Konsumenten«, das heißt von Menschen, die spirituelle Wünsche befriedigen wollen und sich beinahe überall mit einer Fülle verschiedener Produkte konfrontiert sehen. Die Globalisierung hat einen Markt geöffnet, den bisher einige wenige dominante Gruppen kontrollierten.

Heute haben die »Konsumenten« des Religiösen die Wahl. Der politische Zwang, der verlangte, dass die Untertanen dieselbe Religion wie ihr Herrscher haben mussten *(cuius regio eius religio)*, existiert entweder nicht mehr oder ist durch die Entstehung virtueller Räume wie Internet oder Satellitenfernsehen sinnlos geworden. Der soziale Zwang durch den Druck der Umgebung hat infolge der Lockerung sozialer Bindungen, durch die Individualisierung von Verhaltensweisen, den Zugang zu Informationen und die Krise der institutionellen Kirchen (oder, im angelsächsischen Sprachraum, der *denominations*, Glaubensgemeinschaften) an Bedeutung verloren. Die »Produkte« sind standardisiert, Marketing wird in den Volkssprachen oder in den großen Sprachen der Globalisierung, allen voran Englisch,betrieben. Insbesondere die Entkoppelung von religiösen und kulturellen Markern bewirkt, dass man ein religiöses Produkt »konsumieren« kann, ohne die Kultur kennen zu müssen, die es hervorgebracht hat. Die Produkte zirkulieren dank universalistischer technischer Vektoren wie Radio, Internet, Fernsehen. Es findet Marketing statt: Shows, Auftritte von Stars, Großveranstaltungen und Werbung; Fernsehprediger und Fernsehimame wie Amr Khaled erreichen ein Publikum, das von einer Kanzel oder einem *mimbar* nie zu erreichen wäre. Jeder kann das gerade aktuelle Set an Glaubensvorstellungen weitgehend seinen Erwartungen anpassen: Es gibt sowohl *customization*, das heißt eine Anpassung an die Kundenwünsche, als auch die Standardisierung der Produkte.

Die Deregulierung des Marktes hat eine Homogenisierung der Produkte und gleichzeitig eine verstärkte Konkurrenz zur Folge. Die Religionsfreiheit ist nicht nur ein abstraktes Recht, sie trägt zur Evolution des Religiösen bei. Die gegenwärtige Globalisierung entspricht insofern der allgemeinen Ausdehnung des Marktes und bringt alle Religionen in Konkurrenz zueinander, ungeachtet lokaler Bestrebungen, sich abzuschotten. Die Ausbreitung des Religiösen geht mit der Demokratisierung einher, wie wir beim Zusammenbruch des Sowjetreichs gesehen haben. Natürlich gibt es protektionistische Tendenzen, die versuchen, das Religiöse wieder an ein Territorium zu binden, etwa in Algerien oder Russland, wo Bekehrungen eingeschränkt oder neue Anbieter, vor allem wenn sie importiert sind, als »Sekten« qualifiziert werden: Genau das war in Frankreich in den letzten Jahren manchmal die Tendenz von Parlamentsausschüssen, die gegen sektiererische Bestrebungen kämpften – eine Tendenz, die, das muss man sagen, von den großen Medien sehr unterstützt wurde.

Aber die Öffnung des Marktes setzt auch einen individuellen Akteur voraus, der weitgehend frei von ethnischen, kulturellen, gesellschaftlichen und historischen Zwängen ist und sich auf dem religiösen Markt nach seinem Ermessen das Produkt auswählt, das ihm gefällt. Das Phänomen freier und freiwilliger massenhafter Konversionen, die individuell und nicht kollektiv erfolgen und sicher ein Merkmal unserer Zeit sind, bestätigt hier die Theorie des Marktes. Die Zeit der Massenbekehrungen aus primär gesellschaftlichen oder politischen Gründen, die einmal für die Verbreitung der großen Religionen typisch waren, ist vorbei. Heute haben wir es mit individuellen Akteuren zu tun, die manchmal das »Bekenntnis« wechseln, aber innerhalb derselben Religion bleiben – indem sie vom Sufismus zum Salafismus wechseln oder umgekehrt oder vom Anglikanismus zum Evangelikalismus, oft als wiedergeborene Christen –, oder aber die Religion wechseln, beispielsweise vom Islam zum Christentum oder umgekehrt.

Trotzdem wird der Begriff »Markt« in der Regel eher metaphorisch als wirklich konzeptuell verwendet. Eine Interpretation, die versuchen würde, Theorien aus der Ökonomie einfach zu übertragen, wie es Rodney Stark und Laurence Iannaccone versucht haben,[4] stößt schnell an ihre Grenzen. Der Gedanke, dass man zuerst Deregulierung, also totale Religionsfreiheit, und dann ein unbegrenztes Angebot braucht, damit die religiöse Praxis florieren kann – laut Theorie der Angebotsorientierung heißt das: je mehr Religiöses auf dem

Markt ist, desto mehr werden die Menschen konsumieren –, berücksichtigt weder Ungleichheiten der religiösen Praxis noch die Tatsache, dass sich neue Religionen auch in feindseligen Umgebungen entwickeln können wie etwa das Christentum in muslimischen Ländern (Algerien, Marokko und vor allem Zentralasien).[5]

Die Theorie des Marktes ist natürlich das Gegenteil zur Theorie der Akkulturation. Es ist interessant zu beobachten, wie die Debatte über das Religiöse die Debatte über die Wirtschaft imitiert oder nachäfft, eingezwängt zwischen einer neomarxistischen Theorie der Entfremdung, die das Religiöse nur als Teil von Herrschaftsstrategien sieht, und einer neoliberalen Theorie vom rationalen Akteur, der in der Transparenz eines globalisierten Marktes handelt, was gerade die absolute Freiheit der Akteure impliziert. Die Anhänger der ersten Theorie gehen in Verteidigungsstellung: Sie verteidigen die Souveränität, das Territorium, die nationale Tradition, die etablierten Kirchen und so weiter und greifen damit eine identitäre Problematik auf, die bisher eher konservativ und auf dem rechten Flügel abgehandelt wurde, sich jetzt aber auch bei der Linken entwickelt hat. Man muss nur daran erinnern, welche Rolle in Frankreich die laizistische Linke im Kampf gegen die Sekten spielt, denen vorgeworfen wird, sie seien Trojaner des amerikanischen Einflusses. Ein Beispiel bot Jean-Pierre Brard, der Bürgermeister von Montreuil, im Februar 2005, als er einen evangelikalen protestantischen Gottesdienst abbrach, dessen Teilnehmer im Übrigen mehrheitlich Schwarze waren. Die sogenannte »republikanische« Linke ist heute »territorialistisch«: Sie widersetzt sich der Globalisierung in der Wirtschaft, will zurück zur nationalen Souveränität und nimmt den Kampf gegen Sekten und ausländische Missionare, vom Salafisten bis zum Evangelikalen, sehr wichtig.

Die Anhänger des zweiten, marktorientierten Ansatzes sind hingegen die Verteidiger oder Beobachter einer Kommerzialisierung, die als unausweichlich und positiv erscheint. Das amerikanische Außenministerium hat eine Behörde zur Verteidigung der Religionsfreiheit eingerichtet und veröffentlicht alljährlich einen Bericht, in dem Länder angeprangert werden, die sie nicht respektieren. Zu ihnen zählt

Frankreich wegen seiner Haltung zum islamischen Kopftuch und zu den Sekten. Es ist insofern logisch, dass die Verfechter der »nationalen« Authentizität in der protestantischen Anhängerwerbung eine Erscheinungsform der amerikanischen kulturellen Dominanz sehen und des Wunsches, die »nationalen Märkte« auszutrocknen. Autoritäre Regime fast überall auf der Welt versuchen, mit Gesetzen die Anhängerwerbung zu unterbinden, so etwa Russland oder Algerien, wo Konvertiten 2008 vor Gericht gestellt wurden. Die Verfechter der Theorie vom religiösen Markt sehen hingegen im Proselytentum einen Mechanismus der Anpassung, erfolgreiches Marketing und eine Form, die Freiheit zu nutzen. Die Erfahrung mit Konversionen und der Ausbreitung bestimmter Religionen zeigt, dass »Protektionismus« hier wie auch sonst ein Rückzugsgefecht ist. Es gibt sehr wohl einen religiösen Weltmarkt.

Die Frage ist, wie funktioniert ein solcher Markt? Wie können die religiösen Güter zirkulieren? Sie zirkulieren, eben weil sie von ihrem kulturellen Ursprung abgelöst sind. Die Kultur sorgt dafür, dass ein Gut außerhalb seiner kulturellen Sphäre nicht konsumiert werden kann, es sei denn, man greift die Kultur an. Die Schaffung eines homogenen Marktes des Religiösen erfordert die Dekulturation des Religiösen, das heißt die Trennung der beiden Marker. Der Markt und die Mobilität wiederum setzen die Trennung durch, weil der Konsument wählen kann; hier greift das Konzept *availability for export,* Eignung für den Export. Der Markt setzt voraus, dass der soziale Zwang sich abgeschwächt hat und selbst die soziale Evidenz verloren gegangen ist. Er macht den Menschen frei in seiner Wahl und führt dazu, dass die religiösen Autoritäten ihre Entscheidung nicht mehr durchsetzen können, weil die Gefahr besteht, dass sie ihre Kunden verlieren. Die »Rückkehr des Religiösen«, die heute zu beobachten ist, ist keineswegs ein Phänomen der Rückkehr, sondern eine Folge der Globalisierung.

Aber was macht das Produkt attraktiv, abgesehen davon, dass es zirkulieren kann? Der Markt verwandelt nicht *per se* eine Religion in ein Produkt: Damit das geschieht, muss die Religion in der Lage sein, sich an den Markt anzupassen. Was das Produkt attraktiv, mithin »vermarktungsfähig« macht, ist gerade die Ablösung von kulturellem und religiösem Marker. Der Markt ruft dieses Phänomen nicht hervor, aber vervielfacht dessen Effekte, indem er die am besten angepassten Religionen prämiert. Die Prozesse der Ablösung von religiösen und kulturellen Markern, die wir bisher untersucht haben, kommen mit der Globalisierung voll zum Tragen: Sie werden zur Norm und »überrollen« die traditionellen Religiositäten.

Die Säkularisierung wirkt, wie wir gesehen haben, weniger in der Weise, dass sie die Religion an den Rand drängt, sondern indem sie Religion und Kultur voneinander entkoppelt und die Religion autonom werden lässt. Loslösungsprozesse wiederum hängen nicht immer mit der Säkularisierung zusammen, sondern auch mit dem Vormarsch fundamentalistischer Strömungen, die alles Kulturelle ablehnen. Fundamentalismus hat es immer gegeben, doch in der Globalisierung bahnt er sich neue Wege, um zu überdauern. Die Trennung des religiösen vom kulturellen Marker ist ganz wesentlich und zugleich instabil; der »Rückfall« in die Kultur ist unausweichlich, wenn der Fundamentalismus, sowie jede Form charismatischer Religiosität, in einer realen Gesellschaft auftaucht. Die Globalisierung liefert genau den virtuellen Raum, der es anscheinend erlaubt, die gesellschaftlichen wie auch die politischen Zwänge zu ignorieren. Somit ist der Fundamentalismus zugleich ein Faktor und ein Produkt der Globalisierung. Letztere eröffnet dem Fundamentalismus einen neuen Raum, und er trägt zur Dekulturation bestehender Religionen bei.

Indem Säkularisierung und Fundamentalismus das Religiöse von der Kultur trennen, es autonom werden lassen, machen sie es zu einem Produkt, das exportiert werden kann. Die freie, individuelle Konversion wird so zum Beweis, dass eine Religion global werden kann. Die Vielzahl an Gesetzen gegen Missionierung ist der Beweis, dass immer mehr Konversionen dort stattfinden, wo man sie für ein marginales Phänomen hielt oder, wie in Algerien, sogar für undenkbar. Außerdem haben Konversionen, selbst wenn ihre Zahl statistisch nicht signifikant ist, immer eine symbolische Bedeutung. Denn sie brechen ein Tabu und erschüttern damit die gesellschaftliche Selbstverständlichkeit des Religiösen; so war es in Malaysia und in der Türkei.

## Die Bedingungen des Marktes

### *Zirkulation*

Der Markt setzt zunächst einen gemeinsamen Raum voraus, in dem Güter zirkulieren und der außerhalb jeder staatlichen Kontrolle funktioniert. Einen solchen freien Markt des Religiösen gibt es heute. Die nationalen »Märkte« sind dadurch nicht verschwunden, genauso wenig wie in der Wirtschaft; nationale und ethnische Religionen existieren nach wie vor. Es gibt geschützte Märkte, wo mit Gesetzen versucht wird, die Veränderungen der Religion oder genauer die Aufgabe nationaler Religionen zugunsten globaler Religionen einzuschränken. Aber umgekehrt können auch Religionen, die eng mit einer Gruppe, einem Territorium oder einer Kultur verbunden sind, auf einmal in den Weltmarkt eintreten und sich universell verbreiten.

Die Zirkulation des Religiösen wird anhand von Wanderungsbewegungen und demografischen Verschiebungen greifbar, aber sie geht weit darüber hinaus. Religionen können unabhängig von Personen zirkulieren: Der Neobuddhismus, der Neohinduismus und viele Sufi-Bruderschaften verbreiten sich im Westen unabhängig von großen Migrationsbewegungen, denn es genügt, dass der Meister oder ein paar Schüler sich an dem einen oder anderen Ort ansiedeln. Immer häufiger gibt es auch den Fall, dass jemand von sich aus, durch Lektüre oder das Internet, die Konversion anstrebt; oder er ist fasziniert von einer Religion, über die die Medien viel berichtet und sie womöglich noch verteufelt haben. Dafür gibt es genügend Beispiele, es betrifft den Islam im Westen, das Christentum in muslimischen Ländern, aber auch das Judentum. Ein interessanter Fall sind jene Schwarzen in Amerika, die ohne Kontakt zu einem Rabbiner oder einer lokalen jüdischen Gemeinschaft aus einer bibelgläubigen protestantischen Kultur zum Judentum konvertiert sind. Das Gleiche gibt es bei einer ugandischen Bevölkerungsgruppe, den Abayudaya, und einer birmanischen Stammesgruppe; Letztere ist zum Judentum übergetreten und hat erklärt, sie sei der verlorene Stamm der Bene Menashe.[6] In diesen drei Fällen waren die Führer der Konvertiten ursprünglich Protestanten. Offensichtlich hatte die Wertschätzung Israels in der evangelikalen protestantischen Kultur in Kombination mit dem Wunsch, sich nicht mehr mit dem Christentum zu identifizieren, der Entscheidung für das Judentum den Weg bereitet. Aber der Staat Israel fördert derartige Konversionen nicht und lehnt es häufig ab, solchen »Autokonvertiten« die Staatsbürgerschaft zu verleihen, vor allem wenn es Schwarze sind.[7]

Die Wanderungsbewegungen bewirken definitionsgemäß eine Deterritorialisierung der Religionen (und in der Folge möglicherweise eine Reterritorialisierung); die Deterritorialisierung kann jedoch ebenso *in situ* erfolgen. Die neuen Technologien sind ganz eindeutig Faktoren, die zu diesem Prozess beitragen. Jean-François Mayer zeigt in seiner ausgezeichneten Untersuchung *Internet et Religion*, wie das Internet Menschen, die sich nicht von zu Hause wegbewegen, einen nicht-territorialen Raum eröffnet. Er erwähnt das Beispiel einer virtuellen Gemeinde, die aber insofern »real« ist, als sie vom anglikanischen Bischof von Oxford betreut wird. Der Bischof akzeptiert nur Gemeindemitglieder, die sich ordentlich registrieren lassen und auf der Website genannt werden. 2007 zählte diese *i-church* 258 registrierte Gläubige, einige davon befanden sich in Neuseeland.[8]

Die reformierten Juden, die im 19. Jahrhundert das Getto verließen, sind ein weiteres Beispiel für Zirkulation ohne Migration: Es war das Ende einer mit gesellschaftlicher, kultureller und sprachlicher Isolierung verbundenen territorialen Isolierung. Der Schritt aus dem Getto brachte die aufgeklärten Juden (die Haskala-Bewegung) dazu, das Judentum als »reine Religion« aufzufassen und nicht mehr als Kultur; das Konzept des Juden wurde durch das des Israeliten ersetzt. Auch der Hinduismus entstand in der Form, in der er exportiert wird, das heißt mit einer Vielzahl von Heiligen, »Sri«, die gegen Ende des 19. Jahrhunderts nach England aufbrachen, allerdings nicht durch eine Wanderungswelle von Hindus. Zwar gab es einzelne Beispiele von Meistern, die in den Westen gingen, oder Schülern, die zur Ausbildung nach Indien kamen; doch ist der Hinduismus traditionell eine denkbar stark territorial gebundene Religion: Der Ganges spielt eine zentrale Rolle, und das Kastensystem überlebt Wanderungsbewegungen kaum. Der Hinduismus konnte die territoriale Bindung nur überwinden, indem er den Ganges und die Kasten vergaß und sich als eine Religion für den Export neu erfand, sei es in emigrierten indischen Bevölkerungsgruppen wie auf Jamaika, sei es bei den Konvertiten im Westen.

Das Mormonentum ist ein Beispiel für eine stark territorialisierte Religion, die sich rasch globalisiert hat: Nach einer Wanderung im Jahr 1847, analog dem Modell der Juden auf der Suche nach einem heiligen Land, wo der Tempel errichtet werden sollte, lebten die Mormonen zunächst an ein bestimmtes Territorium gebunden (Utah in den Vereinigten Staaten). Ebenfalls wie bei den Juden stärkte die Verfolgung das Zusammengehörigkeitsgefühl, sie lebten sehr endogam, was durch die ursprüngliche Polygamie noch verstärkt wurde, und waren bis in die 1970er Jahre explizit rassistisch: Schwarze wurden nicht zum Priestertum zugelassen. Damit war das Mormonentum so etwas wie das Äquivalent einer neoethnischen Religion, weil es um eine religiöse Identität eine quasi-ethnische Gruppe schuf. Das änderte sich innerhalb von Jahrzehnten durch eine intensive Missionstätigkeit, denn die jungen Mitglieder müssen zwei Jahre mit Missionieren verbringen. Das Mormonentum verlor in der Folge die territoriale Bindung[9] und erlebte besonders bei den Schwarzen, die erst 1978 im Gefolge der Bürgerrechtsbewegung Priester werden durften, einen Aufschwung.[10] Paradoxerweise veranlasste die Bürgerrechtsbewegung eine sehr konservative Kirche, ihre rassistische Haltung aufzugeben, die das größte Hindernis ihrer Ausbreitung gewesen war. Heute ist die Mormonenkirche eine der am schnellsten wachsenden Kirchen weltweit, gerade bei der schwarzen Bevölkerung. Jamaika und Afrika haben inzwischen autochthone

Mormonenkirchen. Schätzungen zufolge ist die Zahl der Kirchenmitglieder von 1,7 Millionen im Jahr 1960 auf rund 13 Millionen im Jahr 2007 angewachsen, von denen 7 Millionen außerhalb der Vereinigten Staaten leben.[11]

Heute verlaufen die missionarischen Bewegungen nicht von einem Zentrum zu einer »Peripherie«, und die Hauptakteure stammen nicht notwendigerweise aus Ländern, in denen die Religion, die sie predigen, beheimatet ist. Die Gestalt des weißen, westlichen christlichen Missionars verliert an Bedeutung, die Rollen werden neu verteilt. Die Bewegung verläuft in alle Richtungen.

Wir haben den Fall der muslimischen Indianer von Chiapas bereits erwähnt, die von weißen spanischen Missionaren bekehrt wurden, die selbst zum Islam übergetreten waren. Letztere, die Murabitunen, schufen in Spanien eine nur aus Konvertiten bestehende Organisation, die Junta islamica; ihr Präsident ist Mansur Escudero, ihr Sprecher Yusuf Fernandez, Leiter des katalanischen Arms ist Abdennur Prado. Die spanischen Muslime arabischer Herkunft wiederum sind in der Islamischen Föderation Spaniens zusammengeschlossen. Die Murabitunen haben außerdem in Dubai ein Unternehmen eingerichtet, das Golddinare prägt, um so das globale Bankensystem zu umgehen (Präsident der Gesellschaft ist Umar Ibrahim Vadillo). Wir haben es hier mit einer doppelten kulturellen Inversion zu tun: In Spanien erscheinen die Murabitunen als eine arabische fünfte Kolonne, wenn auch eher in kultureller als ethnischer Hinsicht, während sie in Mexiko Ausdruck der Dekulturation nach westlichem Muster sind.

Ein weiteres Beispiel einer Inversion ist die Dynamik eines afrikanischen Christentums, das sich auf verschiedenste Weise zur Eroberung des weißen Westens aufmacht, wie wir auf den vorangehenden Seiten gesehen haben. So schickt eine protestantische Pfingstkirche, The Embassy of The Blessed Kingdom of God for All Nations, von einem nigerianischen Pastor, Sunday Adelaja, in der Ukraine gegründet, Missionare nach Westeuropa und in die Vereinigten Staaten.[12] Amerikanische WASP-Episkopalier treten der anglikanischen Kirche von Nigeria bei. Und die anglikanische Kirche von Kenia hat zwei (weiße) amerikanische Priester geweiht, die die Zulassung von Homosexuellen zum Priesteramt ablehnen. Ein Teilnehmer der Zeremonie, der Erzbischof der Karibik Drexel Gomez, hat bei der Gelegenheit erklärt: »Das Evangelium muss über der Kultur stehen.«[13] In Dänemark zieht ein Pastor aus Singapur, Ravi Chandran, Gläubige an, die von der lutherischen Kirche enttäuscht sind; der lutherische Bischof von Kopenhagen schätzt, dass über ein Viertel der Gottesdienste am Sonntagmorgen in der Hauptstadt in »ausländischen« Kirchen stattfinden.[14]

Im Juli 2007 nahmen Taliban in Afghanistan 23 protestantische Missionare aus Südkorea gefangen, überwiegend handelte es sich dabei um Frauen. Damit rückte schlagartig der hohe Anteil von Koreanern, die in den protestantischen Missionsnetzen vor allem Zentralasiens und Westafrikas tätig sind, ins Licht der Öffentlichkeit. Es soll 16 000 koreanische Missionare im Ausland geben, damit steht Südkorea (ein Land mit 44 Millionen Einwohnern, von denen 8,7 Millionen Protestanten sind) im Hinblick auf die absolute Zahl der protestantischen Missionare im Ausland hinter den USA an zweiter Stelle. Geht man nach dem Verhältnis der Missionare zur Gesamtbevölkerung, dann steht Südkorea sogar an erster Stelle.[15] Es sieht so aus, als wäre der koreanische Protestantismus, ganz wie die Autos, vor allem ein Exportprodukt: Im Land wächst die protestantische Gemeinschaft nicht mehr (und logischerweise sind die Protestanten im Außenministerium überrepräsentiert). Wir haben es also mit einer Religion für den Export zu tun.

Umgekehrt (aber eigentlich spielt die Richtung keine Rolle) brechen die Westler in den Osten auf, um Priester einer orientalischen Religion zu werden, zu der sie im Westen konvertiert sind. Die bekanntesten Beispiele dafür sind die Mitglieder von Hare Krishna, verschiedener Zen-Schulen und des Sufismus.

Ein junger amerikanischer Buddhist, der nach Japan gegangen ist, erzählt: »Früh am Morgen praktizieren wir Za-Zen, zwei Mitglieder der Verwaltung kommen dazu. Es ist offensichtlich, dass es für sie ungewohnt ist.« So kommt es, dass auf einmal junge Japaner in die Vereinigten Staaten aufbrechen und dort den Buddhismus näher kennenlernen: »Unter dem Eindruck seines langen Aufenthalts in Doshin-ji [einem buddhistischen Kloster in New York; A.d.A.] plant der junge Suzuki, ein Zendo nach amerikanischem Muster in Unsen-ji zu errichten … Es ist vielleicht eine Ironie, dass ein in Amerika wiederbelebter Buddhismus nach Japan zurückgebracht wird und dort eine alte Praxis beeinflusst, die langsam in Vergessenheit gerät. Die Morgenmeditation ist in dem Tempel ein seltenes Ereignis.«[16] Wenn wir die Metapher auf die Spitze treiben wollten, könnten wir von delokalisierten Religionen sprechen, die in ihre Ausgangsländer zurückkehren.

Die Hare-Krishna-Bewegung, seit den sechziger Jahren aus dem Straßenbild im Westen nicht mehr wegzudenken, ist ein gutes Beispiel eines »Hinduismus für den Export«. Die Bewegung, die besonders den Gott Krishna verehrt, ist aus dem Hinduismus hervorgegangen, wurde aber 1966 in New York unter dem Namen International Society for Krishna Consciousness (ISKCON) gegründet und fand ihre Anhänger vorwiegend unter westlichen Hippies. Ihre missionarische und egalitäre Orientierung, vor allem ihre Ablehnung des Kastenwesens, bedeutete einen Bruch mit dem territorialisierten Hinduismus Indiens. Doch Ende des 20. Jahrhunderts setzte eine Re-Hinduisierung in zwei Richtungen ein, gleichzeitig blieben die missionarische und die kastenfeindliche Dimension erhalten. Viele indische Immigranten in den Vereinigten Staaten schlossen sich Hare Krishna an, weil die Bewegung ihnen erlaubte, ihre beiden Identitäten, die hinduistische und die amerikanische, in einer gleichwohl virtuellen Synthese zu versöhnen, die sich auf die Verwendung denkbar oberflächlicher religiöser Marker gründete: safrangelbe Gewänder und das Wiederholen eines Mantras in einer Sprache, die die meisten nicht beherrschten.[17] Aber als Import von westlichen »Priestern« fasste die Bewegung auch in Indien Fuß; 1975 wurde der Tempel von Vridavan gegründet, 1998 der Tempel von Neu-Delhi in Raja Dhirshain Marg. In einer Kurzdarstellung des Tempels von Neu-Delhi heißt es, »in dem Tempel findet man schöne Malereien von russischen Künstlern, die Szenen aus der Vergangenheit von Radha-Krishna, Sita-Ram, Laxman, Hanuman und Chaitanya Mahaprabhu darstellen. Besondere Programme wie Kirtan, Aarti, Pravachan und Prasadam werden jeden Sonntag gefeiert.«[18] Das weist auf zwei interessante Tatsachen hin: Die Malereien im Tempel stammen von Russen (wegen der Tradition der Ikonenmalerei?), und der »Gottesdienst«, den der Tempel anbietet, orientiert sich am Vorbild des protestantischen Gottesdienstes am Sonntagmorgen zu festen Zeiten. Selbst die Liste, welche die Veranstaltungsarten und deren Zeiten angibt, ist amerikanisch geprägt.

Die Rasta-Bewegung richtet sich an die »globalisierten« Schwarzen: Sie entstand in Jamaika aus der Verehrung von Haile Selassie, dem Kaiser von Äthiopien, das als einziges schwarzes Land keine Kolonie war. In den 1960er Jahren kristallisierte sich die Bewegung um den Reggae und den Musiker Bob Marley und gelangte nach Nigeria.[19] Ein mythisches Afrika (Äthiopien) wurde im Westen erfunden und kehrte dann ins reale Afrika zurück: Die Reise ging von West nach Ost.

Ein anderes Beispiel ist die radikal-islamistische Bewegung Hizb ut-Tahrir. Entstanden Anfang der 1950er Jahre in Jordanien als islamistische Bewegung zur Befreiung Palästinas, verbreitete sie sich von London aus in Europa. Ihre Anhänger findet sie unter Muslimen der zweiten Generation und Konvertiten. Sie wirbt für ein nicht territorial gebundenes Kalifat, das die Rechtsgewalt über alle Muslime weltweit hätte. Von London aus kehrte die Bewegung nach Usbekistan in Mittelasien zurück, nach Pakistan und Australien, und von Australien erreichte sie Indonesien, wo sie sehr auf dem Vormarsch ist. 2002 wurden drei britische Staatsbürger in Kairo festgenommen, denen man vorwarf, Hizb ut-Tahrir ins Land bringen zu wollen: Einer stammte aus einer pakistanischen Familie und war in Großbritannien geboren, der zweite, Ian Nisbet, war Konvertit, und der dritte, Reza Panckhurst, war der Sohn eines iranischen Vaters und einer englischen Mutter. Wir haben es hier mit einem Fall zu tun, bei dem radikaler Islamismus aus dem Westen in ein muslimisches Land exportiert wird.

Der Sufismus ist ein weiteres Beispiel für die Delokalisation des Religiösen. Manche Bruderschaften haben sich durch zwei komplementäre Strategien im Ausland verbreitet: durch Immigration und Konversion. Den ersten Fall verkörpern die Tijaniya und die Muriden aus dem Senegal, die im Übrigen relativ junge Bruderschaften sind, da sie erst seit Ende des 19. Jahrhunderts bestehen. Sie funktionieren nach »glokalem« Modus: Die Gruppe hat eine genau umrissene territoriale Basis, die das Zentrum all ihrer Anhänger auf der Welt bleibt; bei den Muriden ist es die Stadt Touba. Die Mitglieder der Bruderschaft, die ins europäische und amerikanische Ausland gegangen sind, um dort zu arbeiten und nicht um Anhänger zu werben, bilden sehr solidarische Netzwerke: Man schickt Geld nach Touba, man nimmt die jungen Leute auf und kümmert sich um sie, während die Würdenträger von einer Immigrantengemeinde zur nächsten reisen. Es sind transnationale Netze für die Zirkulation von Gütern und Menschen, die sich in die globalisierte Wirtschaft einfügen. Doch zugleich rekrutiert die Gruppe Anhänger außerhalb ihrer ethnischen und Immigrantenbasis; die Neulinge finden ebenfalls den Weg nach Touba.

Die bekannteste unter den Bruderschaften, deren Ausbreitung mehr mit Konversion als mit Emigration zu tun hat, ist Haqqanya: Ursprünglich handelte es sich um einen Zweig des Naqshbandi-Clans, der im Kaukasus und später im Nahen Osten beheimatet war. Ihr Anführer war in der zweiten Hälfte des 20. Jahrhunderts Maulana Scheich Nazim Adil al-Haqqani, ein in Nordzypern lebender Araber syrischer Herkunft. Einer seiner Schüler, Muhammad Hisham Kabbani mit libanesischer Abstammung, ließ sich 1991 endgültig in Chicago nieder. Der amerikanische Zweig erlebte einen fulminanten Aufschwung und hatte bald sehr viel mehr Schüler als der im Nahen Osten. Vom amerikanischen Zweig ausgehend entstand ein bosniakischer Zweig. Die Sprache der Website der Bruderschaft ist Englisch, und es gibt auch eine bosnische Version.

Die Geschichte des Sufismus im Westen reicht jedoch viel weiter zurück. 1910 kam Inayat Khan, ein indischer Musiker, mit seinem Bruder nach Europa. Er gehörte der Sufi-Strömung *chestiyya* an und gründete im Westen mit Konvertiten seinen eigenen Orden. 1923 schuf er eine Organisation in Genf, die Internationale Sufi-Bewegung, mit Statuten und einer transnationalen hierarchischen Struktur.[20] Wir befinden uns hier in einem Rahmen, der von den Sufi-Traditionen der muslimischen Länder denkbar weit entfernt ist. Dieser Sufismus ist eine rein westliche Angelegenheit; an anderer Stelle spreche ich von »Neosufismus« wie andere Autoren auch, allerdings wird der Begriff unterschiedlich verwendet. Unter den auf diese Weise transplantierten Sufi-Bewegungen ist auch Qadiriya Boutchichiya zu nennen, die sich von Marokko aus in Frankreich durch Konvertiten verbreitet, die eher den mittleren und höheren Schichten entstammen. Eine Innenansicht dieser Kreise vermittelt das Buch *Self-Islam* von Abdennour Bidar.[21] Die Bruderschaft der Fethullaci mit ihrem Führer Fethullah Gülen ist ebenfalls ein typisches Beispiel für eine globalisierte Neobruderschaft, obwohl sie außerhalb des türkischen Sprachraums nur schwer Fuß fassen kann. Türkeispezialisten war die Bruderschaft bereits gut bekannt, doch breitere Aufmerksamkeit fand sie, als ihr Anführer in einer gemeinsamen Internet-Umfrage der Zeitschriften *Foreign Policy* und *Prospect* im Juni 2008 zum wichtigsten Intellektuellen unserer Zeit »gewählt« wurde. Natürlich stimmten die Anhänger massenweise für ihn (sicherlich auf entsprechende Anweisungen hin), aber die Tatsache, dass sich insgesamt 500 000 Menschen an der Umfrage beteiligten, illustriert die globale Dimension der Bruderschaft; die Anhänger haben Zugang zum Internet und verstehen Anweisungen in englischer Sprache. Daneben gibt es auch mehr oder weniger »imaginäre« Bruderschaften wie die von Idries Shah, einem umtriebigen Autor, der behauptete, er habe Anhänger unter den bedeutendsten Persönlichkeiten der muslimischen Welt.[22]

Solche internationalen religiösen Netze, die sich aus lokalen Gruppen entwickeln, sind keine Besonderheit des Sufismus, aber hängen oft mit charismatischen Persönlichkeiten zusammen, die eine religiöse Gefolgschaft begründen. Diese »glokalen« Netze verbreiten sich teils auch durch Spaltungen, Konflikte, Umformulierungen und die Verselbständigung lokaler Zweige, die sich für autonom erklären. Aus der ultraorthodoxen jüdischen Bewegung sind ebenfalls Netze hervorgegangen, die denen der Bruderschaften ähnlich sind und sich im Wesentlichen in der Nachfolge charismatischer Rabbiner sehen. Sie sind umso deutlicher deterritorialisiert, je ferner sie dem Zionismus stehen. Sie wollen nicht bekehren, haben aber eine rundum globale Ausrichtung.[23]

### *Religionen für den Export*

Erfolgreiche Religionen haben immer eine Formel für den Export. Sie gründen auf der vollkommenen Ablösung des religiösen Markers vom kulturellen und auf einer Formatierung, die es ihnen erlaubt, als eine den neuen Formen der Religiosität angepasste universelle Religion aufzutreten, beispielsweise im Hinblick auf das Thema Selbstverwirklichung. Das soll nicht heißen, dass sie den kulturellen Marker ablehnen, sie können im Gegenteil mehrere solcher Marker als »Lockvögel« präsentieren, die dann aber losgelöst von jeder realen Gesellschaft sind, in einem Kontext, in dem ein gewisses Maß an Exotik positiv wirkt. Das ist ähnlich wie in der Werbung, die mit beweglichen Markern spielt: Exotik (französische Namen für Bäckereien in den USA), Amerikanismen (englische Namen für viele Produkte in Europa, von *nuggets* bis *bionicle)* oder vermeintliche feste Verbindungen (Nudeln und Italien), die wir in der Kopplung von Zen und Japan wiederfinden (vom Kimono bis zu Karate-Begriffen). Das safrangelbe Gewand der Hare-Krishna-Jünger oder der *shalwar kamiz*, das lange weiße Gewand und die Pluderhose der Salafisten, wirken als imaginäre Referenzpunkte. Dekulturation bedeutet nicht den Verzicht auf kulturelle Marker, sondern ihre Verwendung außerhalb jeder gesellschaftlichen Realität. Die Glaubensgemeinschaft bekräftigt ihre Autonomie mit einem gewissen Exhibitionismus wie beim Streit um das Kopftuch. Das soll nicht heißen, dass jedes religiöse Zeichen Ausdruck von Exhibitionismus ist, sondern dass es so gedeutet wird. Die Sichtbarkeit ist ein charakteristisches Merkmal des Religiösen heute.

Von »Religion für den Export« im engeren Sinne sprechen wir nur bei den Religionen, die ausschließlich in ihrer exportierten Form existieren: dem Neobuddhismus, Neohinduismus und den Neobruderschaften. Sie sind komplett von ihren Ursprüngen abgeschnitten, und wenn sie dorthin zurückkehren, dann als Reexport und nicht als Wiederbelebung einer lokalen Tradition.

Der Hinduismus ist stark mit einer Gesellschaft, dem Kastensystem, und einem Territorium verbunden; er ist sehr diversifiziert und orientiert sich nicht wirklich an einem Korpus präziser und konziser Lehrsätze. Um missionarisch zu wirken, muss er sich zuvor in etwas Neues verwandeln: Man kann sich schlecht Hindu-Missionare vorstellen, die erklären, warum es erforderlich ist, das Kastensystem zu übernehmen. Deshalb ist eine explizite Neuformulierung der Glaubenssätze nötig, losgelöst von der Ursprungskultur und -gesellschaft, wobei der exotisch-orientalische »Touch«, der die Anziehungskraft ausmacht, erhalten bleibt, was insbesondere für die Kleidung der Gurus gilt. Die Glaubenssätze müssen homogenisiert, simplifiziert und so formatiert werden, dass sie in einem westlichen Umfeld funktionieren. Kurzum, für den Export muss der Hinduismus in eine Religion verwandelt werden.

Diese Umformulierung haben hinduistische Denker in Indien geleistet, die meist über einen doppelten kulturellen Hintergrund verfügten; sie schrieben vorwiegend auf Englisch und fanden letztlich ihr Publikum nur im Westen. Wie im Fall des Buddhismus traten auch diese Denker in einem Kontext religiöser und politischer Veränderungen in Erscheinung: gegen Ende des 19. Jahrhunderts als Reaktion auf die englische Hegemonie, deren Produkt sie zugleich waren. Aber die Hegemonie ging dem Export zeitlich voraus, denn es ist nicht die Immigration an sich, die eine Religion verändert.[24] Die Westorientierung war für sie ein Mittel, die Universalität ihres Denkens unter Beweis zu stellen. Es handelte sich also nicht um westliche Intellektuelle, die sich auf die Suche nach einem imaginären Hinduismus begaben, sondern um indische Denker und Gurus, die sich aufmachten, in Reaktion auf den westlichen Materialismus eine Form der Spiritualität als universalistisch zu »verkaufen«. Ihr

Vorgehen implizierte auch eine Kritik am Kolonialismus, wie wir sie sehr ausgeprägt etwa bei Sri Aurobindo finden. Der koloniale Kontext war somit grundlegend, aber er wirkte in beide Richtungen: Es kam zu einer wechselseitigen Umformatierung des Religiösen, und damit traten vergleichbare oder sogar gleichartige Produkte in Erscheinung und in Konkurrenz.

Vor diesem Hintergrund entstand Ende des 19. Jahrhunderts in Indien die Ramakrishna Mission. Sie zielte auf Inder, die die englische Kultur übernommen hatten, und ihre erste Zeitschrift erschien in englischer Sprache. Einer ihrer Angehörigen, Vivekananda, meldete sich 1893 beim Kongress der Religionen in Chicago mit einem bemerkenswerten Beitrag zu Wort und bot damit ein frühes Beispiel für Versuche, die Religionen zugunsten von Spiritualität und gemeinsamen Werten zu überwinden. (Muslime nahmen an dem Kongress übrigens nicht teil.) Der bekannteste Fall ist Sri Aurobindo, der dazu beitrug, Yoga populär zu machen. Auf ihn geht das Projekt Auroville in der Nähe von Pondichéry zurück. Es ist interessant zu sehen, dass diese Bewegungen sich in moderne rechtliche Strukturen mit Statuten kleideten und sich nicht als Religionen definierten, sondern es vorzogen, als Philosophie bezeichnet zu werden. Sie betonen Meditationstechniken, die außerhalb der Ursprungskultur erworben werden können und oft so wahrgenommen werden, dass sie Zugang zu einer »orientalischen« Kultur gewähren, die auf Schweigen setzt und eine diskursive Herangehensweise ablehnt. Das wiederum erlaubt es, auf das Studium von Sprachen und Literatur zu verzichten. Wieder ein Beispiel für heilige Einfalt!

In dem Zusammenhang können wir auch die Sri Ram Chandra Mission anführen (gegründet 1945 in den Vereinigten Staaten), den Guru Swami Prakashanand Saraswati (dessen Zentrum sich im texanischen Austin befindet), Maharishi Mahesh Yogi (den Guru der Beatles) und die Divine Light Mission (gegründet 1970 von Guru Maharaj Ji mit Sitz in Denver im Bundesstaat Colorado).

Beim Buddhismus ist Ähnliches zu beobachten. Durch den Export hat der Buddhismus zwei wesentliche Elemente verloren: das Klosterleben und die Unterscheidung von »Fahrzeugen« oder religiösen Denkschulen. Wie Raphael Liogier angemerkt hat, erleben wir einerseits eine Vereinfachung und Homogenisierung der Ideen und andererseits eine Vervielfachung der transnationalen bürokratischen Organisationen, die sich auf den Buddhismus berufen, aber nichts mit der Tradition zu tun haben.[25] Britische Buddhisten versuchen, den Buddhismus wieder nach Indien zurückzubringen, wie im Übrigen auch die »Unberührbaren«, angefangen beim ersten indischen Präsidenten Bhimrao Rhamji Ambedkar, der schließlich zum Buddhismus konvertierte. Insofern gibt es beim Buddhismus eine »dekulturierende« Wahl, die mit der Ablehnung der Kasten zusammenhängt.

Bestimmte Formen des Buddhismus gedeihen im Westen besser als in den Ursprungsländern. Der japanische Shin-Buddhismus entstand Ende des 19. Jahrhunderts im japanischen Einflussgebiet und verbreitete sich danach rasch nach Hawaii, wo er unter »Bischof« Yemyo Imamura (1900 – 1932) einen Aufschwung erlebte. Imamura benutzte die englische Sprache und gründete eine *dharma school*, eine Sonntagsschule, wie es später auch die Hinduisten taten. Zu seinem Stellvertreter berief er einen Konvertiten, Shinkaku Hunt, einen ehemaligen anglikanischen Pfarrer. Gleichzeitig gründeten »Weiße« in San Francisco den Dharma Sangha of Buddha. Die Übernahme des Buddhismus kann durch Autokonvertiten erfolgen wie in Deutschland,[26] aber meistens spielt, auch im Hinduismus, ein Meister die ausschlaggebende Rolle. In dem Fall war es ein Meister aus Japan, der berühmte Teitaro Suzuki (1870 – 1966), dessen Meister, Shako Suen, übrigens ebenfalls 1893 am Internationalen Kongress der Religionen in Chicago teilgenommen hatte. Es ist ganz offensichtlich, dass der Wunsch nach Internationalisierung und nicht nur der Wunsch, eine vorhandene Religion zu verteidigen, an vielen Orten bestand.

Anders sieht die Aneignung durch den Westen aus, wenn eine Bewegung wie Soka Gakkai ins Spiel kommt. Hier handelt es sich nicht um eine für den Export formatierte Religion, sondern die Transformation erfolgte *in situ* in Japan, wo die Bewegung ein beträchtliches Gewicht hat. Das gilt auch für die Politik und kommt in einer Partei, der Neuen Komeito (Gerechtigkeitspartei), zum Ausdruck. Aber, darauf hat Lorne L. Dawson hingewiesen, hinsichtlich ihrer organisatorischen Struktur hat sich die Bewegung ganz bewusst am Westen orientiert, nicht um exportfähig zu sein, sondern weil es dem Zeitgeist entspricht.[27] Die Veränderung ist somit nicht an eine Exportstrategie geknüpft, sondern an eine Wandlung des Religiösen infolge der Globalisierung.

In vielen Fällen geben sich Bewegungen, die aus dem Hinduismus und Buddhismus hervorgegangen sind, nicht-religiöse juristische Strukturen. Vorbilder sind Stiftungen und Nichtregierungsorganisationen wie die Brahma Kumaris World Spiritual University, jene spirituelle Organisation der gleichnamigen Sekte, die in ihrer Eigenschaft als Nichtregierungsorganisation 1983 den Konsultativstatus beim Wirtschafts- und Sozialrat der Vereinten Nationen und 1987 bei der UNICEF erhalten hat. Sie ist auch mit der Abteilung Öffentlichkeitsarbeit der Vereinten Nationen verbunden. 1986 hat die Organisation den Aufruf »eine Million Minuten für den Frieden« ausgegeben mit dem Ziel, »durch den eigenen inneren Frieden und den persönlichen Einsatz ein Gebäude des Friedens« zu errichten. Diese Strategie ist ohne Zweifel ein Mittel, dem Paradigma des Religiösen zu entgehen, das verlangt, dass man sich dem herrschenden Modell des Religiösen anpasst, im gegebenen Fall dem Konzept von »Religion«. Exportorientierte Religionen stellen somit nicht nur das Verhältnis zwischen dem religiösen Marker und dem kulturellen Marker in Frage, sondern das Wesen des religiösen Markers an sich.

Die Zirkulation des Religiösen hat in diesem Fall vielleicht dazu geführt, dass es zugunsten neuer Formen der Synthese zwischen Glauben, Recht und Macht, mit anderen Worten zugunsten des Humanitären, verblasst ist: Nichtregierungsorganisationen sind die »ausländischen Missionen« unserer Tage. Aber das ist eine andere Geschichte.

Eine andere Form der Deterritorialisierung ist die Deterritorialisierung der lokalen Gemeinschaft: Die territorial abgegrenzte Pfarrei verschwindet, der Ort des Kultes richtet sich nach der Art der Zugehörigkeit. Die katholische Kirche war ein Faktor der Territorialisierung: In zahlreichen Ländern wurde die »Pfarrei« zu einer administrativen Einheit, wie heute noch in Louisiana, und traditionell ist der Gläubige gehalten, die Kirche in seiner Pfarrei zu besuchen; dort heiratet er, und dort wird er beerdigt. Die Jesuitenmissionen in Québec, in Paraguay (nach dem Kolonialmodell der *encomiendas*) und in China haben Dörfer eingerichtet, in denen eingeborene Christen zusammenlebten; die »Reduktionen« in Paraguay nahmen in gewisser Weise die Kolchose oder den Kibbuz vorweg.[28] Die Klöster, oft mit einem landwirtschaftlichen Gut verbunden, waren ebenfalls eine Form der Territorialisierung des Religiösen. Die katholische Praxis heiliger Orte und der territorialen Vervielfachung eines oder einer Heiligen wie im Falle von Notre-Dame de Lourdes, Notre-Dame de Lorette, Notre-Dame de Guadeloupe diente der Sakralisierung einer territorialen Einheit und trug dazu bei, bestimmten Orten eine religiöse Identität zu verleihen. Ähnliche Phänomene gibt es im Islam: *Zyarat* in Afghanistan, *zawwya* und *mulud* in Marokko, *pir* in Aserbaidschan stellten Formen dar, um Stammesgruppen – zum Teil waren es Nomaden – territorial um das Grab eines Heiligen zu sammeln oder die Identität lokaler Gemeinschaften zu markieren.

Im Übrigen findet im Islam die Identität eines Stadtviertels traditionell im Vorhandensein einer Moschee ihren Ausdruck. Dass in Mittelasien nach dem Fall der Sowjetunion auf einmal viele Moscheen entstanden, hing mehr mit dem Wunsch jedes Viertels (*mahalla*) zusammen, eine namengebende Moschee zu haben, als mit einem plötzlich erwachten massenhaften Interesse an der religiösen Praxis. Auch das Judentum hat, vor allem in Nordafrika, eine lange Tradition lokaler »Heiliger«. In allen großen Religionen strukturieren Pilgerwege das Territorium. Es besteht ein enges Band zwischen den religiösen Praktiken, der Sozialisierung und der Territorialisierung. Aber der Übergang zu »Glaubensgemeinschaften« zerreißt dieses Band.

Tatsächlich tritt heute in vielen Religionen der Begriff der Pfarrei oder territorialen Gemeinschaft zugunsten einer Gemeinschaft zurück, die auf das Zugehörigkeitsgefühl setzt. Ein und derselbe Kultort kann nicht nur unterschiedliche Generationen von Gläubigen erleben, etwa eine erste Generation, die in der Diaspora lebt und eine zweite Generation, die Kultur und Religion voneinander gelöst hat, oder verschiedene Kategorien von Gläubigen beherbergen, dementsprechend sich in einem buddhistischen Tempel in Amerika Emigranten aus Südostasien und weiße Konvertiten treffen. Sondern es kommt auch vor, dass er ein Ort für verschiedene Religionen ist, wenn der soziale Aufstieg die Gemeinschaften trennt; man denke an Synagogen und Kirchen, die in Moscheen umgewandelt werden.[29] Die »ethnischen Quartiere«, die aus solchen Wanderungsbewegungen hervorgehen, bestehen heute anscheinend nicht mehr so lange wie noch zu Beginn des 20. Jahrhunderts: Es gibt in den Vereinigten Staaten kein »Little Italy« mehr, und die Gruppen, die sich im sozialen Aufstieg befinden, versuchen nicht mehr, eigene ethnische Quartiere zu bilden; die Juden aus New York, die sich in Florida niederlassen, bilden keine eigenen Stadtviertel. Umgekehrt haben wir Gruppenbildungen auf der Basis religiöser, nicht-ethnischer Gemeinsamkeiten, etwa orthodoxe Juden wie die Lubawitscher und die Satmar in Montreal oder New York.[30] Aber diese Neuordnungen sind nicht stabil. Denn aus verschiedenen Gründen, die sowohl sozialen Aufstieg als auch Nachbarschaftskonflikte umfassen können, ist die Reterritorialisierung oft nur eine vorübergehende Erscheinung. 2008 gab es einen Nachbarschaftskonflikt um einen Hindu-Tempel in Fairfax County in der Nähe von Washington, weil er so viel Zulauf hatte: Der Parkplatz war nicht groß genug, und die Anwohner verlangten eine Verlegung des Tempels. Aber die Priester hatten gerade erst die langwierigen Rituale zur »Territorialisierung« der Götter abgeschlossen, und damit war eine Verlegung aus religiöser Sicht schwierig. Die Götter (und die Gläubigen) wurden durch die Macht der Verhältnisse (die Anwohnerschaft) zu einer rastlosen Wanderschaft gezwungen.[31]

Heute sucht man den Kultort auf, der den eigenen religiösen Empfindungen entspricht. Es gibt keine automatische Übereinstimmung zwischen sozialem Band und religiösem Band. Die neuen religiösen Bewegungen favorisieren *Mega-Churches*, Stadien, Versammlungen an profanen Orten; dazu gehören auch die Menschenmengen bei den von Papst Johannes Paul II. initiierten Weltjugendtagen. Eine Gemeinde entsteht aus dem Gefühl der Zugehörigkeit, nicht aus räumlicher Nähe. In Frankreich befinden sich viele katholische Pfarreien im Niedergang, denn neue, nicht territorial verankerte und damit nicht der Jurisdiktion eines Bischofs unterworfene Gemeinden machen ihnen Konkurrenz. Viele solche Gemeinden nennen sich im Übrigen lieber »Gemeinschaft« als Gemeinde. Von Personen, die eine religiöse Dienstleistung suchen, zum Beispiel heiraten wollen, verlangen die Priester immer öfter ein Zeichen der persönlichen Bindung und des Engagements und geben sich nicht damit zufrieden, dass der Name im Taufregister steht oder der Betreffende in der Gemeinde wohnt. Zum Heiraten reicht es beispielsweise nicht mehr, getauft zu sein und in der Gemeinde zu wohnen, zunehmend fordern die Priester, dass man Mitglied der lokalen Gemeinde ist und nicht einfach nur »katholisch«. Damit beseitigt die Kirche den Begriff des nominellen oder soziologischen Katholiken: Man muss seinen Glauben beweisen, dieser wird nicht mehr einfach vorausgesetzt.

Die Tatsache, dass es immer weniger Priester gibt, ging zu Lasten der Pfarrgemeinde und hat die Rolle der Gemeinschaft gestärkt, denn die Priester sind heute mobil. Aber der Vatikan stemmt sich gegen diese Entwicklung. Die *Adap* (assemblées dominicales en l'absence de prêtres, sonntägliche Zusammenkünfte ohne Priester) wurden gebremst oder ganz verboten, weil dabei Laien den Priester ersetzen. In Frankreich sollen 10 Prozent der Pfarrverweser Ausländer sein – aus Afrika, Polen, dem Libanon und so weiter. Tatsächlich werden die Priester in allen möglichen Belangen durch Laien ersetzt. Nur zwei Sakramente sind ihnen noch vorbehalten, die Eucharistie und die Beichte, außerdem die Leitung der Gemeinde. Von Laien organisierte Gemeinden entstehen, nicht weil Rom es so will, sondern einfach weil Priester fehlen. Die Alpha-Gruppen beispielsweise sind religiöse und theologische Strukturen, begründet von einem fundamentalistischen Anglikaner, die sich durch spezielle Methoden und intensive Anhängerwerbung auszeichnen und sich rasch auch bei den Katholiken vermehrt haben. Sie wollen vor allem die breite Masse in den Städten ansprechen mit sehr modernen Formen des Zusammenseins: Man lebt in einer gemeinsamen Wohnung und teilt den Alltag, in dessen Mittelpunkt ein gemeinsames Gruppenprojekt steht.

Endpunkt der Entwicklung könnte die *I-Church* sein. Es gibt im Übrigen in allen großen Religionen viele Websites, die religiöse Dienstleistungen anbieten: liturgische Augenblicke (entsprechend den Stundengebeten in den Klöstern), Gelegenheiten zum Gebet, begleitete »Einkehr«, Predigten, Beichte, aber auch Konversionen oder die Suche nach einem Ehepartner derselben Konfession, weil man ansonsten nur sporadisch und womöglich nur virtuelle Kontakte zu der Glaubensgemeinschaft der eigenen Wahl hat.

Das ist ein Grund für den Erfolg des Protestantismus und des Evangelikalismus: Die Jungfrau Maria ist an einen Ort gebunden, der Heilige Geist hingegen weht, wo er will. Man braucht keinen echten Felsen, um darauf eine Kirche zu bauen. Man kann in einer Garage beten oder in einem Fußballstadion. Die Heiligkeit des Ortes spielt keine Rolle mehr; eine Kirche wird traditionell geweiht und im Falle der Entweihung gereinigt. Die Pfingstler und die Evangelikalen stellen den Heiligen Geist in den Vordergrund, sie legen keinen Wert auf die Heiligkeit des Ortes, an dem gebetet wird, und lehnen Pilgerfahrten ab. Der Heilige Geist geht überall um, der Ort ist unwichtig, eine Ausnahme bildet allenfalls das Heilige Land. Die katholische Kirche hat zwar die gleiche theologische Vorstellung vom Heiligen Geist, aber in der volkstümlichen Religiosität spielt er keine Rolle; sie ist von Maria geprägt und darum oft an einen bestimmten Ort gebunden. Hingegen ist der Heilige Geist für die Evangelikalen von größter Bedeutung – was bestätigt, dass es weniger um Theologie geht, als vielmehr um die religiöse Praxis.

Auch der Salafismus lehnt die Verehrung von Räumen und Orten ab: Man ist gegen *mouloud* und *zyarat* (Stätten der Heiligenverehrung in Marokko und Zentralasien), den Kult lokaler Heiliger und die Verehrung von Gräbern; das gilt sogar für das Grab des Propheten. Nur Mekka entgeht der Deterritorialisierung, und selbst da … Zum Salafismus gehört die Vorstellung, dass eine Moschee einfach der Ort ist, an dem man betet, in dem Augenblick, in dem man betet. So bezeichnet *masjed* den Ort des Niederwerfens, wofür *sajd* steht, was wiederum keinen Sinn ergibt, wenn man das Ritual nicht vollführt.

Aber der Katholizismus hat auch seine eigenen Mittel, um seine Symbole zu globalisieren. Interessant ist die »Verlegung« lokaler Heiliger. Im Zuge der Emigration wird ein lokaler Heiliger entweder zu einem Stammes-»Totem«, oder er findet einen neuen Platz in einem größeren Bevölkerungsganzen. Die Jungfrau von Guadeloupe beispielsweise, die in Mexiko sehr verehrt wird, gelangte in den 1930er Jahren mit *Cristeros*-Flüchtlingen, jenen katholischen mexikanischen Untergrundkämpfern, nach Los Angeles und wird heute von illegalen Einwanderern aus Mexiko weiter verbreitet. In ihrem ursprünglichen Zusammenhang war sie rein »mexikanisch«, die anderen lateinamerikanischen Länder hatten ihre je eigenen religiösen Stätten. Aber nach und nach wurde die Jungfrau von Guadeloupe zu *der* Heiligen für alle Latinos in den Vereinigten Staaten, sogar für alle katholischen Einwanderer in Los Angeles einschließlich der Vietnamesen und Koreaner. Das ging einher mit der Entstehung von Neoethnien, gefolgt von Entethnisierung.[32] Am Saint Patrick's Day ist ganz New York irisch. Die Totem-Funktion katholischer Heiliger, nämlich das Emblem einer Gemeinschaft, Gemeinde, Gruppe, Ethnie oder Nation zu sein, lässt sich auch mit der Globalisierung vereinbaren: Das Totem bleibt bestehen, aber es wandert durch die Welt, und das Publikum ändert sich.

Damit soll jedoch nicht gesagt werden, dass das Internet das Territorium ersetzt hat. Es mag die Tendenz dazu geben, aber der Begriff »Ort« hat seinen Sinn noch nicht verloren: Es ist eher so, dass das Territorium verblasst beziehungsweise die neuen Territorien virtuell sind. Die Deterritorialisierung geht mit der Suche nach imaginären Territorien (Umma, Heiliges Land, Ganges, Lhasa) und mit einem apokalyptischen Millenarismus einher, der die Wiederkunft Christi und das Jüngste Gericht erwartet. Die Subkulturen verbreiten sich global, wie wir gesehen haben, aber jede hat ihre eigene »Weltkarte« mit einem Zentrum und bestimmten Pilgerstätten. Dort finden sich Pilgerrouten, die das Territorium strukturieren, indem sie eine Verankerung in der Geschichte schaffen. Ich bezeichne diese, wie die Wallfahrt nach Chartres, als identitätsstiftendes Pilgern, und jenseits derer gibt es heute zudem deterritorialisierte Pilgerrouten. Das gilt paradoxerweise auch für die muslimische Hadsch: Ihr Ziel ist ein konkreter Ort, Mekka, aber der Ort ist aus seinem Kontext herausgelöst; der Pilger reist organisiert, isoliert, geht auf in der abstrakten Masse der Muslime aus aller Welt, ist uniformisiert durch Kleidung und Ritus und kommt nicht nach Saudi-Arabien, sondern nach Mekka – so steht es im Übrigen auch auf seinem Visum. Er durchquert nicht das Land, sondern fliegt ein. Von den Iranern und dem Blutbad von 1987 abgesehen und den Saudis selbst, im Jahr 1979, hat sich keine radikale Bewegung für Mekka interessiert. Mekka ist kein Ziel für den politischen Islam, weil Mekka nur eine virtuelle Realität ist.

Bei der Pilgerfahrt geht es durchaus um die Territorialisierung des Religiösen. Dazu gibt es heute in chassidischen Kreisen eine Debatte. Rabbi Nachman von Bratslav (1712 – 1810) liegt in Uman in der Ukraine begraben. Seine Grabstätte zieht alljährlich viele Tausend Gläubige an, vor allem zum jüdischen Neujahrsfest; dafür wurden eigens Flugverbindungen eingerichtet.[33] Wie wir gesehen haben, gilt bei den Nachman-Verehrern die »Freude« als wichtiger Faktor bei der Weitergabe des Glaubens, und damit findet diese Richtung über die Grenzen der traditionellen religiösen Schule hinaus Anhänger. Die Gruppe war nie zionistisch wie sonst viele Chassidim, ist aber auch nicht antizionistisch, und sie versteht sich nicht als territorial gebunden. Nun gab es in Israel einen Aufruf, die Asche des Rabbis in den hebräischen Staat zu überführen, was die religiöse, die ethnische und die politische Landkarte zur Deckung gebracht hätte. Das heißt, wir haben es in diesem Fall mit der Territorialisierung einer jüdischen religiösen Identität zugunsten einer israelischen Identität zu tun. Aber was wird dann aus der Diaspora? Eine Seite hält dafür, sie solle die Alija unternehmen und nach Israel einwandern, was der offiziellen israelischen Position entspricht, eine andere sieht in ihr ein politisches Israel ohne eigenes Territorium – so forderte 2008 der Präsident des European Jewish Congress, alle Juden sollten das Recht haben, in Israel zu wählen –, und begreift die Diaspora als eine religiöse Gemeinschaft, die in einem anderen Raum als dem eigentlichen politischen Territorium lebt.

Die Territorialisierung ist die Revanche des Politischen.

### *Die Entethnisierung des Religiösen*

Die Trennung der religiösen und kulturellen Marker wirkt in beiden Richtungen: Ethnische Religionen werden universell, aber durch Immigration und andere Entwicklungen tauchen neue Verbindungen zwischen ethnischer Zugehörigkeit und Religion auf. Das kann bis zur Entstehung von Neoethnien wie den »europäischen Muslimen« führen, unabhängig davon, wie intensiv sie die Religion praktizieren.

Doch oft ist die Ethnisierung nur vorübergehend, vor allem unter Immigranten. Ethnische Kirchen sind charakteristisch für die erste Einwanderergeneration, wie zum Beispiel die »weißen Russen« in Frankreich nach 1917. Die orthodoxe Kirche in Paris hat sich in eine russische, armenische, ukrainische, koptische, syrische, griechische, chaldäische, rumänische, georgische und so weiter aufgespalten. In Paris gab und gibt es eine polnische, eine vietnamesische und eine tamilische katholische Kirche. Afrikanische muslimische Bruderschaften, vietnamesische buddhistische Tempel nach der Immigration der Boatpeople, tamilische hinduistische Tempel auf der Insel

Réunion, iranische schiitische Moscheen in Los Angeles: In allen Fällen ist ein religiöser Marker fest mit einem kulturellen, das heißt nationalen oder sprachlichen, Marker verbunden. Aber die scheinbare Ethnisierung ist oft nur der Übergang zu einer neuen Ablösung. Man hält die Situation in einem bestimmten Augenblick, das heißt den Übergang, für den Kern des Phänomens.

Nehmen wir das Beispiel einer ethnisch chinesischen protestantischen Kirche in den Vereinigten Staaten, der Chinese Christian Church (CCC) im Großraum Washington, die Fenggang Yang untersucht hat. Auf den ersten Blick könnte man meinen, es handle sich um eine ethnische Kirche, die ihre Anhänger vor allem unter integrationswilligen chinesischen Einwanderern findet, die zum Christentum konvertiert sind und dabei ihre chinesischen kulturellen Marker behalten haben. Aber Yang zeigt, dass die Dinge komplizierter liegen. Zunächst einmal leistet die CCC anders als traditionelle Einwandererkirchen wie die italienische, polnische oder irische im Katholizismus keinerlei soziale Hilfe zur Integration, etwa in Form wechselseitiger Unterstützung; damit entspricht sie der Praxis aller heutigen evangelikalen Kirchen. Sie widmet sich nur der Verkündigung und dem Kultus, mit der einzigen Ausnahme, dass sie auch Chinesisch-Kurse anbietet. Außerdem lehnen die Pastoren die Anerkennung einer ethnischen Dimension ab, was bei einer italienischen oder irischen Kirche ein Jahrhundert zuvor undenkbar gewesen wäre. Die Gemeinde besteht aus Personen chinesischer Herkunft, die bereits perfekt integriert sind und keine »Schleuse« für die Integration und auch keinerlei Zufluchtsort brauchen. Warum aber fährt man viele Kilometer, nur um unter seinesgleichen zu sein? Weil »seinesgleichen« in diesem Fall vor allem religiös definiert ist: »Sie sehen sich als eine Minderheit, weniger im ethnischen Sinn als im religiösen. Sie sagen, viele Amerikaner behaupteten zwar, sie seien Christen, aber das treffe nur auf wenige, nämlich die wiedergeborenen Christen zu.«[34] Und Yang schreibt weiter, für die Chinesen von heute sei das Christentum nicht mehr eine »imperialistische« Religion, sondern eine universalistische. Kurzum, das Christentum hat sich von seinem historischen Bild abgelöst, seine nationale und ethnische Verwurzelung existiert nicht mehr. Dieses Argument habe ich auch bei den Taliban gehört: Auf die Frage, warum sie beanspruchen, den »wahren« Islam zu verkörpern und gleichzeitig Paschtunen sein und als Paschtunen handeln wollen, antworten sie: »Weil die Paschtunen die besten Muslime in Afghanistan sind.«

Ein weiteres Beispiel ist die Rekonstruktion des Hinduismus bei emigrierten Indern. Die erste Stufe ist die Ethnisierung des Religiösen, das heißt die Identifikation einer Religion mit einer ethnischen Gruppe. Weil es in Indien eine starke muslimische Minderheit gibt und das Land offiziell laizistisch ist, besteht außer bei den Nationalisten der BJP keine strikte Identifikation zwischen Hinduismus und indischer Identität. Vielmehr dominiert im Land die Verschiedenheit der Kasten, Sprachen und Regionen. Aber durch die Emigration verschwindet das soziokulturelle Fundament der Kasten, selbst wenn die Erinnerung lebendig bleibt. Die muslimischen Inder identifizieren sich mit anderen Muslimen vom indischen Subkontinent. Zum Beispiel definieren sich die Muslime aus Gujarat auf der Insel Réunion, die »Zarabes«, in erster Linie als Muslime und in Opposition zu den Tamilen, die Hinduisten sind und wiederum ihre tamilische Identität betonen; aber beide Gruppen kommen aus Indien. Man rekonstruiert einen gemeinsamen Hinduismus aller Gruppen, losgelöst von den Kasten, uniform und formatiert entsprechend der herrschenden Vorstellung, was eine Religion ist. Steven Vertovec hat das Phänomen gründlich untersucht und gezeigt, wie in der Karibik der Hinduismus zur ethnischen Religion der Inder wird.[35]

Aber dieser Prozess der Ethnisierung ist oft nur der erste Schritt der Dekulturation, das heißt der Ablösung von religiösen und kulturellen Markern, denn die »ethnische« Religion wird nach dem Modell der Religionen der Aufnahmeländer formatiert. In einer zweiten Phase kann sich die derart autonom gewordene Religion entethnisieren und außerhalb ihres ursprünglichen kulturellen Umfelds funktionieren. Die Dekulturation des Hinduismus bei indischen Emigranten beziehungweise dessen Dekulturation im Rahmen einer »Religion für den Export«, die wir weiter oben analysiert haben, folgt ganz ähnlichen Wegen: Infragestellung des Kastensystems, Homogenisierung, Simplifizierung und Professionalisierung der Akteure.

Die Ethnisierung kann deshalb Indiz einer Dekulturation sein, weil es sich, wie bei den »Muslimen« in Europa, um eine neoethnische Gruppe handelt, die etwas »rein Religiöses« schafft, das besser geeignet ist, gegenüber der Kultur autonom zu werden als die komplexen Konstruktionen der Ursprungskulturen. Beim Hinduismus, entsprechend seiner Rekonstruktion in Jamaika, ist die Neufassung mit dem Einfluss reformistischer Gruppen verbunden; dort handelt es sich um die 1875 von Swami Dayanand Saraswati gegründete Bewegung Arya Samaj, die das Kastensystem ablehnt, den Monotheismus vertritt und den Veden große Bedeutung zumisst. Universalismus, Monotheismus, geoffenbarte Schrift: Wir befinden uns mitten im Prozess der theologischen und »kirchlichen« Formatierung nach christlichem Vorbild.

Ein Beispiel für die Dekulturation der Religion im Zuge der Ethnisierung erläutert Ursula King. Sie hat gezeigt, dass der Hinduismus außerhalb Indiens nur funktioniert, wenn er sich von der Kultur ablöst.[36] Aber selbst in Indien wird der Prozess der Dekulturation durch die Transformation des Religiösen offensichtlich in der Art und Weise, wie die nationalistische BJP einen homogenen Hinduismus rekonstruiert und dabei auf das Kastensystem verzichtet. Die Erfindung eines Hinduismus nach dem Modell einer westlichen Religion, in dem Fall des Christentums, ist hier nicht die Folge einer postkolonialen Entfremdung, sondern im Gegenteil einer identitären nationalistischen Forderung, die auf den weltweiten religiösen Markt abzielt. Es geht um ein Gegengewicht zu dem Einfluss ausländischer religiöser Paradigmen, die dem neuen Markt besser angepasst sind.

Die Konstruktion der »europäischen Muslime« als neoethnischer Gruppe hat ebenfalls einen dekulturierenden Effekt, weil der kleinste gemeinsame Nenner, der sie eint, nur im Gegensatz zu den gegebenen Kulturen definiert werden kann. Deshalb gelingt es dem Salafismus oft am besten, diese universalistische Religion zu erfassen.

Der nächste Schritt ist der Übergang von der ethnischen Gemeinschaft zur Glaubensgemeinschaft. Die Gläubigen wollen nicht mehr »ethnisch« wahrgenommen werden, entweder weil ihre Identität inzwischen religiös bestimmt ist oder weil die Gruppe keine ethnische Basis mehr hat. Karen Chai hat untersucht, wie sich in Amerika eine protestantische koreanische Kirche in eine multiethnische Kirche verwandelt hat, in der Englisch die Umgangssprache und die Ausrichtung mehr oder weniger evangelikal ist.[37] Die Eltern sind Koreaner, sie sprechen Koreanisch und wollen, dass ihre Kinder ebenfalls Koreaner heiraten. Sie suchen im »bürgerlichen« Protestantismus der etablierten Kirchen ein Mittel, um Integration, sozialen Aufstieg und die Bewahrung der ethnisch-kulturellen Identität miteinander zu verbinden. Die Jungen hingegen sind evangelikale Wiedergeborene, und hinsichtlich der Partnerwahl ist ihnen der Glauben wichtiger als die ethnische Zugehörigkeit. Auch hier ist die Hinwendung zum Evangelismus ein erster Schritt in Richtung der Dekulturation. Oft entstehen Spannungen aus der Frage, welchen Pastor man wählt – muss er der eigenen ethnischen Gruppe angehören?

Auf Tahiti war eine der chinesischen Pfingstkirchen zu Anfang explizit »ethnisch« (Hakka), aber entwickelte sich durch Spaltung zu einer multiethnischen Kirche: Die Hakka-Führer der Halleluja-Kirche entließen den (französischen) Pastor, weil er sich hauptsächlich an Nicht-Chinesen wandte. Daraufhin verließ er die Kirche, gründete eine neue – und 80 Prozent der chinesischen Gläubigen folgten ihm.[38] Parallel dazu kritisierten im Jahr 1997 die in den Vereinigten Staaten ausgebildeten Geistlichen die Tänze und anderen kulturellen Ausdrucksformen der tahitianischen Pfingstkirche La Bonne Nouvelle. Allerdings schien es zwischen beiden Vorgängen keinen direkten Zusammenhang zu geben. Jedenfalls haben wir es hier mit einem komplexen Zusammenhang zwischen tahitianischer Identität, Evangelikalismus (mit politischer Wirkung) und Dekulturation zu tun.

In Frankreich forderte der russische Patriarch Alexej II. bei seinem Besuch im Oktober 2007, dass jene französischen orthodoxen

Gläubigen, die keine Anhänger einer nicht-russischen nationalen Kirche wie der griechisch-orthodoxen oder serbisch-orthodoxen waren, künftig rechtlich ihm unterstellt sein sollten. Aber zahlreiche französische Orthodoxe protestierten, denn sie fühlten sich nicht oder nicht mehr »russisch« und wollten das Band zwischen Ethnie, Nation und Orthodoxie kappen. Michel Sollogoub, der Sekretär des Auslandsexarchats Westeuropa, schrieb in *Le Figaro:* »Die Erneuerung der Kirche in Russland darf nicht vergessen lassen, dass die Orthodoxie auch in Frankreich präsent ist, in bescheidener Zahl, aber eben doch vorhanden. Eine konkrete Folge der Geschichte des 20. Jahrhunderts ist, dass die Orthodoxie ihre traditionellen geografischen Grenzen verlassen hat. Die russische und griechische und später auch die serbische, rumänische und libanesische Emigration hatten zur Folge, dass die Orthodoxie auf französischem Boden gut verwurzelt ist, obwohl die entsprechenden Gemeinschaften weiterhin starke Bindungen zu ihren Herkunftskirchen pflegen. Die Orthodoxie in Frankreich, die auf eine 80-jährige Vergangenheit zurückblicken kann, ist keine Kirche von Ausländern mehr. Die Anerkennung einer gemeinsamen Verantwortung im Zeugnis der Orthodoxie und das Bestreben, die Kluft zwischen den ethnischen Diözesen zu überwinden, haben 1967 zur Gründung eines interepiskopalischen Ausschusses geführt, aus dem nach Empfehlung der panorthodoxen Konferenz von Chambésy im Jahr 1993 die Versammlung der orthodoxen Bischöfe Frankreichs (Assemblée des évêques orthodoxes de France, AEOF, 1997) hervorging. Das Ziel besteht darin, dass daraus letztlich und in Verbindung mit den verschiedenen Ursprungskirchen eine einheitliche synodale Struktur entsteht, die zwar provisorisch ist, aber im Einklang mit der orthodoxen Ekklesiologie steht.«[39]

Christlich-orthodoxe Gläubige sind durch ethnische Zuwanderung nach Frankreich gekommen, aber die Orthodoxie hat danach ihren ethnischen Charakter verloren. Allen, die sich für diese Entwicklung interessieren, sei der Besuch der Kapelle Saint-Grégoire-l'Athonite et Anastasie-la-Romaine in Bernwiller im Sundgau (südliches Elsass) empfohlen. Die Ikonen dort wurden von einem amerikanischen Konvertiten gemalt, und um den Unterhalt der Kapelle kümmert sich Dr. Louis Schittly, ein Konvertit vom Berg Athos und Mitbegründer der Ärzte ohne Grenzen.

### *Die Dekulturation*

Wenn Religionen »auf den Markt gebracht« werden, setzt das die Dekulturation des Religiösen voraus. Bei manchen Religionen geht das schneller als bei anderen. Zuweilen fragt man sich, warum das Pfingstlertum die Religion ist, die sich am meisten ausbreitet. Wie wir gesehen haben, stellen die Pfingstler das Gefühl, die Heilung und das Reden in Zungen, die Glossolalie, in den Vordergrund. Unter dem Einfluss des Heiligen Geistes beginnen manche Gläubige wie die Apostel »in Zungen zu reden«, sodass andere Menschen, deren Sprache(n) sie nicht sprechen, verstehen, was sie sagen. Aber die Pfingstler, die dergestalt in »Zungen« predigen, sprechen keine real existierende Sprache: Die Glossolalie ist lediglich eine Abfolge von Tönen. Die »Botschaft« kommt trotzdem an, das Wort Gottes bedarf keiner bestimmten Sprache und Kultur. Eben weil der Geist vom Buchstaben abgelöst ist, ist die Botschaft universell. Der Heilige Geist ist unabhängig von der Kultur, auch wenn Christus Menschengestalt angenommen hat.

Jenseits der Religion befinden wir uns heute in einem Prozess, bei dem die Sprachen an »Dichte« verlieren, denn die Botschaft, die sie verbreiten, muss einfach sein, damit sie eindeutig ist. Einen ähnlichen Stellenwert wie das Pfingstlertum haben daher die Perfektionierung automatischer Übersetzungssysteme und die Verarmung der Verkehrssprachen. Das Englische, das heute dominiert, wird zu einer Kreol-Sprache oder vielmehr – entsprechend dem Titel des exzellenten Buches von Jean-Paul Nerrière – zu *globish*.[40] In den Religionen bricht die Zeit von *goddish* an.

José Casanova hat die Verbindung zwischen dem Lokalen und dem Globalen für das Pfingstlertum auf den Punkt gebracht: »Wie kann [das Pfingstlertum] deterritorialisiert und lokal zugleich sein?

Weil es eine entwurzelte lokale Kultur ist, die einen spirituellen Kampf gegen ihre eigenen Wurzeln führt. Das ist das Paradox des lokalen Charakters des Pfingstlertums. Man kann es nicht gemäß dem traditionellen Sinn der katholischen ›Inkulturation‹ verstehen, das heißt als Beziehung zwischen dem Katholischen oder Universellen und dem Lokalen oder Partikularen … Das Pfingstlertum ist kein translokales Phänomen, das bestimmte Formen einer lokalen territorialen Kultur übernimmt. Es ist auch keine synkretistische Symbiose oder ein symbiotischer Synkretismus des Allgemeinen und des Lokalen. Denn die Pfingstler führen überall einen offenen, kompromisslosen Kampf gegen die lokalen Kulturen: gegen den afro-brasilianischen Geisterkult in Brasilien, gegen Voodoo in Haiti, gegen Hexerei in Afrika und gegen Schamanentum in Korea … Eben dieser Kampf gegen die lokale Kultur zeigt, wie sehr sie lokal verwurzelt sind.«[41]

Wir könnten noch viel mehr Belege für diesen Wunsch nach Dekulturation anführen, was selbst dann der Fall ist, wenn sich die Pfingstkirchen mit einem Volk identifizieren, wie zum Beispiel mit den in Tahiti dominierenden Assemblées de Dieu, die gegen traditionelle Glaubensüberzeugungen kämpfen und den Gebrauch der französischen Sprache propagieren. Daneben gibt es christliche Pastoren pakistanischer Herkunft, die in ihr Heimatland zurückkehren und sich wie eine christliche Version der Tabligh verhalten: »Das gehörte zur Mission von Arif: einen fundamentalistischen Glauben sowie eine wörtliche Lesart der Schrift bei den pakistanischen ›Nominalisten‹ zu verbreiten. Letzteres ist ein Wort, das Martin und Shehzad nur mit Verachtung aussprachen, ein Begriff, der diejenigen verdammt, die nur dem Namen nach Christen sind, Christen durch eigene Zuordnung und nicht durch die Praxis, Christen, die sich mehr an der pakistanischen Kultur orientieren als an der Bibel.«[42]

Die gesamte Literatur zu den Pfingstbewegungen betont dieses Phänomen: eine Bekundung der Identität gepaart mit der Negation traditioneller Identitätsmarker. Diese doppelte Logik wird in einer bestimmten Bewegung auf die Spitze getrieben: Youth With a Mission. Nach der klassischen Sichtweise, dass Jesus erst wiederkommt, wenn das Evangelium der ganzen Welt verkündet wurde, hat sich diese Bewegung zum Ziel gesetzt, die *unreached people* zu erreichen, die Völker, zu denen noch nie gepredigt wurde, um ihnen dann die Möglichkeit zu geben, in ihrer Sprache vom Glauben zu hören. Die Bewegung hat 8000 ethnische Gruppen identifiziert und schlägt jungen Christen vor, eine solche Gruppe zu »adoptieren« und schließlich zur Mission aufzubrechen. Die anthropologische Unterweisung der jungen Leute wendet sich mithin gegen die Kulturen, die man »retten« will, aber nicht im anthropologischen Sinn!

## Vom Markt zum großen Basar der Rituale und Zeichen

Um es nochmals zu betonen: Die Auflösung des ursprünglichen Zusammenhangs zwischen religiösen und kulturellen Markern bedeutet nicht, dass die einen zugunsten der anderen verschwinden, sondern dass sie sich auf flüchtige, unbeständige Weise trennen und wieder neu zusammenfügen. So kann sich jeder Mensch das gerade Passende aussuchen und mit Elementen aus verschiedenen Zusammenhängen ein eigenes Menü à la carte zusammenstellen. Solche Bastelei oder *customization*, kundenbezogene Anpassung, erzürnt Puristen, die auf die Reinheit von Kultur und Religion Wert legen, denn sie erscheint ihnen als Synkretismus oder schlimmer noch als tiefe Unwissenheit hinsichtlich der besonderen Natur einer jeden Religion. Aber im Grunde ziehen die »Kunden« hier nur die Lehren aus der realen Homogenisierung des religiösen Feldes. Denn diese macht es so schwierig zu verstehen, was an einer bestimmten Religion weder auf andere Religionen noch auf die Kultur zurückzuführen ist.

Wir beenden dieses Kapitel mit zwei Beispielen, die zwar statistisch nicht aussagefähig, aber höchst charakteristisch für den Tanz der Marker sind. Das erste Beispiel ist der Werdegang einer Melodie ohne Liedtext, die sich 2003 als »emblematischer« Song mit dem Titel »e-o nigun« (*nigun* ist ein traditioneller chassidischer Singsang) bei jüdischen amerikanischen Studenten der reformierten Richtung bei der Einkehr zum *shabat* verbreitete. Die Melodie stammt allerdings aus Südafrika und hat mit dem Judentum nichts zu tun, doch meines Erachtens wurde sie aus genau diesem Grund übernommen: Sie erlaubt es, eine universelle jüdische Identität zu bekunden, die nicht mit traditionellen Markern wie jiddischen Gesängen, religiösen Gesängen oder israelischen Gesängen verbunden ist. Es ist das gleiche Prinzip wie beim »Tora-Yoga« in den 1970er Jahren, bei dem man Verse und Gebete rezitierte und dabei, wie traditionell üblich, Bewegungen ausführte, nur dass in dem Fall die Bewegungen aus dem Yoga stammten.[43]

Und schließlich noch eine letzte Anekdote, bei der chinesische Mädchen, die von jüdischen amerikanischen Familien adoptiert wurden, in religiöser Hinsicht jüdisch und in kultureller Hinsicht chinesisch erzogen werden: »Olivia R., ein Mädchen aus Massachusetts, die im letzten Herbst ihre *bat mizwa*[44] gefeiert hat, an einem Tag, an dem das jüdische Erntefest *(sukkot)* mit dem chinesischen Vollmondfest zusammenfiel, sagt, sie sehe keine Spannung zwischen den beiden Facetten ihrer Identität: ›Das Judentum ist eine Religion, das Chinesische ist mein Erbe und in gewisser Weise meine Kultur, und für mich sind das verschiedene Dinge. Ich sehe keinen Konflikt zwischen beiden.‹«[45] Doch eine solche Beschreibung dieses Festtages ist weder im Hinblick auf die Religion noch auf die Kultur überzeugend. Was hat das Mädchen von »chinesischer Kultur« mitbekommen außer dem Kalender? Wo ist die doppelte Kultur, abgesehen von den koscheren Essstäbchen? Wie lassen sich Abstammung und Adoption im Judentum, *bar* und *bat mizwa*, chinesisches Neujahr und *sukkot* miteinander vereinen? Genau darum geht es heute.

# Die Standardisierung des Religiösen

## Die Formatierung der Religionen

Der Markt und die Zirkulation begünstigen die Standardisierung des Religiösen. Aber nach welchen Kriterien erfolgt sie? Wieder ist klar, dass es dominierende Modelle gibt (in unserem Fall das Christentum), aber das Modell verändert sich im Verlauf des Prozesses. Der Buddhismus hat »protestantische Züge« angenommen, und zwar nicht nur in seiner für den Export bestimmten Form. Umgekehrt hat mancher Christ den Buddhismus mit seinen Meditationstechniken und Ideen der Selbstvervollkommnung für sich entdeckt, während er gleichzeitig an den traditionellen christlichen Lehren festhält – etwa am Bild Gottes als allmächtigem Schöpfer und transzendenter Gestalt. Die Hölle ist nicht mehr in Mode. Das Interesse an Ökumene, am Dialog der Religionen, an gemeinsamen Zeremonien und Zusammensein bei großen Festivals mit sakraler Musik aus der ganzen Welt (wie dem Festival de Fès) führen zu einem Relativismus, der die angestammte Hegemonie des Christentums aushöhlt.

Ich spreche bei diesem Prozess der Standardisierung lieber von »Formatierung« als von »Akkulturation«. Denn der Begriff Akkulturation setzt genau jenes Moment bereits voraus, um das es geht, nämlich die Annahme, dass jede Religion durch eine Kultur verkörpert wird, und trägt der Ablösung von kulturellen und religiösen Markern nicht Rechnung. Das Konzept der Akkulturation unterstellt, dass es eine Harmonie zwischen den Markern gibt, und deshalb fehlt das Verständnis für die Komplexität von Integrationsphänomenen, die als eine Kraftprobe zwischen der dominierenden Gesellschaft und Minderheiten, die ihre »Authentizität« bewahren wollen, aufgefasst werden. So wurde die Debatte über das Kopftuch in den französischen Schulen in den muslimischen Ländern ebenso wie in den Vereinigten Staaten als Ausdruck des Wunsches wahrgenommen, die muslimische Gemeinschaft zu zerstören, und für viele Beobachter von außen sieht es so aus, als würde eine multikulturalistische Politik bedeuten, die Staatsbürgerschaft mit einem Festhalten an kulturellen Traditionen zu verbinden.[1] Aber wie wir wiederholt in diesem Buch gezeigt haben, ist der Multikulturalismus eine Illusion, denn er zielt auf Gemeinschaften, in denen die Ablösung von religiösen und kulturellen Markern bereits stattgefunden hat: Beim Multikulturalismus wird künstlich etwas als kulturell definiert, was nicht mehr zur Kultur gehört.

Die Formatierung kann zwangsweise erfolgen oder als Zwang erlebt werden, wie im Fall des Kopftuchverbots oder des Verbots der Polygamie, oder im Gegenteil als ein schlichtes formales Zugeständnis, das den Kern nicht berührt. Zum Beispiel hat man Tariq Ramadan vorgehalten, er kleide sich westlich und spreche sehr gut Französisch, um die fundamentalistische Botschaft umso wirkungsvoller zu verbreiten. Ein Beispiel für Formatierung betrifft die Ehe: Ist es einfach nur oberflächliche Anpassung, wenn ein im Westen lebendes muslimisches Paar in der Moschee heiratet, Hand in Hand, die Frau im weißen Brautkleid und mit einem Blumenstrauß, genauso wie christliche Paare in der Kirche heiraten? Oder kommt darin eine veränderte Sicht der Paarbeziehung zum Ausdruck? Oder bedeutet es eine Neudefinition des religiösen Werts der muslimischen Eheschließung?[2]

Tatsächlich ist die Formatierung in den meisten Fällen ein wechselseitiger Vorgang, bei dem Anpassungen von beiden Seiten stattfinden und Normen aus sehr unterschiedlichen kulturellen Feldern neu formuliert werden. (»Wollust« bedeutet im Islam etwas anderes als im Christentum.) Die neue Einheit, die daraus entsteht, ist nicht immer ein Konsens, aber zumindest sollen die verschiedenen Normen und Glaubensvorstellungen kompatibel und akzeptabel werden. Der Konsens ist ein Ideal, oft angesiedelt in einer mythischen Vergangenheit (»Al-Andalus«, »die Schule der Republik« in Frankreich), die durch ein historisches Ereignis verloren gegangen ist, seien es die Kreuzzüge und *Reconquista* oder Immigration und Globalisierung, und die nun beschworen wird. Man denke nur daran, wie wichtig in Frankreich der »republikanische Konsens« und die »republikanischen Normen« sind, die durch den Islam angeblich in Frage gestellt werden, während doch beide nicht einer historischen Realität entsprechen: In Frankreich besteht seit 1789 die politische Kultur eines nicht erklärten Bürgerkriegs, bei dem Revolutionäre und Reaktionäre, Laizisten und Klerikale, Kommunisten und Antikommunisten sich unaufhörlich gegenseitig vorwerfen, sie seien »Feinde der Nation«. Der fantasierte Konsens ist nicht das Erbe einer guten alten Zeit, die niemals existiert hat, sondern der Horizont, vor dem die Formatierung des Islam stattfindet.

Und wie sieht das neue gemeinsame »Format« aus? Ich erkenne drei Dimensionen:

- eine *Konvergenz der Religiositäten*, das heißt der Definition des Glaubens, der Beziehung des Gläubigen zu seiner Religion, die oft in der Begrifflichkeit einer spirituellen Suche ausgedrückt wird. Der Markt bietet verschiedene Produkte an zur Befriedigung ein und derselben Nachfrage, und auf diese Weise wird die Nachfrage durch den Markt uniformisiert; er spiegelt dem Konsumenten, was er vermeintlich ist. Das Religiöse wird nicht länger durch Anthropologen und Philosophen definiert und immer seltener durch »Profis«, Kleriker und Prediger, die sich um den Konvertiten/Kunden bemühen. Individuelle Konversionen illustrieren häufig diese suchende, nomadische, sogar eklektizistische Seite des neuen Gläubigen;
- eine *Konvergenz der Definition:* Der Begriff »Religion« wird zu einem normativen Paradigma ohne präzisen Inhalt. Ein beliebiges System wird zur Religion, wenn man es als solche bezeichnet, unabhängig von seinem Inhalt: Heute entscheiden in Streitfällen die Gerichte, und dabei klammern sie explizit theologische Fragen aus. Sie benennen das Religiöse, definieren es aber nicht. Selbst und vielleicht sogar besonders in den Ländern, in denen die strikte Trennung von Staat und Religion es dem Staat ver-

bietet zu definieren, was eine Religion ist, wie in Frankreich und den Vereinigten Staaten, muss man doch regeln, wer ein Recht auf das Etikett »Religion« hat, und sei es nur, um das Recht auf Religionsfreiheit zu gewähren, denn davon sind auch die Steuerfreiheit, Militärgeistliche, die Definition von Kultstätten, Speisevorschriften, Feiertage und so weiter betroffen. Die Demokratisierung und die Theorie der Menschenrechte führen zu einer Vereinheitlichung der Definition des Religiösen, damit jeder Mensch gleichbehandelt werden kann, und auch die Definition von Minderheit wird standardisiert. Wie ich an anderer Stelle gesagt habe, erzeugt der Laizismus das Religiöse, denn um es auf Distanz zu halten, muss man ihm einen Platz zuweisen und es dafür als »rein religiös« definieren.[3] Durch die Formatierung soll das Religiöse ein einheitliches Erscheinungsbild im öffentlichen Raum erhalten. Die »Frömmigkeit« bekommt so einen Rahmen: so die Regelung des Kopftuchs bei muslimischen Frauen, das Recht (oder das Verbot), Haschisch zu rauchen – ein Wunsch der Rastafaris in den Vereinigten Staaten, der abgelehnt wurde –, die Möglichkeit, im Zusammenhang mit der Ausübung des Glaubens Wein zu trinken (bei der Messe in Ländern mit Prohibition) oder die Errichtung eines *eruv*, eines Zauns, um ein orthodoxes jüdisches Wohnviertel;

– eine *institutionelle Konvergenz* zwischen den Religionen: Die Gestalt des »Priesters« oder »Pastors« wird zum definitorischen Modell für jeden Praktiker oder Profi des Religiösen. Die Ulemas werden Theologen, die Imame und Rabbiner sind für eine »Pfarrgemeinde« verantwortlich. Die Gesetze, die Gerichte und die staatlichen Institutionen tendieren dazu, im Namen der Gleichheit der Gläubigen alle Religionen nach einem identischen Schema zu betrachten; mit der Berufung islamischer Militär- und Anstaltsgeistlicher behandeln in Frankreich die Armee und der Strafvollzug den Islam nach dem Modell des Christentums. Insofern können wir von einer »Verkirchlichung« der Religionen durch Gerichte und Politik sprechen.

Die Formatierung kann im Rahmen unterschiedlicher Strategien, von oben oder von unten, erfolgen: als Integration bei den reformierten Juden, durch Export beim Buddhismus und Hinduismus, durch die Konstruktion einer nationalen Identität wie beim Hinduismus in Indien und dem Buddhismus in Sri Lanka, in Gestalt der Sorge um die öffentliche Ordnung, soweit es den Staat betrifft, als Reaktion auf politische Traumatisierung (man denke an Missionare, die den Kolonialismus kritisieren oder an Bürgerkriege), oder einfach nur durch die Konversion in einem kulturell vollkommen anderen Umfeld. Die Formatierung kann freiwillig und explizit sein wie zum Beispiel beim Reformjudentum in den Vereinigten Staaten; die jüdischen Immigranten wollten selbst eine Form des Judentums finden, die den Regeln der amerikanischen Gesellschaft entsprach. Sie kann mit einer »liberalen« oder im Gegenteil »fundamentalistischen« Stoßrichtung erfolgen, denn, das muss noch einmal betont werden, der Fundamentalismus kann auch Ausdruck einer Moderne durch Dekulturation sein: Das trifft für den Salafismus bei Immigranten zu.

Die Formatierung erfolgt, selbst wenn sie als gewaltsam erlebt wird, nachdem mehr oder weniger gründlich ausgehandelt wurde, was akzeptabel ist. Was barbarisch erscheint, wie die Amputation von Gliedmaßen, oder nur seltsam, wie der Schleier der Muslime, der Turban oder der Dolch der Sikhs, wird entweder von vornherein abgelehnt oder ausgehandelt und in angepasster Form geduldet; so dürfen Sikh-Polizisten in Großbritannien einen Turban tragen. Jenseits der sichtbaren Zeichen des Religiösen zielt die Formatierung eben darauf ab, die Religionen als etwas Ähnliches anzusehen und gerade nicht als unterschiedliche Erscheinungen. Aber die Konvergenz kann auch zur Folge haben, dass eine »religiöse Front« entsteht, die konservative Werte verteidigt wie der Widerstand gegen die Schwulenparade *gay pride* in Jerusalem, der sich als Ausdruck des »kleinen Unterschieds« geriert, verbunden mit dem demonstrativen Tragen sichtbarer Zeichen der Zugehörigkeit (Kopftuch, Kippa, Kreuz).

Die Formatierung erfolgt in der Regel in einem dialogischen Prozess, bei dem in der Interaktion eine Orthopraxie definiert werden soll, ein relativer Konsens über den Ausdruck des Religiösen im öffentlichen Raum. Die Orthopraxie, bisher das Zeichen der Kulturbindung des Religiösen, wird im Zuge der Globalisierung zu einem autonomen Prozess, der die Dekulturation ausgleicht und explizite Normen für das Zusammenleben in den Vordergrund rückt, die zunehmend von den Gerichten und dem Gesetzgeber sanktioniert werden. Aber der Prozess kann nicht von einer im eigentlichen Sinn religiösen Debatte ausgehen, das heißt einer Debatte über Theologie und Dogma. Ob eine Religion annehmbar ist, hat nichts mit dem Dogma zu tun; die speziell normativen Systeme, zum Beispiel solche, die die Ernährung betreffen, bleiben davon unberührt. Die Normen können differieren, aber sie müssen in einem gemeinsamen Bedeutungsraum gedacht werden können. Der Satz »Ich esse kein Schweinefleisch« bedeutet keine radikale Andersartigkeit, sondern kann in einem Kontext gesagt werden, in dem der Gedanke möglich ist, dass die Menschen unterschiedliche Vorlieben beim Essen haben. Hingegen kann die Aussage »Ich trinke kein Bier« die Ablehnung von Geselligkeit im Rahmen einer Mikrogesellschaft bedeuten, wo der Konsum von Alkohol als ein gesellschaftliches Ritual gesehen wird wie in der Armee oder unter Fußballfans.[4]

Das vollkommen Andere wäre in diesem Fall Fremdheit im Sinne von Barbarei, von bizarren Dingen (*weird* im Englischen), ein Ausdruck des Extravaganten oder Undenkbaren. Unter einem dialogischen Prozess verstehen wir, dass die Mischung aus Konfrontation und Dialog letztendlich zu einem neuen, relativ konsensuellen Gleichgewicht führt, weil die Akteure nicht geschlossene, im Vorhinein festgelegte Systeme verteidigen, sondern im Gespräch mit dem Anderen ihre eigene Position neu formulieren. Der Minimalkonsens entsteht jenseits prinzipieller Positionen und jenseits der Ausgangsposition eines jeden Akteurs. Zum Beispiel erlaubt die Neudefinition der Scharia als ein System freiwilliger Normen dem Muslim, sich weiter im Rahmen des Korangesetzes zu denken, und dem »Laizisten«, davon auszugehen, dass nicht akzeptable Strafen wie die *hudud* nicht praktiziert werden. In geschlossenen ideologischen Systemen ist ein solcher Kompromiss natürlich nicht möglich.

Die systematische Ablehnung des islamischen Kopftuchs bei französischen Laizisten schließt einen Kompromiss von vornherein aus. Interessanterweise haben die Gerichte durch mehrere Entscheidungen nach und nach zwar nicht einen Konsens definiert, aber ein Gleichgewicht zwischen dem Recht, das Kopftuch zu tragen, und dem Verbot des Kopftuchs im öffentlichen Raum hergestellt. Zunächst weigerten sich die französischen Gerichte in den 1990er Jahren eine klare Entscheidung auszusprechen, der zufolge das Kopftuch in der Schule prinzipiell verboten ist. Das spielte den Ball an den Gesetzgeber zurück, welcher mit der Einsetzung der (nach ihrem Vorsitzenden Bernard Stasi) benannten Stasi-Kommission und dem Gesetz von 2004 reagierte. Als Nächstes definierten die Gerichte, in welchem Rahmen ein Kopftuch getragen werden darf: bei der Arbeit, wenn die Trägerin keinen direkten Kundenkontakt hat, wenn sie bei der Einstellung nicht über bestehende Bekleidungsvorschriften informiert wurde und wenn es keine Sicherheitsbedenken gibt sowie an öffentlichen Orten einschließlich Hotels und Pensionen. So lautete die Entscheidung des Pariser Appellationsgerichts vom 19. Juni 2003. Entsprechend wurde im Oktober 2007 Madame Truchelut wegen Diskriminierung verurteilt, weil sie die Reservierung einer ihrer Gäste annulliert hatte, die in den Gemeinschaftsräumen ihrer Pension ein Kopftuch trug.[5]

Wie alle Untersuchungen zu diesem Thema zeigen, hüten sich die französischen Gerichte, auf ideologische Weise das Prinzip der Laizität durchzusetzen, und bemühen sich, bei Konflikten, in denen von der Republik nicht anerkannte religiöse Normen mit im Spiel sind, entweder einen Konsens zu finden oder wenigstens ein vernünftiges Gleichgewicht herzustellen, ob es um das Kopftuch geht, den *Get* (die Erlaubnis des Ehemannes zur Wiederverheiratung der Frau im jüdischen Recht), um Arbeitsverträge, die die Achtung religiöser Normen und Überzeugungen verlangen, Beerdigungen, die Annullierung von Eheschließungen und so weiter. Darf eine Lehrerin an einer katholischen Schule entlassen werden, wenn sie geschieden wird? Kann ein Beschäftigter in einem jüdischen rituellen Schlachthaus wegen ungerechtfertigter Abwesenheit entlassen werden, wenn er an einem religiösen Feiertag nicht erscheint?[6] Die Gerichte befinden sich in einem dialogischen Prozess, in dem ein Raum des Ausgleichs geschaffen werden soll, sie versuchen nicht, eine abstrakte laizistische Norm unbedingt durchzusetzen.

Aber es besteht eine erstaunliche Kluft zwischen den Inhalten der Debatte und der Praxis der Konfrontation und Integration. Man glaubt, es werde über Ideen debattiert, dabei ist es bereits die Tatsache, dass debattiert wird, das heißt die Interaktion, die die Bedingungen für die Formatierung schafft. Die Formatierung geschieht, bevor gedacht wird, und das erklärt, warum die Ideen immer der Realität hinterherhinken; man debattiert noch über die Integration der Muslime, während sie bereits stattfindet, mit Ergebnissen, die nicht immer so sind, wie man erwartet hat. Der Inhalt der öffentlichen Debatte ist ideologisch und theologisch: Ist der Islam mit den westlichen Werten vereinbar? Ist die konfuzianische Kultur von China und Singapur mit der Demokratie kompatibel? Ist das Konzept des modernen demokratischen Staats untrennbar mit der Geschichte des Christentums verbunden? Was sagt der Koran? Und so weiter. Daraus entsteht der gesamte Themenkomplex vom Kampf der Kulturen. Überflüssig zu betonen, dass solche Debatten nichts zur realen Politik beitragen. In diesem Sinne antwortete der damalige Innenminister Nicolas Sarkozy auf eine Frage der Demografin Michèle Tribalat: Wenn man meint, dass der Islam nicht mit der Demokratie vereinbar ist, was soll man dann mit den Millionen von Muslimen machen, die französische Staatsbürger sind?[7]

Nadia Marzouki hat in ihrer Dissertation die Arbeit der Stasi-Kommission untersucht und kommt zu einem erhellenden Ergebnis: Die Kommission hat keineswegs bereits vorgefertigte politische und ideologische Diskurse einander gegenübergestellt, sondern sich tatsächlich bemüht, aus der Konfrontation mit Diskursen, Lebensberichten, den Positionen von Akteuren und Expertenäußerungen einen Konsens zu entwickeln. Insofern handelte es sich nicht darum, neue wissenschaftliche Kenntnisse zu erarbeiten, etwa eine wahre Theorie, die es der Politik erlauben würde, auf wissenschaftlicher Basis zu agieren; denn wissenschaftliche Expertise kann die Formatierung nicht leisten. Sie behauptet, Tatsachen und Tendenzen zu kennen, aber gibt nicht zu, dass sie selbst aktiv am Prozess der Faktenkonstruktion beteiligt ist.[8] Die Kommission hatte wie jeder politische Akteur die Aufgabe, eine Dynamik in Gang zu setzen, nicht festzustellen, ob sich wissenschaftlich und im Vorhinein klären ließe, ob die Bedingungen für eine solche Dynamik gegeben waren.[9] Auf diese Weise entstand so etwas wie »Regierungsweisheit«, weniger um eine bestimmte Politik zu definieren (es wurde nur ein einziger Vorschlag der Kommission umgesetzt: das Verbot religiöser Zeichen in der Schule), sondern um im Gespräch einen Konsens zu entwickeln. So erklärt sich der freundschaftliche Druck auf Jean Baubérot, das einzige Mitglied der Gruppe, das bei der Abstimmung nicht mitgestimmt hatte: Man warf ihm nicht vor, dass er anders dachte als die anderen, sondern dass er gegen die Spielregeln des Konsenses verstieß.

Allerdings ist der Kontext der Debatte je nach der politischen Kultur sehr unterschiedlich: In Großbritannien und Kanada geht es um Multikulturalismus, in Frankreich um die laizistische Ideologie, in den Vereinigten Staaten um die Trennung von Kirche und Staat bei gleichzeitiger Omnipräsenz der Religiosität im öffentlichen Raum. Wir erleben eine wechselseitige Neuformulierung des Religiösen und des öffentlichen Raums, in den es sich einschreibt: Es ist kein Zwang, der der »neuen« Religion auferlegt wird, und es handelt sich auch nicht um eine Unterwanderung der Gesellschaft durch die Religion. Die Zeit spielt allerdings eine wichtige Rolle: Judentum und Katholizismus hatten mit Widrigkeiten zu kämpfen, als sie in den Vereinigten Staaten Fuß fassten, und ihre Verankerung im Land dauerte mehr als ein Jahrhundert. Die Formatierung des Islam findet aus verschiedenen Gründen im Eiltempo statt, einer davon ist der 11. September.

Wenn wir historische Beispiele anschauen – die Überwindung der Gettos durch das europäische Judentum, den Vormarsch des Katholizismus in den Vereinigten Staaten und die Integration der Muslime in Europa –, sehen wir, dass die Bedingungen jeweils ähnlich waren. Der Irrtum, wenn über die Integration der Muslime gesprochen wird, liegt darin, sie mit früheren Immigranten, etwa Italienern oder Polen, zu vergleichen, denn damals stellte sich die Frage der Religion nicht. Doch eigentlich muss man jene Religionen vergleichen, die sich explizit als solche definieren: Judentum, Katholizismus und Islam.

In allen drei Fällen tauchte eine »neue« Religion auf dem Markt auf, weil eine bestimmte ethnische Gruppe auftrat und verlangte, im öffentlichen Raum genauso anerkannt zu werden wie die anderen. Von einer »neuen« Religion sprechen wir, weil sie erst später im öffentlichen Raum erschien (selbst wenn sie auf dem Territorium bereits länger präsent war, zum Beispiel die Juden in den europäischen Gettos) und weil die dominierende Kultur mit einer bestimmten Religion verbunden wurde (dem Protestantismus in den Vereinigten Staaten, in Europa allgemein dem Christentum). In allen drei Fällen reagierte in der Aufnahmegesellschaft zumindest ein Teil der Religionsgemeinschaft mit Misstrauen und Integrationswillen – es gab gleichermaßen Druck und interessierte Nachfrage. Deborah Lipstadt schrieb dementsprechend: »Über mindestens zwei Jahrzehnte nach dem Zweiten Weltkrieg haben die amerikanischen Juden oft unbewusst ihre Bildungsinstitutionen, ihre gemeinschaftlichen und religiösen Institutionen und ebenso ihr Privatleben als Kopie der christlichen Welt konstruiert, in der sie lebten ... Jüdische Eltern wollten durchaus, dass ihre Kinder eine jüdische Identität bewahrten, aber die Intensität, die Art und die Substanz der Identität wurden neu aufgebaut und umgebaut ... Man vermied Verhaltensweisen, von denen die Juden meinten, sie könnten Nicht-Juden seltsam erscheinen.«[10] Die beiden großen amerikanischen Reformbewegungen verkörpern diese Selbst-Formatierung: Die sogenannten »konservativen« Juden, die tatsächlich Reformer sind, berufen sich auf das Gesetz, akzeptieren aber Mischehen, die Weitergabe des Judentums über die männliche Linie, Konversionen und sogar Frauen als Rabbinerinnen; die »Reformierten«, die eine extrem liberale Einstellung haben, lehnen das Gesetz als obsolet ab und berufen sich lieber auf den Geist, sie tolerieren Homosexualität.

Die katholische Kirche in Amerika, die von Engländern im 17. Jahrhundert ins Land gebracht wurde, entwickelte sich rasch zu einer »ethnischen«, das heißt einer nicht unbedingt englischen Kirche, und blieb das lange Zeit. Seit der ersten Hälfte des 19. Jahrhunderts definierte sie sich dann als die Kirche der neuen Einwanderer – Iren, Italiener, dann Polen und schließlich Latinos. Sie belohnte in erster Linie die politische Loyalität gegenüber dem amerikanischen System und verteidigte zugleich ihre Sonderstellung. Bischof John England von Charleston billigte 1826 in einer Rede vor dem Kongress implizit die Trennung von Kirche und Staat und die Unterscheidung von Staatsbürgern und Gläubigen.[11]

Der Syllabus, den Papst Pius IX. 1864 verkündete, verurteilte die Trennung von Kirche und Staat. Bischof England war dennoch kein »Progressiver«, ganz im Gegenteil: Die Trennung erschien ihm als der beste Weg, seine Herde vor der protestantischen Kultur ihrer Umwelt zu schützen. Aus dem gleichen Grund widersetzten sich die amerikanischen Bischöfe dem Schulgebet und der Darstellung christlicher Bezüge im öffentlichen Leben.[12] Sie wollten keine »Zivilreligion«, die sich als Christentum *a minima* präsentierte, als kleinster gemeinsamer Nenner aller Kirchen und Bekenntnisse, denn das war für sie Protestantismus. Der Kirche war aus einem anderen Grund an der Trennung gelegen: Das brachte sie auf Augenhöhe mit dem Protestantismus. Die Ulemas in Algerien während der Kolonialzeit stellten die gleiche Überlegung an, als sie verlangten, das Gesetz von 1905 über die Trennung von Kirche und Staat in Frankreich solle auch für Algerien gelten, was ihnen jedoch verwehrt wurde.

Aber in Amerika verinnerlichten die katholischen Gläubigen nach und nach die Trennung und lebten ihren Glauben als Privatangelegenheit; so wurden sie in vielfacher Hinsicht protestantisch. Eine sogenannte »amerikanistische« Strömung, für die die Anpassung an die amerikanischen Werte kein Opportunismus sondern ein erstrebenswertes Ideal war, meldete sich Ende des 19. Jahrhunderts zu Wort, auch im hohen Klerus: Die Trennung von Kirche und Staat galt nicht mehr als das kleinere Übel, sondern als etwas Positives, und die Laien wollten mehr Einfluss. So schreibt Neil Storch im Hinblick auf Kardinal John Ireland: »ab 1899 … war er zunehmend überzeugt, dass die amerikanischen Katholiken eine besondere Aufgabe hatten, die einzigartige Pflicht, der Welt zu zeigen, dass die demokratische Freiheit im Einklang mit den Lehren der katholischen Kirche stand. Er glaubte fest, dass die ganze Welt sich rasch in Richtung der gesellschaftlichen und politischen Bedingungen entwickelte, die in Amerika bestanden.«[13] Die amerikanischen Katholiken hatten die amerikanische politische Kultur integriert und fanden sich in derselben Orthopraxie wieder wie die Protestanten.

Der Vatikan jedoch verurteilte den »Amerikanismus«; 1899 mit dem päpstlichen Schreiben *Testem benevolentiae* von Papst Leo XIII., und 1907 wandte sich Papst Pius X. gegen die Modernisierer. In dieser Debatte ging es um mehr als um die Achtung vor lokalen Eigenheiten, wie im Gallikanismus; vielmehr stand die universalistische und positive Dimension der amerikanischen Werte auf dem Prüfstand, und diese Werte wurzelten in einer protestantischen Kultur. Interessant ist, dass damals ein Memorandum in Rom zirkulierte, das katholische Immigranten in den Vereinigten Staaten ermutigte, in ihren ursprünglichen nationalen Kirchen mit den jeweiligen Ritualen und der jeweiligen Sprache zu bleiben.[14] Die gleiche Position vertreten die religiösen Autoritäten in Marokko, Algerien und der Türkei gegenüber den muslimischen Einwanderern in Europa ebenso wie das Moskauer Patriarchat gegenüber den Orthodoxen in Frankreich. Konservative Kirchenverantwortliche sehen die Ethnisierung des Religiösen als ein Mittel, das Band zwischen religiösen und kulturellen Markern zu erhalten und auf diese Weise im traditionellen Rahmen der Lehre zu bleiben. Aber die Globalisierung setzt sich immer durch, und die Entethnisierung führt zu einer Neuformulierung der Orthopraxie, nicht mehr durch den Bezug auf die Tradition, sondern in Bezug auf die neue Umgebung.

Die Formatierung des amerikanischen Katholizismus bestand nicht einfach in der Übernahme eines neuen politischen Rahmens. Stattdessen implizierte dieser Vorgang die Verinnerlichung neuer demokratischer Normen, die auf die Glaubensgemeinschaft angewendet wurden, was viel subversiver war, denn es stellte die Autorität von Papst und Bischöfen in Frage. Die »Protestantisierung« berührte jedoch nicht die Lehre: Eucharistie, Marienverehrung, Heiligenverehrung, Beichte, das Papsttum und so weiter blieben unangetastet. Akkulturation hätte Konversion bedeutet oder Loslösung von Rom, aber das war nicht der Fall. Andererseits haben die modernen amerikanischen Kulturtechniken, die auf der Autonomie des Individuums und seiner Wertschätzung als Zweck an sich gründen, mittlerweile Eingang in die Religiosität der nicht-protestantischen Gläubigen gefunden, das heißt bei Katholiken, Juden und Muslimen. Feminismus und eine demokratische Haltung, der zufolge man Autoritäten nicht blind glaubt, verändern das Leben der »Gemeinden«.

### Vom Nutzen der Anpassung

Aber woher kommt dieses »Format« des Religiösen? Inwieweit folgen die Staaten der herrschenden Anthropologie, wenn sie das Religiöse definieren? Bekanntlich hat man den Anthropologen oft vorgeworfen, sie würden westliche Kategorien auf sehr unterschiedliche Glaubenssysteme anwenden. Ein klassisches Beispiel ist die Konstruktion des Hinduismus. »Der Begriff hinduistische Religion wurde meines Erachtens ursprünglich von westlichen Orientalisten geprägt auf der Grundlage einer jüdisch-christlichen Vorstellung dessen, was eine Religion ist. Diese Konstruktion wurde dann von den Hindu-Nationalisten in ihrer Forderung nach Selbstbestimmung *(swaraj)* und als Reaktion auf die britische imperiale Hegemonie übernommen«, schreibt Richard King.[15] Wir haben auf diese Debatte, die immer wieder auftaucht, bereits hingewiesen, vor allem im Zusammenhang mit der Kritik von Talal Asad an Clifford Geertz.

Aber, wie schon gesagt, die Rekonstruktion der Religionen nach einem »westlichen« Format wird von Staaten aufgegriffen, die aus Unabhängigkeitsbewegungen hervorgegangen sind, weil gerade diese Homogenisierung des Religiösen einen besseren politischen Umgang mit dem Religiösen ermöglicht. Insbesondere erlaubt sie, sich der Religion als Instruments der Homogenisierung zum Nutzen eines nationalen Projekts zu bedienen. Das Paradox besteht darin, dass die Formatierung im Sinne einer »Verwestlichung« ebenso in einem territorialen und nationalistischen Projekt erfolgt wie bei einer Religion für den Export. Das hat zur Folge, dass man bei zwei antagonistischen Projekten – dem Export einerseits und der nationalen Verankerung andererseits – denselben Prozess initiiert. Das geht in die Richtung der Interpretation, die ich in *Der islamische Weg nach Westen* vorgelegt habe: Nicht die Immigration und die Deterritorialisierung an sich verändern die religiösen Paradigmen. Die Veränderungen (bei der Religiosität, im Erscheinungsbild usw.) erfolgen auch *in situ*, entweder im Rahmen eines expliziten nationalen Projekts oder als spontane Konstruktion einer neuen Identität im Zusammenhang mit der Immigration.

Als nationales Projekt haben wir bereits den Fall des Hinduismus erwähnt, wie ihn die nationalistische indische BJP rekonstruiert hat. In Sri Lanka war der Buddhismus Gegenstand einer solchen Formatierung, insbesondere unter dem Einfluss eines englischen Konvertiten, Henry Steel Olcott (1832 – 1907): Einerseits wollte man den christlichen Missionaren die Stirn bieten, andererseits übernahm man von ihnen die konzeptuellen und institutionellen Instrumente, um aus dem Buddhismus eine Religion nach christlichem Vorbild zu machen. Die Experten diskutieren, inwieweit sich hier von Protestantisierung sprechen lässt. Obeyesekere sieht einen Nachahmungseffekt und die Etablierung eines weberschen Modells von Protestantismus.[16] Für Stephen Prothero ist die Analogie nicht theologischer Natur: Nicht eine calvinistische Sicht Gottes hat die buddhistische Reform bestimmt; er erkennt eher eine »Kreolisierung«, das heißt eine Vermischung.[17]

Ich habe keine Feldforschung in Sri Lanka betrieben, aber mir scheint klar, dass es sich weder dort noch anderswo um die Übernahme eines theologischen Modells von außen handelt, auch nicht um Akkulturation, aber sehr wohl um eine Formatierung. Denn man wählt die Form einer westlichen Religion, die von der Transzendenz des Göttlichen ausgeht, und vor allem definiert man den Glauben als eine Ethik. Der Bezug auf Max Weber ist hier sinnvoll, nicht weil Weber die »wahren« intellektuellen Wurzeln des Protestantismus ans Licht gebracht hat, sondern weil er mit dem Modell der protestantischen Ethik selbst zur Formatierung des Protestantismus beigetragen hat und dazu, dass er zu einem Exportmodell werden konnte. Es ist faszinierend zu beobachten, wie Buddhisten und ehemalige Islamisten die Vorzüge der protestantischen Ethik preisen, obwohl sie weder die Bibel noch Calvin gelesen haben – nur Max Weber. Hier können wir weniger von protestantischem Einfluss auf den Islam und den Buddhismus sprechen, sondern eher von einer gemeinsamen Orthopraxie, die ihre Grundlage nicht so sehr in den protestantischen Texten als in den Verbindungen hat, die der Soziologe Max Weber zum Kapitalismus herstellt. Im Grunde hat Weber mit der Definition einer »protestantischen Ethik« keine historische Arbeit geleistet, sondern vielmehr die Formatierung des Protestantismus für den Export im Rahmen der kapitalistischen Globalisierung betrieben. Diese protestantische Ethik kann genauso gut von Buddhisten der Soka Gakkai in Japan wie von den Islamisten im türkischen Müsiad (dem »Unabhängigen Unternehmerverband«, einem Zusammenschluss religiös-konservativer mittelständischer Unternehmer) übernommen werden, denn sie zwingt sie nicht umzukehren oder ihre Kultur aufzugeben. Vielmehr gestattet sie ihnen, sowohl eine Form von Moderne zu verteidigen, die durch den Bezug auf den Protestantismus ihr Gütesiegel erhalten hat, als auch eine durch die eigenen theologischen Bezugspunkte garantierte Authentizität. Kurzum, hier triumphiert weniger der Protestantismus – denn diese Ethik trägt zur Entwicklung des Post-Islamismus und des Neobuddhismus bei – als der Kapitalismus.

## Wenn der säkulare Staat das Religiöse definiert

Das erste Element bei der Formatierung und Standardisierung fragt nach der Zugehörigkeit zur Kategorie »Religion«. Hier haben wir es mit einem doppelten Prozess zu tun. Anerkannt zu sein ist ein beträchtlicher Pluspunkt: Es ist zunächst einmal das Siegel der Legitimität, darüber hinaus auch die Versicherung, den Glauben frei praktizieren zu dürfen, und es ist schließlich der Weg, um von den

Vorteilen profitieren zu können, die Religionen eingeräumt werden. Diese Vorteile sind von Land zu Land sehr verschieden. Es kann nur das Recht auf freie Religionsausübung sein, vor allem wenn das Verhaltensweisen impliziert, die im Widerspruch zu den geltenden kulturellen oder rechtlichen Normen stehen, wie der Messwein im Iran oder das Schächten in Großbritannien. In den westlichen Ländern sind die Vorteile oft finanzieller Art, sie können die Steuerbefreiung bei Einnahmen beinhalten oder sogar die Erhebung der Kirchensteuer durch den Staat wie in Deutschland und in Spanien. Manchmal bestehen die Vorteile auch darin, dass Ausnahmegenehmigungen gewährt werden, beispielsweise für das rituelle Schlachten. Im Konfliktfall entscheiden die Gerichte und definieren, wer sich als Religion bezeichnen darf und wer nicht. So verdanken die Zeugen Jehovas in Frankreich und die Wiccans in den Vereinigten Staaten ihre Anerkennung als Religionen den Gerichten. Aber die Anerkennung hat auch eine Kehrseite: Sie kann zur Folge haben, dass die betreffende Religion bestimmte Merkmale aufgibt oder aufgeben muss.

Im Zusammenhang mit der Definition des Religiösen betrifft in Frankreich eine zentrale Frage die Unterscheidung zwischen einer Religion und einer Sekte. Offiziell hat die Unterscheidung keine rechtliche Grundlage, aber in der politischen Diskussion spielt sie eine große Rolle. Die Tatsache, dass das Parlament die sogenannte Miviludes eingerichtet hat (Mission interministérielle de vigilance et de lutte contre les dérives sectaires, Interministerielle Arbeitsgruppe für die Beobachtung und Bekämpfung sektiererischer Umtriebe), zeigt, dass man sehr wohl eine klare Trennung anstrebt. Aber die Gerichte folgen diesem Weg nicht, denn das Prinzip der Laizität verbietet dem Staat, zu definieren, was eine Religion ist. Der französische Staatsrat hat in seiner Eigenschaft als oberstes Verwaltungsgericht akzeptiert, dass die Zeugen Jehovas keine Steuern zahlen müssen, was faktisch auf ihre Anerkennung als Religion hinausläuft. Das heißt, nicht die Religionsausübung und die Glaubensinhalte machen eine Religion aus, sondern die juristische Kategorie, die angewendet wird, um ihre steuerliche Behandlung festzulegen.

In den Vereinigten Staaten werden die Gerichte noch viel systematischer bemüht, dort ist das Rechtssystem unter Kontrolle des Obersten Gerichtshofs das Instrument der Formatierung. 1961 erließ die Stadtverwaltung von Boca Raton in Florida eine Anordnung, die Aufbauten auf den Gräbern des städtischen Friedhofs verbot. Bis 1997 wurden auf zahlreichen Gräbern Stelen, Skulpturen und Grabmale aufgestellt, und die Stadtverwaltung verfügte ihre Entfernung. Dagegen klagten einige Familien, hauptsächlich jüdische und katholische, weil sie sich in ihrer Religionsausübung beeinträchtigt sahen. Sie beriefen sich auf den Religious Freedom Restoration Act aus dem Jahr 1998, der den Behörden verbietet, »jemanden substanziell an der Ausübung seiner religiösen Praktiken zu hindern«. In dem Prozess ging es somit um die Frage, ob das Aufstellen von Stelen Teil der Religionsausübung war. Das Gericht lehnte schließlich den Antrag der Kläger ab. In seinem Urteil unterschied es zwischen der *high tradition* einer Religion, das heißt der Theologie, und einer *little tradition*, die Religiosität, Folklore, Sitten, Glaubensinhalte umfasst, mit anderen Worten die Kultur. Letztere kann unberücksichtigt bleiben, ohne dass es die Religionsfreiheit beeinträchtigt – eine protestantische Sicht der Beziehung zwischen Kultur und Religion. Das Gericht stülpte Katholiken und Juden somit eine protestantische Definition von Religion über, was zur Folge hatte, dass die kulturellen Marker explizit von den religiösen Markern geschieden und als unbedeutend behandelt wurden.[18]

Ohne in die theologische Debatte einzusteigen, können wir doch sagen, dass man damit indirekt eine theologische Standardform entwickelt, die auf alles angewendet wird, was die Bezeichnung religiös trägt. Man kann insofern davon sprechen, dass die Globalisierung eine »Protestantisierung« bewirkt.

Andererseits werden »Religionen«, die nicht in den theologischen Rahmen der großen Offenbarungsreligionen passen, im Namen des Gleichheitsprinzips als Religionen anerkannt, was dazu beiträgt, dass die Christianisierung des Religiösen zu einer leeren Formel wird, die auf alles oder fast alles anwendbar ist und darum die Besonderheit des Christentums auflöst. Ein typisches Beispiel ist die Anerkennung der Wiccans in den Vereinigten Staaten. Die

Wicca-Religion ist eine neuheidnische Religion mit Elementen des Druidenkults, des Schamanismus und des Hexenkults; sie entstand in den 1950er Jahren und versteht sich als Philosophie. Sie möchte nicht unbedingt als Religion anerkannt werden, aber die institutionelle Logik drängt sie in diese Richtung. Wieder kommt ein Friedhof ins Spiel, diesmal ein Militärfriedhof. Die Witwe von Sergeant Patrick Steward, der 2005 im Irak fiel, wollte auf seinem Grab ein Wicca-Symbol anbringen, aber das Verteidigungsministerium erhob Einspruch und verwies auf eine Liste mit 38 religiösen Symbolen, die Gräber schmücken dürfen. Zu ihnen zählen alle Formen von Kreuzen, der Halbmond, der David-Stern, das buddhistische Rad, der Engel der Mormonen, der neunstrahlige Bahai-Stern, sogar das Atom der Atheisten, aber der fünfzackige Stern der Wiccans findet sich nicht auf dieser Liste. Im Dezember 2006 gab ein Gericht dem Antrag der Witwe statt.[19]

Auch hier ging es nicht um den »Inhalt«. Die Religion ist eine Form. Aber natürlich kann man nicht einfach alles dulden. So hatten Studenten der Universität Georgetown ein Haus in einem schicken Viertel der Stadt gemietet, wo es verboten war, dass mehr als fünf Personen zusammenleben, es sei denn, es handelte sich um eine religiöse Gemeinschaft. Kurzerhand gründeten sie eine solche, The Apostles of O'Neill, und beantragten, als Kongregation anerkannt zu werden, Inhalt ihres Glaubens sei das Zechgelage. Ihr Antrag wurde abgewiesen, aber erst nach langem Hin und Her: In den Vereinigten Staaten treibt man keine Scherze mit dem Religiösen, im Übrigen auch nicht mit Immobilien.[20] Manche »Religionen« verdanken ihre Entstehung allein Symmetriegründen: Wenn die anderen eine Religion haben, warum nicht auch ich? In diesem Sinn hat eine Gruppe amerikanischer Schwarzer in den 1960er Jahren »Kwanzaa« gegründet und als einen »Glauben« definiert mit eigenen Symbolen, Ritualen, Feiertagen und Glückwunschkarten: Letztere liegen in den Schreibwarenläden neben den Karten für Weihnachten und Chanukka aus. Jedes Jahr richtet der Präsident der Vereinigten Staaten eine Botschaft an die Gemeinschaft.[21]

Diese Art der Formatierung des Religiösen in den Vereinigten

Staaten durch das Recht dringt mittlerweile auch ins Ausland vor. Nachdem das Parlament den International Religious Freedom Act 1998 verabschiedet hatte, eröffnete das Außenministerium ein Büro zur Überwachung der Religionsfreiheit in der Welt. Die Auswirkung der Formatierung ist offensichtlich: Das Büro wirft Frankreich in regelmäßigen Abständen vor, dass dort die Scientology-Kirche nicht als eine Religion anerkannt wird. Die Kategorie »Sekte« gibt es für das Büro nicht. Es ist das Bestreben, eine internationale rechtliche Norm zu schaffen, die dann auf alle Staaten angewendet wird.

## Die prägende Kraft der Institution

### *Von der Pfarrgemeinde zur Kongregation*

Die Religionen tendieren somit dazu, das vorherrschende Modell zu übernehmen, im gegebenen Fall die »Kongregation«. Dabei handelt es sich um eine lokale Vereinigung von Menschen, die sich zur Ausübung eines bestimmten Kults zusammengeschlossen haben und sich weniger nach einem territorialen Prinzip richten, als vielmehr aus einem Gefühl von Verbundenheit heraus agieren: Man praktiziert in einem bestimmten Gebäude, unter Leitung eines »Kultusdieners«, wie auch immer er dazu bestimmt wurde. In dem »Kultgebäude« finden häufig auch andere soziale und kulturelle Aktivitäten statt. Die religiösen Gruppen bieten Dienstleistungen an, organisieren Zeremonien und Versammlungen; es gibt gemeinsame Abende, Mahlzeiten und Gemeinschaftsaktivitäten für unterschiedliche Altersgruppen, die oft auch der Eheanbahnung dienen; man achtet darauf, dass die jungen Leute sich im Rahmen ihrer religiösen Gemeinschaft kennenlernen. Die soziale Funktion reicht weit über das hinaus, was an einem traditionellen Kultusort üblich ist. Das liegt nicht zuletzt daran, dass die Ablösung von kulturellem und religiösem Marker bewirkt, dass für alltägliche soziale Handlungsweisen wie die Suche nach einem Ehepartner keine kulturelle und soziale Unterstützung vorhanden ist. So kann das Religiöse in die Lücke vorstoßen, wenn man möchte, dass die jungen Leute innerhalb ihrer religiösen Gemeinschaft heiraten. Bei den orthodoxen Juden beispielsweise taucht das Problem immer wieder auf: Wie kann man die Jungen dazu bringen, dass sie Partner(innen) mit dem gleichen Glauben heiraten? Offensichtlich indem man dafür sorgt, dass die Kontakte innerhalb der Gemeinschaft zustande kommen. Aber wie funktioniert das, wenn die Gemeinschaft nicht mehr auf einem gemeinsamen Territorium lebt? Wie so oft geht die Formatierung der religiösen Gruppe mit ihrer Abschottung einher. Ähnlich der leibnizschen Monade entwickelt sich die Religionsgemeinschaft mit der Welt, trägt die Veränderungen der Welt in sich, aber sie kapselt sich ab und beschränkt die Interaktionen auf ein Minimum.

Die modernen Formen sozialer Kontakte, zu denen die Vermischung der Geschlechter, Vereine mit kulturellen, gesellschaftlichen und karitativen Zielen, Nachbarschafts-, Straßen- und Stadtfeste sowie die Freizeitgestaltung der jungen Leute gehören, zwingen die religiösen Gemeinschaften, ihre Haltung zu den Beziehungen zwischen Geschlechtern, den Generationen und generell zur Gesellschaft zu überdenken. Es gibt mittlerweile auch muslimische Pfadfinder, obwohl Baden Powell die Pfadfinder als eine christliche Bewegung ins Leben gerufen hat. Das ist keine Folge der Immigration, weil schon iranische Baath-Anhänger und die Muslimbrüder Pfadfinderorganisationen gegründet hatten. Aber Baath-Anhänger wie Islamisten zielten auf die Mobilisierung der jungen Leute, während heute die muslimischen Pfadfinderorganisationen in Frankreich wie in den Vereinigten Staaten die jungen Leute sinnvoll beschäftigen wollen. Ihnen liegt an Freizeitgestaltung und Erziehung der Jugend außerhalb der Schule, in muslimischem Geist, nicht an Militantismus.[22]

Auch traditionelle karitative Praktiken wie das Almosen verändern sich und werden zu kollektiven Handlungsweisen. An die Stelle der Wohltätigkeit tritt humanitäres Engagement: In den 1980er Jahren haben die Muslime das Modell der Nichtregierungsorganisationen übernommen, zunächst mit militanter Stoßrichtung, um Hilfe für die Mudschaheddin in Afghanistan bereitzustellen, dann als einen institutionellen Rahmen für die Erfüllung einer religiösen Pflicht.

Aber es geht bei diesen Formen des Engagements auch darum, in der gleichen Weise wie die anderen auf einem Markt präsent zu sein. Das Ziel ist dabei häufig die Imageaufbesserung der betreffenden Religion. Deshalb wird humanitäres Engagement auch außerhalb der Glaubensgemeinschaft praktiziert. Die Standardisierung erreicht auch das Humanitäre. In Frankreich versteht sich die 1992 geschaffene Organisation Secours islamique (Islamische Hilfe) als eine humanitäre Nichtregierungsorganisation mit universellem Auftrag.[23] In den Vereinigten Staaten gibt es Entsprechendes seit dem 11. September.[24]

Wir erleben insofern den Übergang von einem Modell mit sozialem Druck und kultureller Evidenz, bei dem die Praxis mit der Pfarrgemeinde oder der Moschee im Viertel, also dem unmittelbaren Umfeld des Gläubigen, verbunden ist, zum Anschluss an eine frei gewählte Gemeinschaft, die nicht unbedingt an ein bestimmtes Territorium gebunden ist. Dieser Effekt wird durch die Vervielfachung der Kultstätten noch verstärkt; nicht nur jede Religion hat ihre eigene Kultstätte, sondern auch jede einzelne Richtung innerhalb einer Religion. Man besucht diese Moschee oder jene Kirche, weil man den Prediger schätzt, den Stil, die Ideen, vielleicht auch einfach nur die Musik. Wir haben es insofern mit einem Nebeneinander von Gemeinschaften zu tun, die allesamt Minderheiten sind oder sich zumindest als Minderheit fühlen. Die Möglichkeit auszuwählen verlangt, dass man seine Zugehörigkeit neu formuliert, dass man erklärt, warum man sich dieser oder jener Gemeinschaft angeschlossen hat: Die Kriterien werden expliziter, die »Kultusdiener« bieten Formulierungen an, die funktionieren, oder aber sie wundern sich über die Gleichgültigkeit ihrer Gemeinde.[25]

Im Westen hat der Vergleich mit den christlichen Pfarrgemeinden oft eine »Christianisierung« oder zumindest »Verkirchlichung« der Formen bei anderen religiösen Gruppen zur Folge. So führten die jüdischen Synagogen in Deutschland im Laufe des 19. Jahrhunderts Orgeln ein. Die amerikanische Synagoge erinnert im Aussehen an eine protestantische Kirche.[26] Die Ankunft der Buddhisten in Kalifornien Ende des 19. Jahrhunderts hat David Yoo so beschrieben: »Die Tempel hießen ›Kirchen‹ und die Priester ›Reverends‹. Auch die

Architektur spiegelt die neue Umgebung des Buddhismus wider: Die meisten Kongregationen entschieden sich für nüchterne, eher schmucklose Gebäude. Im Inneren erzeugen Bänke und Chorraum den Eindruck einer protestantischen Kirche. Statt eines individualistischen und unregelmäßigen Ablaufs praktiziert man eine festgelegte, gemeinsame Andacht am Sonntag. Wer an einer Morgenandacht für Erwachsene teilnimmt, erlebt Meditation, Lesung und Gesänge buddhistischer Texte, Predigt, Hymnen *(gathas)*, Weihrauch und Abkündigungen. Programme für die Sonntagsschule der Kinder, Vereinigungen für junge Männer, Frauengruppen und Pfadfinder tragen weiter zu dem bei, was der Soziologe Isao Horinouchi als ›Protestantisierung‹ des amerikanischen Buddhismus bezeichnet hat.« Aber der Verfasser schreibt weiter: »Doch es ist irreführend, die religiöse Anpassung in protestantischen Begriffen zu beschreiben, denn das verschleiert die Tatsache, dass der Shin-Buddhismus intakt erhalten ist.«[27] Das ist eine wichtige Bemerkung; sie verweist auf das Problem des Zusammenhangs zwischen Homogenisierung und theologischer Transformation, auf das wir noch zu sprechen kommen.

In diesem neuen Kontext fordern die Frauen, denen bestimmte Kultstätten wie Moscheen und Synagogen verwehrt waren, nun Zutritt, und der wird ihnen auch gewährt je nachdem, wo sich die Gemeinschaft auf einer Achse von mehr oder weniger liberal bis mehr oder weniger fundamentalistisch positioniert. Die Reformjuden und die konservativen Juden haben die Synagogen für Frauen geöffnet; das Gleiche taten viele Muslime, die als Minderheiten in den jeweiligen Ländern leben, mit den Moscheen, allerdings oft unter der Bedingung, dass den Frauen eigene Bereiche zugewiesen werden.

### *Der professionelle »Kultusdiener«*

Die Professionalisierung der »Kultusdiener« verändert ihre Funktionen und gleicht sie dem Vorbild des katholischen Priesters oder des anglikanischen Pastors an. Die für den Buddhismus zentrale Gestalt des Mönchs ist in der Exportversion weitgehend verschwunden: Die

Soka Gakkai beispielsweise kennt keine Mönche.[28] In den Ursprungsländern gibt es weiterhin buddhistische Mönche, aber sie sind zunehmend politisch tätig, was vielleicht auch eine Art von Formatierung durch die Praxis öffentlichen und kollektiven Wirkens ist; das gilt für Sri Lanka, Vietnam, Thailand, Tibet. Rabbiner und Ulemas sind immer häufiger nicht mehr Richter, entweder weil es keinen sozialen Zwang mehr gibt (wie könnte man die Menschen freiwillig vor ein religiöses Gericht bringen?) oder weil die Rechtsprechung Sache des Staates ist. Der Rabbiner wird zu einem Synagogenverwalter, eine Rolle, die früher die Vorbeter ausfüllten; Ähnliches gilt für den Imam in seiner Moschee, und oft bedeutet es eine Personalisierung der Kultstätte. Imame, Rabbiner und buddhistische Priester werden zu »Verwaltungschefs« und sind nicht mehr Richter, die die Anwendung des Gesetzes überwachen und Rituale vollziehen.

Das Spirituelle und das Rituelle verschmelzen in einer umfassenderen Funktion, der des »spirituellen Leiters«, des Vertreters der Gemeinschaft und des sozialen Animateurs – eine neue Synthese, die bei den katholischen Priestern in Frankreich parallel zur Entwicklung der Kontroverse mit den Laizisten in Erscheinung trat. Im 19. Jahrhundert tauchte der »soziale Priester« auf, der in Jugendgruppen auch außerhalb der Schule als »Religionslehrer« wirkte und im 20. Jahrhundert an Bedeutung gewann. Diese neue religiöse Generation wird in der Presse häufig als »kulturelles Oxymoron« dargestellt, vor allem wenn es um Muslime geht, aber der scheinbare Widerspruch ist eine Folge der zunehmenden öffentlichen Sichtbarkeit der Religion.[29] Ihre Vertreter entsprechen offenbar einer Nachfrage auf dem Markt und werden der Glaubensgemeinschaft nicht von ihren Institutionen aufgezwungen. Diese Personalisierung, die eigentlich im Widerspruch zur katholischen Kirchendisziplin steht, gibt es auch in der katholischen Kirche: Mit der Zulassung von nicht territorial verankerten religiösen Gemeinschaften (wie der Gemeinschaft der Seligpreisungen) und einem Nebeneinander von Riten (die beispielsweise dem Konzil von Trient oder dem Zweiten Vatikanischen Konzil folgen) hat der Vatikan unter Benedikt XVI. das Wahlrecht der Gläubigen *de facto* anerkannt und damit den Wettbewerb zwischen den Kultorten angeregt.

Die Homogenisierung des Berufsbildes »Kultusdiener« findet auch zunehmend Ausdruck in der »klerikalen Kleidung«. Sie unterscheidet sich deutlich von der traditionellen religiösen Kleidung oder der »Einheitskleidung« der Mitglieder einer Gemeinschaft (etwa die der Amish oder der Chassidim – dort ist es die Kleidung der Gläubigen, nicht des Rabbiners), denn die Kleidung macht den »Profi« im modernen öffentlichen Raum kenntlich. Die »Uniformisierung«, auch in den Ursprungsländern, ist erstaunlich; nur die protestantischen evangelikalen Bewegungen fallen heraus. In Europa sieht man Rabbiner und Imame im schwarzen oder grauen Anzug mit schwarzer Weste und Käppchen, dazu kommt dann noch der Bart. Andernorts in der muslimischen Welt, etwa in Bosnien oder in Ägypten, findet die Kleidung des offiziellen türkischen Imams Verbreitung: roter Fez mit einem kleinen weißen Turban, graue Sutane. Solche Uniformen sind die Folge der Säkularisierung; in einem Land wie Afghanistan trägt der Mullah kein Erkennungszeichen. Im Iran tauchte das Konzept einer religiösen Bekleidungsweise auf, nachdem Schah Reza das Tragen westlicher Kleidung (Hemd, Sakko, Hose) angeordnet hatte, wovon die Mullahs ausgenommen waren. Spuren dieses Phänomens findet man heute in sprachlichen Wendungen wie *mo'amman*, »mit Turban«, *khal-e lebas*, »das Gewand ablegen« – solche Begriffe hätten vor zwei Jahrhunderten keinen Sinn ergeben. Wieder sehen wir, dass der Prozess der Formatierung nicht die Folge der Immigration ist, sondern auch *in situ* stattfindet.

Die organisatorischen Strukturen der Religionen werden bürokratisch, weil ihre staatlichen und internationalen Gesprächspartner die Institutionalisierung verlangen. Interessanterweise entstehen dabei Institutionen, die primär bürokratisch und weniger klerikal im eigentlichen Sinn sind: Es gibt einen leitenden Rat, eine Generalversammlung, Wahlen und Kooptation, verschiedene Ausschüsse, eine Pressestelle. Das ist das Modell Soka Gakkai. Aber selbst Bewegungen mit einem charismatischen Führer wie die türkische Bewegung von Fethullah Gülen tendieren zu bürokratischen Strukturen – mit einer Hierarchie bezahlter Funktionäre –, und diese Strukturen verfestigen sich nach dem Tod des Führers. Die Bürokratisierung des

Islam in Form zentralisierter, hierarchischer nationaler Institutionen war eine große Neuerung. Alles begann möglicherweise mit der Zulassung des Muftiyats durch Katharina II. in Russland (1783). Aber das Modell dominiert heute überall: in den muslimischen Ländern mit der Institution nationaler Großmuftis wie in Ägypten und Bosnien, in der Türkei mit dem Diyanet (das ist das Präsidium für Religionsangelegenheiten, dessen Chef Leiter einer staatlichen Behörde ist und dem Ministerpräsidenten untersteht) und ebenso in den westlichen Ländern, etwa in Frankreich, mit der Schaffung des Muslimrats. Die entsprechenden Einrichtungen werden selten als Zentren der Spiritualität wahrgenommen, sie sind für die Verwaltung und Überwachung der Religionsausübung zuständig. Damit wirken sie ihrerseits in Richtung Homogenisierung und Standardisierung der Praxis und tragen, wie wir noch sehen werden, zur Eliminierung der Ränder bei. Letzteres betrifft den Sufismus, Alevismus oder den Schiismus in den sunnitischen Ländern sowie andere Formen des Sunnismus unter dem saudischen Wahhabismus.

Die Bürokratisierung des Religiösen ist zumindest zum Teil eine Folge der Säkularisierung im Sinne einer Isolierung des Religiösen. Dieses braucht eine Form der Repräsentation, um existieren zu können, und sei es ein juristischer Status, der sich auf die Glaubensgemeinschaft oder die lokalen Kongregationen bezieht; dazu kommt noch die Frage, welchen arbeitsrechtlichen Status der »Kultusdiener« haben soll. Die Trennung von Kirche und Staat, ob *de jure* oder *de facto*, bringt den Staat dazu, dass er Gesprächspartner sucht und gegebenenfalls benennen lässt, denn der religiöse Bereich ist nicht mehr in den Staat eingebettet oder untersteht ihm. Die Bürokratisierung der religiösen Institutionen erfolgt somit gleichermaßen im Hinblick auf die Überwachung durch den Staat wie im Hinblick auf die Trennung vom Staat. Sie wird noch verstärkt durch das Arbeitsrecht (man muss als juristische Person existieren), das Immobilienproblem (man muss juristisch existieren, um Besitz haben zu können), den steuerlichen Status und die Notwendigkeit, gegebenenfalls vor Gericht auftreten zu können. Welche Entscheidungen die einzelnen Religionen auch treffen – ob sie als Kirche auftreten oder über Stiftungen oder *ad-hoc*-Vereinigungen, oft mit lokalem Status, handeln –, der juristischen Formatierung entgehen sie nicht.

### *Militär- und Anstaltsgeistliche*

Die Berufung von Militär- und Anstaltsgeistlichen ist ein gutes Beispiel für die Formatierung durch die Institution, obwohl diese behauptet, sie nehme in keiner Weise Einfluss auf die Glaubenslehre. Zur Militärgeistlichkeit gehören drei Dinge: die Anerkennung einer Religion, eine definierte Orthodoxie der Religion und das Vorhandensein eines »Kultusdieners«. Tatsächlich werden damit Profis, hauptamtliche Religionsausübende rekrutiert, von denen man annimmt, dass sie die »orthodoxen« Positionen ihrer jeweiligen Religion vertreten. Das Verteidigungsministerium (das gilt ebenso für Gefängnis und Krankenhaus) kann jedoch nicht definieren, was die orthodoxe Position ist, obwohl es sich auf das Konzept der Orthodoxie beruft. Zwar wird jede Religion durch den Gegensatz zu anderen Religionen und zu »Abweichungen« definiert, aber die Berufung von Militär- und Anstaltsgeistlichen setzt eine gewisse Homogenisierung des Begriffs »Religion« voraus. Es wird unterstellt, dass alle berufenen Geistlichen die gleichen Aufgaben erfüllen und auf dem gleichen Feld tätig sind, nämlich sich um die spirituellen Bedürfnisse der Angehörigen ihrer Konfession zu kümmern. So ist die Aufforderung an eine Religion, Militärgeistliche zu benennen, Teil ihrer Anerkennung und Legitimierung; der Preis ist allerdings eine gewisse Uniformisierung der Religionen.

Im Jahr 2007 beantragte Shareda Hosein, Muslimin und Reserveoffizier der amerikanischen Armee, als muslimische Militärgeistliche bestellt zu werden. Die Armee antwortete ihr, sie solle ihre Bewerbung zurückziehen, da die große Mehrheit der offiziellen Vertreter der islamischen Religion davon ausgehe, eine Frau könne Männer beim Beten nicht anleiten und daher die Aufgabe eines Imams nicht erfüllen. Aber Shareda Hosein argumentierte, Imam zu sein sei keine priesterliche Funktion, und es genüge, wenn ein Mann das Gebet leite, während sie alle anderen Aufgaben eines Militärgeistlichen wahrnähme. Formal betrachtet hatte sie absolut Recht: Im Sunnismus gibt es die Funktion des Imams nicht, jeder fromme Mann kann vorbeten. Aber die Armee ließ sich darauf nicht ein, sondern forderte, der Militärgeistliche müsse alle rituellen Aufgaben der jeweiligen Religion erfüllen; deshalb nehme sie ausschließlich katholische Priester, keine Nonnen und keine Diakone. Unter dem Deckmantel, dass Glaubensüberzeugungen geachtet werden müssten, erfolgte hier eine Formatierung: Der professionelle Vollzug der Riten muss sich bei allen Religionen an demselben Modell orientieren, augenscheinlich dem des katholischen Priesters.[30] Aber gleichzeitig wird damit der Islam als eine den anderen Religionen gleichgestellte anerkannt, der Primat des Christentums in der Armee ist beendet.[31] Die gleiche Debatte entspann sich, als der erste in den amerikanischen Kongress gewählte muslimische Abgeordnete Keith Ellison im Jahr 2006 seinen Eid auf den Koran schwor (einen Koran, der einmal Thomas Jefferson gehört hatte). Ein konservativer Kommentator, übrigens ein Jude, verlangte, Ellison müsse auf die Bibel schwören, denn die Eidesleistung sei keine Frage der Religion, sondern der politischen Kultur, und die protestantische Bibel sei »die wichtigste Schrift in der amerikanischen Geschichte«![32]

Die Gleichwertigkeit religiöser Marker anzuerkennen bedeutet einerseits die Formatierung der Religionen nach einer meist christlichen Vorlage. Andererseits ist sie auch Ausdruck der Anerkennung einer je eigenen Legitimität, was bei der kulturalistischen Sichtweise der Religionen fehlt; denn der kulturalistische Ansatz trennt Glauben und religiöse Kultur.

### Die gesellschaftliche Praxis

Von dem Augenblick an, wo die Marker getrennt sind, hat auch der Wunsch, die gleichen kulturellen Marker zu haben wie die Nachbarn, einen homogenisierenden Effekt. Ein bestimmter kultureller Marker kann für unterschiedliche religiöse Inhalte gelten. Zum Beispiel werden religiöse »Feste« nach dem Vorbild von Weihnachten begangen, mit einem Feiertag, an dem nicht gearbeitet wird. Meines Wissens ist die Idee, an bestimmten religiösen Feiertagen nicht zu arbeiten, eine typisch jüdisch-christliche. Außerdem muss der »festliche« Charakter eines Feiertags nicht unbedingt von der religiösen Bedeutung stammen: Ostern und Aschura waren keine Festtage, sondern Trauertage. Es wird ein Modell von »religiösem Fest« entworfen: ein freier Tag und ein Fest; Kultur-Christen denken bei Ostern an Ostereier und Schokolade, nicht an Tod und Auferstehung. Die Homogenisierung der religiösen Feste wirkt in Richtung Säkularisierung, einmal weil man sie mit allen teilen möchte, dann aber auch, um die kleine Differenz zu betonen: »Ich bin wie ihr, aber mein Fest ist nicht am selben Tag wie euer Fest.« Der spirituelle Sinn tritt hinter der Folklore zurück, die man zugleich teilt und in Konkurrenz setzt.

Weihnachten wird auf der einen Seite entchristianisiert, aber auf der anderen Seite nimmt man es als Vorbild für andere religiöse Feste. Die ersten Glückwunschkarten zum jüdischen Chanukka-Fest wurden in den Vereinigten Staaten zu Beginn der 1940er Jahre gedruckt, heute gibt es Hunderte von Motiven.[33] Besonders interessant ist daran, dass mit Chanukka der Sieg der »orthodoxen« Juden über die Griechen und die hellenisierten Juden gefeiert wird, das heißt die Wiederherstellung des Bandes zwischen kulturellem und religiösem Marker, während das Fest heute von neuen kulturellen Austauschbeziehungen geprägt ist. In denselben Geschäften, die Chanukka-Karten verkaufen, kann man heute auch Glückwunschkarten zum Ende des Ramadan finden mit Formeln, die christliche Glückwünsche imitieren: *eid-e mobarak*, »Schönes neues Jahr«.

### Die Auswirkungen der Vereinheitlichung

Die Formatierung der Religionen durch den Markt und die Institutionen hat eine doppelte Uniformisierung zur Folge: eine interne Uniformisierung, die eine oft fundamentalistische Orthodoxie begünstigt, und eine äußere Uniformisierung, die die gemeinsame Orthopraxie unterschiedlicher Religionen fördert (man verteidigt verwandte Werte), mithin eine Uniformisierung im Sinne einer geteilten Religiosität und im Sinne formaler Ähnlichkeit (Klerus, Institutionen). Es ist nicht immer der Fall, dass eine Formatierung fundamentalistische Strömungen begünstigt. Das haben wir am Beispiel der liberalen Juden in den Vereinigten Staaten gesehen, und möglicherweise erleben wir heute im Westen, wie ein in seiner Religionspraxis, vielleicht auch in seinem theologischen Denken »liberaler« Islam entsteht. Aber es lässt sich nicht bestreiten, dass die Globalisierung dem Fundamentalismus nützt – und sei es nur vorübergehend –, weil sie mit Dekulturation einhergeht. Deshalb wird es so wichtig, die »kleine Differenz« zwischen den Religionen zu betonen, selbst wenn die Uniformisierung einem optischen Effekt entspringt und nicht theologischer Konvergenz. Denn die wahren Unterschiede zwischen den Religionen sind für die Öffentlichkeit weniger sichtbar.[34]

Paradoxerweise erleben wir parallel zum Vormarsch konservativer Strömungen in den Religionen eine Vervielfachung der ökumenischen Begegnungen, der interreligiösen Dialoge und auch der religionsübergreifenden Koalitionen gegen die Säkularisierung ganz allgemein oder bei bestimmten Fragen, zum Beispiel bei der Homosexuellenehe oder der Evolutionstheorie. Das lässt sich damit erklären, dass die zu »Glaubensgemeinschaften« umgebauten Religionen, die sich nicht mehr auf die Kultur stützen können, versuchen, angesichts der Säkularisierung wieder einen gemeinsamen religiösen Raum zu definieren. Der Gegensatz besteht nicht zwischen Religionen, die auf antagonistischen Kulturen gründen, sondern zwischen der Religiosität und der zunehmenden Säkularisierung.

Die Homogenisierung des Religiösen durch die Verbreitung einer Normen setzenden »Orthodoxie« absorbiert und marginalisiert die Untergruppen, die mehrfachen (unter anderem ethnischen) Identitäten, die Subkulturen und die Volksreligionen. Die sogenannte Deobandi-Schule hat auf dem indischen Subkontinent seit dem 19. Jahrhundert diese Rolle ausgefüllt mit ihrem Kampf gegen einen »hinduisierten« Islam und indem sie eine klare Trennlinie zog zwischen dem, was muslimisch war und was nicht. Auf diese Weise hat sie neben der britischen Kolonialpolitik dazu beigetragen, die politische Kategorie »Muslime« zu definieren. Im 20. Jahrhundert verfolgten Wahhabismus, Tabligh und Salafismus das gleiche Ziel: die Praxis des sunnitischen Islam entsprechend einer vollkommen von den lokalen Kulturen losgelösten Orthodoxie zu vereinheitlichen. Auf schiitischer Seite erleben wir seit den 1950er Jahren eine Klerikalisierung der schiitischen Gemeinschaften im Nahen Osten, obwohl viele den Glauben wenig praktizierten oder einem lokalen Volksislam anhingen. Vom Südlibanon bis zum afghanischen Hazarajat, überall treten junge Mullahs in Erscheinung, die aus Nadschaf oder Qom (Ghom) kommen: Sie sind in transnationale klerikale Netze eingebunden, die sich rund um die Großajatollahs bilden und uniforme orthodoxe religiöse Praktiken einführen, aber auch lokale Identitäten zu einem transnationalen Schiismus hin lenken wollen. Damit leisten sie Widerstand gegen ethnische und lokale Orientierungen in allen Erscheinungsformen, etwa die Bindung an einen Stamm, eine Region, einen Clan, eine feudale Ordnung. In diesem Sinn ist die Islamische Revolution im Iran nur ein Aspekt einer transnationalen schiitischen Wiedererweckung; sie profitiert davon und fördert sie gleichzeitig. Das Fernsehen spielt bei der Uniformisierung eine wichtige Rolle: Über das Fernsehen verbreitet sich die iranische Art, Aschura zu feiern. In der Stadt Qom gibt es ein eigenes Zentrum für ausländische Studierende, das seit 1979 großen Zulauf hat.

Diese Politik der Homogenisierung, die gleichzeitig vom Sunnismus und von den Zwölfer-Schiiten (die Richtung der Mehrheit mit Hochburgen in Qom, Nadschaf und Kerbela) betrieben wird, bringt schiitische Dissidenten (das heißt diejenigen, die nicht Zwölfer-Schiiten sind wie die Ismaeliten, die Zaiditen im Jemen, die Aleviten in der Türkei und die syrischen Aleviten) in eine schwierige Position: Sollen sie sich zu Zwölfer-Schiiten erklären und Geistliche aus Nadschaf und Qom holen (wozu manchmal das syrische Alevitenregime drängt), sollen sie sich dem Sunnismus anschließen (wie es Scheich Muqbil im Jemen tut), oder sollen sie sich zu einer eigenen Religion erklären (was der Position zahlreicher türkischer Aleviten entspricht)?[35] Außerdem wird die Spannung zwischen Schiiten und Sunniten noch betont, denn beide erfahren eine orthodoxe Reglementierung, die den anderen nur als »Häretiker« oder Verräter beschreiben kann. Wir können das heute auch an den zunehmenden Konflikten zwischen den beiden Gruppen ablesen: Es begann in Pakistan um 1982 und kulminierte mit der amerikanischen Militärintervention im Irak und der Exekution von Saddam Hussein 2007. Die Homogenisierung des Religiösen kann viel Gewalt freisetzen.

Die katholische Kirche vereinheitlichte 1850 die Liturgie mit der Definition eines »römischen Ritus«. Es folgten die Unfehlbarkeit des Papstes und die Reduzierung der Freiräume des Gallikanismus – obwohl sich Rom mit dem Zweiten Vatikanischen Konzil eine Zeit lang für Diversität öffnete. Auch die Protestanten entgingen der Homogenisierung nicht, trotz der scheinbaren Vielfalt, da jegliche institutionelle Vereinheitlichung fehlt. Doch leben sie in einer permanenten Spannung zwischen einem fundamentalistischen Pol, der sich im Wesentlichen auf die strenge Definition der Glaubensartikel konzentriert und, nebenbei gesagt, den Begriff Fundamentalismus erfunden hat, und einem liberalen Pol, der seit der zweiten Hälfte des 20. Jahrhunderts an Dynamik verliert.

Aber eine vereinheitlichende, reglementierende Orthodoxie wurde auch durch die Bürokratisierung der Religionen stimuliert. Im Islam verweigerten die »repräsentativen« Institutionen die Anerkennung anderer religiöser Schulen neben den großen Rechtsschulen. Das türkische Diyanet, die dem Ministerpräsidenten unterstellte Behörde für religiöse Angelegenheiten, erkennt den Alevismus und den Sufismus nicht an und veröffentlicht ausschließlich orthodoxe sunnitische Bücher und Predigten. Es reguliert sogar den Volksglauben: So erstellt es eine Liste des Aberglaubens *(bos inanç)*, wozu zum Beispiel zählt, Kerzen auf den Gräbern der Heiligen anzuzünden.[36] Und wie dargelegt, ist häufig zu beobachten, dass selbst in Ländern mit einer Trennung von Staat und Kirche die Gerichte zu definieren versuchen, was »orthodox« ist.

Eine orthodoxe Leitlinie bildet sich in sehr unterschiedlichen

Kontexten heraus, auch auf lokaler Ebene. Die Muslime auf der Insel Mauritius stammten aus ganz verschiedenen Regionen und definierten sich über ihre »Sekte« im englischen Sinn, das heißt über die Richtung des Islam, der sie anhingen: als Hanafiten, Schafiiten, Ahmadiyyas, Schiiten oder *bohra* (Ismaeliten). Später schlossen sie sich zusammen, um mehr Einfluss zu haben, vor allem aber, um von der öffentlichen Unterstützung für Religionsgemeinschaften zu profitieren. Seit der Volkszählung von 1962 verzichten die Muslime auf die Angabe der jeweiligen »Sekte« und behalten nur den Oberbegriff »Muslime« bei. Das löste einen Prozess der »Sunnitisierung« aus und führte zur Ausweitung einer normativen Orthodoxie auf Kosten der Verschiedenheit und des Volksglaubens; und diese Entwicklung kam den Tablighis zugute. Außerdem entwickelte sich auf Mauritius wie auch auf Réunion eine bestimmte Form der Interaktion mit der umliegenden muslimischen Welt: Missionare kamen und predigten die orthodoxe Lehre, aber von beiden Inseln brachen auch viele Imame auf, um ihrerseits zu missionieren; dabei kam ihnen ihre Vielsprachigkeit mit Englisch, Französisch und eventuell Gujarati zugute.[37] Die meisten Imame von Moscheen auf Réunion gehören der fundamentalistischen Bewegung Tabligh an, während die Muslime soziologisch gesehen vorwiegend aus den mittleren und oberen Schichten stammen und in ihrer Haltung eher »liberal« sind.

Gleiches gilt für den Hinduismus in den Vereinigten Staaten, wo sich ebenfalls eine einheitliche Form entwickelt.[38] Raphael Liogier hat gezeigt, dass sich parallel zur Vervielfachung der Strömungen im Buddhismus eine Homogenisierung vollzieht: Der tibetische, vietnamesische und japanische Buddhismus präsentieren beim Export dieselbe Theologie.[39] Das gleiche Phänomen ist im Judentum zu beobachten. Die Gründung Israels wirkte massiv in Richtung einer religiösen Homogenisierung, förderte die Orthodoxie und reduzierte den jüdischen kulturellen Pluralismus: Die Aliya nach Israel zerstörte unterschiedliche jüdische Kulturen, etwa die spanisch-jüdische oder die arabisch-jüdische. Das soll nicht heißen, dass Israel für die Juden eine homogene Gesellschaft ist, ganz und gar nicht. Aber die Verschiedenheit ist nicht länger beziehungsweise sie ist immer weniger an eine bestimmte Verbindung zwischen Religiösem und Kulturellem geknüpft. Die jüdischen Araber sind verschwunden: Die Sepharden sind überhaupt nicht mehr arabisch, sie entwickeln ihre eigenen Formen der Religiosität und der soziokulturellen Besonderheiten im nationalen Rahmen Israels. Natürlich zeigen sich neue Bruchlinien, aber diese verlaufen zwischen dem Religiösen und dem Nicht-Religiösen, zwischen Laizisten und Religiösen, Zionisten und Nicht-Zionisten, Juden in der Diaspora und israelischen Staatsbürgern.

### Die Uniformisierung von außen

Unter Gläubigen unterschiedlicher Religionen entwickelt sich eine gemeinsame Religiosität, die zugleich aus Individualismus und identitärem Kommunitarismus besteht; sie formiert sich rund um die Religion und nicht mehr um Ethnie oder Kultur. Die religiösen Marker werden nach standardisierten Vorgaben zu Identitätsmarkern, denn wieder wirkt die Formatierung so, dass Religionen in identischer Weise definiert werden. Symbolische Marker, Kleidung, Ernährung, Festtage werden auf eine Ebene gestellt. Das Militär verlangt, dass jede Religion ein eigenes Zeichen hat, mit dem die Gräber markiert werden. Fluggesellschaften bieten an Bord unterschiedliche Speisen für die einzelnen Religionen an. Man versucht, eine kohärente Politik dafür zu definieren, welche äußeren religiösen Zeichen erlaubt und welche verboten sind. In Frankreich wurde der Turban der Sikhs, der bislang niemanden gestört hat, durch das Gesetz, das das islamische Kopftuch in der Schule verbieten ließ, zu einem demonstrativen religiösen Zeichen erklärt. Auch gab es die Bemühungen von Bildungsminister Luc Ferry, ein christliches Äquivalent zum Kopftuch zu finden und es ebenfalls zu verbieten, um zu beweisen, dass das Gesetz sich nicht gegen den Islam richtete; er sprach davon, dass junge Gymnasiasten auf einmal große »assyrisch-chaldäische« Kreuze um den Hals trügen!

Die Uniformisierung wird noch dadurch unterstrichen, dass einzelne Elemente zwischen den Religionen zirkulieren. Eine bestimmte buddhistische Einstellung, die gerade sehr in Mode ist, dringt in andere Religionen vor.[40] Man übernimmt Meditationstechniken wie transzendentale Meditation, Zen oder Tora-Yoga. Die religiösen Marker fügen sich neu zusammen, ohne Bezug zu ihrem kulturellen Ursprung: Wir haben gesehen, dass sowohl der Islam wie der Buddhismus die (protestantische) Arbeitsethik für sich reklamieren. In der ersten Hälfte des 20. Jahrhunderts brachen von hinduistischen Formen der Spiritualität begeisterte Katholiken in indische Aschrams auf. Die Benediktiner Henri Le Saux, der den Namen Swami Abhishiktananda annahm, und Bede Griffiths gründeten in den 1950er Jahren in Südindien sogar christliche Aschrams. Ein verbreitetes spirituelles Nomadentum, bei dem man verschiedene Religionen »ausprobiert«, verstärkt die Angleichung noch.[41]

Ende des 19. Jahrhunderts fanden die ersten interreligiösen Kongresse statt. Bei diesen Zusammenkünften debattierten die Teilnehmer nicht über das Wahre, sondern beschworen die Einheit des Religiösen, offenbar reduziert auf die kleinsten gemeinsamen Nenner in spiritueller und ethischer Hinsicht. Die erste derartige Veranstaltung war der internationale Kongress der Religionen 1893 in Chicago[42]: Muslime nahmen nicht daran teil, aber die »orientalischen« Religionen waren stark vertreten. Über ein Jahrhundert später fand ebenfalls in Chicago die interreligiöse Begegnung zu Thanksgiving statt.[43]

Verwirrung greift um sich. Im Juli 2006 teilte Don Larsen, der pfingstlerische Militärgeistliche der amerikanischen Truppen im Irak, mit, dass er seine Religion wechseln werde, weil er bei einem Chaplain's Basic Training Course in Fort Jackson, wo alle Religionen »neutral« vorgestellt werden, die Wicca-Religion für sich entdeckt habe. Er bat darum, nach dem Ende seiner Dienstzeit als protestantischer Militärgeistlicher neu als Wicca-Militärgeistlicher bestellt zu werden. Da aber der neue Vertrag erst zum ersten September in Kraft treten konnte, bat er weiterhin, bis dahin als protestantischer Militärgeistlicher im Amt zu bleiben. Die Armee fragte bei den Kirchenverantwortlichen nach, wie in dem Fall zu verfahren sei, und sie forderten die sofortige Suspendierung des Kandidaten.[44] Umgekehrt verlangen manche Institutionen aus Ersparnisgründen von ihren Militärgeistlichen, dass sie mehrere Religionen vertreten, Stichwort *multi-faith*. So wurde der Jesuitenpater Henry Heffernan 2004 von seinem Posten als Geistlicher am Warren Grant Magnuson Clinical Center bei Washington entlassen, weil er sich geweigert hatte, auch andere Religionen zu vertreten. Er prozessierte und gewann, aber mit der Begründung, er sei ein Opfer von Diskriminierung geworden, das heißt, man erlegte ihm Aufgaben auf, die seine religiösen Überzeugungen verletzten.[45] Die von Frère Roger (eigentlich Roger Schutz, Sohn eines Pastors und einstiger Theologiestudent in Lausanne) gegründete Gemeinschaft im französischen Taizé versteht sich als konfessionell nicht gebunden. 1969 traten katholische Mönche ein, 1976 ließ die Gemeinschaft sich aus dem Jahrbuch *La France protestante* streichen. Doch man könnte sagen, dass Taizé – ohne Eucharistie in der Liturgie – protestantisch ist, das Erscheinungsbild eines katholischen Klosters zeigt und die Messe mit orthodoxen Elementen feiert.

Im Grunde bedeutet all das nicht eine Uniformisierung der theologischen Inhalte, sondern entspricht einer Betonung der religiösen Erfahrung auf Kosten des religiösen Wissens. Auch das ist heilige Einfalt. Mit Blick auf den neuen amerikanischen Protestantismus schreibt Donald Miller: »Die neue Reformation stellt im Gegensatz zu Martin Luthers Reformation nicht die Lehre in Frage, sondern das Medium, in dem die christliche Botschaft formuliert wird.« Und er zitiert einen Pastor, der über die Gesänge sagte: »Wir singen heute Abend nicht die Religion, wir sprechen von einer Beziehung zu Jesus.« *(We sing not religion, we talk about a relationship with Jesus.)*[46] Die Religiosität drängt die Religion in den Hintergrund, Wissen ist nicht mehr Bestandteil des Heils.

Das ermöglicht uns, einen scheinbaren Widerspruch zu verstehen: Wie kann es sein, dass in den verschiedenen Religionen die theologischen Normen rigider werden und gleichzeitig eine allgemeine Uniformisierung des Religiösen zu beobachten ist? Die Antwort lautet: weil die Gleichmacherei der Religionen die Religiosität, die

Glaubenspraxis, betrifft und nicht die Glaubensinhalte (die Inhalte werden sogar immer nachdrücklicher von den religiösen Autoritäten vertreten), und zwar deshalb, weil die Gläubigen die Religionen vermischen. Die charismatische katholische Bewegung, die 1967 begann, als eine Gruppe von Katholiken an der katholischen Universität von Duquesne in den Vereinigten Staaten erlebte, dass durch Handauflegen »der Heilige Geist über sie kam«, ist von den protestantischen Pfingstlern inspiriert. Der Heilige Geist ist wichtig, aber im Übrigen bleibt man bei der Marienfrömmigkeit und der Papsttreue oder kehrt sehr schnell wieder dorthin zurück. Die Verehrung der Jungfrau Maria ist die Trennlinie gegenüber den Protestanten.[47]

Die Verantwortlichen der Religionen reagieren auf das, was sie für eine Gefahr des Synkretismus halten: Die Katholiken rufen dazu auf, zur lateinischen Sprache zurückzukehren; im Islam unterstützt man das Tragen religiöser Zeichen; allgemein wird allzu großzügige Ökumene und religiöser Relativismus abgelehnt und darauf beharrt, dass es nur eine Wahrheit gibt. Auf verschiedene Weise wollen die großen Religionen – man könnte fast sagen: die neuen Gläubigen, denn die Bewegung kommt von unten – klare Grenzen ziehen. Manche charismatische Katholiken lehnen vor diesem Hintergrund christliche Aschrams ab.[48]

Aber handelt es sich dabei um »Rekulturation«? Die Rückkehr zur lateinischen Sprache in der katholischen Kirche, wie sie Benedikt XVI. befürwortet, bedeutet weniger die Rückkehr zu einer klassischen humanistischen Kultur (die er im Übrigen verteidigt), als die Einführung eines neuen Mantras, von dem man sich einen »magischen« Effekt erhofft. Das »Mysterium« des Lateinischen, nicht seine Funktion als Träger der klassischen Kultur, zieht die neuen Gläubigen an; sie werden nicht auf einmal Vergil und Cicero lesen. Und die Tablighis, die den Koran auswendig lernen, lernen dadurch nicht Arabisch, sodass sie auch andere Bücher lesen könnten. Der Koran hat vielmehr »magische« Bedeutung. Auswendig gelernt, verändert er die Seele des Gläubigen, der ihn aufgenommen hat; es geht mehr um eine Art Eucharistie als um Lernen und Wissen. Um heilig zu sein, braucht man nicht unbedingt Wissen.

SCHLUSS

# Die Wiedergeborenen und ihre Kinder

Die Religionen werden heute zunehmend zu »Glaubensgemeinschaften«, die mit den Kulturen in ihrem Umfeld nichts mehr zu tun haben. Manche Bewegungen wählen die Isolierung, fördern die Endogamie und streben schließlich nach Territorialisierung, um unter sich bleiben zu können. Andere hingegen sind universalistisch und auf Expansion bedacht.

Aber allen gemeinsam ist die Frage: Wie funktioniert die Weitergabe? Das gilt umso mehr, wenn die Eltern Konvertiten oder Anhänger einer Erweckungsbewegung sind. Denn die Weitergabe ist nicht mehr durch die gesellschaftliche und kulturelle Evidenz der Religion gewährleistet. Auf Missionierung bedachte Religionen stehen vor einer anderen Schwierigkeit: Wie können sie wieder eine Verbindung zur Kultur herstellen? Wie können sie den anderen erreichen, dessen Unglauben eine Herausforderung bleibt?

Religiöse Erneuerungsbewegungen waren häufig Generationenphänomene, typisch für sie war der Bruch mit der »Väterreligion«. Evangelikalismus und Salafismus haben die Entwicklung der aus der Umbruchzeit der 60er Jahre hervorgegangenen Generationen begleitet. Im Hippie-Milieu in Kalifornien fanden die evangelikalen Ideen ein besonders fruchtbares Feld.[1] Donald Miller zeigt, wie die neuen Kirchen die Welle der Gegenkultur besetzt haben: Die Kirchen werden als »neue Paradigmen« wahrgenommen, die all jene anziehen, die von der Kultur der Babyboomer geprägt sind.[2] Die Rede von »Wiedererweckung« enthält zugleich Enttäuschungen: über die sexuelle Befreiung, über Drogen und politisches Engagement, wie sie Benny Lévy ausdrückt, der Gründer der Proletarischen Linken in Frankreich. Ähnliches gilt für viele Salafisten, die aus den Reihen der extremen Linken gekommen sind: Cat Stevens, der zu Yusuf Islam wurde, zeigt, dass nicht nur das Christentum für die ehemaligen Achtundsechziger anziehend ist.

Doch wie gibt man die Erfahrung eines Bruchs weiter? Wie ist man Kind eines Wiedergeborenen? Wie erreicht man die neuen Generationen, die Träger einer anderen Geschichte sind und für die die »Rückkehr zu Gott« vielleicht schon ein alter Hut ist, das heißt eine Sache ihrer Eltern?

Man kann sich für die Isolierung entscheiden und sich in einer Gegenkultur einrichten. Dann gründet man eine Gemeinschaft, in der alle unter sich bleiben, wie es die Amish, die Altkatholiken, die Ibaditen in Algerien oder die ultra-orthodoxen Juden halten; dazu gehören Eheschließungen innerhalb der Gemeinschaft und eine Fixierung auf die Demografie oder aber, wenn die Jungen von der profanen Kultur fasziniert sind, auf den »Weg hinaus« (die Shababniks). Langfristig gesehen funktioniert Dogmatismus nicht, wenn man nicht im Rahmen einer geschlossenen Gemeinschaft an den Dogmen festhält. Viele kommen zu Tabligh, zum Salafismus oder zum Pfingstlertum und wenden sich eines Tages wieder ab. Das ist auch das Problem der »Erkalteten«,[3] also jener, die nicht weggehen, aber sich nicht mehr richtig beteiligen oder nicht mehr »auf Kurs« sind. Das Pfingstlertum ist eine Vertragsreligion: Gott hält sein Versprechen, wenn der Mensch sein Versprechen hält. Es wird permanentes Engagement verlangt, der Schein allein reicht nicht aus. Das macht das Bleiben schwer. Oft führen familiäre Probleme wie eine Scheidung oder Ähnliches dazu, dass der Gläubige den Befehlen seiner Glaubensgemeinschaft nicht mehr gehorcht. Die regelmäßigen Sexskandale amerikanischer Fernsehprediger sind auch ein klarer Hinweis darauf, wie schwer es ist, die Normen einzuhalten. Zudem liegt ein Merkmal moderner fundamentalistischer Bewegungen darin, dass die Spiritualität durch ein System von Normen und Codes ersetzt wird. Die Sünde ist nicht mehr Teil des Systems: Wenn sie ins Spiel kommt, zerbricht das System.

Dort, wo die Hinwendung zu neuen Formen von Religion auch eine Rache der Ausgeschlossenen war, wie oftmals in Lateinamerika, drückt sich der Erfolg der Evangelikalen häufig im sozialen Aufstieg der Gläubigen aus – und in der Bereicherung zahlreicher Pastoren, was in Brasilien, Nigeria und auch Ghana Skandale auslöste. Deshalb verblasst der Bruch, und für die neuen Generationen ist die Religion »Routine«, nicht mehr Revival.[4]

Die amerikanische Presse hat kürzlich über die Sorgen alternder wiedergeborener Christen angesichts des Aufbruchs der Jungen berichtet.[5] Thom Rainer schildert in seinem Buch *The Bridger Generation*, womit die Generation der zwischen 1977 und 1994 Geborenen gemeint ist, das Problem: Der Autor ist ein Wiedergeborener aus der Generation der *sixties*. 1980 wurde er Vater. Sein Buch schrieb er 1997, als er erkannte, dass seine heranwachsenden Kinder sich in einer Kultur bewegten, die weder die seiner Generation noch die seines Glaubens war. Diese Kultur wollte er untersuchen, um eine christliche Antwort darauf zu geben.[6] Aber dieses Beispiel belegt gerade, dass das Religiöse gegenüber den kulturellen Markern etwas Äußerliches ist.

Man versucht deshalb, die jungen Leute in der Sprache ihrer eigenen Kultur zu erreichen. Vor allem setzt man auf die üblichen Formen sozialer Kontakte: Die religiöse Praxis wird zu einem geselligen Erlebnis, man imitiert »Stammeskulturen«.[7] Es gibt christliche Rockabende, man benutzt gezielt eine »junge« Sprache und verwendet im Umgang mit den jungen Leute ihre »Stammes«-Codes. Man nimmt flottierende kulturelle Marker und verknüpft sie mit religiösen Markern: christlicher Rock, koscheres Bio-Essen, *hallal* Fastfood. Das ist das Rezept der Fernsehprediger, der christlichen und auch muslimischer Prediger wie Amr Khaled. Aber die Kulturen, für die man sich interessiert, sind tatsächlich Subkulturen, sie bestehen aus Codes und Konsumgewohnheiten und sind flüchtig, indem sie von einer Generation zur nächsten wechseln. Sie haben keinen eigenen »Inhalt«. Subkulturen hat es immer gegeben, doch heute florieren sie, weil sie sich in einem virtuellen Raum einrichten und die Kultur der umgebenden Gesellschaft ignorieren können: Es gibt spezielle Websites, Bücher werden durch Mundpropaganda empfohlen, man kommuniziert via Chats. Die Überzeugungswirkung wird noch dadurch verstärkt, dass die Gruppe sich selbst bestätigt und nicht durch eine andersartige äußere Praxis widerlegt wird. Heute ist jede Gesellschaft ein Archipel. Wir bewegen uns in Subkulturen, die im Grunde leugnen, dass sie zu einer größeren, dauerhaften Kultur gehören. Allerdings ist das auch die Grenze des »rein Religiösen«.

Unterdessen stellen wir fest, dass die Fundamentalismen sich abnutzen. Der amerikanische Präsidentschaftswahlkampf 2008 hat gezeigt, dass es keine einheitliche Front der christlichen Rechten mehr gibt. Die neuen Generationen der Gläubigen nehmen die Klimaerwärmung und soziale Fragen genauso wichtig wie die Religion. Gegenüber Verboten, zum Beispiel hinsichtlich der Abtreibung, macht sich Erschöpfung breit. Auch bei Feministinnen und Streitern für die Freiheit des Individuums ermattet die Neigung zum Militantismus. Dennoch gibt es keine Rückkehr zu Familienwerten. Die Errungenschaften der 1960er Jahre sind mittlerweile selbstverständlich, und die Tatsache, dass nicht mehr so heftig für Emanzipation und Freiheit gekämpft wird, bedeutet nicht, dass der Konservatismus mit Macht wiederkehrt. Tatsächlich haben die Neokonservativen genau wie die neue christliche Rechte den Wandel der Sitten integriert, ohne dass es ihnen oft bewusst ist. Die Sakralisierung der Familie funktioniert nicht mehr automatisch; die Wahl einer bestimmten Form des Familienlebens ist eine individuelle Entscheidung, sie entspringt dem Wunsch nach Selbstverwirklichung und nicht dem Respekt vor einer Art Naturgesetz. Die Reaktion ist heute eine andere als früher. Das Religiöse ordnet sich immer neu, selbst wenn es wahrscheinlich seine ursprüngliche und wohl inzestuöse Verbindung mit der Kultur verloren hat. Die Krise des Religiösen ist auch eine Krise der Kultur, aber das ist eine andere Geschichte. Die heilige Einfalt hat jedenfalls eine große Zukunft vor sich.

# Anmerkungen

**Vorwort**

1 Der Sinologe Jean-François Billeter setzt sich kritisch mit allen modernen Erscheinungen der China-Mode auseinander: *Contre François Jullien*, Paris, Allia, 2006.

EINFÜHRUNG

1 Cécile Chambraud, »L'Église catholique espagnole perd sa dotation publique«, *Le Monde*, 24. September 2006.
2 Stephen Bates, »Devout Poles Show Britain How to Keep the Faith«, *The Guardian*, 23. Dezember 2006.
3 »Americans May be More Religious than They Realize«, *Washington Post*, 12. September 2006.
4 »Students Flock to Seminaries, But Fewer See Pulpit in Future«, *Washington Post*, 17. März 2006.
5 Es gibt natürlich das Problem, wie man die religiöse Praxis objektiv definiert. Beim Katholizismus ist es leicht, weil da die von einem Priester gespendeten Sakramente im Zentrum stehen (Messe, Beichte, Eucharistie). Hingegen ist die Praxis bei den Protestanten und besonders bei den Muslimen eine sehr viel individuellere Angelegenheit. Es scheint, dass bei den Muslimen in Frankreich die rein religiösen Praktiken (fünf Gebete am Tag) eine geringe Rolle spielen, während die mit einem kulturellen, festlichen Marker verbundenen Praktiken wie Ramadan stärker beachtet werden. Siehe dazu Sylvain Brouard und Vincent Tiberj, *Français comme les autres? Enquête sur les citoyens d'origine maghrébine, africaine et turque*, Paris, Presses de Sciences Po, 2005.
6 Philippe Fargues, *Générations arabes. La Chimie du nombre*, Paris, Fayard, 2001.
7 H. Richard Niebuhr, *Christ and Culture*, New York, Harper, 1996.
8 Dieses Thema behandelt Michel de Certeau, der in der Glossolalie eine »reine religiöse Sprache« sieht: »Vocal Utopias: Glossolalias«, *Representations*, Nr. 56: »Special Issue: The New Erudition«, Herbst 1996, S. 29 – 47.
9 Neela Banerjee, »Taking Their Faith, But Not Their Politics, to the People«, *New York Times*, 1. Juni 2008.
10 In Israel heißen sie *shababniks*. Vgl. Daniel Ben-Tal, »Yeshiva Dropouts Walk on the Wild Side«, *Jerusalem Post*, 17. Januar 2007.

11 Dana Clark Felty, »Mega-church Unveils Youth Facility«, *Savannah Morning News*, 16. September 2006.

12 »Lourdes se lance dans le réveillon chrétien«, *Le Figaro*, 28. Dezember 2006.

13 Jacqueline L. Salmon, »The Offbeat is Helping Some Jews Reconnect. Chabad Rabbis' Modern Outreach Methods are Controversial but Forge Ties«, *Washington Post*, Sonntag, 27. Mai 2007. Siehe auch: Deborah Horan, »Playing With Soul. At Synagogue More Jewish Services are Using Bands during the Sabbath to Appeal to Young People«, *Chicago Tribune*, 16. März 2007.

14 Siehe Thom S. Rainer, *The Bridger Generation. America's Second Largest Generation. What They Believe, How to Reach Them*, Nashville, Broadman and Holman, 2006. Siehe auch Dick Staub, *The Culturally Savvy Christian*, San Francisco, Jossey-Bass, 2007.

15 In diesem Buch wird von Randgruppen die Rede sein, die unter dem Einfluss eines (meist aus dem Protestantismus stammenden) charismatischen lokalen Führers beschließen, sich zu Juden zu erklären, und dabei gegebenenfalls den Mythos von den zehn verlorenen Stämmen Israels bemühen: den Ben Menashe (eine tibetisch-birmanische Gruppe in Indien), den Abayudaya (Uganda) und den »schwarzen Hebräern« aus Chicago, die sich auf den Weg nach Israel gemacht haben.

16 In einem ausgezeichneten Dokumentarfilm von Karim Miské, *Born again: Les nouveaux croyants* (2005), ist einer der jungen Salafisten, die zu Wort kommen, ein französischer Konvertit mit Vornamen David, und ein Evangelikaler, der vor der Gemeinde sein Leben erzählt, heißt Mohammed. Der Regisseur hat die beiden nicht gezielt ausgewählt, er hat nur einige Gemeinden von *born again* in einer Stadt beobachtet.

17 Harvey Cox, *Fire From Heaven*, Cambridge, Da Capo Press, 1995; R. Stephen Warner, Judith G. Wittner, *Gatherings in Diaspora*, Philadelphia, Temple University Press, 1998; Peter L. Berger, *Zur Dialektik von Religion und Gesellschaft. Elemente einer soziologischen Theorie*, Frankfurt am Main, S. Fischer Verlag, 1973. Mit Blick auf Frankreich Sébastien Fath, *Du ghetto au réseau: Le Protestantisme évangélique en France (1800 – 2005)*, Genf, Labor et Fides, 2006; und Yannick Fer, *Pentecôtisme en Polynésie française: L'Évangile relationnel*, Genf, Labor et Fides, 2005. Bemerkenswert ist, dass die Bücher beider Autoren in einem protestantischen Verlagshaus in der Schweiz erschienen sind.

18 *Le Monde*, 4. Juni 2008. Mehrere katholische Vertreter haben diese Position kritisiert.

19 Zwei Informatiker, Rachid Mohammed Seghir und Jamal Dahmani, wurden zu Gefängnisstrafen verurteilt. Das Verfahren gegen eine weitere Konvertitin, Habiba Kouider, wurde abgetrennt. Vgl. »Condamnation de deux Algériens convertis au christianisme«, *Le Monde*, 3. Juli 2008.

20 Sudarsan Raghavan, »A Clash of Culture, Faith. Latinas Balance Catholic Upbringing, Adoption of Islam«, *Washington Post*, 5. Juni 2006.

21 Es gibt Websites, meistens protestantische, die die Bekehrung propagieren und die alte Tradition der Ablehnung der »falschen Religionen« wiederbeleben, zum Beispiel <www.answering-islam.org>.

22 Vgl. die Dissertation von Oumar Arabov, *Les Mutations du religieux au Tadjikistan*, Paris, EHESS, 2005.

23 Die folgende Liste von Personen, die in den Jahren 2004 bis 2006 wegen »illegaler« religiöser Aktivitäten Repressalien ausgesetzt waren, erhebt keinen Anspruch auf Vollständigkeit (Quelle: *Forum-18*, <www.forum18.org>, Oslo, Norwegen).

– *Usbekistan*:

Protestanten: Bakhtier Tuichiev, Makset Djabbarbergenov, Nikolai Zulfikarov, N. Yermolayeva, L. Lankina, N. Tsoi, S. Tsoi, O. Usmanova, O. Saidaliyeva, R. Karimov; Bakhrom Nazarov; Khaldibek Primbetov, Kurbongul Yermanova, Nurumbetova, Ainur Tajikova, Aliya Sherimbetova, Shirin Artykbayeva, Sofia Mambetniyazova, Kural Bekjanov, Dmitry Shestakov.

Zeugen Jehovas: Khojbayev, Ajigilev, Alimardon Pulatov, Nikolai Kryukov, Artur Arsanov, Dila Safieva.

Hare Krishna: Asa Bekabayeva.

– *Aserbaidschan*:

Protestanten: Novruz Eyazov, Khalid Babaev, Vahid Nagiev, Zaur Balaev.

Zeugen Jehovas: Mahir Bagirov.

– *Kasachstan*:

Protestanten: Rashid Turebaev, Pyotr Panafidin, Rustam Kairulin.

– *Turkmenistan*:

Protestanten: Vyacheslav Kalataevsky

Zeugen Jehovas: Bilbil Kulyyeva, Babakuly Yakubov Shukurjan Khatamova, Rozyzhan Charyyev, Oguldurdy Altybayeva, Gulzhemal Allagulyyeva, Begench Shakhmuradov.

– *Kirgisistan*:

Protestanten: Saktinbai Usmanov (2006 ermordet), Dzhanybek Zhakipov, Zulumbek Sarygulov.

– *Tatarstan*:

Protestanten: Rafis Nabiullin, Takhir Talipov.

24 Issandr El Amrani, »The Emergence of a ›Coptic Question‹ in Egypt«, MERIP, 28. April 2006.

ERSTER TEIL

**Wenn das Religiöse auf die Kultur trifft**

1 Diese These hat François Burgat oft wiederholt, insbesondere in: *L'Islamisme en face*, Paris, La Découverte, 1996.

2 Talal Asad, *Genealogies of Religion*, New York, Johns Hopkins University, 1993, S. 43f.

3 Siehe Philippe Roger, *L'Ennemi américain*, Paris, Le Seuil, 2004.

4 Paul Veyne, *Glaubten die Griechen an ihre Mythen? Ein Versuch über die konstitutive Einbildungskraft*, Frankfurt am Main, Suhrkamp, 2006; Lucien Febvre, *Das Problem des Unglaubens im 16. Jahrhundert. Die Religion des Rabelais*, Stuttgart, Klett-Cotta, 2002.

5 Vgl. das ausgezeichnete Buch von Jean-Yves Château über Platons *Euthyphron*, Vrin, 2. Aufl. 2005, insb. S. 191f.

6 H. Richard Niebuhr, *Christ and Culture*, a.a.O., insb. S. 30f. Es ist kein Zufall, dass man im Protestantismus den stärksten Ausdruck der absoluten Transzendenz Gottes findet, denn der Protestantismus ist aus der Ablehnung der »Heidnisierung« des Christentums entstanden.

7 Ein typisches Beispiel: <http://observer.guardian.co.uk/uk_news/story/0»1973838,00.html>. (»Neuer Streit um sexuellen Missbrauch in der katholischen Kirche: Die katholische Kirche wird erneut mit Vorwürfen konfrontiert, sie verschließe vor Pädophilie die Augen. Zuvor war bekannt geworden, dass ein Priester trotz Warnungen, er stelle eine Gefahr für Kinder dar, im Amt bleiben durfte.«)

8 In der modernen protestantischen Religiosität kann Jesus genauso gut »der Herr« sein wie »mein Freund«.

9 Leo Strauss geht davon aus, dass die Philosophie und die Theologie auf zwei radikal verschiedenen Ordnungen gründen und dass Spinozas Schritt (den »lebendigen Gott« aus der Philosophie auszuschließen) verbietet, die Frage nach den Werten ontologisch zu stellen. Für ihn besteht wie für Niebuhr eine strukturelle Spannung zwischen der Religion als Transzendenz und allem, was zur profanen Ordnung gehört, darunter auch Philosophie und Kultur. Vgl. »Progress or Return? The Contemporary Crisis in Western Civilization«, *Modern Judaism*, Bd. 1, Nr. 1, Mai 1981, S. 17–45.

10 Vgl. Jean François Billeter, *Contre François Jullien*, a.a.O.

11 Die beiden ersten Begriffe stammen aus der Anthropologie, der dritte wurde beim Zweiten Vatikanischen Konzil geprägt und der letzte von Danièle Hervieu-Léger, *Catholicisme, la fin d'un monde*, Paris, Bayard, 2003.

12 Haskala: Die Richtung, die das Judentum in die Aufklärung des 18. Jahrhunderts einfügen möchte.

13 Xavier Ternisien, Journalist bei *Le Monde* und damals für Religionen zuständig, bekam die Folgen dieses Misstrauens zu spüren: Die Zeitung *Haaretz* bezeichnete ihn am 6. Juli 2005 (fälschlicherweise) als einen »zum Islam konvertierten Armenier«.

14 Vgl. den Fall der Kinder der Familie Finaly, die während der Besatzung von katholischen Mönchen versteckt wurden. Die Mönche weigerten sich später, die inzwischen getauften Kinder an ihre Familie zurückzugeben.

15 Ein Beispiel aus jüngerer Zeit sind die Bene Menashe, Angehörige der Shinlung-Gruppe, die Mizo sprechen, in Indien an der Grenze zu Birma leben. In den 1930er Jahren konvertierten sie zuerst zum pfingstlerischen Christentum und erklärten sich dann zu Juden, Nachfahren des Stammes Manasse. Etwa 1000 von ihnen wurden in Israel aufgenommen nach einer »Rekonversion« durch orthodoxe Rabbiner. Siehe Shalva Weil, »Dual

Conversion Among the Shinlung of North-East India«, *Studies of Tribes and Tribals*, Neu-Delhi, 1(1), 2003, S. 43–57. Es ist ein interessantes Beispiel für den Wechsel vom Christentum zum Judentum in unserer Zeit. Zu einem weiteren »verlorenen Stamm« siehe »Judaïsme: Les Abayudaya de l'Ouganda enfin reconnus comme juifs«, *Religioscope*, 18. März 2002 (<www.religioscope.com/info>). Auch bei ihnen ging dem Wechsel zum Judentum der Schritt zum evangelikalen Protestantismus voraus.

16 Rodney Stark, *Der Aufstieg des Christentums. Neue Erkenntnisse aus soziologischer Sicht*, Weinheim, Beltz, 1997.

17 Vasiliki Limberis, »›Religion‹ as the Cipher for Identity: the Cases of Emperor Julian, Libanius, and Gregory Nazianzus«, *The Harvard Theological Review*, Oktober 2000.

18 Eine Ausstellung über römische Christen zeigt, dass man reich und Christ sein und sich der asketischen Haltung der eigenen Verwandten widersetzen konnte, die den Familienbesitz verteilten. Zum Beispiel widersetzte sich um 400 ein gewisser Valerius Severus der Entscheidung seines Bruders Pinianus, Gatte der heiligen Melania der Jüngeren, und ließ dennoch christliche Inschriften auf seinen Möbeln anbringen. Siehe dazu Peter Brown, »The Private Art of Early Christians«, *New York Review of Books*, 20. März 2008, er berichtet über die Ausstellung *Picturing the Bible: The Earliest Christian Art*, Kimbell Art Museum, Fort Worth, November 2007 bis März 2008.

19 Das ist die gemeinsame Richtung all der »neuen Denker des Islam« (nach dem Titel des Buches von Rachid Benzine: *Les nouveaux penseurs de l'islam*, Paris, Albin Michel, 2003). Wir finden dieses Thema im Iran bei der Menschenrechtsaktivistin und Friedensnobelpreisträgerin Shirin Ebadi.

20 Vgl. Bruno Dumézil, *Les Racines chrétiennes de l'Europe*, Paris, Fayard, 2007.

21 Das Thema hält sich bis Anfang des 19. Jahrhunderts, das zeigt der Erfolg eines Buches wie *The True Nature of imposture fully displayed in the life of Mahomet; with a discourse attached for the full vindication of Christianity from this charge*, veröffentlicht von Humphrey Prideau 1697, immer wieder nachgedruckt bis 1808, amerikanische Ausgabe 1798. Wir lesen darin das folgende Verdammungsurteil: »Mohammed war von allen der größte Betrüger, oder in den Worten von Charles Wesley ›Der arabische Dieb, dreist wie Satan‹, dessen Lehre zurück in die Hölle geschickt werden sollte.«

22 Charles J. Halperin, »The Ideology of Silence: Prejudice and Pragmatism on the Medieval Religious Frontier«, *Comparative Studies in Society and History*, Bd. 26, Nr. 3, Juli 1984, S. 442–466.

23 Eine Kongregation heißt explizit »Missions étrangères de Paris«.

24 Gut zusammengefasst bei Claude Prudhomme, *La Querelle des universels. Problématiques missionnaires du XIX$^{e}$ siècle*, Lyon, Université de Lyon 3, 2001. »Der Appell an den Staat und die Empfehlung, gute Beziehungen zu erhalten, bedeuten nicht den Verzicht auf unabhängiges missionarisches

Handeln, worauf Colin, der Stifter der Maristen, ausdrücklich drängte (›Wir Missionare sind für Gott und für die Seelen da; wir kommen aus keinem Land; wir sind aus allen Ländern‹); ebenso François Libermann (›damit man in euch nur den Priester des Allerhöchsten sehe und den Doktor der Wahrheit‹); Marion Brésillac (›Ich bitte Euch, oh mein Gott, nicht französisch zu sein, soweit es die Kirche betrifft, sondern katholisch, nur katholisch, römisch-katholisch‹). Aber vor Ort ergab sich trotzdem eine faktische Solidarität. Im Namen von Pragmatismus und Effizienz setzte sich die koloniale Lösung im Laufe des Jahrhunderts durch, weil sie im Allgemeinen am besten zu den Interessen der Mission passte.«

25 Jean-Claude Baumont, »La renaissance de l'idée missionnaire en France au début du XIX$^{e}$ siècle«, in: *Les Réveils missionnaires en France du Moyen Age à nos jours*, Tagung in Lyon, 29. bis 31. Mai 1980, Tagungsband, Paris, Beauchesne, 1984.

26 Vgl. Claude Prudhomme, a.a.O.

27 Patrick Taveirne, »The Nineteenth-Century Religious and Missionary Revivals: Liberal and Socialist Challenges«, *Theology Annual. The European Roots Of The Modern Missionary Enterprise*, Bd. 13, 1993, S. 155 – 188, im Internet: *<http://218.188.3.99/Archive/periodical/abstract/A013F2.htm>*. Zusammengefasst: eine territoriale Gliederung schaffen, Bischöfe ernennen, einheimische Priester in episkopale Funktionen bringen, den einheimischen Klerus nicht nur zu Hilfsdiensten heranziehen, sondern gleichrangig mit den europäischen Priestern behandeln, sich nicht in die Politik und in säkulare Angelegenheiten einmischen, sich um Grundbildung und höhere Ausbildung von Jungen wie von Mädchen kümmern, ohne fromme und karitative Aufgaben zu vernachlässigen, alles tun, was die Verwurzelung der Kirche in den lokalen Gesellschaften stärken kann.

28 Als Uniatismus bezeichnet man die Politik der Annäherung der christlichen, im Allgemeinen orthodoxen, Ostkirchen an Rom. Die unierten Kirchen erkennen die Autorität des Papstes an, halten aber in Bezug auf Sprache und Liturgie an ihrem traditionellen östlichen Ritus fest.

29 Das ist eine Konstante im protestantischen Denken bis Karl Barth und Richard Niebuhr, obwohl sich auch eine Theologie der Präsenz in der Welt entwickelte.

30 Francis Higman, *La Diffusion de la réforme en France*, Genf, Labor et Fides, 1992, S. 170.

31 Ebenda.

32 James Tanis, »Reformed Pietism and Protestant Missions«, *The Harvard Theological Review*, Bd. 67, Nr. 1, Januar 1974, S. 65 – 73.

33 Der Titel einer protestantischen Schrift aus dem Jahr 1622 (in dem Jahr gründete der Vatikan die Kongregation für die Evangelisierung der Völker), *Ein Gebet für Christen für die Bekehrung der Heiden*, von Willem Teellinck ist der Beweis, dass die Gemeinde nicht folgte; zitiert bei James Tanis, a.a.O., S. 73.

34 Jean de Léry, *Histoire d'un voyage faict en la terre du Brésil*, Paris, Le livre de Poche, 1994, mit einem Interview mit Claude Lévi-Strauss. (Deutsch: *Unter Menschenfressern am Amazonas. Brasilianisches Tagebuch, 1556–1558*, Tübingen, Erdmann, 1977.)

35 Zur Kritik an der Theorie von der »Hugenottenzuflucht« siehe John McGrath, »Polemic and History in French Brazil, 1555–1560«, *Sixteenth Century Journal*, Bd. 27, Nr. 2, Sommer 1996, S. 385–397.

36 Vgl. dazu Frank Lestringant, *Jean De Léry Ou L'invention du Sauvage – Essai sur L'histoire D'un Voyage Faict En La Terre Du Brésil*, Paris, Honoré Champion, 2005.

37 Eine hervorragende Analyse der religiösen Logik von Léry gibt Andrea Frisch, »In a Sacramental Mode: Jean de Léry's Calvinist Ethnography«, *Representations*, Nr. 77, Winter 2002, S. 82–106.

38 Frank Lestringant, »The Philosopher's Breviary: Jean de Léry in the Enlightenment«, *Representations*, Nr. 33, *Special Issue: The New World*, Winter 1991, S. 200–211.

39 Andrea Frisch, a.a.O., S. 82–106.

40 William S. Simmons, »Cultural Bias in the New England Puritans' Perception of Indians«, *The William and Mary Quarterly*, 1981.

41 Thomas S. Abler, »Protestant Missionaries and Native Culture: Parallel Careers of Asher Wright and Silas T. Rand«, *American Indian Quarterly*, 1992.

42 James S. Ronda, »Generations of faith: The Christian Indians of Martha's Vineyard«, *The William and Mary Quarterly*, 1981; William S. Simmons, »Cultural Bias in the New England Puritans' Perception of Indians«, *The William and Mary Quarterly*, 1981.

43 Rachel Wheeler, »Women and Christian Practice in a Mahican Village«, *Religion and American Culture*, 2003 (veröffentlicht vom Center for the Study of Religion and American Culture). Es handelt sich um eine Herrnhuter Missionsstation im 18. Jahrhundert. Das war eine Ausnahme: Die Herrnhuter unterschieden sich sehr von den anderen Konfessionen, weil sie systematisch zu den Eingeborenen gingen, deren Misstrauen gegen die angelsächsischen Siedler sie teilten (die Herrnhuter waren keine Angelsachsen). Die Verfasserin unterstreicht bestimmte kulturelle Gemeinsamkeiten in den Ritualen bezüglich Blut und ritueller Folter.

44 Zitiert bei Neal Salisbury, »Red Puritans: The ›Praying Indians‹ of Massachusetts Bay and John Eliot«, *The William and Mary Quarterly*, Bd. 31, Nr. 1, Januar 1974, S. 28. Siehe auch Hilary E. Wyss, »Captivity and Conversion: William Apess, Mary Jemison, and Narratives of Racial Identity«, *American Indian Quarterly*, 1999.

45 Annette Laing, »Heathens and Infidels? African Christianization and Anglicanism in the South Carolina Low Country, 1700–1750«, *Religion and American Culture*, Bd. 12, Nr. 2, Sommer 2002, S. 197–228. Andere Quellen weisen in dieselbe Richtung: James Axtell, »Some Thoughts on

the Ethnohistory of Missions. Ethnohistory«, 1982, S. 38, veröffentlicht von The American Society for Ethnohistory.

46 Annette Laing, a.a.O., S. 2.

47 Dana L. Robert, »The Influence of American Missionary Women on the World Back Home«, *Religion and American Culture*, Center for the Study of Religion and American Culture, 2002.

48 Patrick Taveirne, »The Nineteenth-Century Religious and Missionary Revivals«, a.a.O.

**Von der Zivilisation zum Multikulturalismus**

1 Siehe die Aufsätze von Jean-Louis Schlegel: »Effervescences religieuses dans le monde« in der Sondernummer der Zeitschrift *Esprit* vom März/April 2007, sowie »L'eschatologie et l'apocalypse dans l'histoire: un bilan controversé«, März/April 2008.

2 Anweisung des Herzogs von Montmorency 1603, zitiert bei Cornelius J. Jaenen, »Problems of Assimilation in New France, 1603–1645«, *French Historical Studies*, Bd. 4, Nr. 3, Frühjahr 1966, S. 265–289.

3 Ebenda.

4 Zitiert bei Claude Prudhomme, a.a.O. (im Internet: <http://resea-ihc.univ-lyon3.fr/publicat/bulletin/2001/prudhomme.pdf>). Vgl. die Dissertation von Claude Prudhomme, *Stratégie missionnaire du Saint-Siège sous le pontificat de Léon XIII. Centralisation romaine et défis culturels*, Lyon III, 1989, 1031 S. und 1 Bd. Anhänge.

5 Claude Prudhomme, *La Querelle des universels*, a.a.O.

6 Geboren als Jacob Libermann (1802–1852), ein konvertierter elsässischer Jude, Gründer der Société du Saint-Cœur de Marie, Mitglied der Congrégation du Saint-Esprit. Er regte etliche Missionsreisen nach Schwarzafrika an.

7 Libermann, *Mémoire* von 1846, zitiert bei Claude Prudhomme, *La Querelle des universels*, passim.

8 Zu China siehe Wayne Flynt und Gerald W. Berkley, *Taking Christianity to China: Alabama Missionaries in the Middle Kingdom, 1850–1950*, University of Alabama Press, 1999. Ich konnte dieses Phänomen in den 1970er Jahren regelmäßig beobachten, vor allem in der baptistischen Mission von Ibb im Nordjemen: Das Gebäude für die Missionare war nach dem Vorbild der Quartiere für amerikanische Offiziere in Frankreich während der Nachkriegszeit errichtet.

9 W. Flynt und G. W. Berkley, *Taking Christianity to China*, a.a.O. In dem Buch geht es natürlich um Baptistenmissionare aus dem Süden der Vereinigten Staaten, die weniger offen waren als andere. Vor allem konnte der Autor feststellen, dass kein Missionar nach der Rückkehr aus China eine offenere Haltung gegenüber den Schwarzen in Alabama hatte.

10 W. Flynt und G. W. Berkley, *Taking Christianity to China*, a.a.O., S. 91.

11 Zum Beispiel in dem kleinen Buch *Rasse und Geschichte* (Frankfurt am Main, Suhrkamp, 1972), verfasst im Auftrag der UNESCO.

12 Über die Protestanten siehe auf der Website <*http://www.eglise-reformee-mulhouse.org/el/eld2.htm*> Pastor Fabien Ouamba, Institut de théologie de NKongsamba, Ndoungue (Kamerun). Wir zitieren hier diesen Text, weil er eine gute Darstellung der Theorie der Inkulturation ist und zugleich ihre Grenzen aufzeigt: »Nach Assimilation, Adaptation und Inkarnation spricht man heute von der Inkulturation des Evangeliums in Afrika. Unter Inkulturation ist die Tatsache zu verstehen, dass das Evangelium in die Kultur, das Handeln des Afrikaners eingeführt wird. Im Verlauf dieses Prozesses wird die afrikanische Kultur anerkannt und akzeptiert, und es wird ihr zugebilligt, dass sie das Evangelium empfangen und verbreiten kann wie die anderen sogenannten christlichen Kulturen. Hinter dem Problem der Inkulturation des Evangeliums unter den afrikanischen Gegebenheiten steht die Suche nach der Legitimation der afrikanischen Kultur. In diesem Sinn bringt der Prozess eine schrittweise oder plötzliche Aufhebung des Verbots der afrikanischen Kultur und ihre Befreiung im Verhältnis zur westlichen Kultur. Schließlich müssen wir noch hinzufügen, dass die Inkulturation einen mehr oder minder beständigen, identifizierbaren und lokalisierbaren kulturellen Bereich voraussetzt. Die Verkündung des Evangeliums nimmt diesen kulturellen Bereich mit seinen Sprachen, Symbolen, Riten und seiner Weltsicht ernst als Basis, auf der die Frohe Botschaft vom Heil in Jesus Christus empfangen und angenommen werden kann. Nach Meinung mancher Christen verbirgt die Inkulturation nur unzureichend den Wunsch nach einer Rückkehr zum Heidentum oder eine Strategie der Rache des Heidentums am Christentum aus dem Inneren des Christentums heraus. Für manche Christen bedeutet die Öffnung des Evangeliums für die afrikanische Kultur, dass man dem afrikanischen Christen erlaubt, seine Götzen wieder hervorzuholen, seine Götter in den Glauben zu integrieren, zum Wahrsager zu gehen, den Schädeln der Ahnen Opfer darzubringen, sich ohne schlechtes Gewissen zu berauschen, sich von den Priestern der traditionellen Religion reinigen zu lassen. Es bedeutet alles in allem die Erlaubnis, im Christentum und in der Kirche den heidnischen Glauben zu praktizieren unter dem Deckmantel der Inkulturation … Insofern kann man die Inkulturation des Evangeliums als Vordringen des Evangeliums in eine bestimmte Kultur ansehen. Aber wer braucht diese Inkulturation des Evangeliums? Die Inkulturation wird möglich, fruchtbar und bereichernd, wenn sie nicht darauf abzielt, das Evangelium in einer Kultur einzurichten und einzuschließen, sondern es zum Träger und Instrument Gottes im Dienst Gottes zum Wohle des Menschen, zum Schutz und zur Bewahrung der Schöpfung zu machen … Insofern kann die Inkulturation schädlich wirken, wenn sie sich mit Kultur, Wissen, Tradition, Sitten und menschlichen Grundsätzen zufrieden gibt. Der Mensch, der diese Kultur hervorbringt, ist zum Guten wie zum Schlechten fähig, weil die Beziehung zu Gott zerbrochen ist. Aber wenn er ein Mensch Gottes wird, wird er eine Kultur hervorbringen, die seine Beziehung zu Gott und zu den anderen Menschen reflektiert und struktu-

riert, so dass er sagen kann: ›Alles ist zum Ruhme Gottes geschaffen, alles hängt davon ab, was du daraus machst.‹«

13 P. Mario L. Peresson, SDB, auf der Website <http://www.sedos.org/french/peresson.htm>.

14 Apostolisches Schreiben *Evangelii Nuntiandi* aus dem Jahr 1975, <http://www.stjosef.at/dokumente/evangelii_nuntiandi.pdf>.

15 *Dictionnaire des valeurs oblates*, Stichwort *Inculturation* (im Internet: <http://oblats.qc.ca/OMI/dictvaleurs/v_inculturation.html>).

16 *Redemptoris Missio*: <http://www.vatican.va/edocs/DEU0129/_INDEX.HTM> Absätze 52 und 53.

17 Ich zitiere den Text, der die »Indiotheologie« am ausführlichsten beschreibt: »Es handelt sich um eine christliche theologische Strömung, die die Wurzeln ihrer Erfahrung und ihrer Reflexion in der Kultur und Tradition der Ureinwohner hat. Das ist ein großartiger Fall von Inkulturation des christlichen Glaubens, das heißt der Achtung und Berücksichtigung kultureller Gegebenheiten außerhalb des Christentums, in welche das Christentum eintauchen und die es nutzen kann, um auf neue Weise über sich nachzudenken. Heute geht es mit der Indiotheologie, wie es dem christlichen Glauben einst mit der griechischen Kultur ergangen ist: Es ist die Geburt einer ganz neuen Art, die Botschaft des Evangeliums zu leben und zu denken … Das Land ist die Mutter-Erde, Pachamama. Sie ist die Quelle des Lebens. Der Mensch verdankt der Erde alles. Ohne sie kann er nicht leben. Der Mutter-Erde den Boden zu entreißen hieße, sie zu töten. Wir Menschen im Westen fühlen uns als Herr und Beherrscher der Erde. Der Indio spürt Verbindung und Achtung. Er will in Harmonie mit der Mutter-Erde leben und nicht sie beherrschen.« Und später heißt es: »Es geht nicht darum, das Christentum über die traditionelle indianische Theologie zu breiten, sondern ihren zutiefst christlichen Sinn aufzuzeigen, wo sie vom Leben, vom Mann und von der Frau, von der Gemeinschaft usw. handelt. Im Leben der Indios und im christlichen Bewusstsein geht es um denselben Gott … Was sagt die Indiotheologie über Christus? Verblüfft stelle ich fest, dass sie wenig darüber spricht, sehr wenig. Zwar bekennen sich die Indiotheologen in dem Punkt zum Glauben der Kirche, aber ich habe nicht den Eindruck, dass ihre Gedanken sehr in Richtung einer Christologie gehen … Ich kann nur diese Passage aus einem Glaubensbekenntnis zitieren, das gemeinschaftlich von Indios bei einem Seminar über die Indiotheologie 1995 im bolivianischen La Paz erarbeitet wurde: ›Wir glauben an Jesus Christus, der lebt, stirbt und aufersteht in jenen, die dafür kämpfen, ausgehend von den Armen ein historisches Projekt des Lebens zu errichten. Wir glauben an Jesus Christus als Gott der Nähe und Einigkeit, der uns Leben und Kraft gegeben hat durch das Opfer von Quetzalcóatl, der an unserer Seite war, ist und sein wird und uns hilft bei der Suche nach einem neuen *pachakuti* durch Brüderlichkeit, Solidarität, gegenseitige Hilfe, denn all das ist die Verwirklichung seiner großen Liebe, die uns den Weg zu einer neuen Erde und zu neuen Himmeln

weist.‹« Vgl. Alain Durand, *Amérique latine – La théologie indienne latino-américaine*, bulletin DIAL (Diffusion de l'information sur l'Amérique latine), 22. Juni 2006. Siehe Website: <http://www.dial-infos.org/01_com/html01_com/cadre.html>.

18 Maurice Barth (Dominikaner), »Au Mexique, le Vatican met en question la pastorale indigène«, Nr. 12 der Zeitschrift *Parvis*, Dezember 2001.

19 Olivier Bauer, *La Christologie vue par un observateur particulier sur deux îles du Pacifique sud*, Vortrag im Rahmen der Université théologique libérale d'automne, Lyon, September 2000 (siehe Website: *<https://papyrus.bib.umontreal.ca/dspace/bitstream/1866/779/1/Bauer_Christologie_Polyn%C3%A9sie_Lyon2000.pdf>*).

20 Ebenda. Siehe auch *La Théologie de la terre dans les Églises du Pacifique*, hrsg. von Joël Here Hoiore, Alain Rey et Kä Mana, Jaunde, Sherpa, 2000.

21 *Le Monde*, 9. Mai 2007.

**Religion, Ethnie, Nation**

1 Damit soll nicht geleugnet werden, dass nach der Eroberung durch England im 16. Jahrhundert ein sehr starkes Band zwischen dem Katholizismus und dem irischen Nationalismus bestand, vor allem nach der großen Hungersnot, die den Niedergang der gälischen Identität und die Suche nach einer neuen irischen Identität in Opposition zu England brachte, eine Identität, die sich nunmehr auf die Religion gründete. Siehe dazu John Newsinger, »›I Bring Not Peace But a Sword‹: the Religious Motif in the Irish War of Independence«, *Journal of Contemporary History*, Bd. 13, Nr. 3, Juli 1978, S. 609 – 628. Der Verfasser nennt gleichwohl mehrere Beispiele von Protestanten und Marxisten, die bei den Nationalisten aktiv waren und die oft zwiespältige Haltung der katholischen Kirche illustrierten, welche manchmal radikale Nationalisten ohne Zögern exkommunizierte. Gewissermaßen den umgekehrten Weg ging ein protestantischer Führer des irischen Osteraufstands 1916, Sir Roger Casement, der vor seiner Hinrichtung zum Katholizismus konvertierte. Am 18. April 1918 gab die katholische Kirche eine Erklärung heraus, die ihre Linie zusammenfasste: »Das irische Volk hat das Recht, mit allen Mitteln Widerstand zu leisten, die mit dem Gesetz Gottes vereinbar sind.« Das erlaubte ihr, eine religiöse Regel jenseits des Nationalismus zu definieren und die von der IRA angewendeten Mittel zu verurteilen, nicht aber ihre Ziele.

2 Dazu eine Anekdote: »An der Kreuzung einer protestantischen und einer katholischen Straße in Belfast eröffnet ein Mann aus Bangladesh einen kleinen Lebensmittelladen, er hat Kunden aus beiden Straßen. An einem Winterabend hält ihm ein Vermummter einen Revolver an die Stirn und fragt: ›Katholik oder Protestant?‹ ›Aber ich bin Muslim‹, antwortet der Mann aus Bangladesh. ›Katholischer Muslim oder protestantischer Muslim?‹«

3 David Martin, *Tongues of Fire: The Explosion of Protestantism in Latin America*, Wiley-Blackwell, 1993, S. 35.

4 Hovann Simonian, *The Hemshin: A Handbook*, London, Routledge and Kegan, 2006.

5 Es gibt zwar Syriaken [Christen aus der syrischsprachigen Tradition, nicht zu verwechseln mit Syrern = Bürgern des syrischen Staates; A.d.Ü.] mit kurdischer Muttersprache, aber sie sehen das als Unfall an und verstehen sich als Syriaken, ein weiterer Beweis, dass die Verbindung von Religion und Kultur eher konstruiert als konstatiert ist. Die Konstruktion einer Identität kann sehr gut auf einer Verleugnung der Tatsachen beruhen.

6 Persönliches Gespräch, Oktober 1996.

7 Vom Autor erlebter Fall im Dorf Midin.

8 Olivier Roy, *La Nouvelle Asie centrale*, Paris, Le Seuil, 1997.

9 Nachdem ich im Vorwort bereits meinen Großvater erwähnt habe, erlaube ich mir, hier meinen Onkel zu nennen, Roger Barraud, der 1947 die erste weiße Gospel-Gruppe gründete, die »Compagnons du Jourdan«. Er hatte 1942 und 1943 als einziger Weißer in einem Regiment schwarzer Amerikaner in Marokko gedient (als einfacher »Verbindungssoldat«, denn die »Verbindungsoffiziere« wurden weißen Regimentern zugewiesen, schließlich herrschte in Amerika Rassentrennung!). Heute sind die Gospel-Anhänger gemischtrassig, aber nur weil es in den 1960er Jahren in Amerika den Kampf für die Bürgerrechte der Schwarzen gab. Wir können außerdem von einer gewissen Laizisierung des schwarzen amerikanischen Gospel durch linke amerikanische Sänger sprechen, die mehr von der Country- und Folk-Musik kamen.

10 Im Jahr 1896 definierte der Oberste Gerichtshof in der Entscheidung »Plessy vs. Ferguson«, ein Schwarzer sei jeder, der mindestens einen Tropfen schwarzes Blut habe. Damit verschwanden alle Zwischenstufen (Mestizen, Mulatten) und auch die Möglichkeiten, durch Heirat und sozialen Aufstieg die Rassenzuschreibung zu wechseln, wie es für die postkolonialen Verhältnisse in Lateinamerika charakteristisch ist.

11 Siehe Theophus H. Smith, *Conjuring Culture: Biblical Formations of Black America*, Oxford, Oxford University Press, 1995. Eine beträchtliche Gruppe schwarzer amerikanischer Wissenschaftler möchte die afrikanische »Abstammung« von Kulturen und Religionen rekonstruieren, die angeblich durch die »weiße« Geschichtsschreibung verschleiert wurde. Der Klassiker dieser Richtung ist das Buch von Martin Bernal, *Schwarze Athene: Die afroasiatischen Wurzeln der griechischen Antike*, München und Leipzig, List, 1992.

12 Diese Einordnung ist noch neu: Sie entstand erst nach dem Zweiten Weltkrieg. 1923 lehnte der Oberste Gerichtshof die Einbürgerung eines Hindus aus einer höheren Kaste ab mit dem Argument, er stamme zwar genetisch von einem weißen Volk ab, erscheine aber physisch nicht weiß: »US v. Bhagat Singh Thind« (1923). Die offensichtliche Hautfarbe bestimmt die Rasse, und die Hautfarbe wird binär wahrgenommen: Man ist entweder weiß oder »nicht weiß«, also schwarz.

13 Die *New York Times* berichtete über den Besuch eines schwarzen Imams aus Harlem, eines Gefängnisgeistlichen, bei einer sehr viel reicheren Moschee in Long Island, die Zulauf von Immigranten vom indischen Subkontinent und Arabern hatte, Angehörigen der Mittel- und Oberschichten; der Imam aus Harlem wollte dort um Spenden für seine karitativen Anliegen werben. Andrea Elliott, »Between Black and Immigrant Muslims, an Uneasy Alliance«, *New York Times*, 11. März 2007.

14 Siehe dazu die sehr hübsche Sitcom im kanadischen Fernsehen *Little Mosque on the Prairie* (2007).

15 Vgl. Rodrigo Zayas, *Les Morisques et le Racisme d'État*, Paris, La Différence, 1992.

16 Die Gestalt des pikaresken Helden, der im 17. Jahrhundert durch entlegene Regionen Spaniens zieht, wurde damit in Verbindung gebracht, dass viele *conversos* ihre Heimat verlassen und ihre Spuren verwischen mussten. Vgl. Jean Vila, »Le Picarisme espagnol«, in *Les Marginaux et les Exclus de l'histoire*, Cahiers Jussieu, Nr. 5, Reihe 10/18, Paris 1979.

17 Paul W. Werth, »The limits of religious ascription: baptized Tatars and the revision of ›apostasy‹, 1840 – 1905«, *Russian Review*, Bd. 59, Nr. 4, Oktober 2000, S. 493 – 511.

18 Ein umgekehrter Fall, aber von den gleichen Voraussetzungen ausgehend, nämlich dass Kultur und Religion nicht voneinander zu trennen sind: Als ein wenig später die Hemshin, Armenisch sprechende Muslime im Osmanenreich, darum baten, wieder zum christlichen Glauben zurückkehren zu können, zwangen die lokalen Verantwortlichen sie, Türkisch zu sprechen. H. Simonian, *The Hemshin*, a.a.O., S. 76.

19 Christian Delorme, »Non, l'Algérie n'est pas antichrétienne«, *Le Monde*, 4. Juni 2008.

20 Sie haben die Anrufung »*Sri Sri Iswar*« ersetzt durch »*Alaho Akbar*« und ihre Hindu-Namen (Chand, Pal, Dutt) durch muslimische Namen (Siddiqui, Yusufzai, Qureshij), vgl. Francis Robinson, »The British Empire and Muslim Identity in South Asia«, *Transactions of the Royal Historical Society*, 1998.

21 Ebenda.

22 Siehe Nathalie Clayer und Xavier Bougarel, *Le Nouvel Islam balkanique*, Paris, Maisonneuve et Larose, 2001.

23 Siehe R. Stephen Warner und Judith G. Wittner (Hgg.), *Gatherings In Diaspora: Religious Communities and the New Immigration*, Philadelphia, Temple University Press, 1998.

24 Ebenda, S. 301.

25 Das ist die These des von R. S. Warner und J. G. Wittner herausgegebenen Buchs.

26 Persönliche Beobachtung.

27 Ein anderes »Diaspora«-Volk, die Roma, hat regelmäßig die dominierende Religion angenommen, heute den Evangelikalismus.

28 Peter L. Berger, *Zur Dialektik von Religion und Gesellschaft*, a.a.O., S. 161.

29 Das gibt es nicht nur bei den Juden. Bei manchen zum Islam konvertierten christlichen Gruppen wie den syrischen Christen westlich der Stadt Midiat, die Muslime geworden sind und Kurdisch sprechen (die Mahlmoye), findet man noch christliche Sitten.

30 Stephen Sharot, »Minority Situation and Religious Acculturation: A Comparative Analysis of Jewish Communities«, *Comparative Studies in Society and History*, 1974 (hrsg. von Society for Comparative Studies in Society and History).

31 Diese Definition wird oft von amerikanischen Juden vorgebracht, die die Bürgerrechtsbewegung der Schwarzen unterstützt haben. (Der Rabbiner Marc Shneier sprach 2008 auf der Gedenkfeier zum 40. Jahrestag der Ermordung von Martin Luther King; vgl. Shlomo Shamir, »Rabbi: Jews, More Than Anyone, Helped Black Americans Achieve Equality«, *Haaretz*, 24. Mai 2008.) Zur Definition jüdischer humanitärer Werte vgl. Anshel Pfeffer, »Jewish Values Can Fight World Poverty«, *Haaretz*, 6. April 2008, Interview mit Charles Keidan, Direktor der Pears Foundation, die humanitäre Hilfe in Afrika leistet: »Wir wollten ein neues Ziel für die Juden definieren: Gegen Armut und Krankheit zu kämpfen, den Obdachlosen zu helfen und auf mehr soziale Gerechtigkeit in der Welt hinzuwirken, gehört zu den jüdischen Werten.«

32 Ein Autor wie Ahan Ha'am übersetzt *Volkgeist* wörtlich mit *ruach ha-'am*. Vgl. Paul Mendes-Flohr, »Cultural Zionism's Image of the Educated Jew: Reflections on Creating a Secular Jewish«, *Culture Modern Judaism*, Bd. 18, Nr. 3, 100, »Years of Zionism and the 50th Anniversary of the State of Israel«, Oktober 1998, S. 231, siehe auch S. 240.

33 Lila Corwin Berman, »Mission to America, the Reform Movement's Missionary Experiments, 1919 – 1960, in: *Religion and American Culture*, Bd. 13, Nr. 2, Sommer 2003, S. 205 – 239.

34 In der religiösen Judenfeindlichkeit ist der Jude derjenige, der die Wahrheit nicht sehen will. Jude zu sein ist nicht Schicksal, sondern eine Entscheidung. Daher stammen Qualifizierungen wie »verstockt« und »perfide« (im Sinne der lateinischen Wortbedeutung als Ungläubiger, derjenige, der nicht wissen will). Ein konvertierter Jude ist nach der Konversion nicht mehr Jude. Im rassischen Antisemitismus ist Jude, wer jüdisches Blut hat. Das ist der Ursprung der Diskussion über Monsignore Lustiger, der sich als Jude (im ethnischen Sinn) und Christ bezeichnet, aber von rassistischen extremen Rechten als Jude angesehen wird, der darum nicht Christ sein kann. Viele Rabbiner betrachten ihn als Juden ausschließlich im religiösen Sinn.

35 *L'Arche*, Nr. 538, Dezember 2002.

36 Ofra Edelman, »Judge Okays Sale of Leavened Products During Passover«, *Haaretz*, 4. April 2008.

37 Paul Mendes-Flohr, »Cultural Zionism«, a.a.O.

38 Siehe Website des Instituts: <http://www.iishj.org/about_iishj.htm>.

39 Yair Ettinger, »Chief Rabbinate Upset Over ›Secular Rabbi‹ Ordination Ceremony«, *Haaretz*, 22. Dezember 2006.

40 Craig Smith, »In Poland, a Jewish Revival Thrives – Minus Jews«, *New York Times*, 12. Juli 2007.

41 Die Hauptfigur in Philip Roths Roman *Portnoys Beschwerden*, ein amerikanischer Jude, wird bei der Ankunft in Israel ohnmächtig und erklärt seinem Psychoanalytiker, das sei der Schock beim Anblick jüdischer Polizisten gewesen.

42 Yannick Fer, *Pentecôtisme en Polynésie française: L'Évangile relationnel*, Genf, Labor et Fides, 2005, S. 30, S. 428. Turo Raapoto entwickelt eine Theologie der Eingeborenenkultur.

43 Donald K. Swearer, »Lay Buddhism and the Buddhist Revival in Ceylon«, *Journal of the American Academy of Religion*, Bd. 38, Nr. 3. September 1970, S. 255–275.

44 Im Jahr 2007 hat das Bundesgericht von Malaysia abgelehnt, die Konversion der malaysischen Muslima Lina Joy zum Christentum anzuerkennen.

45 Eine Gruppe von »Reformern« am theologischen Institut von Volos in Griechenland versucht, eine nicht-ethnische Orthodoxie zu definieren. Siehe Christos Yannaras, »Die Rolle der Bruderschaft vom Heiligen Grab«, *Kathimerini*, 10. April 2005: »Warum muss das Patriarchat von Jerusalem griechisch-orthodox bleiben? ... Seit wann ist eine ethnisch-phyletische Zuschreibung für das Funktionieren einer kirchlichen Institution erforderlich?« Siehe auch Pantelis Kalaitzidis, »Die gegenwärtige Situation des Patriarchats von Jerusalem: Kirchlicher Neokolonialismus?«, *Thessalia*, 25. März 2005.

46 Ebenda.

47 Die Website F18 verzeichnet viele ähnliche Fälle; zum Beispiel F 18, 17 März 2004, »Georgia: Will Violent Old Calendarist Priest Now Be Punished«. Ein den »Old Calendarists« zugehöriger Priester, Basil Mkalavishvili, war gegen baptistische Konvertiten handgreiflich geworden.

48 Mazwin Nik Anis, »*Herald* Can't Use ›Allah‹ in Its Publications«, *The Star*, 4. Januar 2008.

49 In seiner Regensburger Rede hat der Papst diese Autorität gerechtfertigt durch die Rehabilitierung der Vernunft gegenüber Gefühl und reinem Glauben. »Glaube, Vernunft und Universität.« Rede in der Aula Magna der Universität Regensburg, 12. September 2006.

50 Ausführlicher zu den englischen Übersetzungen siehe Barbara Tuchman, *Bibel und Schwert. Palästina und der Westen*, Frankfurt am Main, S. Fischer, 1983 (amerikanische Originalausgabe 1956), S. 99f.

51 Jean Delumeau, *Le Catholicisme entre Luther et Voltaire*, Paris, PUF, 1996, S. 74.

52 Die erste Grammatik für Hangul hat John Ross verfasst, ein schottischer presbyterianischer Missionar, und das erste Wörterbuch stammt von französischen Missionaren.

53 Vgl. das Plädoyer von Monsignore Gourvès für die bretonische Volkskultur einschließlich ihrer folkloristischen Elemente (Interview mit der Zeitschrift *Kephas*, Januar – März 2004). Die Inkulturation ist in der katholischen Kirche keine spezifisch »linke« Vorstellung.

54 Yannick Fer, *Pentecôtisme en Polynésie française*, a.a.O., S. 30, S. 428.

55 Nicholas Omenka, »The Role of the Catholic Mission in the Development of Vernacular Literature in Eastern Nigeria«, *Journal of Religion in Africa*, 1986, S. 129f.

56 »1911 gab es sieben Tageszeitungen und Monatszeitschriften, die in Khasi veröffentlicht wurden, in den zehn Jahren davor erschienen 37 Bücher in dieser Sprache. Das Ergebnis der zunehmenden Verwendung der Volkssprache war, dass der Prozess der Assimilierung, der Konversion zum Hinduismus, blockiert wurde, wozu üblicherweise die Aufgabe der Stammessprache gehört.« J. H. Beaglehole, »The Indian Christians, A Study of a Minority«, *Modern Asian Studies*, Bd. 1, Nr. 1, 1967, S. 59 – 80.

57 Das Verbot datiert aus der jüngeren Vergangenheit. Im ersten Jahrtausend hat die Kirche viel übersetzt, aber danach immer weniger, um ihr Deutungsmonopol zu bewahren. Im 16. Jahrhundert tauchten jedoch zwei neue Notwendigkeiten auf: neue Völker zu missionieren und einen Gegenangriff gegen die Protestanten führen.

58 B. A. Greene, »The Influence of the Authorized Version on English Literature«, *The Biblical World*, 1911 (vgl. Website: <http://www.jstor.org.gate3.inist.fr/journals/ucpress.html>).

59 J.-D. Benoît, *Les Prophètes huguenots*, Dissertation, Montauban, 1910; vgl. auch die Schriften von Ch. Bost, von *Prédicants des Cévennes*, 1912, bis zu den von ihm herausgegebenen *Mémoires inédits d'Abraham Mazel et d'Élie Marion*, 1931. Ob es richtig oder falsch ist, spielt keine Rolle, es zählt, dass man von den »Propheten« erwartete, dass sie sich des Französischen bedienten, denn das war der Beweis, dass sie vom Heiligen Geist inspiriert waren. Man maß somit dem Französischen eine den Dialekten überlegene Stellung zu.

60 Abbé Grégoire, *Rapport sur la nécessité et les moyens d'anéantir les patois et d'universaliser l'usage de la langue française.* (Bericht über die Notwendigkeit und die Mittel, die Dialekte auszurotten und den universellen Gebrauch der französischen Sprache durchzusetzen.)

61 Robert Bonfil, Guglielmo Cavallo, Roger Chartier, *Histoire de la lecture dans le monde occidental*, Paris, Le Seuil, 2001, S. 309.

62 Revue *Kephas*, Januar – März 2004. Das gesamte Interview mit Monsignore Gourvès (im Jahr 2000 der einzige bretonische Bischof, der Bretonisch sprach) ist interessant, denn es fasst die Theorie der Inkulturation zusammen und rechtfertigt das Plädoyer für die Volksreligion als Verschmelzung von Christentum und Kultur durch den Gebrauch der Sprache und eine gemeinsame Kunst (einschließlich Musik, kurzum alles, was von außen als Folklore wahrgenommen wird): »Es gibt zwei Erfolge der Inkulturation des Christentums in der Welt seit seinen Anfängen: die Zeit

der Kirchenväter und die Volksreligion. Nicht alle haben den Glauben, nicht alle praktizieren ihn überzeugt, aber alle wurden ›in das Becken der Kirche getaucht‹«. – Frage: *Kann es eine echte bretonische Kultur ohne katholischen Glauben, das heißt offen für das Universelle, geben?* – Msgr. Gourvès: »Das ist eine schwierige Frage. Ich denke, die bretonische Kultur kann ihre ganze Fülle nur mit dem Glauben erlangen. Es würde ihr etwas fehlen, wenn nicht der Glaube hinzukäme, um ihr eine andere Dimension zu verleihen, sie in gewisser Weise zu reinigen und zu vollenden.«

63 Kaspar von Greyerz, *Religion und Kultur. Europa 1500–1800*, Göttingen, Vandenhoeck und Ruprecht, 2000.

64 Zum Schicksal des Jiddischen siehe Dovid Katz, *Words on Fire*, New York, Basic Books, 2004.

65 Dominique Avon, *Les Frères prêcheurs en Orient*, Paris, Cerf, 2005, S. 280.

66 Erwähnt in der Zusammenfassung des Buches von Leila Lalami, *Dancing Arabs*, unter »Native Speaker«, *Boston Review*, September – Oktober 2006.

67 Leserbriefe, *Libération*, 6. Oktober 2006.

68 Siehe die Berichte des Entwicklungsprogramms der Vereinten Nationen (UNDP), *Arab Human Development Report*, hrsg. von Nader Fergani, 2002 und 2004.

69 Siehe Olivier Roy, *Der islamische Weg nach Westen. Globalisierung, Entwurzelung und Radikalisierung*, München, Pantheon Verlag, 2006.

70 Wir folgen hier Dovid Katz, a.a.O.

71 Im Jahr 2008 veröffentlichte das der chassidischen Bewegung Satmar nahestehende Verlagshaus Safa Brura einen Aufruf, zum Jiddischen zurückzukehren, mit dem Titel *Tohar Halashon* (Die Reinheit der Sprache). Vgl. Yair Ettinger, »Language Wars – Round Two«, *Haaretz*, 28. März 2008.

**Kultur und Religion: Der Bruch**

1 Wir finden diese Aporie auch im Werk von Abdolkarim Soroush wieder, der versucht, Demokratie und Religion zu versöhnen durch die Definition einer »religiösen Zivilgesellschaft«. Das Problem ist: Was passiert, wenn der Bürger aufhört, religiös zu sein? Entweder wird das durch das Gesetz ausgeschlossen, und es gibt keine religiöse Demokratie, oder die Gesellschaft ist nicht mehr religiös, und es gibt einfach nur die Demokratie. Das hat Soroush wohl veranlasst, dieses Konzept nicht mehr zu gebrauchen.

2 Maurice Godelier, *Au fondement des sociétés humaines*, Paris, Albin Michel, 2007, S. 98f.

3 Die »im Wesentlichen an der christlichen Gemeinde orientierte Vorstellung des Calvinismus vom politischen Gemeinwesen war als Herrschaftsform für eine ganze Nation vollkommen ungeeignet«, schreibt Harold J. Berman in: »Religious Foundations of Law in the West: An Historical Perspective«, *Journal of Law and Religion*, 1983, S. 14.

4 Genau das hat Foucault über die Iranische Revolution gesagt, trotzdem hat man seine Schriften im diametral entgegengesetzten Sinn interpretiert: Ihn faszinierte die absolute Negation durch das religiöse Aufbegehren und

nicht ein wie auch immer geartetes Versprechen einer neuen gerechten Ordnung; daran glaubte er so wenig, dass er sich mit dem Thema nicht einmal befasste. Siehe Olivier Roy, »L'Enigme du soulèvement: Michel Foucault et l'Iran«, in: *Vacarmes*, Herbst 2004, Nr. 28.

5 Michel de Certeau, *L'Invention du quotidien I*, Paris, UGE, Reihe 10/18, 1990.

6 Yair Ettinger, »Chief Rabbi to Revoke Ruling which Invalidates Thousands of Conversions«, *Haaretz*, 4. Mai 2008. Der Präsident des Obersten Rabbinergerichts, Shlomo Amar, kündigte seinen Widerstand gegen diese Entscheidung an, aus ähnlichen Gründen, wie ich sie hier darlege.

7 Danièle Hervieu-Léger, *Catholicisme, la fin d'un monde*, Paris, Bayard 2003.

8 Jean-Noël Ferrié, *Régime de la civilité en Égypte*, Paris, Éditions du CNRS, 2004.

9 Baudouin Dupret, *Le Jugement en action. Ethnométhodologie du droit, de la morale et de la justice en Égypte*, Genf, Droz, 2006.

10 Danièle Hervieu-Léger, *Catholicisme*, a.a.O.

11 CSA-Umfrage vom Dezember 2006.

12 Msgr. Vingt-Trois in *Le Figaro*, 23. November 2007.

13 Fanny Capel, »Le catéchisme en quête de nouvelles ouailles«, *Le Figaro*, 25. August 2006.

14 *Le Figaro*, 10. Oktober 2007.

15 Yair Ettinger, »Until ignorance divides us«, *Haaretz*, 18. Juli 2007. In dem Artikel wird ein jüdischer amerikanischer Besucher in Israel zitiert, der sich beklagt, dass seine Gesprächspartner in Israel, die intellektuellen Kreisen angehören, nicht einmal das Hawdala-Gebet zum Ende des Sabbats kennen.

16 Jacqueline L. Salmon, »The Offbeat is Helping Some Jews Reconnect, Chabad Rabbis' Modern Outreach Methods Are Controversial but Forge Ties«, *Washington Post*, 27. Mai 2007.

17 Im Übrigen ist es interessant, dass Flüche auf Französisch, wie auch auf Deutsch, vorwiegend sexuell oder skatologisch sind, in Québec hingegen aus dem Vokabular der katholischen Kirche stammen: ein Beweis für die katholischen Wurzeln der Kultur von Québec.

18 Doug Struk, »Quebecers Turn to Church Terms, Rather Than the Sexual or Scatological, to Vent Their Anger«, *Washington Post*, 5. Dezember 2006.

19 Richard Willing, »Christians Protest Actions That Play Down Christmas' Religious Nature«, *USA Today*, 21. Dezember 2004.

20 Candace Rondeaux, »Area Muslims Develop a Taste for Turkey, Distributors of Specially Prepared Birds are Catering to a Fledgling Trend«, *Washington Post*, 24. November 2006. Zu Chanukka: Tami Abdollah, »Searching for Genuine Faith in an Assimilated Holiday. Although Hanukkah is Marked with Minor Celebrations Elsewhere in the World, it Tends to be Treated as ›Jewish Christmas‹ in the US«, *Los Angeles Times*, 16. Dezember 2006.

21 Wir haben bereits erwähnt, dass ein Rabbinergericht Konversionen zum jüdischen Glauben aufhob, weil die Konvertiten ihren neuen Glauben nicht regelmäßig praktizierten.

22 »Rumeur confirmée pour deux curés pères de famille«, *Le Figaro*, 7. September 2005.

23 Dass es an Verständnis dafür fehlt, wie schwerwiegend solche Vorwürfe sind, kam beim Verfahren gegen einen pädophilen Priester im französischen Rouen im Jahr 2005 deutlich zum Ausdruck. Zwei Bischöfe nacheinander hatten den Betreffenden gedeckt: »Der Bischof von Évreux, Msgr. Jacques Gaillot, hatte Denis Vadeboncœur 1988 zum Priester von Lieurey berufen. Bei seiner Zeugenaussage erklärte Msgr. Gaillot, er ›bedaure‹ die Berufung. Er habe auf einen ›Hilferuf‹ des Priesters reagiert. Und er fügte hinzu: ›Heute weiß ich, dass ich einen Fehler begangen habe.‹ Sein Nachfolger, der amtierende Bischof von Évreux, Msgr. Jacques David, der im Übrigen Msgr. Gaillot in mehreren Punkten widersprach, erklärte ebenfalls, er habe ›wie die durchschnittlichen Franzosen erst spät die Schwere‹ des Problems der Pädophilie erkannt, ›vor sechs oder sieben Jahren‹.« Vgl. »Le procès d'un religieux prêtre canadien«, *FlashPress – Infocatho*, 19. September 2005 (im Internet: <http://infocatho.cef.fr/fichiers_html/archives/deuxmilcinqsem/semaine38/25nx38europeh.html>).

24 Zu der Debatte in den Vereinigten Staaten siehe Cathy Young, »The Great Fellatio Scare. Is Oral Sex Really the Latest Teen Craze?«, *Reason Online*, Mai 2006, Website <http://www.reason.com/news/show/36643.html>.

25 »›Das Evangelium … muss über der Kultur stehen‹, sagte der westindische Erzbischof Drexel Gomez, einer von zehn hochrangigen Vertretern der anglikanischen Kirche, die an der Zeremonie in der All Saints Cathedral von Nairobi teilnahmen. ›Praktizierte Homosexualität verletzt die gottgegebene Lebensordnung.‹« Vgl. »Two US Priests Defect To Anglicans in Kenya«, *Washington Post*, 13. August 2007.

26 »Gays fear an influx of hate«, *Los Angeles Times*, 16. März 2008.

27 Die Kampagne hieß *hojjum* (der Ansturm), siehe Gregory Massell, *The Surrogate Proletariat: Moslem Women and Revolutionary Strategies in Soviet Central Asia, 1919–1929*, Princeton, Princeton UP, 1974.

28 Caryle Murphy, »Soldier of Faith«, *Washington Post*, 20. Januar 2008.

29 Zur Nachfrage nach gemischten Moscheen in den Vereinigten Staaten siehe: <http://interfaithpathstopeace.org/2006/06/as-barrier-comes-down-muslim-split.shtml>.

30 So stimmte im Juni 2006 die Konvention der amerikanischen presbyterianischen Kirche zu, versuchsweise in der Liturgie alternative Formeln zu »Vater, Sohn und Heiliger Geist« zu verwenden, unter anderem: »Mutter, Kind und Leib« (Mother, Child and Womb) oder »Fels, Erlöser, Freund« (Rock, Redeemer, Friend). Bruce Schreiner, »Presbyterians Splintering over Scripture, Conservative Congregations Break Away from Church«, *Washington Post*, 13. Oktober 2007. Die gleiche Diskussion gibt es auch im Hinduismus: Rita M. Gross, »Toward a New Model of the Hindu Pan-

theon. A Report on Twenty-some Years of Feminist Reflection«. Symposium »Gender and Religion«, in: *Religion*, Bd. 28, Nr. 4, S. 319 – 327 (Oktober 1998).

31 Frauen aus konservativem Umfeld studieren den Talmud, ohne die Erlaubnis der Rabbiner abzuwarten: Yair Ettinger, »Be Pure or Be Fruitful«, *Haaretz*, 11. Dezember 2006. Noch andere Phänomene sind zu beobachten: die Entwicklung einer religiösen Frauenpresse (vgl. Smadar Chen, »Changing Times for Haredi Women, Media Developing Women's Supplements, Features and Columns to Give Voice to their Needs – But No Pictures«, *Ynetnews*, 22. Mai 2005), von Charedim-Frauen verfasste Erbauungsromane, Eintritt von Charedim-Frauen in den Arbeitsmarkt (und häufig gibt es Konflikte, wenn der Arbeitgeber ebenfalls Charedi ist, vgl. *Haaretz*, 26. Juni 2008).

32 Nicole Neroulias, »Gay Jews Connect their Experience to Story of Purim«, *Washington Post*, 24 . Februar 2007.

33 Über die Spaltung der episkopalischen Gemeinde von Falls Church vgl. den oben zitierten Artikel »Episcopal Churches' Breakaway in Virginia Evolved over 30 Years«, *Washington Post*, 4. Januar 2007.

34 Msgr. Roland Minnerath, »Politique chrétienne ou chrétiens en politique?«, Universität Straßburg, Internationale Tagung über »Die Rolle des Christentums in der kulturellen Identität der europäischen Völker«, Klingenthal, 27. bis 30. Mai 1993.

35 Rosa Jiménez Cano, »Ataques a las políticas del gobierno en el acto por la familia cristiana«, *El País*, 30. Dezember 2007.

36 Ansprache des Papstes im New Yorker Yankee Stadium, 20. April 2008.

37 In der Zeitschrift *Esprit* vom Mai 2008 zeichnet Jean-Louis Schlegel das Bild des Katholiken, der »nicht mehr gehorcht, nicht mehr protestiert, sondern sich auf Zehenspitzen davonmacht« im Zusammenhang mit einer Affäre, die 1967 Aufsehen erregte: Damals veröffentlichte ein Jesuit, François Roustang, einen Artikel mit ähnlichem Tenor in der spirituellen Zeitschrift *Christus*.

38 »Lustiger ou l'intelligence de la foi«, *Le Monde*, 11. August 2007.

39 D. Martin, *Tongues of Fire*, a.a.O.

40 Margaret Miles, »Living Lovingly Amid Fear«, *Harvard Divinity Bulletin*, Herbst 2006.

41 Donald Miller, *Reinventing American Protestantism*, Berkeley, University of California Press, 1997, S. 95.

42 Daniel Marguerat, *Lukas, der erste christliche Historiker. Eine Studie zur Apostelgeschichte*, Zürich, Theologischer Verlag, 2008. Er analysiert auf fast 500 Seiten die ersten zwölf Kapitel, das heißt weniger als 20 Seiten in der Bibel. Über die Vulgata vor dem Hintergrund der lateinischen literarischen Tradition siehe Catherine Brown Tkacz, »*Labor tam utilis*: the Creation of the Vulgate«, *Vigiliae Christianae*, Bd. 50, Nr. 1, 1996, S. 42 – 72.

43 Das erklärt, dass ein protestantischer Gelehrter wie Jean-Claude Margot ein Werk über die Komplexität der Übersetzung biblischer Schriften schreiben kann, *Traduire sans trahir*, Paris, L'Age d'Homme, 1979, in dem er zu dem Schluss kommt, dass es keineswegs grundsätzlich unmöglich ist, die Botschaft zu übertragen. Er stützt sich logisch auf die generative Grammatik von Chomsky und schließt, die Sprache sei »transkulturell«. Das enge Band zwischen Sprache und Kultur, das die strukturalistischen Theorien postulieren, lehnt er ab (siehe Kapitel 3 »Traduire la totalité du message«). Das Buch ist interessant, weil es bestreitet, dass etwas kulturell nicht kommunizierbar ist, zum Beispiel dass Eskimos ein Problem damit haben, die Metaphern vom Osterlamm zu verstehen. Wir erfahren dabei, dass in keiner Bibel in einer Eskimosprache das Lamm durch eine kleine Robbe ersetzt wurde, wie ein verbreiteter kulturalistischer Mythos besagt. Schließlich betont Margot einen entscheidenden Punkt: Das Problem ist nicht die Genauigkeit der Übersetzung, sondern das, was der Leser versteht, und lässt sich nicht von der Verkündung trennen (S. 95), das heißt letztlich vom Heiligen Geist.

44 Bernice Martin, »New Mutations of the Protestant Ethic among Latin American Pentecostals«, *Religion*, Bd. 25, 2, April 1995, S. 101–117.

45 Laurie Goodstein, »Evangelicals Fear the Loss of Their Teenagers«, *New York Times*, 6. Oktober 2006.

46 Patrick Haenni, *L'Islam de marché*, Paris, Le Seuil, 2006.

47 Alan Cooperman, »Is there Disdain for Evangelicals in the Classroom? Survey, Bias Allegation, Spur Debate«, *Washington Post*, 5. Mai 2007: »In einem einmaligen Rechtsstreit, der eine neue Front in den Kulturkriegen unseres Landes eröffnet, klagt eine Vereinigung christlicher Schulen, darunter auch Calvary, ihre Absolventen würden bei der Zulassung zur Universität verfassungswidrig diskriminiert, weil an den Schulen aus religiöser Perspektive unterrichtet werde … Das Verfahren wirft ein Schlaglicht darauf, dass immer mehr konservative Christen überzeugt sind, im öffentlichen Raum und besonders in den staatlichen Schulen herrsche Feindseligkeit gegenüber ihrem Glauben.« Christen organisieren sich, um systematisch Einfluss auf das Rechtswesen zu nehmen, so etwa mit dem American Center for Law and Justice.

48 Andy McSmith, »Fire and Brimstone! College Principal Says We're All Going to Hell«, *The Guardian*, 9. Januar 2008.

49 Shahar Ilan, »Reconciling Conscription«, *Haaretz*, 21. April 2008.

50 Noah Feldman, »Orthodox Paradox«, *New York Times*, 22. Juli 2007.

51 Zwei interessante kritische Stellungnahmen zu dem Artikel von Feldman: Jaimie Fogel, »Noah Feldman: A Lost Battle«, Yeshiva University, *The Observer*, 26. August 2007, und Norman Lamm, »A Response to Noah Feldman«, *Forward, Web Exclusive*, 2. August 2007.

52 Alan Dershowitz, *The Vanishing American Jew: In Search of Jewish Identity for the Next Century*, New York, Touchstone, 1998.

53 »Die größte Gefahr in den Augen der europäischen Juden ist die Assimilierung«, erklärt Maurice Cohen-Zaguri, Direktor der jüdisch-orthodoxen Schule in Marseille: »Immer weniger Eltern wollen ihre Kinder in Schulen schicken, die nicht religiös sind, auch wenn wir ebenfalls unsere traditionelle Dimension stärken. 90 Prozent der Eltern wollen, dass ihre Kinder die Speisegesetze befolgen, den Sabbat einhalten und keinen nicht-jüdischen Ehepartner wählen.« Yair Ettinger, »A new Jewish Force«, *Haaretz*, 4. Mai 2007.

54 Jean Sévilla, »Génération Jean Paul II«, *Le Figaro Magazine*, 14. August 2004.

55 Kardinal Giacomo Biffi, Erzbischof von Bologna, 16. Januar 2003. Der gesamte Text wurde veröffentlicht unter dem Titel: »Eine katholische Kultur für einen echten Humanismus« (<http://www.generation-benoit16.com/Apres-la-Note-du-cardinal,105.html>).

56 Das bestätigt Pastor Leuliet: »Heute gibt es nur das, was sichtbar ist. Die evangelikale Kultur muss die Kultstätten verlassen und alle Bereiche der Gesellschaft besetzen. Dieser Weg erlaubt uns, die Vorurteile aufzuheben und der Welt zu zeigen, dass wir weder Sektierer noch amerikanische Agenten sind.« *Le Monde*, 24. Mai 2008.

57 Diese sehr konventionellen religiösen Schriften stammen oft von Frauen, etwa bei den Islamisten in der Türkei, bei den Charedim in Israel, aber auch im Iran.

58 So *Die Verse der Liebe* des indonesischen Autors Habiburrahman El-Shirazy, veröffentlicht 2003 (*Ayat-ayat Cinta*, Kuala Lumpur, Ar-Risalat Product), ein Bestseller, der die Vorlage zu einem erfolgreichen Film lieferte.

59 Tom Heneghan, »Thai Buddhists Seek Blasphemy Law to Punish Offences against their Faith«, 25. Oktober 2007, Reuters Meldung.

60 Zum Beispiel im Zusammenhang mit dem *gay pride*-Umzug 2006 in Jerusalem: »›Das Rabbinergericht trat zu einer Sondersitzung zusammen und diskutierte, eine *pulsa danura* [Verfluchung] über all jene zu verhängen, die an der Organisation des Umzugs mitgewirkt hatten‹, sagte Rabbi Shmuel Papenheim, Herausgeber der Wochenzeitschrift *'Ha'eidah*, am Dienstag im Armee-Radio. Der Fluch könne auch alle Polizisten treffen, die ultraorthodoxe Juden schlagen, fügte Papenheim hinzu. Wenn Worte töten können, ist *pulsa danura* eine Massenvernichtungswaffe.« *Haaretz*, 11. November 2006.

61 Adam Molner, »Rolling with the Na Nachs, the Most High-spirited and Newest Hasidic Sect«, *Haaretz*, 25. Mai 2008.

62 <http://www.voxdei.org/nicolas/index.php/2006/05/06/148-le-business-evangelique-a-jerusalem> (Website ist nicht mehr erreichtbar).

**Freier Markt oder Dominanz des Marktes?**

1 Vgl. das bahnbrechende Buch von Nathan Wachtel, *La Vision des vaincus. Les indiens du Pérou devant la conquête espagnole 1530–1570*, Paris, Gallimard, 1992. Halten wir fest, dass die Politik gegenüber den Indianern in Nordamerika anders gewesen ist: keine systematischen Konversionen, sondern schrittweise Verdrängung, die zur Auslöschung oder zur Konzentration in Reservaten führte, wo die Indianerkulturen verloren gingen. Es handelte sich nicht um erzwungene Akkulturation, sondern um eine Dekulturation, einen Ethnozid.

2 Siehe Theophus H. Smith, *Conjuring Cultures: Biblical Formations of Black America*, Oxford, Oxford University Press, 1995.

3 Philip Jenkins, *Die Zukunft des Christentums. Eine Analyse der weltweiten Entwicklung im 21. Jahrhundert*, Gießen und Basel, Brunnen-Verlag, 2006, S. 20.

4 T. H. Smith, *Conjuring Cultures*, a.a.O.

5 Der Autor fügt hinzu: »Offenkundig bildete diese Art von Christentum nur eine sehr oberflächliche Schicht auf ihrem Leben, gerade ausreichend, um ihre Unabhängigkeit und Identität als Gruppe zu erhalten.« Ähnlich Robert F. Berkhofer jr., »Protestants, pagans, and sequences among the North American Indians 1760–1860«, *Ethnohistory*, 1963, S. 39.

6 Luis Leon spricht von »kulturellen Oxymorons« (Mariachis und Psalmen) in seinem Beitrag »Born Again in East L.A.: The Congregation as Border Space«, in: R. Stephen Warner und Judith G. Wittner (Hgg.), *Gatherings in Diaspora, Religious Communities and the New Immigration*, Temple University Press, 1998, S. 173. Zu bemerken ist, dass jedes Kapitel des Buchs von einem Forscher geschrieben wurde, der selbst der ethnischen Gruppe entstammt, die er untersucht.

7 Das wird in den Schriften von Pierre Bourdieu ins Extrem getrieben, für den sich letztlich alles auf Beherrschung und Entfremdung reduziert, außer natürlich am Lehrstuhl für Soziologie am Collège de France, von wo aus man die Wahrheit über das Unglück der anderen verkünden kann.

8 Pascale Chaput, »Castes, religions et sacré au Kerala (Inde du Sud): des chrétiens dans une société multi-castes et pluri-religieuse«, *Revue française de sociologie*, Bd. 38, Nr. 2, April–Juni 1997, S. 327–350. Die Juden in Indien fügen sich auch in das Kastensystem ein, siehe Stephen Sharot, »Minority Situation and Religious Acculturation: A Comparative Analysis of Jewish Communities«, in: *Comparative Studies in Society and History*, Society for Comparative Studies in Society and History (Hg.), 1974.

9 Siehe Christian Jaffrelot, *Les Nationalistes hindous: Idéologie, implantation et mobilisation des années 1920 aux années 1990*, Paris, Presses de Sciences Po 1993; siehe auch Ursula King, »Some Reflections on Sociological Approaches to the Study of Modern Hinduism«, *Numen*, Bd. 36, Heft 1, Juni 1989, S. 72–97.

10 C. Jaffrelot, *Les Nationalistes hindous*, a.a.O.

11 Natascha Garvin, »Conversion and Conflict, Muslims in Mexico«, *ISIM Review*, Nr. 15, Frühjahr 2005, Leiden. Das war auch bei schwarzen amerikanischen und birmanischen Konvertiten zum Judentum der Fall. Die dekulturierende Wirkung des Protestantismus ist offensichtlich.

12 Diskussion beim OSZE-Treffen über Islamophobie in Cordoba, Oktober 2007.

13 Fer spricht von Synkretismus, *Pentecôtisme*, a.a.O., S. 10f. Er schildert den Umgang der Pastoren mit religiösen Markern (S. 408f.).

14 Claude Prudhomme, *La Querelle des universels*, a.a.O., siehe auch Jenkins, *Die Zukunft des Christentums*, a.a.O.

15 Ph. Jenkins, *Die Zukunft des Christentums*, a.a.O., S. 19.

16 Alan Cooperman und Jacqueline L. Salmon, »Episcopal Churches' Breakaway in Virginia Evolved over 30 Years«, *Washington Post*, 4. Januar 2007.

17 Ph. Jenkins, *Die Zukunft des Christentums*, a.a.O.

18 Einen Überblick gibt Religioscope (www.religioscope.com): »Les Églises africaines se développent en Europe«, Interview mit Afe Adogame, *Religioscope*, 19. Januar 2003. Zur Erörterung der Terminologie siehe Allan Anderson, *Pluriformity And Contextuality In African Initiated Churches*, Selly Oak Colleges, Birmingham (<http://artsweb.bham.ac.uk/aanderson/Publications/pluriformity_and_contextuality_i.html>).

19 Siehe A. Adogame, *Religioscope*, a.a.O.

20 Siehe <http://www.eglise-reformee-mulhouse.org/el/eld2.htm>. Es ist eine ganz klassische Kritik, die die Kritik der ausländischen Missionen an den Jesuiten im Ritenstreit aufnimmt, aber es ist interessant zu sehen, dass sie hier von einem afrikanischen Pastor formuliert wird.

**Der Markt des Religiösen**

1 Auf Französisch siehe die Arbeiten von Danièle Hervieu-Léger und Patrick Haenni (*L'Islam de marché*, a.a.O.). Zu den amerikanischen Ursprüngen des Konzepts siehe R. Finke und R. Stark, »Religious Economies and Sacred Canopies«, *American Sociological Review*, Nr. 53,1988; Peter L. Berger, *Zur Dialektik von Religion und Gesellschaft*, a.a.O., S. 132f., und die Einführung von *Tongues of Fire* von D. Martin, a.a.O.

2 Bernard Grosclaude über die lutherisch-reformierten Pastoren in Montbéliard in: »Sortir des incantations«, *Réforme*, 14. Februar 2008.

3 Das ist die drängende Frage: Warum ist der Mensch religiös? Wenn die Religion auf die Suche nach dem Heiligen gründet, statt ein Element in einem kulturellen oder ideologischen System zu sein, muss es eine Verbindung zur »menschlichen Natur« geben. Einen originellen atheistischen Standpunkt vertritt Scott Atran, *In Gods We Trust: The Evolutionary Landscape of Religion*, Oxford, Oxford University Press, 2002.

4 Laurence R. Iannaccone, Roger Finke, Rodney Stark, »Deregulating Religion: The Economics of Church and State«, *Economic Inquiry*, Bd. 35, Nr. 2, 1997.

5 Kritisch dazu Steve Bruce, »1999 Presidential Address. The Supply-side Model of Religion: The Nordic and Baltic States«, *Journal for the Scientific Study of Religion*, Bd. 39, Nr. 1, März 2000, S. 32–46.

6 Shalva Weil, »Dual Conversion Among the Shinlung of North-East India«, *Studies of Tribes and Tribals*, 1 (1), S. 43–57, 2003.

7 »Es sind 2500 in Israel, verteilt über das ganze Land mit Schwerpunkten in Arad, Mitzpe Ramon und Tiberias, aber das Zentrum der schwarzen Hebräer ist Kfar Hashalom am Rand von Dimona. 1969 sind diese Schwarzen aus Chicago, die sich zum Stamm Juda zählen, nach Israel gekommen, nach zwei Jahren Wanderschaft durch Liberia. Ihr spiritueller Führer Ben Ammi Ben Israel (ursprünglich Ben Carter) erzählt, ihm sei 1966, als er im Bett lag, der Erzengel Gabriel erschienen und habe ihm befohlen, mit den Seinen nach Israel aufzubrechen.« Vgl. Nathalie Szerman und André Darmon, »Israël: une visite chez les Hébreux noirs«, 9. Oktober 2006, <http://religion.info/french/articles/article_269.shtml>.

8 Jean-François Mayer, *Internet et Religion*, Gollion, Infolio, 2008.

9 Jan Shipps, *Sojourner In The Promised Land: Forty Years Among The Mormons*, University of Illinois Press, 2006.

10 Tatsächlich gab es schon 1844 eine Mormonenmission in Tahiti und im Pazifik, weil sie einen verlorenen Stamm Israels suchten. Insofern haben wir es mit rassischer Exklusivität zu tun. Heute gehören 10 Prozent der Bevölkerung von Tahiti der Mormonenkirche an. Vgl. Yannick Fer, Religioscope, <http://religion.info/french/entretiens/article_314.shtml>.

11 Mary Jordan, »The New Face of Global Mormonism, Tech-savvy Missionary Church Thrives as far Afield as Africa«, *Washington Post*, 19. November 2007.

12 Mara D. Bellaby, »Nigerian Preacher Runs Ukraine's First Megachurch«, *The Associated Press*, 4. August 2006. Aus dem Artikel geht hervor, dass der Bürgermeister von Kiew, Leonid Tschernowezki, Mitglied der Kirche ist.

13 *Washington Post*, 31. August 2007. Es handelt sich um Bill Atwood aus Texas und William Murdoch aus Massachusetts.

14 Kevin Sullivan, »Foreign Missionaries Find Fertile Ground in Europe. Singaporean Pastor Fires up Staid Danes«, *Washington Post*, 11. Juni 2007.

15 Shim Jae Hoon, »Doing God's Work for the Taliban, Korean Christian Missionaries End up Bolstering the Terrorists in Afghanistan«, *Yale Global*, 4. September 2007.

16 Henry C. Finney, »American Zen's ›Japan Connection‹: A Critical Case Study of Zen Buddhism's Diffusion to the West«, *Sociological Analysis*, Bd. 52, Nr. 4: »Religious Movements and Social Movements«, Winter 1991, S. 379–396. Der Verfasser, ein Soziologe, hat als teilnehmender Beobachter eine Gruppe amerikanischer Mönche nach Japan begleitet.

17 Michelle Boorstein, »Hare Krishna Coming of Age«, *Washington Post*, 6. August 2006.

18 <http://etirth.wordpress.com/2008/03/02/iskcon-temple-delhi-india>.

19 Neil J. Savishinsky, »Rastafari in the Promised Land: The Spread of a Jamaican Socioreligious Movement among the Youth of West Africa«, *African Studies Review*, Bd. 37, Nr. 3, 1994.

20 »From Chishtiyya Diaspora to Transnational Sufi Movement«, vgl. Celia Genn, Griffith University, Brisbane, <http://coombs.anu.edu.au/SpecialProj/ASAA/biennial-conference/2006/Genn-Celia-ASAA2006.pdf>. Siehe auch die Arbeiten von Judith Howell.

21 Abdennour Bidar, *Self-Islam*, Paris, Le Seuil, 2006.

22 Mit dieser Pseudo-Bruderschaft ist ein seltsames Buch verbunden, das von einer Reise durch die afghanischen Widerstandsnetze von Idries Schah erzählt. Doch alles in diesem Buch scheint erfunden zu sein, und das einzige Foto, das belegen könnte, dass die Reise tatsächlich stattgefunden hat, wurde in einer Region aufgenommen, die nach der Karte in dem Buch gar nicht auf dem Reiseweg des Autors lag. Vgl. Louis Palmer, *Adventures in Afghanistan*, London, Octogon Press, 1991. Der Gipfel der Deterritorialisierung ist die Verschiebung in eine imaginäre Welt.

23 Shlomo Shamir, »Scandals and Disputes Plague Ultra-orthodox Circles in the US«, *Haaretz*, 14. Januar 2007.

24 Ursula King, »Some Reflections on Sociological Approaches to the Study of Modern Hinduism«, *Numen*, Bd. 36, Heft 1, Juni 1989, S. 72 – 97. Siehe auch »India: Does Hinduism Exist? Interview with Martin Fárek«, 1. Juni 2008, Website von Religioscope, a.a.O.

25 Raphael Liogier, *Le Bouddhisme mondialisé*, Paris, Ellipses, 2004, S. 10, S. 21 – 24.

26 Martin Baumann, »Culture Contact and Valuation: Early German Buddhists and the Creation of a ›Buddhism in Protestant Shape‹«, *Numen*, Bd. 44, Nr. 3, September 1997, S. 270 – 295.

27 »The Cultural Significance of New Religious Movements: The Case of Soka Gakkai«, *Sociology of Religion*, Bd. 62, Nr. 3, Herbst 2001, S. 337 – 364.

28 Jozef Van Hecken, »Les réductions catholiques au pays des Ordos, une méthode d'apostolat des missionnaires de Schuet«, *Les Cahiers de la Nouvelle Revue de science missionnaire*, XV, 1957.

29 Mehrere wichtige Bücher zu dem Thema bespricht Rhys H. Williams, »Review Essay: Religion, Community, and Place: Locating the Transcendent«, *Religion and American Culture*, Center for the Study of Religion and American Culture, 2002, S. 262.

30 Jan Feldman, *Lubavitchers As Citizens. A Paradox of Liberal Democracy*, Cornell University Press, 2003.

31 Brigid Schulte, »Temple Traffic a Mixed Blessing, Congregation's Growth Causes Parking Crisis And Threatens Closure«, *Washington Post*, 15. September 2008.

32 David Rieff, »Nuevos católicos«, *New York Times*, 24. Dezember 2006.

33 Yair Ettinger, »Rosh Hashanah Kibbutz: On New Year, Thousands Flock to Rabbi Nachman's Grave in Ukraine«, *Haaretz*, 27. September 2006.

34 Fenggang Yang, »Chinese Conversion to Evangelical Christianity: The Importance of Social and Cultural Contexts«, *Sociology of Religion*, Bd. 59/3, 1998, S. 243.
35 Peter van der Veer, Steven Vertovec, »Brahmanism Abroad: On Caribbean Hinduism as an Ethnic Religion«, *Ethnology*, Bd. 30, Nr. 2, April 1991, S. 149–166.
36 U. King, »Some Reflections«, a.a.O.
37 Siehe das Kapitel von Karen Chai in: R. Stephen Warner und Judith G. Wittner (Hgg.), *Gatherings In Diaspora*, a.a.O.
38 Y. Fer, *Pentecôtisme en Polynésie française*, a.a.O., S. 85, S. 106, S. 110.
39 *Le Figaro*, 3. Oktober 2007.
40 Jean-Paul Nerrière, *Parlez Globish! Don't speak English*, Paris, Eyrolles 2006.
41 José Casanova, »Religion, the New Millennium, and Globalization«, *Sociology of Religion*, Nr. 62, 2001, S. 437–438.
42 Daniel Bergner, »The Believers«, *New York Times*, 30. Dezember 2007. Arif und Kathleen Khan wurden im August 2007 in Pakistan ermordet.
43 Vanessa L. Ochs, *Reinventing Jewish Ritual*, Jewish Publication Society, 2007, S. 16 und 70.
44 Das ist die Entsprechung der *bar mizwa* bei den Mädchen. Sie stellt an sich schon eine Neuerung gegenüber der jüdischen Tradition dar.
45 Andy Newman, »Journey from a Chinese Orphanage to a Jewish Rite of? Passage«, *New York Times*, 8. März 2007.

**Die Standardisierung des Religiösen**

1 Siehe John R. Bowen, *Why the French Don't Like Headscarves: Islam, the State, and Public Space*, Princeton, Princeton University Press, 2006. Zur Verteidigung des Multikulturalismus siehe Jan Feldman, *Lubavitchers As Citizens: A Paradox of Liberal Democracy*, Ithaca, Cornell University Press, 2003.
2 Amel Boubekeur, *Le Voile de la mariée: Jeunes musulmanes, voile et projet matrimonial en France*, Paris, L'Harmattan, 2004.
3 Vgl. Olivier Roy, *La Laïcité face à l'islam*, Paris, Stock, 2005.
4 Vgl. insbesondere die Vorfälle bei der Mannschaft des Flugzeugträgers *Charles de Gaulle*. 10 Prozent der Besatzung sind Muslime, teils Techniker in anspruchsvollen Funktionen, teils gering qualifiziert. Siehe dazu Christophe Bertossi, Catherine Withol de Wenden, *Les Couleurs du drapeau: L'armée française face aux discriminations*, Paris, Robert Laffont, 2007.
5 Eine übersichtliche und nüchterne Analyse der »Formatierung« des Religiösen durch das Recht anhand von konkreten Fällen (Aufhebung einer Eheschließung, weil die Frau nicht mehr Jungfrau ist; Verbrennung oder Erdbestattung eines Verstorbenen, der mutmaßlich Muslim war usw.) findet sich im Internet: <http://www.maitre-eolas.fr>.
6 Francis Messner, Pierre-Henri Prélot *Traité du droit français des religions*, Litec, 2003, und Vincente Fortier, *Le Juge, gardien du pluralisme confession-*

*nel* (ins Internet gestellt von UMR 5815 – IRETIJ, Universität Montpellier 1) sowie *Justice, religions et croyances*, Paris, Éditions du CNRS, 2000.

7 Erklärung von Nicolas Sarkozy vor der Stasi-Kommission; vgl. die Dissertation von Nadia Marzouki, *La construction de l'islam comme objet de la recherche en sciences sociales et de l'expertise publique en France et aux États-Unis*, Fondation nationale des Sciences politiques, 2008.

8 Ohne hier in die Debatte einzusteigen, die die Zeitschrift *Esprit* im September 2001 begonnen hat, halten wir fest, dass der Vorwurf an die Experten, sie hätten Phänomene wie den Islamismus überhaupt erst konstruiert, übersieht, dass Experten auch Teil der Vorstellung sind, die die Akteure von ihrer Identität haben.

9 N. Marzouki, *La construction de l'islam*, a.a.O.

10 Deborah E. Lipstadt, »From Noblesse Oblige to Personal Redemption: The Changing Profile and Agenda of American Jewish Leaders«, *Modern Judaism*, 1984, S. 296.

11 Frank Saunders jr. und George A. Rogers, »Bishop John England of Charleston: Catholic Spokesman and Southern Intellectual, 1820 – 1842«, *Journal of the Early Republic*, Bd. 13, Nr. 3, Herbst 1993, S. 310.

12 José Casanova, *Public Religion in the Modern World*, Chicago, University of Chicago Press, 1994, S. 182.

13 Neil T. Storch, »John Ireland's Americanism after 1899: The Argument from History«, *Church History*, Bd. 51, Nr. 4, Dezember 1982, S. 434 – 444.

14 Ebenda.

15 Richard King, »Orientalism and the Modern Myth of ›Hinduism‹«, *Numen*, Bd. 46, Nr. 2. 1999, S. 146 – 185.

16 Richard Gombrich, Gananath Obeyesekere, *Buddhism Transformed: Religious Change in Sri Lanka*, Motilal Banarsidass, 1999.

17 Stephen Prothero, »Henry Steel Olcott and Protestant Buddhism«, *Journal of the American Academy of Religion*, Bd. 63, Nr. 2, 1996, S. 281 – 302.

18 Winnifred Fallers Sullivan, *The Impossibility of Religious Freedom*, Princeton, Princeton University Press, 2007. Sullivan wurde von den Klägern in dem Prozess als Expertin benannt.

19 »Slain Nevada Soldier at last Gets Wiccan Plaque«, *Washington Post*, 4. Dezember 2006.

20 Michelle Bronstein, »For Georgetown ›Apostles‹, a Rowhouse Rebellion. Religious Immunity to Zoning Laws Cited«, *Washington Post*, 11. November 2006.

21 Afi-Odelia, E. Scruggs, »Kwanzaa's Lights Go Dim«, *Washington Post*, 30. Dezember 2007.

22 Neil MacFarquhar, »Scouting Helps Muslims Feel Closer to American Society«, *New York Times News Service*, 2. Januar 2008.

23 <www.secours-islamique.org>.

24 »›Jahrzehntelang konzentrierten die Muslime sich sehr auf sich selbst, und ich denke, der 11. September hat den natürlichen Prozess einer stärkeren Hinwendung nach außen beschleunigt‹, sagte Ihsan Bagby, Verfasser meh-

rerer Untersuchungen über Trends in der muslimischen Religionsausübung in den Vereinigten Staaten.« So Michelle Boorstein, »Charitable tradition in transition«, *Washington Post,* 13. September 2007.

25 Susan Montoya, »Baptist Strategy: Change Church Name in to Attract More Members«, *Detroit News,* 13. Januar 1999.

26 Daniel J. Elazar, »The Development of the American Synagogue«, *Modern Judaism,* Bd. IV, Nr. 3, 1984, S. 259.

27 David Yoo, »Enlightened Identities: Buddhism and Japanese Americans of California, 1924–1941«, *The Western Historical Quarterly,* Bd. 27, Nr. 3, Herbst 1996, S. 281–301. Der Autor spricht von »Protestantisierung« des Buddhismus und bezieht sich damit auf Isao Horinouchi, *Americanized Buddhism: A Sociological Analysis of a Protestantized Japanese Religion,* Dissertation, University of California, 1973. S. 115f., S. 155, S. 187f.

28 Peter N. Gregory, »Describing the Elephant: Buddhism in America«, *Religion and American Culture,* Jg. 11, 2001, Nr. 2, S. 233-263.

29 Eine sehr lebhafte Beschreibung gibt Andrea Elliott, »An Imam in America, a Muslim Leader in Brooklyn, Reconciling 2 worlds«, *New York Times,* 5. März 2006.

30 Caryle Murphy, »Soldier of Faith«, *Washington Post,* 20. Januar 2008.

31 Die christliche Dominanz war Gegenstand von Diskussionen nach mehreren Skandalen, weil evangelikale Militärgeistliche versucht hatten, Rekruten der Luftwaffenschule zu missionieren (ein jüdischer Rekrut, Michael Weinstein, verlor 2006 seinen Prozess, aber die Leitung erließ neue Regeln, die jede Form der Missionierung verboten), und weil die Leitungen der Militärakademie West Point und einer Marineakademie offen zur christlichen Religionsausübung aufgerufen hatten. Siehe Neela Banerjee, »Religion and its Role are in Dispute at the Service Academies«, *New York Times,* 25. Juni 2008.

32 Frederic J. Fromme, »Group Asks Removal of Koran Swearing-in Critic«, *Washington Post,* 5. Dezember 2006.

33 Tami Abdollah, »Searching for Genuine Faith in an Assimilated Holiday«, *Los Angeles Times,* 16. Dezember 2006.

34 Peter L. Berger, *Zur Dialektik von Religion und Gesellschaft,* a.a.O., S. 136, S. 142f.

35 Élise Massicard, *L'Autre Turquie: le mouvement aléviste et ses territoires,* Paris, PUF, 2005.

35 Benoît Fliche, »Les frontières de l' ›orthodoxie‹ et de l' ›hétérodoxie‹: *türbe* et églises à Istanbul«, in: G. Valtchinova (Hg.), *Religion, Boundaries, and the Politics of Divine Intervention,* Istanbul, ISIS, 2008.

37 Oddvar Hollup, »Islamic Revivalism and Political Opposition among Minority Muslims in Mauritius«, *Ethnology,* Bd. 35, Nr. 4, 1996, S. 285–300.

38 Prema Kurien, *A Place at the Multicultural Table: The Development of an American Hinduism,* New Brunswick, Rutgers University Press, rezensiert von Richard Cimino (Religion Watch, Oktober 2007).

39 Raphael Liogier, *Le Bouddhisme mondialisé: Une perspective sociologique sur la globalisation du religieux,* Paris, Ellipses, 2004, Einführung.

40 Kathleen Garces-Foley, »Buddhism, hospice, and the american way of dying«, *Review of Religious Research,* 2003. Wie die Verfasserin betont, bedeutet das nicht, dass die Menschen Buddhisten werden: Vielmehr handle es sich um eine veränderte Einstellung zum Tod, um die Suche nach Begleitung statt Verleugnung.

41 Donald Miller schildert einen typischen Fall: Ein Kokainsüchtiger rezitiert nach einem tragischen Erlebnis Mantras, ruft Krischna und Buddha an, aber es kommt keine *»vibration«*. Dann spricht er den Namen Jesu aus, und sofort hat er eine positive Halluzination. Daraufhin schließt er sich der Pfingstkirche der Calvary-Bewegung an; s. *Reinventing American Protestantism,* Berkeley, University of California Press, 1997, S. 100.

42 Richard Hughes Seager, »Pluralism and the American Mainstream: The View from the World's Parliament of Religions«, *The Harvard Theological Review,* Bd. 82, Nr. 3, Juli 1989, S. 301–324.

43 Jeder praktiziert seine Religion, und dem Artikel zufolge findet man »Buddhist, Bahai, Catholic, Episcopal, Greek Orthodox, Hindu, Jain, the Church of Jesus Christ of Latter-day Saints, Muslim, Protestant and Sikh«. Tina Shah, »Diversity of Faiths, Unity of Followers«, *Chicago Tribune,* 15. November 2007.

44 Alan Cooperman »The Army Chaplain Who Wanted to Switch to Wicca? Transfer Denied«, *Washington Post,* 19. Februar 2007.

45 Michelle Boorstein, »Discrimination Complaint, Federal Panels Order Not to Reinstate Priest«, *Washington Post* du 2 März 2007.

46 Donald Miller, *Reinventing American Protestantism,* Berkeley, University of California Press, 1997, S. 11, S. 29.

47 Andrew Chesnut, »A Preferential Option for the Spirit: The Catholic Charismatic Renewal in Latin America's New Religious Economy«, *Latin American Politics and Society,* 2003. Siehe Website der School of International Studies, University of Miami.

48 Es sei auf einen sehr interessanten Text verwiesen: *Les Ashrams en Inde: catholicisme ou nouvel âge?* Der Verfasser Michael Prabhu ist Inder und charismatischer Katholik und meint, dass solche Aschrams nichts Christliches sind. Oft lehnen die »wiedergeborenen« Christen der ehemaligen Kolonien die Theorie der Inkulturation vehement ab, so auch in diesem Fall. Vgl. die Zeitschrift *Métamorphoses,* im Internet zu finden unter <http://www.ephesians-511.org/>.

1 Donald Miller, *Reinventing American Protestantism*, a.a.O.

2 Zum Beispiel werden immer wieder Parallelen zwischen der religiösen Erfahrung und Erfahrungen mit Drogen (dem Trip oder Flash) gezogen, ebenda, S. 98.

3 Y. Fer, *Pentecôtisme en Polynésie française*, a.a.O., S. 453.

4 B. Martin: »Im Erscheinungsbild gelten die Evangelikalen mittlerweile als altmodisch, ein Phänomen unterer Schichten. Viele Gruppen der neuen Mittelschichten haben diesen Teil der Regeln einfach aufgegeben und sind zumindest äußerlich nicht von ihren säkularen Altersgenossen zu unterscheiden.« *Religion* (1995), Nr. 25, S. 101 – 117.

5 Laurie Goodstein, »Evangelicals Fear the Loss of their Teenagers«, *New York Times*, 6. Oktober 2006, David Gonzalez, »A Church's Challenge: Holding on to its Young«, *New York Times*, 16. Januar 2007.

6 Thom Rainer, *The Bridger Generation*, Nashville, Broadman and Holman, 1997.

7 Der Zerfall der Gesellschaft in »Stämme« als Folge der Individualisierung und Selbstverwirklichung ist ein von den Soziologen gut untersuchtes Thema; siehe etwa Jean-Claude Kaufmann, *Die Erfindung des Ich. Eine Theorie der Identität*, Konstanz, UVK-Verlagsgesellschaft, 2005.

# Personenregister